Nicht einverstanden

Dietmar Mieth

Nicht einverstanden

Meine Erfahrungen als Laientheologe und Ethiker

HERDER

FREIBURG · BASEL · WIEN

MIX
Papier aus verantwortungsvollen Quellen
FSC® C083411
www.fsc.org

www.herder.de

Umschlaggestaltung: Verlag Herder
Satz: Röser Media, Karlsruhe
Herstellung: CPI books GmbH, Leck
Printed in Germany

ISBN Print 978-3-451-37804-1
ISBN E-Book (PDF) 978-3-451-83804-0
ISBN E-Book (E-Pub) 978-3-451-84804-9

INHALT

EINLEITUNG
Nicht einverstanden: Einsichten und Ansichten aus Erfahrungen

„Nicht einverstanden" – wie ist dieser Titel als Motto eines Rückblickes auf das eigene Leben als Laientheologe und Ethiker gemeint? Ein Rückblick ist gleichsam ein historischer Blick, das eigene Leben dient dabei als Seismograph, d. h. als eine Sonde der Erkundung. „Nicht einverstanden" ist daher nicht nur subjektiv gemeint. Schon gar nicht bedeutet es eine persönliche Unzufriedenheit. Ich blicke auf ein erfülltes Leben zurück und habe noch einiges vor, wenn mir die Zeit dafür gegeben ist. Also meint „nicht einverstanden" eine Bilanz im Umgang mit Institutionen, Einstellungen und Handlungen, die – nicht nur bei mir, sondern auch bei Kolleginnen und Kollegen mit ähnlichen Erfahrungen – Kritik und Protest, aber auch alternative Vorschläge hervorgerufen haben. Gemeint sind damit auch Zustände in Kirche und Gesellschaft, die sich ändern ließen oder lassen, wenn Reformwille, Einfallsreichtum und Gestaltungskraft zusammenkommen. Der Blick auf die katholische Kirche, die manchmal einem großen, ziemlich unbeweglichen Tanker auf dem Trockendock (nach Alfons Auer) gleicht, ist genereller und zugleich existentieller. Kirche trägt ein frommer Katholik wie ein Hemd am Leibe, die Gesellschaft ist der Rock darüber. In gesellschaftlichen Entwicklungen und Entscheidungen ist daher mein Blick auf die ethische Seite von Entscheidungen und Entwicklungen gerichtet, vor allem insoweit ich diese aus der Nähe mit verfolgen konnte und mich entsprechend engagiert habe. Freilich beschreibe ich auch in meinen Erinnerungen einen „Durchbruch", dessen Überwindung von Einschränkungen heute nicht mehr in der gleichen Intensität erfahren werden kann. „Laien" – eine hier nur im katholischen Kontext verständliche Bezeichnung von Theologinnen und Theologen – bilden heute die Mehrheit der Professorinnen und Professoren an Katholisch-Theologischen Fakultäten mit Priesterausbildung oder ohne diese. Dies schien, als ich mich 1963 entschloss, Theologie zu meinem Lebenspfad zu machen, noch gar nicht denkbar. Es gab, soweit meine Kenntnis reicht, einen Laien als Patristiker (Norbert Brox) in Regensburg. Frauen, die wie Elisabeth Gössmann und Elisabeth Schüssler als Theologinnen unterwegs waren, konnten eher an *Divinity Schools* im Ausland als Professorinnen etabliert werden. Indem ich diese Namen nenne, ist mir bewusst, dass ich nicht den Überblick über entsprechende Wege von Laien und „Laien-Frauen", wie einige heute sagen, habe. Ich beschreibe aus Erfahrung eine Tür in der katholischen Kirche, die sehr zögerlich geöffnet wurde. Beim Hindurchdrängen durch die nur einen Spalt breit geöffnete Tür habe ich auch blaue Flecken davongetragen, die ich heute noch spüre, auch wenn ich an sie seltener erinnert werde. Nun ist es ja nicht so, als seien die grundsätzlichen Schwierigkeiten, die einerseits mit der Priesterbevorzugung und andererseits mit der – nicht überall gleichen – Enge des bischöfichen und des römischen Lehramtes gegeben waren, reine Vergangenheit. Sie reichen weiter in dieses Jahrtausend hinein. Einige Erfahrungen, insofern sie mich involvieren, werde ich mitteilen.

Nicht einverstanden zu sein schließt immer auch ein Einverständnis ein. Dieses Einverständnis kann sich – wie bei mir – z. B. auf Grundlagen des christlichen Glaubens und/oder auf die freiheitliche Demokratie und den Sozialstaat beziehen. Dieses Einverständnis kann sich zugleich nach vorn auf Möglichkeiten richten, die unter gegenwärtigen Herausforderungen diese Grundlagen tragfähiger und zukunftsoffener gestalten könnten. Besonders einverstanden bin ich z. B. mit dem Text aus der Konstitution des Zweiten Vatikanischen Konzils *Die Kirche in der Welt von heute*: „die Hilfe, die die Kirche von der heutigen Welt erfährt" (n. 44). In der Zeit der Missbrauch-Anerkenntnis lernt die Kirche insbesondere, dass sie auch die moralische Hilfe des Rechtsstaates in Anspruch nehmen sollte.

Wer im Rückblick schreibt, schreibt ungleichzeitig. Der Rückblick nimmt die Erfahrung aus dem erstmaligen Stand des Erlebnisses heraus und stellt sie in einen späteren Zusammenhang. Unter dem Stichwort „Erfahrung" ist das Erlebnis bereits zur Erzählung, Erinnerung und Reflexion geworden. In diesem Zusammenhang erhält Erfahrung einen neuen Stellenwert und eine neue Beleuchtung. Diese Differenz zum Ereignis und zum Erlebnis gehört zum Bewusstsein der Erinnerung. Dazu gehört auch das Merkmal des Vergessens. Friedrich Nietzsche hat auf das Phänomen aufmerksam gemacht, dass auch das Vergessen dafür wesentlich ist, dass die Erinnerung eine Tradition bilden kann. Die Hervorhebung in der Erinnerung wird durch das

Vergessen mit gesteuert. Man kann freilich auch Dinge und Perioden dem eigenen Vergessen entreißen. Dazu gehört, dass man zwischen absolutem Vergessen, das unaufhebbar ist, und relativem Vergessen unterscheidet. Relatives Vergessen kann man selbst durch Erforschen der Erinnerung beheben. Über Zeitpunkte kann man sich aufgrund des relativen Vergessens irren, auch wenn man das Erlebnis präsent hat. Nichts ist so präsent, wie es einmal präsent gewesen ist. Das gilt nicht nur für große Geschichte, sondern auch für die Umstände einer Lebensgeschichte. Andererseits: Gefühle scheinen nicht zu veralten, wenn sie wieder in der Erinnerung wach werden, als hätten sie vorher in einem anderen Raum geschlafen.

Ein Merkmal in der Erinnerung ist die Plastizität des Früheren, das vor dem Späteren kommt und dieses, weil es schneller abläuft, dominiert. Was wir erstmals erleben: Freundschaften, Liebe, Erfolge, Einbrüche, aber auch Religion und Wissen – all das ist viel plastischer und mit stärkeren Konturen versehen, als dies bei Wiederholungen oder Ergänzungen der Fall sein kann. Die Routine glättet die Erinnerung, der Alltag senkt das Profil der Wahrnehmungen und der Erlebnisse. Die unterschiedliche Plastizität der Erinnerung hängt also nicht von der Zeitdistanz ab; es gibt eine (Un-)Mittelbarkeit ohne Zeitnähe. Eine Einprägung ist in jungen Jahren stärker, in älteren Jahren ist sie u.U. dauerhafter, selbstverständlicher.

Ältere leben nicht in jeder Hinsicht gleichzeitig. Zur gleichen Zeit wie Jüngere zu leben, aber nicht mehr mit ihnen gleichzeitig zu sein, das ist ein Lebensgefühl. Wie geht man damit um? Nostalgie als Umgang, Anpassung und Protest als Umgang? Wie lebt man altersgemäß zeitgemäß? Das sind Fragen, die ich hier nicht theoretisch angehen will. Ich will nur ein Bewusstsein verdeutlichen, das mit den Jahrzehnten der Digitalisierung als Revolution des Alltags und der täglichen Arbeit zu tun hat. Während sich im Alter Lernprozesse verlangsamen, wird eine beschleunigte Aufnahmefähigkeit verlangt. Ich vermute, dies haben frühere Generationen kaum anders empfunden. Ich erinnere mich, welche Lernvorgänge das Telefonieren mir als Kind abverlangte, vermutlich auch, weil es in den fünfziger Jahren noch gar nicht in unseren dörflichen Alltag integriert war. Ganz anders ist das mit den mobilen Smartphones, mit den Navis und mit den abrufbaren digitalen Speichern, die so vieles erleichtern, uns selbst aber zugleich durch das, worüber wir verfügen können, auch verfügbarer machen.

Nicht einverstanden zu sein bedarf in der Öffentlichkeit, vor allem im Umgang mit den Medien, eines Klugheitstrainings. Insbesondere muss man darauf achten, dass man, falls man mit Medien zu tun hat, nicht zur deklamierenden Figur verkürzt wird, die als Merkmal für eine Position abrufbar wird. In Talkshows erhalten die Beteiligten oft eine Art Bauchbinde, die sie als Position einbringt, statt sie in aller Differenziertheit wahrzunehmen. Oft fühlte ich mich aber, z. B. bei Medienanfragen in den achtziger und neunziger Jahren, als Fachmann für „einerseits – andererseits", wenn auch nicht für „sowohl – als auch". Manchmal muss man seine Positionen ohnehin überdenken.

Das „Dennoch" einer Haltung, die „nicht einverstanden" ist, muss jedoch, weder im zivilen, bürgerlichen noch im kirchlichen Bereich, grimmig und aggressiv sein. Kritik drückt sich auch durch Humor, Ironie und Satire aus. Humor, Ironie und Satire lassen das Wofür im Wogegen aufleuchten, ohne es direkt benennen zu müssen.

Warum also dieses Buch? Es soll eine Biographie sein, aber dies nicht allein! Ich halte sehr viel von Erfahrungen, in denen Erlebnisse gleichsam nur das Rohmaterial sind. Erfahrungen werden sie erst, wenn sie als erzählte Erinnerungen verarbeitet sind, nicht nur als Merkmale der Person, die diese Erfahrungen macht, und als Geschichte ihrer Anliegen, sondern auch als ein Beitrag zu bestimmten sachlichen Einsichten. Diese sind teils fachbezogen, teils richten sie sich auf übergreifende Themen und Situationen in Kirche und Gesellschaft, um zu ihrer kritischen Klärung aus ethischer und theologischer Sicht einen Beitrag zu leisten.

In dieser Hinsicht bin ich nicht nur auf die Vergangenheit hin orientiert – mir geht es auch um den Blick nach vorne. Indem ich von mir und meinem langen Leben an der Universität (seit 1959) und im Wissenschaftsdialog erzähle, möchte ich auch gegen einen möglichen Erfahrungsverlust ankämpfen. Beschleunigung frisst Erfahrung auf. An ihre Stelle tritt die quantitative und mechanische Analyse mit Algorithmen. Sie hat ihren spezifischen Sinn im menschlichen Fortschritt. Aber es wäre gut, wenn es, wie Robert Musil sagte, auch ein „Generalsekretariat für Genauigkeit und Seele" geben könnte. Wie Friedrich Hölderlin setzt Musil auf rettende Metaphern.

Die Zukunft ist nicht metaphorisch, aber Erfahrungen könnten in ihr so weiterwirken, dass es wenigstens keine Wiederholungen vergangenen Grauens gibt.

Mein akademisches Leben chronologisch zu erzählen ist dadurch erschwert, dass es, um es scherzhaft zu sagen, manchmal dem Kinde gleicht, das in einem aufgezeichneten Muster auf der Straße hin und her springt oder das sich einen Blumenstrauß aus sehr verschiedenen Blumen zusammenpflückt. Gewiss ist dies ein Sich-selbst-Belächeln, aber es ist nicht als Selbstkorrektur gemeint – denn ich stehe dazu. Meine gleichzeitige Mehrfachpräsenz auf unterschiedlichen Aktionsfeldern scheint mir auch im Nachhinein insofern unvermeidlich, als mir daran liegt, ein Problem aus möglichst vielen Perspektiven zu analysieren und anzugehen. Freilich: Wenn ich jetzt Lebensgeschichte erzähle, sehe ich das Problem, Zeitgleiches im Miteinander zu behandeln. Das ist unmöglich. Denn Schreiben zerlegt in ein Nacheinander. Ich muss Zeitgleiches in Zusammenhänge aufteilen, die ich, obwohl sie zeitgleich sind, im Nacheinander erzähle.

Im Anschluss an die erzählenden Kapitel des ersten Teils dient ein zweiter Teil dazu, persönliche Erfahrungen und entsprechende Einstellungen zu erläutern, die für meine Arbeit und mein akademisches Leben leitend waren. Ich vergewissere mich dieser Einstellungen, etwa zum Nonkonformismus, zum Kompromiss, zum Laientum in der Kirche, zu einzelnen Herausforderungen in Kirche und Gesellschaft, um den erzählten biographischen Passagen einen Hintergrund zu geben. Dies lässt sich nicht in kurzen Sachklärungen erläutern. Sie würden wie Meinungen oder wie Bekenntnisse aussehen. Meine Intention ist es jedoch, zu zeigen, welche Gedanken durch Erfahrungen bewegt werden und welche Einstellungen dadurch hervorgerufen werden, auch wenn die Erfahrungen zunächst Beweggründe – und keine Beweisgründe – hervorbringen. Ich versuche, Beweggründe (Motive) mit Beweisgründen auszustatten. Wenn ich daher von „nicht einverstanden“ als Bilanz von Erfahrungen spreche, erspart mir das nicht, diese Erfahrungen an pointierten Stellen mit Begründungen zu ergänzen. Daher hat dieses Buch zwei Teile: einen an der Chronologie orientierten Teil und einen zweiten Teil, in dem ich einige Fragen diskursiv behandle, die unmittelbar mit meinen persönlichen Erfahrungen zusammenhängen.

Zu den Erfahrungen anderer Kollegen verweise ich auf Konrad Hilpert (Hg.), *Theologische Ethik – Autobiografisch*, 2 Bde., Paderborn 2007 und 2009. Darin findet sich auch ein Beitrag von mir, Bd. 2, 153–196: „Ethik der Lebenskunst und die Moral sozialer Institutionen". Noch war keine Frau in den Erinnerungen vertreten. Der Schritt eines Laien an eine Katholisch-Theologische Fakultät mit Priesterausbildung war lange Zeit besonders erschwert. Der Unterschied war dadurch verstärkt: In der Moraltheologischen Arbeitsgemeinschaft in Deutschland waren z. B. nur Professoren an Fakultäten mit Priesterausbildung zugelassen. Daher war ich dort zunächst allein unter Priestern. Heute haben sich diese Verhältnisse schrittweise, aber grundlegend geändert.

Es gibt die Autobiographie eines Moraltheologen in Tübingen: Franz Xaver Linsenmann (geschrieben 1835–1896), des designierten, aber vor der Bischofsweihe verstorbenen Bischofs von Rottenburg. Das Manuskript dieser Autobiographie gab mir der Herausgeber Rudolf Reinhardt 1972 zum Lesen. Beim Lesen fiel mir auf, wie sehr Linsenmann in seinen Erinnerungen mit tief empfundenen Verletzungen zu tun hatte. Mir erschien dies angesichts seines Renommees als erstaunlich. Er berichtet oft, dass seine „Stimmung […] trotz der im ganzen wohl geordneten Verhältnisse in Tübingen oftmals eine sehr gedrückte [war]" und er wiederholt „daran dachte, sich auf eine Landpfarrei zurückzuziehen" (240). Linsenmann litt unter Empfindlichkeiten und gesundheitlichen Einschränkungen. Sein Lehrbuch der Moraltheologie kennzeichnet früh den Beginn einer nachscholastischen Phase. (Vgl. Rudolf Reinhardt, Hg., *Franz Xaver Linsenmann. Sein Leben*, Sigmaringen 1987, als erster Band geplant, der zweite Band ist nicht erschienen.)

Wenn ich es schon wage, mich (teilweise) in diese Tradition zu stellen, dann erwähne ich noch eine Brücke zur Theologischen Ethik in Tübingen im 20. Jahrhundert: Eric Gaziaux, *L'autonomie en morale. Au croisement de la philosophie et de la théologie*, Leuven 1998. Eric Gaziaux versucht, Entwicklungen der Autonomie nachzuzeichnen, von Immanuel Kant über Theodor Steinbüchel zu Alfons Auer.

ERSTER TEIL:
Eine Chronologie der Erinnerungen und Erfahrungen

I. Eine einverstandene Zeit? Herkunft, Jugend, Familie und Kirche (1940–1959)

Ich bin am 23. Dezember 1940 in Berlin-Wilmersdorf geboren und habe dort laufen und sprechen gelernt. Ich habe eine ältere Schwester und einen jüngeren Bruder. Mein Vater stammte aus Kiel, meine Mutter aus Beckingen/Saar. Dort waren wir während des Krieges zu Familienfesten bei den Großeltern. Dort weilten wir auch, als unser Vater im August 1944 als Soldat (Leutnant) fiel. Ich kannte meinen Vater kaum, ich erinnere mich nur an eine Szene, wo er am Kopf des Tisches saß. Viele Szenen wurden mir nachher erzählt. Der Vater war ja nur vorübergehend anwesend. Er war entweder im Krieg oder als Verwundeter im Lazarett bzw. mit Krücke zu Hause.

Als Jugendlicher dachte ich oft über unseren Vater und seine Biographie nach. Vor allem interessierte mich die Spannung zwischen seinem vorzüglichen Leumund in der Familie und seinem engagierten Anteil am Nationalsozialismus in der SA und später im Berliner Justizministerium. Ich komme darauf zurück.

Ich habe als Dreijähriger eine Szene genauer in Erinnerung, als im Sommer 1944 Truppen durch das Dorf an die Westfront zogen und ich mit anderen Kindern auf einen gelben Panzerspähwagen gehoben wurde. Im Nachhinein wundere ich mich über die gute Laune, welche die jungen Soldaten damals ausstrahlten.

Von 1950 bis 1959 besuchte ich die Schulen in Beckingen und Merzig. In Beckingen empfing mich und meine beiden Geschwister eine große mütterliche Verwandtschaft. Sie fing bereits in dem Hause an, in dem wir mit den Großeltern zusammen wohnten, eher einer Villa mit einem sehr großen Garten. Dort wuchs mit der jüngeren Schwester unserer Mutter und ihrem Mann eine zweite Familie mit fünf Kindern heran. Die älteste der drei Schwestern im Hause war unverheiratet. Sie war die „Tante", in einer bürgerlichen Familie waren solche unverheirateten Frauen gleichsam zur Hilfe bei den Alten bzw. bei den Kindern vorgesehen. In diesem Sinne war „Tante" auch der Name einer Institution. Im Dorf gab es drei verwandte Familien über unsere katholische Großmutter, und die Kultivierung von Verwandtschaft als Zusammenhalt, als gegenseitige Hilfe, auch als Freundschaft durch Zusammenkünfte, gegenseitige Besuche und Feste war selbstverständlich. Vor allem sonntags nach der Messe zum Frühschoppen oder zum Kuchen am Nachmittag waren solche Besuche üblich. Die Kinder trafen sich oft und unternahmen, die Nachbarskinder eingeschlossen, viel Gemeinsames. Dieses Idyll nehme ich noch heute nostalgisch war, auch wenn es zwischen Einzelpersonen gelegentlich Spannungen gab, die man als Kind weniger wahrnimmt.

Erkundungen über die mütterliche Familie: Eine saarländisch-schwäbische Beziehung

Die katholische Einbettung der Familie entsprach dieser katholischsten Ecke Deutschlands, dem Saarland. Wir Kinder hatten freilich drei evangelische Großeltern, nicht nur die Eltern des Vaters aus Kiel. In Beckingen hatte der mütterliche Großvater Heinrich Bill, der aus einer kleinen evangelischen bäuerlichen Ecke im Nordosten des Saarlandes kam, 1907 das Haus gebaut. Er profitierte von der evangelischen Elite, die seit preußischer Zeit die Industrie im Saarland aufbaute und leitete, aber er fühlte sich in seiner katholischen Umgebung durchaus wohl, ohne sich ihr persönlich anzuschließen. Unser Vater war wohl schon als junger SA-Mann aus der evangelischen Kirche ausgetreten. Da keine katholische Heirat mit ihrem Verlobten möglich war, trat unsere Mutter anlässlich der Heirat 1937 in Berlin aus der katholischen Kirche aus. Dieser Austritt beruhte also zunächst auf dem misslungenen Versuch, einen aus seiner eigenen Kirche ausgetretenen Evangelischen katholisch heiraten zu wollen. Nach dem Tod unseres Vaters 1944 und nach ihrer Rückkehr in den Schoß der Großfamilie 1945, die ihr nicht in jeder Hinsicht recht war, die sie aber um der Kinder willen kaum vermeiden konnte, mokierte sie sich über diejenigen, die im Dorf ihre Farbe von Braun auf Schwarz wechselten. Sie hat ihre Kirchendistanz als liberale Außenseiterrolle im katholischen Dorf durchgetragen. Die Toleranz zwischen Katholisch-Evangelisch und Freisinnig war von Anfang an eine Herausforderung für die eigene religiöse Identität.

Der ein Jahr jüngere Bruder unserer Mutter, Pater Hildebrand Bill OSB, gehörte als Pater in die ostschwäbische Benediktiner-Abtei Neresheim. Ich habe später 34 Jahre in bzw. bei Tübingen gelebt. Der schwäbischen Zeit meiner mütterlich-saarländischen Familie in Waiblingen (etwa 1925–1935) war ich mir sehr bewusst. Diese Zeit brachte Spätzle und Schupfnudeln auf unseren Tisch an der Saar. Der Pater in Neresheim war ein schwäbisch-katholischer Bezugspunkt, der auch nach Beckingen zu Besuch kam und den wir ab den fünfziger Jahren im Kloster Neresheim besuchten, um dort im Klosterhospiz die Ferien zu verbringen. Der Pater hatte u.a. ein komödiantisches Talent und war mit einem schönen Bariton für die liturgischen Gesänge ausgestattet. Er hatte freilich auch die Neigung, unterhaltsame Predigten nicht abzukürzen. Er war, nicht nur bei uns, sehr beliebt. Im Grunde war er eine Hinterlassenschaft der schwäbischen Zeit unserer Großeltern und ihrer Kinder in Waiblingen, wo auch ein Haus gebaut worden war und das Gymnasium nicht mehr in Dillingen/Saar, sondern in Stuttgart besucht wurde. Natürlich gehörten auch die Gedichte von Uhland, Graf Eberhard und die Wurmlinger Kapelle zum Repertoire unserer Mutter und ihrer beiden Schwestern. Die beiden älteren Schwestern (Tante und Mutter) hatten auch Erinnerungen als Tanzpartnerinnen auf Tübinger Verbindungsfesten, zu denen sie mit dem Dienstwagen ihres Vaters gebracht wurden. Die mütterliche Familie hatte einen „Pater familias“ (Heinrich Bill), der als Direktor der damaligen Karcher-Schraubenfabrik in Waiblingen eher ein gehobenes bürgerliches Leben ermöglichte. Dazu gehörte auch ein literarisches Leben. Es wurde viel Belletristik gelesen, und den Kindern wurde wie uns später auch nahegelegt, mit der sog. Weltliteratur vertraut zu sein. Der Großvater wurde aus gesundheitlichen Gründen früh pensioniert und zog dann nach Beckingen mit der Familie in das alte Haus zurück. In und nach dem Krieg erinnere ich mich an Besorgungen, Spaziergänge und Ausflüge, zu denen er mich als Kind mitnehmen musste. Er starb 1952, unsere Großmutter folgte ihm 1953.

Ich erzähle dies, weil unser Großvater, dessen sechs Enkel und zwei Enkelinnen in diesem Haus nach dem Krieg aufgewachsen sind, ein liberaler, toleranter und an christlichen Werten orientierter Mensch war. Die schwäbischen Kontakte blieben seinen Kindern erhalten, so dass ich, als ich 1967 nach Tübingen kam, bereits mit einschlägigen Geschichten aus Waiblingen, Stuttgart und Tübingen versehen war und die schwäbische Küche für mich nichts Neues war. Schließlich war das Saarland erst ein spätes Gebilde, und Welfen und Staufer, einen Grafen Eberhard im Bart, einen Ludwig Uhland und einen Wilhelm Hauff hat es nicht gehabt.

Vater und Mutter in Deutschlands dunklen Jahren

Unser Vater Walter Mieth (geb. 1910) stammte, wie bereits erwähnt, aus Kiel. Sein Vater war Werftmeister in der Howaldt-Werft in Kiel gewesen. National angestoßen durch den vaterländisch und militärisch orientierten Geschichtsunterricht und durch die damals üblichen nationalen Legenden, schloss er sich als junger Mann Ende der zwanziger Jahre der SA an. Er hatte die Oberrealschule, wie es damals aus Kostengründen in Arbeiterfamilien üblich war, nach dem „Einjährigen" (heute ist das die 10. Klasse) verlassen und zunächst eine Justizgehilfenanstellung angestrebt. Die Verbindung von Sozialismus und Nationalismus war gerade in der SA durchaus präsent.

Nach der „Machtergreifung" 1933 konnte er das sog. Begabten-Abitur erhalten und im Berliner Justizministerium eine Stelle als Justizinspektor antreten. Dort wurde er zugleich Reichsstellenleiter im Reichsrechtsamt und Reichsuntergruppenwalter junge Rechtpflege im Nationalsozialistischen Richterbund. Der Nationalsozialismus, die „Partei", sicherte seinen Aufstieg. (Später wies mich unsere Mutter an, keine Karriere mittels einer Partei anzustreben. Das war eine Lehre, die sich mir einprägte.) Unser Vater gab mit Josef Singer (1888–1980), der wohl als der ältere Verantwortliche vor seinem Namen stand, eine Schriftenreihe für Rechtpflegeanwärter und Ausbilder im Deutschen Rechtsverlag heraus. Die Themen reichten vom Kostenrecht bis zu den Strafverfahren und der „Rassen- und Erbpflege".

Aus einer schriftlichen Arbeit im bürgerlichen Recht (1939/40 – da war er schon ein in Frankreich verwundeter Soldat), die mir vorliegt, kann ich nichts Ideologisches entnehmen. Eher wird aus seinen Randbemerkungen in Büchern sichtbar, wie völkisch er dachte. Diese Bücher aus dem väterlichen Erbe waren einseitiger als die vielen Bücher, die unser Großvater mütterlicherseits mit seinem humanistischen Abitur besaß und die unsere Mutter später ständig ergänzte. Da ging es eher klassisch zu. Die historischen Romane, die mich von

Anfang an interessierten, reichten dort von Walter Scott, Wilhelm Hauff, Gustave Flaubert, Victor von Scheffel und Conrad Ferdinand Meyer im 19. Jahrhundert bis zu Stefan Zweig, Heinrich Mann, Lion Feuchtwanger und Franz Werfel im 20. Jahrhundert.

Ein Beispiel für die völkische Gesinnung in der Literatur ist für mich – ohne eine Berührung mit dem Nationalsozialismus – Felix Dahns (1834–1912) *Ein Kampf um Rom*, das unser Vater mit Randbemerkungen versehen hatte. Ich habe es gelesen, als ich etwa zehn Jahre alt war – ich war früh ein Bücherwurm. Ich las auch die expressionistisch gestalteten germanischen Heldengesänge von Werner Jansen (1890–1943), die ebenfalls im Vatererbe auftauchten: die Gudrunsage, die Wittichsage, Dietrich von Bern, die Nibelungen und anderes mehr. Die wandernden Germanen wurden seit dem 19. Jahrhundert der deutschen Geschichte vorgespannt. Felix Dahn, um die Jahrhundertwende ein vaterländischer Geschichtsprofessor mit Talent zum Romaneschreiben, hatte sich vor allem der Völkerwanderung angenommen. Er betrachtete zwar das untergehende Rom mit Respekt, polemisierte aber gegen das „korrupte" Byzanz bzw. Konstantinopel, das die Reiche der Vandalen und Ostgoten vernichtet habe. Dazu verbreitete er im *Kampf um Rom* eine heroische Untergangsstimmung am Vesuv, wo ein letzter Römer und ein letzter Gotenkönig (Teja) ihr heldisches Ende fanden. Später als gereifter Erwachsener meinte ich diese „nekrophilen" Untergangsgefühle entschlüsseln zu können. Nahm dies den Ungeist des Führerbunkers 1945 vorweg? Erich Fromm, von dem ich später einiges über Charakterformate lernte, nannte dergleichen „Nekrophilie" und „human destructiveness".

Nationalistische Propagandaliteratur, etwa Hanns Johst (1890–1978), *Maske und Gesicht*, sah ich später im Bücherschrank. Ich las historische Romane, die Motive nationalsozialistischer Geschichtsbetrachtung umsetzten, diese vielleicht mit hervorriefen, etwa Otto Gmelin (1886–1940), *Das Angesicht des Kaisers* über Friedrich II. Das konnte ich später mit Johst an bestimmten Stellen kombinieren. Ich las Werner Beumelburgs (1899–1963) zweibändigen historischen Roman *Kaiser und Herzog* über den Konkurrenzkampf von Staufern und Welfen. Die Ost-Kolonialpolitik des Braunschweiger „Löwen" Heinrich sollte die Ostorientierung der Nationalsozialisten bekräftigen. Man kann bauliche Erzeugnisse dieser Nazi-Verherrlichung der

Ost-Kolonisierung noch immer in Braunschweig sehen. Die Geschichte des Deutschen Ordens und im Anschluss die Geschichte Preußens gehörten auch zu dieser betonten Wahrnehmung. Ich habe später bewusst versucht, gegenläufige historische Romane zu lesen, z. B. aus Polen Henryk Sienkiewicz (1846–1916), *Die Kreuzritter.* Die nationale polnische Auseinandersetzung mit dem Orden wurde später von Andrzej Wajda (1926–2016) verfilmt.

Als Kind las ich in den Ferien in Kiel, woher ja mein Vater kam, auch die Blut-und-Boden-Romantik in der sog. Bauernliteratur aus der ersten Hälfte des 20. Jahrhunderts, damals noch in Romanen, die unser zur Sparsamkeit gezwungener väterlicher Großvater aus Zeitungen ausgeschnitten hatte. (Er schnitt auch damals das Toilettenpapier aus Zeitungen.)

Hans Fallada (1893–1947) und der sozial engagierte Schriftsteller Walter von Molo (1880–1958) dienten mir in der Jugend als Brücken, um die zwanziger Jahre vor allem in der Bedrängnis der Arbeitslosigkeit zu verstehen. 1944 wurde unser Vater in der Rekonvaleszenz nach einer schweren Verwundung in Russland Mitglied der Kommandantur in Löwen. Den *Uilenspiegel* von Charles De Coster (1827–1879) mit seiner flämisch-nationalen Einstellung, die von den Nazis gern gesehen wurde, erhielt er dort als Abschiedsgeschenk. Als Ende der siebziger Jahre in Belgien der *Vlaams Blok* aufkam, musste ich daran denken. Vaters Leben als Soldat endete durch Fliegerbomben auf einen Militärtransport bei Metz. Wir besuchten sein Grab dort auf dem Kriegsgräberfriedhof, 1963 verlegte man ihn auf den Soldatenfriedhof in Reimsbach, in die Nähe unseres Heimatdorfes Beckingen.

Unsere Mutter Hildegard (geb. 1909) hatte, als ihre Familie in Waiblingen wohnte, das Mädchen-Gymnasium in Stuttgart besucht. In ihrer Klasse waren acht jüdische Mädchen – der deutsch-bürgerliche Aufstieg der Juden seit dem 19. Jahrhundert war in der liberalen Tradition ihrer Familie ein beachtetes und anerkanntes Phänomen. Sie besuchte danach ein Internat in Lausanne und machte dort an einer Wirtschaftsoberschule die Matura in Französisch. Ihre Sprachenausbildung setzte sie in Florenz als „Au-pair", wie man heute sagen würde, bei einer weinanbauenden Grafenfamilie bis 1935 fort. Als die Familie sich wieder an die Saar orientierte – das fiel in etwa mit der Saar-Abstimmung 1935 zusammen –, ging sie nach Berlin. Außer

Französisch und Italienisch lernte und sprach sie auch Spanisch und Englisch. In Berlin erhielt sie ihre erste Stelle als Fremdsprachensekretärin. Der emanzipierte Bildungsweg der Mutter machte uns Kindern den Anspruch der Frauen auf politische und familiäre Gleichberechtigung selbstverständlich. Ausgestattet mit weiträumiger Sprachkompetenz reiste sie auch später gern, allein und selbständig.

In Berlin, wo sie heiratete und wo ihre beiden ersten Kinder geboren wurden, fühlte sie sich sehr heimisch. Berlin blieb ihr Traum. Vor uns Kindern schwärmte sie stets von Berlin, von ihrer großen Wohnung in Wilmersdorf (in der ich geboren wurde) und vom Berliner Theater, das auch zur Zeit der „Goldfasane", wie die Berliner die betressten Nazis um Göring und Goebbels zu nennen pflegten, eine bürgerliche Unterhaltung bot. Die Berliner rissen über die „Goldfasane" Witze. Das wurde dann im Krieg schwierig, wenn es in Berlin hieß: „der Freisler geht um". Später lernte ich in Berlin die Orte kennen, wo Widerstand für jüdische Mitbürger geleistet wurde. Wenn ich mir ein Bild von den dunklen Nazi-Jahren mache, dann sehe ich ein Tempo, das die Bürger ebenso besinnungslos machte wie die Großinszenierungen der Partei, die Gleichschaltung der Jugend und z.B. die Olympischen Spiele 1936. Nachdenklichkeit wurde ständig durch neue Aufbrüche gestört. Diese Besinnungslosigkeit wurde durch Hitlers außenpolitische Erfolge und eine wirtschaftliche Prosperität gesteigert. Als Hitler den Krieg inszenierte, musste er dennoch den kriegsmüden Deutschen etwas vorlügen. Zu der Besinnungslosigkeit trug später der Krieg gegen den Kommunismus, die Sowjetunion, bei. Auch in der katholischen Kirche träumten manche damals von der „Rettung des Abendlandes".

Werner Bergengruens (1892–1964) Roman *Der Großtyrann und das Gericht* spielt in einem italienischen Stadtstaat der Renaissance. Er erhielt damals eine überraschend positive Besprechung im *Völkischen Beobachter*. Das war nicht selbstverständlich. Der Familiensaga nach hat unsere Mutter dazu die Vorlage geschrieben und über ihren Mann, der dort mitarbeitete, einreichen lassen. Sie hat uns ihre Mitschriften, die sie von den Vorlesungen zum Jurastudium unseres Vaters an der Humboldt-Universität in Berlin anfertigte, hinterlassen. Unser Vater blieb als Jurastudent eingeschrieben, auch wenn ihm der Einsatz als Soldat im Krieg dafür nur während seiner Rekonvaleszenz als Verwundeter Zeit ließ. Die Mitschriften sind kein Zeugnis einer sozialdarwinistischen Verwirrung, aber einer stark nationalgeschichtlichen Orientierung. In seinem letzten Feldpostbrief 1944 dachte unser Vater über das mögliche Kriegsende nach und ermahnte seine Frau, nicht zu streng zu meiner älteren Schwester zu sein. Ich gewann den Eindruck, dass begleitend zu den schrecklichen Taten des Nationalsozialismus sehr viele bürgerliche Lebenswelten nebenher existierten. Für mich ist eine problematische Brücke über diese scheinbaren Gegensätze die Rezeption Richard Wagners in Bayreuth.

Unsere Mutter kannte bereits den italienischen Faschismus aus ihrer Zeit nach der Matura als „Au-pair" in Florenz. Sie war nicht für Rassenwahn anfällig, und ich verdanke ihr mein nie versiegendes Interesse für Geschichte. Vor allem in den Schulferien ließ ich mir als Kind gern von ihr Geschichten aus der europäischen Geschichte erzählen. Mit der Zeit wurde ich in historischen Romanen wählerischer. Das Niveau etwa von Heinrich Manns *Henri IV*, von Stefan Zweig oder Lion Feuchtwanger wird selten erreicht. „Paris vaut bien une messe", der Spruch Heinrichs IV., der ihn katholisch machte, um in Paris einzuziehen und König zu werden, tröstete unsere Mutter, als sie geheim in die katholische Kirche wieder eintrat, um 1948 einen Lehrauftrag für Französisch an der katholischen Volksschule übernehmen zu können. Das blieb ihrer Familie bis zu ihrem Tod 1985 unbemerkt, da sie nicht praktizierte.

Die Herkunft meiner Eltern konnte ich anhand der Ahnenpässe, die das Nazi-Reich nachdrücklich empfohlen hatte und die einem genealogischen Interesse an der Familienherkunft entgegenkamen, bis ins 18. Jahrhundert verfolgen. Dabei konnte man den Weg der (evangelischen) Mieths auf der Wanderschaft von Handwerkern aus der Gegend von Bautzen in Sachsen über Sachsen-Anhalt und den Harz nach Westen, von dort über den Bau des preußischen Kriegshafens Wilhelmshaven zu den Kieler Werften nachverfolgen. Die Spur verlor sich freilich retrospektiv am Ende des 18. Jahrhunderts im Harz.

Durch Zufall und ohne eigenes Zutun erfuhr ich, dass es auch einen katholischen Zweig gibt. Mit meinem Sohn war ich 1984 auf der Insel Amrum in den Ferien. Dort erzählte mir ein Fahrradverleiher: In der Gegend von Bautzen gebe es katholische Sorben, für die der Name *Mèt* mit „Mieth" übersetzt worden sei. Offensichtlich schon lange und noch heute. Unter diesen Sorben gab es einen Zisterzienserpater mit Namen Tezzelin Mieth, dem im Jahre 1805 an der Marienkirche in Rosenthal, Kreis Kamenz (eine sorbische Wallfahrtskirche in diesem kleinen Dorf), ein Denkmal für seine Übersetzung der Bibel ins Sorbische/Wendische errichtet worden ist. Es findet sich auch eine Gedenktafel an dem Hof, von dem er stammte. Diese Geschichte veranlasste mich, ein Buch (*Mit dem Unkraut wächst der Weizen*, Luzern 1991) mit dem Untertitel „Sanfte Moralpredigten" („Mitia Moralia") zu versehen, denn der Zusammenhang von *Mèt* mit Honig und *mitis* ist für einen im Germanistikstudium auch sprachgeschichtlich geprüften Menschen leicht zu erkennen.

Der verdrängte Tod eines Kindermädchens

Sie hieß Heike und war bei uns Kindermädchen. Eingestellt wurde sie in Berlin 1941. Sie war die Tochter eines deutschen Soldaten und einer Russin. In der großen Wilmersdorfer Wohnung war auch ein Dienstbotenzimmer vorgesehen, das sie bezog. Unsere Mutter, um 1941/42 mit zwei Kindern, besuchte für ihren zweimal verwundeten Mann, der als mittlerer Justizbeamter im Berliner Ministerium noch als Jurastudent an der Humboldt-Universität eingeschrieben war, die dortigen Vorlesungen, auch solche allgemeiner, vor allem historischer und literarischer Art, und schrieb sie für ihren Mann mit. Ein Kindermädchen für die beiden Kleinen erlaubte dies. Verwandtschaftsbesuche von Tanten in Berlin waren ebenfalls hilfreich. Außerdem war es zu dieser Zeit üblich, vor allem an Weihnachten in die Villa der mütterlichen Großeltern in Beckingen zu ziehen. Ich habe als Kind noch Erinnerungen an die damalige Ausstattung im Erdgeschoss: eine große Diele, von der das Herrenzimmer, das Speisezimmer, das Musikzimmer mit einer Veranda unter Glas (oder Wintergarten) sowie die große Küche ausgingen. Die Schlafzimmer waren im ersten Stock für die Familie und im zweiten Stock für Kinder und Dienstboten. Es gab zwar Zentralheizung, aber nur ein Bad und eine Toilette im Haus. Die Abwasser waren noch nicht kanalisiert.

Besuche in Beckingen waren bis 1944 auch im Sommer möglich. Es könnte im Sommer 1943 gewesen sein, ich war wohl zweieinhalb

Jahre alt, und ich habe daran ebenso wenig wie an das Kindermädchen Heike eine Erinnerung, es sei denn anlässlich eines Krankenhausaufenthaltes wegen einer Mandeloperation – das könnte aber auch eher eine Krankenschwester gewesen sein. So wusste ich von der Geschichte nichts, die ich jetzt erzähle, nachdem meine Tante Elisabeth, zuständig für Familiengeschichte und stets erzählbereit, mir gegenüber, bis ich über 40 Jahre alt war, darüber geschwiegen hatte.

Ein Mädchen von 17 Jahren, an Berliner Verhältnisse gewöhnt, hatte auf dem Dorf kaum Möglichkeiten, sich zu unterhalten. Es wurde auch darauf geachtet, dass sie mit den – zum Teil russischen – Fremdarbeitern in der Schraubenfabrik nicht in gefährlichen Kontakt kam. So wird sie oben in der Nähe des Dachgeschosses, das als Vorratskammer, Trockenraum und Möbelreservoir diente, sich öfter einsam gefühlt haben. Die Vorräte waren vor allem eingemachte Früchte des großen Gartens, u.a. der Bedarf an Marmelade, Konfitüre und Gelee für die süßen Freuden des Frühstücks. Es war nicht leicht, diesen süßen Freuden in Reichweite zu widerstehen. Sie wurden ihr ja nicht versagt, denn in dieser Hinsicht gab es keine Vorbehalte oder Einschränkungen für das „Personal". Es war also leicht, auf den Geschmack zu kommen. Aber die Regale waren gut behütet, und die Gläser, besonders bei selteneren und begehrteren Früchten, wurden gern gezählt. Wie es nun dazu kam, dass Heike als Marmeladendiebin entdeckt wurde, hat mir meine Tante nicht erzählt, aber aus meiner bewusst erlebten Kindheit weiß ich gut, wie sehr die Zehn Gebote, insbesondere was Stehlen und Lügen betrifft, in Kraft waren. Vermutlich war die Strafe, nach einer Reihe von Ansagen als Zeichen der Empörung und Verachtung, Hausarrest. Das junge Kind, fern der Heimat, ausgescholten und ausgegrenzt, weinte wohl in der Nacht in sein Kissen und lief frühmorgens über die Straße und über die große feuchte Wiese auf den Bahndamm, der sie begrenzte. Dort warf sie sich unter den Zug. (Es gibt die Strecke Trier–Saarbrücken heute noch.)

Eine solche Tat, so sehr sie Schuldgefühle erzeugte und so gerne man sie verhindert hätte, fiel unter Selbstmord, ein abscheuliches Verbrechen. Auf dem katholischen Friedhof wurde sie nicht beerdigt. Man fand im Nachbarort Dillingen, wo in der Hütte das lothringische Erz mit saarländischer Kohle zu Stahl gekocht wurde, einen protestantischen Pfarrer – vermutlich aufgrund der Kontakte meines protestantischen Großvaters –, der die Beerdigung dort auf dem städtischen Friedhof vornahm. Als ich die Geschichte meines Kindermädchens hörte, war das Grab längst aufgelöst.

Die Wucht dieser Geschichte, die ich als Kleinkind nicht bewusst erlebt hatte, sondern die mir später – als ich 40 Jahre alt war – erzählt wurde, geht mir heute noch nahe.

Die Bombe im Vorgarten

Im Kriege zogen nach 1941 immer wieder vor allem russische Fremdarbeiter oder Zwangsarbeiter auf dem Wege zur Fabrik am Haus vorbei. Als die Westfront näher rückte, gab es gelegentlich Flugzeugangriffe auf die erwähnte Bahnlinie, ca. 100 Meter vor dem Haus in Richtung der Saarwiesen. Ein solcher Angriff, von dem später eine Cousine genauer erzählte, heulte über das Dorf und gefährdete die russischen Arbeiter auf dem Wege. So leitete mein Großvater den Strom der Arbeiter von der Straße um in seinen großen Keller. Das war gut so, denn eine Bombe verfehlte die Bahnstrecke und ging neben der Straße im Vorgarten nieder, eine andere zerschlug das Dach, scheint aber nicht explodiert zu sein. (Ich sah die notdürftigen Bretterverschläge später an den Zimmerdecken.)

Ortswechsel (1943–1945)

Unsere Mutter konnte mit den drei kleinen Kindern im Herbst 1944 nicht nach Berlin zurück. Die Wohnung im Haus in Wilmersdorf, Pfalzburger Straße 61, war durch Fliegerbomben völlig zerstört. Sie zog daher mit den Kindern nach Bitterfeld nahe Wittenberg im Anhaltinischen, wo sie mit der kleinen Familie bei einer Freundin unterkam. Ich erinnere mich an die Fliegerangriffe und nächtlichen Aufenthalte im Bunker dort, an den Kindergarten, an das Märchentheater für Kinder, an die Ankunft der amerikanischen Soldaten – die erste Schokolade –, die wieder zugunsten der Russen abzogen, an Hagelschläge im Sommer 1945, an Kinderkrankheiten (Masern) und nicht zuletzt an den gelbgrauen Himmel dieser Industriegegend für Chemie und Braunkohle. (Ich habe Bitterfeld nach der Wende im neuen Jahrtausend zweimal besucht: Nun scheint es Kurort mit See und weißen Schiffen zu sein.) Ich lernte von einer evangelischen Theaterfrau ein christliches Abendgebet, aber wir waren nicht getauft. Wir litten Hunger und aßen Pellkartoffeln mit Zuckerrübensaft.

In Bitterfeld musste sich unsere Mutter entscheiden, wohin sie sich mit ihren Kindern orientieren wollte. Sie war erst 36 Jahre alt. In der russischen Zone wollte sie nicht bleiben, Berlin war ausgebombt. Nach Kiel zu ihren Schwiegereltern zu gehen, die ihren einzigen Sohn verloren hatten und nach den Enkeln schauen wollten, erschien ihr weniger sinnvoll, als nach Beckingen, also in ihre ursprüngliche Heimat, zurückzukehren. Leicht fiel ihr dies aber nicht. Im Dezember 1945 zogen wir daher, nachdem unsere Mutter die bürokratischen Hürden genommen hatte, von Bitterfeld nach Beckingen, vom Osten nach Westen, quer durch Deutschland. Die Transportmittel waren Autos mit Holzgas, Züge und Fußmärsche (mit Kinderwagen). Übernachtet wurde auf Stroh, das verwanzt war. Einmal ging ich verloren und wurde wieder gefunden. Als wir einen Tag vor meinem fünften Geburtstag, am 22. Dezember 1945, in Beckingen ankamen, waren wir unterernährt und von Ungeziefer zerstochen. Aber damit begann, bei allen Nachkriegseinschränkungen, eine neue, freundliche Zeit.

In Beckingen wohnten wir, wie schon erwähnt, in dem von den Großeltern gebauten repräsentativen Haus mit riesigem Garten. Wir waren zwei Familien mit zusammen acht Kindern. Die jüngere Schwester meiner Mutter war – mit ihrem Mann, der als Berufssoldat Hauptmann gewesen war und nach dem Krieg den ursprünglich von den Nazis verweigerten Lehrerberuf erlernte – für die eine, meine Mutter als französische Sprachlehrerin für die andere Familie verantwortlich.

Französische Sprachlehrerin konnte unsere Mutter werden, weil sie in der französischen Schweiz ihre Matura gemacht hatte. Es genügte ein Kurs in Dijon. Im Saarland waren wir ja mit Frankreich in der Zollunion. Die *civilisation française* sollte sanft die deutsche Seelenkultur ablösen, und dagegen gab es in dem rein deutschen Gebiet Widerstand. Zu Hause lasen wir als Kinder einen prächtigen Bildband, der den Krieg 1870/71 dokumentierte, der ja auf den Spicherer Höhen bei Saarbrücken mit den ersten Gefechten begonnen hatte. Der

Bildband mündete in Sedan. Vor „Führers Geburtstag“ im Nazi-Reich gab es vor dem Ersten Weltkrieg den „Tag von Sedan“ und „Kaisers Geburtstag“. Noch war das Bild vom „welschen“ Erzfeind nicht aus den völkischen Köpfen verschwunden. Die Kinder skandierten auch 1946 auf der Straße antifranzösische Reime. Auf der anderen Seite gab es die „alte“ Herrschaft der Franzosen an der Saar seit Ludwig XIV. Das französische Flair von Saarlouis war erhalten. Wir besuchten dort Verwandte, die stolz auf einen Offizier waren, der am Krimkrieg teilgenommen hatte. Die Nazis hatten Saarlouis in „Saarlautern“ umbenannt. Bis heute ist die deutsch-französische Sprachgrenze noch deutlich spürbar. Sie vermag Dörfer zu trennen. Wir aber wurden in unterschiedlichen Graden durch den Schulunterricht „frankophon“ – frankophil im literarischen Sinne waren wir ohnehin. Mein jüngerer Bruder lehrte später außer Religion auch Französisch am Gymnasium, und er war die Kontaktperson zu einer sehr geschätzten Pariser Familie, deren Ferienhaus am Atlantik wir besuchen durften.

Erst beim Tode unserer Mutter 1985 erfuhren wir, wie bereits erwähnt, dass sie katholische Kirchensteuer bezahlt hatte, weil sie 1948 formell durch Wiedereintritt katholisch geworden war. Wir hatten bis zu ihrem Tode nicht wahrgenommen, was doch auf der Hand lag: Die Mitgliedschaft in einer Kirche war eine Bedingung dafür, an einer saarländischen Konfessionsschule unterrichten zu können. Alle Grundschulen waren Konfessionsschulen. Das erwähnte Zitat „Paris vaut bien une messe“ Heinrichs IV., das unsere Mutter gern benutzte, sollte wohl diesen geheim gebliebenen Akt ihrer Rückkehr interpretieren. Jedenfalls achtete unsere Mutter darauf, dass wir unsere eigene „Entscheidung“ ernst nahmen und – ohne sie selbst freilich – sonntags in die Kirche gingen, meist in die Frühmesse, die mit dem Nüchternheitsgebot besser zu vereinbaren war und einen langen Tag des Spielens (die Christenlehre am Nachmittag ausgenommen) offen ließ. Auf diesem Besuch der Sonntagsmesse bestand unsere Mutter auch bei unseren sehr erquicklichen Sommerurlauben bei den liebenswürdigen evangelischen Kieler Großeltern in Friedrichsort, obwohl der Weg weit war.

Die älteste, unverheiratete Schwester, die zu dieser Zeit unseren Haushalt führte, die „Tante“ als Institution, steckte voller Geschichten, war – wie andere unverheiratete Tanten in der Verwandtschaft –

lustig und fromm zugleich. Sie hieß schlechthin die „Tante“ und verfügte bis ins hohe Alter über die hohe Kunst der Konversation, die sie in einer Bonner „Benimmschule“ für höhere Töchter erlernt hatte. Als ich meinen Kindern und später meinem Enkelkind erzählte, merkte ich, dass ich von ihrem phantasiereichen Erzähltalent stark beeinflusst war. Aufgewachsen bin ich also im Umkreis von drei Schwestern und einem Mann im Haus. Die Verständigung war nicht immer leicht, vor allem zwischen den beiden Haushaltsvorständen unterschiedlichen Geschlechts und mit unterschiedlichen Geschlechterbildern.

Der Kindergarten war nicht weit von der Volksschule. Dorthin konnte man gut laufen. Mit fünf Jahren, im September 1946, begann die Schule: 82 Kinder, eine Lehrerin. Vom Dach der Villa waren Schieferplatten gefallen. Eine diente mir als Tafel, sie war schwer. Ich trug eine alte Aktentasche statt eines Schulranzens. Auf dem Schulhof fanden „Reiterkämpfe“ der Jungen statt: Die kleineren (u.a. ich) saßen auf den Schultern der großen Jungen, und man versuchte sich umzuwerfen.

Die Kinderspiele im Dorf konnten wild und rau sein. So trug ich durch den Wurf einer Tomatenstange eine Verletzung am linken Auge davon, die mir später, 1988 bis 1993, zu schaffen machte: Das Lid hängt etwas, der graue Star meldete sich sehr früh, infolge der 1988 noch umständlichen Linsen-Entfernung und des Einsetzens einer künstlichen Linse kam es zu einer zweimaligen Netzhautablösung, die jeweils operativ in Köln behandelt werden musste. Seither trage ich eine Plastiksicherung hinter der Netzhaut meines linken Auges.

Eine andere Verletzung, die mich begleitete, entstand mit sieben Jahren durch den Sturz von einer vier Meter hohen Balkonterrasse. Die daraus resultierenden Schädelbrüche wurden „konservativ“ außerhalb der Klinik zu Hause vom Nachbarn, dem Hausarzt, behandelt. Er war u.a. sonntäglicher Partner unseres Großvaters bei gemeinsamen Übersetzungsübungen von Tageszeitungen ins Altgriechische. Die ausgeheilten Schädelbrüche bedeuteten in Jugend und Studium eine häufige Begleitung durch Kopfschmerzen, die sich aber, bis ich gegen 30 Jahre alt wurde, auswuchsen. Eine Delle im Schädel kann man freilich immer noch fühlen. Das senkte den Tauglichkeitsgrad bei der späteren Musterung zum Militärdienst. Der ebenfalls geschädigte linke Gehörgang ist jetzt durch ein Hörgerät kompensiert.

Derlei Einschränkungen haben meinen Lebensoptimismus nicht verringert und meine Einsatzfreude nicht vermindert.

Katholische Taufe und familiäre Ökumene

Als 1949 in meiner Volksschulklasse die Erstkommunion bevorstand, sollten unsere ungewöhnlichen Verhältnisse im katholischen Dorf geklärt werden. Wir drei Geschwister waren ja ungetauft. Meine Schwester (zwei Jahre älter als ich) lief ebenso wie ich während des Religionsunterrichtes den kurzen Weg nach Hause. Wir wurden beide 1948 als religiös mündig erachtet – das traf für den damals fünfjährigen jüngeren Bruder noch nicht zu –, so dass wir unsere Konfession wählen durften. Diese Wahl fand nach einem Besuch sowohl eines evangelischen als auch eines katholischen Gottesdienstes statt. Unsere Mutter meinte, wir sollten die Wahl unseres Glaubens selbst treffen. Meine Erinnerung behauptet, es seien die sinnlichen Elemente der katholischen Liturgie gewesen, welche die Entscheidung zugunsten der katholischen Taufe erleichterten. Meine Schwester (10) und ich (8) erhielten Taufunterricht bei einer Tante, die Volksschullehrerin war – und daher nach damaligen Erfordernissen für diesen Beruf unverheiratet bleiben musste – und die am Sonntag dreimal in die Messe ging. Das nannte man in der engeren Familie zwar gern „bigott", aber man achtete es doch. Die häusliche Mischung von katholisch, liberal und ökumenisch blieb stets erhalten. Dazu trug bei, dass die Schraubenfabrik im Dorf, ein Erbe der Industrialisierung und Stahlverhüttung mit Kohle, evangelisch geleitet war und im Dorf eine evangelisch-schwäbische Schicht von höheren Angestellten existierte. Die Industrialisierung an der Saar in der preußischen Zeit seit 1815 beruhte, wie ich schon angemerkt habe, auf evangelischen Initiativen und Investitionen. Katholische Gebiete – z. B. auch Bayern – waren damals industriell weniger entwickelt.

Schon die sog. Mischehe der Großeltern in Beckingen stand unter katholischem Vorzeichen: Die Kinder spielten nach dem Ersten Weltkrieg Messe auf dem Speicher. Die Taufe und eine katholische Großfamilie, der Taufunterricht, die Messe am Sonntag, die lautstark geschmetterten Kirchenlieder, die getrennt vom priesterlichen Handeln von der Gemeinde gebetete Singmesse, die langen Predigten, die Christenlehre, die Andachten, die besondere Verehrung des Allerheiligsten, der sonntägliche Friedhofgang, die Fronleichnamsprozession mit Böllern, die eng gestellten Bänke in der vollen Kirche, die Ausdünstungen eines Volkes ohne Duschen – es war alles sehr dörflich-katholisch. Mir wurde es in der Kirche als Kind bei allem Faible für die katholische Sinnlichkeit deswegen manchmal in der engen Kirchenbank schlecht. Zur Konzilszeit wurde die Kirche weiträumig „aufgehellt", aber dann Jahrzehnte danach wieder in den Originalzustand des späten 19. Jahrhunderts gebracht und damit „abgedunkelt". Wenn die Sonne scheint, wirken die alten Bemalungen passend, an trüben Tagen ist die Kirche, die in meiner Jugend einmal hell war, ebenfalls trüb. Während unserer Ferien bei den väterlichen (evangelischen) Großeltern in Kiel, also in der katholischen Diaspora, schickte uns unsere Mutter auf den weiten Weg zur „Sonntagsmesse" zu einer hölzernen Notkirche mit den Worten: „Wenn ihr katholisch seid, macht euch auf den Weg."

Ich bin also katholisch geworden, weil ich mich in der katholischen Liturgie und in den abwechslungsreichen Riten, später auch in der lateinischen Gregorianik beheimatet fühlte. Getauft wurden meine Geschwister und ich in der Beckinger Pfarrkirche von unserem Onkel, dem Pater aus Neresheim. Umgeben war die Taufe von der katholischen Familie aus der großmütterlichen Verwandtschaft. Viele Familiengräber dieser weiten Verwandtschaft habe ich mindestens jährlich einmal besucht. Heute sind sie zum großen Teil, dem Zug der Zeit entsprechend, aufgelöst. Die Auflösung unseres Familiengrabes wird einmal kommen. Früher erzählten die Gräber Geschichten, heute geht die Geschichte über die Gräber hinweg. Rituale und Erinnerungen hängen zusammen. Die Rituale verändern sich und damit verändert sich auch die Geschichte.

„Früher" – ich bin als Kind in einer Zeit ohne visuelle Medien groß geworden. Unser familiäres Medium war die Geschichte, d.h. die Einbettung der Familiengeschichte in die deutsche und europäische Geschichte. Es wurde erinnert und erzählt. Die Kinder fragten „und dann?". Dies ist mir heute deshalb so bewusst, weil die digitalmedialen Instrumente ununterbrochen andere Dinge erzählen als die Geschichte und Familien geschichtsloser zu werden scheinen. Sehr auffällig ist, dass in Medien-Staffeln statt Geschichte grausame Märchen erzählt werden, die sich mit ihren Kostümen aus der Geschichte bedienen, ohne diese Geschichte selbst noch abzubilden.

Im familiären Kreis wurde mir, da man nicht so recht mit einem heiligen „Dietmar" rechnete, mit der Taufe der Name meines Patenonkels Robert (Tiné) hinzugefügt, den ich manchmal in den USA zusätzlich als „R." benutzt habe. Inzwischen werde ich aus dem Rottenburger Ordinariat an meinen Namenstag am 7. März erinnert: ein Bischof Dietmar von Minden Anfang des 11. Jahrhunderts. An ihn hatte gewiss niemand gedacht, als man mir den Namen „Dietmar" gab.

Meine Kirchlichkeit begann also in einer religiösen, katholisch geprägten Sinnlichkeit, aber zugleich in einer postkonfessionellen religiösen „Musikalität". Wenn man zwischen „musikantisch" (als die Fähigkeit, ein Instrument passabel spielen zu können) und „musikalisch" (als die passive Aufnahmefähigkeit für Musik) unterscheidet, bin ich zwar nicht musikantisch, aber religiös musikalisch. Das gilt auch für die Festlichkeit von Bach- und Mozartmessen oder für modernere musikalische Formen. Musik und Frömmigkeit gehören für mich zusammen. Das Katholische daran ist, dass sich für mich die Musik visuell in den Gewändern und Gegenständen und rituell in Handlungen spiegeln sollte.

Erinnerungen an die konfessionelle Differenz der Familie in Beckingen reichen in die Erzählungen der Dorfgeschichte hinein. Ich verdanke diese Erzählungen dem Onkel im Haus, dem Mann der jüngeren Schwester meiner Mutter, Helmut André, der nach 1955 vom Gemeinderat in der CDU-Hierarchie zum saarländischen Generalsekretär („Landesgeschäftsführer") der CDU aufstieg und mir u.a. eine Geschichte Beckingens schenkte. Eine Erzählung erinnert an den Zwiespalt, der in einem solchen Dorf entstand – vielleicht angesichts der vom preußischen (und schwäbischen) Protestantismus geförderten wirtschaftlichen Entwicklung in der Eisenindustrie, die viele Arbeitsplätze schuf. Die Katholiken fanden nämlich entlohnte Arbeit nicht nur in den Kohlegruben, sondern auch in den Stahlhütten, und dies führte zu einer großen Zunahme der Bevölkerung, so dass ab Mitte des 19. Jahrhunderts in Beckingen eine größere Kirche angestrebt wurde. Mit dem Bau einer größeren neugotischen Kirche wurde beschlossen, die kleine zweischiffige gotische Dorfkirche an die evangelische Kirche zu übergeben. Dieser Deal fand jedoch nicht statt, weil die alte Dorfkirche abbrannte. Die Protestanten bauten dann auf einem anderen Berg eine Kirche, die eher wie eine „feste Burg" aussah.

Zum katholischen Wesen gehörten natürlich auch Marien-Altärchen im Mai, Prozessionen und allerlei Brauchtum, das Kinderherzen erfreuen kann, zumal es ja das heute übliche Überangebot an Unterhaltung nicht gab. Unterhaltung war auf Familienfeste, deren es viele gab, auf das Dorfkino, auf die Kirmes und auf die Fastnachtsumzüge beschränkt. Das Leben als Kind in der Großfamilie enthielt viele kleine Pflichten, vor allem in der Pflege des Gartens, aber auch im Umgang mit der Kohleschaufel, um die Unmengen von Kohle zur Heizung in den Keller zu bringen. Es gab aber auch spielerische Gestaltungsmöglichkeiten, nicht nur im Haus, sondern auch in dem großen, weitläufigen Garten, das war oft eine heile Welt.

Wenn man auf dem Dorf sonntags in die katholische Messe ging, musste man vorher nüchtern sein und nachher auf den Friedhof gehen und dort die zahlreichen Gräber großmütterlicher Verwandter besuchen. Das Erste war schwieriger als das Zweite, denn die Friedhofskultur war zu dieser Zeit der fünfziger und sechziger Jahre ganz anders als heute: blumenreich mit Weihwasserschalen und Kerzen, voller Erinnerungen und dazugehörigen Erzählungen – und vor allem eine Verbindung von Himmel und Erde, wie es im Kirchenlied hieß: „Auf Erden hier unten, im Himmel dort oben". Der Friedhof strahlte Ruhe und Geborgenheit aus, man hatte von dort einen weiten Blick auf die Saarauen. Der Höhepunkt der Friedhofskultur war an Allerheiligen und Allerseelen, wenn die Gräber geschmückt waren und abends bis nachts die Lichter so leuchteten, dass man an das ewige Licht glauben konnte. Auf allen katholischen Dörfern war es so, aber es hat sich nur wenig bis heute erhalten. Der Friedhof war ein Zeugnis eines doppelten Lebens: hier unten, dort oben. Wenn es Klagelieder gab, dann galten sie für unten, gepriesen wurde nach oben, oft in der vollen Kirche so gewaltig, dass es weder auf der Straße noch im Himmel überhört werden konnte. Priester grüßte man mit „Gelobt sei Jesus Christus", und man empfing die Antwort „in Ewigkeit Amen".

In einem meiner Bücher habe ich, ohne es ganz ernst zu meinen, davon erzählt, wie wir, ein kleiner Pulk von Verwandten, bei einem der Besuche des Benediktiner-Onkels, Pater Hildebrand Bill, im Anschluss an die Messe über den Friedhof gingen. Als 12- oder 14-jähriger Gymnasiast (ich weiß das Jahr nicht mehr genau) hatte ich natürlich einen *Schott* mit den lateinisch-deutschen Messtexten dabei. In diesen waren die kleinen Bilder eingelegt, die man zum Heimgang von Verstorbenen erhielt oder auch bei der Osterkommunion, die ja zu den zu erfüllenden Kirchengeboten gehörte. Das waren natürlich viele. Vermutlich geriet ich auf dem Hauptweg des Friedhofes ins Träumen. Daher lockerte sich der Griff am *Schott*, und das Buch fiel zu Boden, nicht ohne eine große Zahl von Heiligen- und anderen frommen Bildchen auf den Weg zu streuen. Natürlich wurde ich wegen meiner Unaufmerksamkeit gerügt, und während man mir beim Aufsammeln half, nahm der Pater den Träumer in Schutz. Wenn ich später als älterer Mann durch das evangelische Dorf, in dem wir seit 1981 wohnten, ging, war ich dankbar dafür, dass mich gelegentlich einer vom Gartenzaun aus freundlich grüßend anrief, längst wissend, dass es sich nicht um Unhöflichkeit handelte, sondern um Gedankenverlorenheit.

Die Sonne einer scheinbar heilen katholischen Welt konnte manche Schatten nicht vertreiben. Es gab aber auch damals übliche Unterwerfungsmechanismen in der Familie, in der Schule, in der Kirche. Jungen machten bei der Begrüßung einen „Diener“. Der Respekt war einseitig. Es war zwar nicht mehr ganz so obrigkeitlich wie in den Erzählungen unserer Mutter aus dem Ersten Weltkrieg, wo vor allem die Furcht vor dem Pfarrer als Schulinspektor umging. Beichte, Sexualität und sog. Ehemissbrauch bildeten eine mir heute manchmal als schwülstig erscheinende Einheit. Die Aufmerksamkeit für das sechste Gebot – unter dem sich ein Kommunionkind von acht oder neun Jahren zunächst nichts vorstellen konnte – bildete einen ständigen Kreislauf, weil sich Natur und kirchliche Kultur, scheinbar gegenläufig, doch in die Hände spielten.

Junge Theologiestudierende von heute können diese Atmosphäre kaum mehr nachvollziehen. Natürlich erweckte dies und manches andere auch Widerspruch. Der Widerspruchsgeist gegen etablierte autoritäre Selbstverständlichkeiten im politischen, kirchlichen und gesellschaftlichen Bereich wurde früh geweckt und an der männlichen Autorität im Hause gelegentlich ausprobiert. Der respektheischende Onkel machte mich jedoch wiederholt mit der Kirchenkunst vertraut, insbesondere des schwäbischen Barock, ausgehend von beliebten Urlauben im Kloster Neresheim.

Kirchliche Jugendarbeit (1954–1960)

Meine Erfahrungen als Laientheologe und als Ethiker spannen sich über sechs Jahrzehnte. Aber ein für mich wichtiges Jahrzehnt geht bereits voraus: die Jugendarbeit, in der sich bei mir erst das Bedürfnis nach religiöser Vertiefung formte und seine Themen fand.

Ich besuchte nach der katholischen Volksschule in Beckingen das Knaben-Realgymnasium in Merzig von 1950 bis zum Abitur 1959. Damals musste man noch Aufnahmeprüfungen bestehen, und als Knirps war ich stolz, dabei einen Preis für einen Aufsatz zu erhalten, den ich in der Buchhandlung einlösen konnte. Ich war ja spät im Jahr geboren, klein, schmal und kurzsichtig. Die Brille war ein Hindernis bei der Neigung der Jungen zu Handgreiflichkeiten. Sie ging häufig zu Bruch. Ich wundere mich noch heute über die Geduld der Mutter, die mit dem ständigen Ersatz verbunden war. Mit meinem drei Jahre jüngeren Bruder teilte ich ein Zimmer im zweiten Stock der Villa. Wir hatten einen schönen Fensterblick auf das Saartal, die Eisenbahnlinie und die Siersburg auf der anderen Seite der Saar.

Einige der Lehrer waren im Krieg Offiziere gewesen. Dies war z. B. spürbar, wenn wir uns vor dem Französischunterricht aufbauen mussten, um stehend die erwünschten drei Worte zu deklamieren: „Anstand, Ordnung und Sauberkeit". Später, 1988, wurde ich an dieses Gymnasium, das jetzt Gymnasium am Stephansberg hieß und koedukativ war, zu einem Jubiläumsvortrag eingeladen. Ich erinnerte an „Anstand, Ordnung und Sauberkeit" als damals eintrainierte Verhaltensvokabeln. Die Abiturienten, die einen langweiligen Vortrag über „Tugenden" erwarteten, waren schon im Aufbruch, um den Saal zu verlassen. Als sie dies hörten, kehrten sie wieder um und setzten sich. Ich versuchte, in meinem Vortrag Haltungsstile der Selbstbestimmung, der Toleranz und der Kooperation zu favorisieren. Nach mir sprach ein SPD-Landtagsabgeordneter, der das Bedürfnis nach Ordnung wiederherstellte.

Meine Leistungen in der Schule waren gut, aber einseitig, weil ich mich vor allem für Deutsch, Geschichte und Latein interessierte. Damals waren die Gymnasien eine selektive Bildungsinstitution. Von 72 Schülern, die 1950 in zwei Parallelklassen eingeschult wurden, erreichten auf nicht durch Wiederholungen verlangsamter Bahn nur 9 direkt das Abitur (wir waren dann im März 1959 immerhin noch 16). An den Karrieren der Abiturienten, die sich später gelegentlich trafen, kann man ablesen, dass es damals um die Schulung einer Elite ging.

Als Gymnasiast war ich ab 1950 ein „Fahrschüler", der mit der Bahn nach Merzig zur Schule fuhr. Der Weg zur Bahn waren 800 Meter. Ein Schulweg von etwa 2 Kilometer zu Fuß kam in Merzig hinzu. Seither, gewohnt an solche Distanzen, bin ich gut zu Fuß. Im Sport war als Läufer die Mittelstrecke mein Revier. Da ich im Deutschunterricht einige Leidenschaft entfaltete, auch die Leidenschaft zur Erkundung eines möglichen Widerspruchs, durfte ich in der Abschlussfeier der Schule in der Aula mit 13 Jahren ein Gedicht schmettern. Ich habe dieses Gedicht nicht vergessen, weil es einige Zeilen enthielt, die mir Vorausdeutungen meines späteren Engagements zu sein schienen. Ich füge Hans Carossas (1878–1956) Zeilen, die vermutlich von Martin Heideggers *Sein und Zeit* beeinflusst sind, hier ein:

> O verlerne die Zeit
> dass nicht dein Antlitz verkümmere
> und mit dem Antlitz das Herz.
>
> Leg ab deine Namen,
> verhänge die Spiegel,
> weihe dich einer Gefahr.
>
> Wer einem Wink folgt im Sein,
> Vieles zu einem erbaut,
> stündlich prägt ihn der Stern.

Über das Pathos dieses Gedichts kann ich auch lächeln, aber „Vieles zu einem erbaut" gefällt mir als Motto weiterhin.

Die dörflichen und die dortigen kirchlichen Umstände nahmen durch die Schwerpunktverlagerung an das Gymnasium der Kreisstadt ab. Es blieben die Wochenenden für Unternehmungen mit den Freunden, man spielte Tischtennis oder lief den nahen Fischerberg hinauf. Religion war freilich auch schulisch weiterhin sehr präsent: Jeden Mittwoch war die erste Stunde eine Schulmesse. Als ich 13 oder 14 Jahre alt wurde, sank mein Interesse daran, und es wurde schick, sich zu distanzieren. Bald wurde die Schulmesse durch Kartenspielen ersetzt, und meine Religionsnote sank vorübergehend in den Keller.

Das änderte sich jedoch durch den *Bund Neudeutschland* (ND). 1954, nach Aufhebung des französischen Verbotes (das wohl auf dem missverständlichen Namen beruhte), wurde der ND u.a. am Knaben-Realgymnasium Merzig eingeführt und vom Religionslehrer-Kaplan Kunibert Hammer (* 1927) beworben. Der *Bund Neudeutschland* war eine katholische Schülerjugend, die 1919 von Jesuiten in Köln zu einer geistig-religiösen Erneuerung Deutschlands gegründet worden war. Die Gründung nahm jugendbewegte, „bündische" Traditionen auf, war aber nicht im nationalistischen Sinne „deutsch". Daran erinnert neben dem Jesuiten Alfred Delp (1907–1945), der dazugehörte, auch der neudeutsche Jugendführer Willi Graf (1918–1943) aus Saarbrücken, der als Mitglied der *Weißen Rose* hingerichtet wurde. Da unser Benediktiner-Onkel Pater Hildebrand in diesem Bund als geistlicher Beirat („Gaukaplan") tätig war, kannten mein jüngerer Bruder, der mich „anwarb", und ich die Wimpel bereits, die wir uns für unsere Fahrräder wünschten. In diesem Bund wurde ich schnell heimisch, fand in der Pubertät geistigen Halt und entwickelte eine religiöse Intensität.

Willi Graf war ein Vorbild und eine Orientierung. Erst später, 1991, las ich den wunderbaren Essay von Inge Jens über ihn, nachdem die Tagebücher und Notizen Grafs 1988 veröffentlicht worden waren. Ich las aber auch später in der Geschichte des ND an der Saar, dass nicht alle der NS-Bewegung standhielten und sich der Gleichschaltung mit der Hitlerjugend widersetzten. Ich habe immer wieder darüber nachgedacht, wie Menschen in bestimmten Konstellationen ihre individuelle Widerstandsfähigkeit verlieren, und mich in dieser Hinsicht auch in die Konstellation hineinphantasiert: Was wäre gewesen, wenn ich – ungetauft – in der DDR, etwa in Bitterfeld, aufgewachsen wäre?

Aufgrund des politischen Erwachens in der saarländischen Wiedervereinigung war ich für politische und soziale Optionen aufmerksam geworden, vor allem als sich erwies, welche Gefühle mit der Orientierung am Nationalen verbunden waren. Katholisch standen das französische Arbeiterpriestertum und der katholische *Nouveau Roman* (Paul Claudel, François Mauriac, Georges Bernanos, Léon Bloy) im Vordergrund. Wir lasen in der Familie auch Reinhold Schneider (1903–1958) und Werner Bergengruen. Dazu versuchte ich mich an den literarischen Beschreibungen der zwanziger Jahre zu orientieren (z.B. an den oben schon erwähnten Hans Fallada und Walter von Molo).

Die katholische Sozialbewegung stand für mich schon in den fünfziger Jahren in Verbindung mit einer auf Christus bezogenen Spiritualität und einem sozialen Engagement im „Milieu“ Schule im Vordergrund. Das Vorbild war die *Jeunesse Étudiante Chrétienne* in Frankreich und Belgien. Der Übergang von der an Natur, Lagerfeuer und Liturgie interessierten katholischen Jugendbewegung in die „soziale Aktion“ war damals jedoch nicht selbstverständlich. Die einen waren auf „Gemeinschaft“, d.h. auf inneren Zusammenhalt hin orientiert, die anderen – eine Minderheit, der ich angehörte – auf Engagement in der Gesellschaft. Gewiss konnte man sich auf ein „sowohl – als auch“ verständigen, weil dies ja kein sich ausschließender Gegensatz, sondern nur eine andere Pointierung war. Das französische Arbeiterpriestertum war jedoch ein Orientierungspunkt. Als Student schrieb ich in einem *Werkbuch* des ND über „Gemeinschaft“ und versuchte, die unterschiedlichen Vorstellungen von innerer Bindung und äußerem Engagement zu kombinieren.

Von 1956 bis 1963 übernahm ich viele Aufgaben in der *ND-Jungengemeinschaft*, die später *Katholische Studierende Jugend* hieß, und dann im *Hochschulring* dieses *Bundes*. Auch die naturbewegte Seite des *Bundes* mit Fahrten und Lagern habe ich intensiv erlebt.

Kaum war ich in der Jugendarbeit tätig, änderte sich mein Leben grundlegend angesichts der Verantwortung, die ich dort bald zu übernehmen hatte. Als Fähnleinführer, als Gruppenleiter für das Gymnasium (von 350 Gymnasiasten dieser Schule waren damals mindestens 75 im ND), in der Abiturklasse als für das Saarland zuständiger „Gaugraf“, dann als für die Diözese Trier zuständiger „Markgraf“ u.a.m.

lernte ich eine Menge: von der christlichen Lebenskonsequenz bis zur freien Rede. Ich rebellierte (damals erfolglos) gegen die „bündischen“ Reste, gegen Kluften und gegen deutschtümelnde Titel („Gaugraf“). Es gab auch eine „Ritterweihe“. Die Christus-Zentriertheit und die Schöpfungsfreude des sog. Hirschberg-Programms beeindruckten mich. An der Münchner Fassung dieses Programms durfte ich später, 1963, als Leiter der Theologengemeinschaft – diese Position musste ich aufgeben, als ich Laie bleiben wollte – mit beraten. Etwa zwölf Jahre meines Lebens, 1954 bis 1966, habe ich also intensiv mit diesem *Bund* verbracht. Später blieb ein loses, aber durchaus positives Verhältnis, lose nicht nur wegen der Familiengründung, sondern auch, weil ich die sich anbietenden Schienen einer vom *Bund* gestützten Karriere zu vermeiden suchte.

Die katholische Jugendarbeit, ausgehend von der Schule, bestimmte also mein Leben intensiv mit. Dazu gehörte ein religiös geformtes aszetisches Verständnis des Jugendlebens. Rauchen und Trinken waren negativ belegt. (Das bezog sich nicht auf den Weißwein beim sonntäglichen familiären Mittagessen.) Die Geschlechter waren damals ohnehin – abgesehen von Familienfesten – getrennt. Tanzen, so hieß es, könne man auch später lernen.

Die religiöse Mitte war der „Christuskreis“. Für mich war schon damals wichtig, dass Christus nicht durch „die Kirche in den Seelen“ (Romano Guardini) übermalt war. Die Laien als „Führer“ (in der Tat!) sahen in den begleitenden Kaplänen nicht den Vormund, sondern den Berater. Die Ausrichtung war in diesem Sinne weltzugewandt und unter Laienführung. Das Konzept einer „bündischen“ Jugend, die aus dem „Zurück zur Natur“ der Jahrhundertwende um 1900 stammte, waren Mutproben, Radtouren und Lagerleben. Die Betonung der Schöpfungslehre, die Auseinandersetzung mit dem dialektischen Materialismus des Ostblocks („Diamat“-Seminare), mit dem Nationalsozialismus, die Forderung nach mehr Demokratie, die Eingliederung von Schülern und Abiturienten aus der DDR, die Ausländerfreundeskreise und ähnliche Engagements folgten.

Die freie Rede wurde trainiert, die Gitarre sollte wenigstens zur Liedbegleitung geübt werden. Ich war schwach darin, aber der Hausgebrauch war Pflicht: Bei Gruppenbesuchen in leitender Funktion musste man ein neues Lied einüben. 1956, als ich 15 Jahre alt war, durfte ich mit sieben 14-jährigen Jungen auf eine Radtour mit Zelten in den Schwarzwald gehen, wo wir uns dem ND-Ferienlager in Freiburg i. Br. anschlossen (ohne weitere Betreuer, das waren wirklich vertrauensvolle Eltern!). Später gab es in den Gruppen des studentischen *Hochschulrings* eine intensive interdisziplinäre Bildungsarbeit.

1958 unternahmen wir mit dem Religionslehrer Alfred Kleinermeilert (* 1928, er wurde später Trierer Weihbischof), der „Germaniker" gewesen war (also in Rom studiert hatte), eine Reise über die Schweiz nach Italien und Rom. Es gab eindrucksvolle Höhepunkte, nicht nur den Tellsprung, weil wir unterwegs über den Vierwaldstättersee schifften, oder den Ort Subiaco als Erinnerung an das Mönchtum, sondern vor allem Rom selbst. Auf Fotos sehe ich, wie wir einen Imbiss in den Kolonnaden des Petersplatzes nehmen. Eine Messe in der Petrus-Krypta und die Teilnahme an einer Papstaudienz im Petersdom sollten die Höhepunkte sein: Papst Pius XII., schon dem Tode nahe, wurde mit Tiara und Pfauenfedern auf der *Sedia gestatoria* (ein Tragestuhl) vorbeigetragen. „Seine Heiligkeit" war damals dennoch ein unkritisches katholisches Gefühl, nicht nur ein Titel.

Die Jugendarbeit führte mich näher an die katholische Liturgie heran. Der ND gehörte zur Liturgischen Bewegung. Die Andachtsform der Messe, in der die Priester Geheimnisvolles auf Latein vollzogen, während die Laien dazu deutsche Texte sangen und beteten, ohne dass die Beziehung zwischen beiden Vollzügen durchsichtig war, sollte einerseits durch einen volkssprachlichen Gottesdienst abgelöst werden, andererseits war die Tradition des lateinischen Gottesdienstes in akademischer Form aufrechtzuerhalten und gemeinschaftlich zu gestalten. Die Liturgische Bewegung war von einer eucharistischen Spiritualität begleitet, die wiederum in den Christuskreisen sowie in Einkehrtagen und Exerzitien verstärkt wurde. Eucharistieempfang und Messe gehörten, was damals noch nicht üblich war, zusammen. Aus der Sündenbeichte wurde die Andachtsbeichte, eine verständnisvolle Begleitung des jugendlichen Wachstums.

Die Begegnung mit Bildungsabenden, Christuskreisen, Eucharistiefeiern im Geiste der liturgischen Erneuerung, mit Einkehrtagen, Exerzitien, Fahrten und Lagern stärkte die Fähigkeit zur organisatorischen Verantwortung, aber auch zum intellektuellen und spirituellen Engagement. Zur tieferen Einführung in die Liturgie nutzte ich

Aufenthalte an kirchlichen Hochfesten in der Abtei Neresheim. Als Jungen hatten wir Zugang zur Klausur, und eine Zeit lang wie ein Mönch zu leben war durchaus attraktiv. Oft kamen Teile der großen Familie aus Beckingen mit. Aber wir Jungen hatten das Privileg, im Rokoko-Speisesaal der Mönche am Katzentisch mit zu essen. Es gab einen Nachschlag, wenn die schweigend essenden Mönche zu früh für uns fertig waren.

Bei einem der bundesweiten Treffen der *ND-Jungengemeinschaft* 1957 hielt ich mein erstes außerschulisches Referat zum Verhalten der 15/16-Jährigen, selbst kaum älter. Mein „politischer“ Onkel im Hause hatte mir als Lektüre dazu den Tübinger Pädagogen Eduard Spranger (1882–1963) empfohlen. Die Unterscheidung zwischen Anpassung, Rebellion und Sezession in der Jugend bei Spranger war mir eine idealtypische Hilfe.

Das Einverständnis, in dem ich mich damals befand, führte meiner Erinnerung nach zu einer gewissen Härte mir selbst und anderen gegenüber. Damit meine ich nicht, dass es mir an Verständnis und Einfühlung für die mir zur Führung anvertrauten Jugendlichen fehlte. Aber es war doch ein geschlossener Kreis mit Bedingungen der Zugehörigkeit, die ich als Jugendführer mit verwaltete. Wenn ich daran zurückdenke, sehe ich einen Mangel an urbaner Welterfahrung, auch an Einsicht in die Pluralität kirchlicher Lebensformen.

Es war erst ein längerer Lernprozess, der die Geschlossenheit auflockerte. Denn das nostalgische Bild bekam später, als ich studierte, einige störende Tupfer durch den kirchlichen Reformstau, der sich ankündigte. Zwar wurden liturgische Bedürfnisse erfüllt. Aber die Beschränkung auf eine liturgische Reform des Konzils war umso mehr für den Studenten zu spüren, als inzwischen viele Erwartungen geweckt worden waren. Ich greife voraus: Uns fehlte später auch die von uns glühend erwartete Weiterschreibung der unzulänglichen Reformen des Zweiten Vatikanischen Konzils. Damit ging es, wie alle wissen, nur wenig voran, in vielen Dingen eher zurück. Vieles wurde nicht zum Aufbruch, sondern zum Abbruch. Da es sich aber um ein komplexes Gebilde von Ursachen handelt, lässt sich nicht sagen: Wäre dieses oder jenes anders gehandhabt worden, dann sähe es besser aus. Andererseits ist jedoch klar: Mit der römischen Entwicklung und mit der Entwicklung auf Bischofsebene in der Lokalkirche, die von der römischen Restauration abhängig war und diszipliniert wurde, war und bin ich nicht einverstanden. Das ändert nichts daran, dass die katholische Sozialisation mit ihrer Prägung durch die Jugendbewegung mich in meiner weiteren Entwicklung förderte und begleitete. Dies war eine kirchliche Eingewöhnung, die zugleich herausforderte und Grenzen setzte.

Unabhängig von diesem Vorgriff auf das Konzil möchte ich die allgemeine Bedeutung der Eingewöhnung in ein kirchliches Leben betonen. Seither hat sich vieles verändert. Umso sinnvoller scheint es mir, im zweiten Teil dieses Buches nicht nur zu erzählen, *wie* es war, sondern *was* es war, wie es sich verändert hat und wie diese Veränderung heute herausfordert. In meiner Jugend ging es aber nicht nur um Eingewöhnung in ein kirchliches, sondern auch in ein politisch interessiertes Leben.

Erste politische Erfahrungen: Eine saarländische Komponente?

Mein politisches Erwachen als 14-Jähriger war gewiss mit der Saar-Abstimmung 1955 verbunden. Dazu muss man den Blickwinkel des Jugendlichen einnehmen. Was nahm er wahr?

Das Saarland lebte in einer französisch überwachten Teilautonomie, die besonders im Fußball für männliche Jugendliche zum Ausdruck kam: Die Gruppenspiele zur Weltmeisterschaft 1954 sahen Deutschland, Norwegen und das Saarland in einer Ausscheidungsgruppe, die Deutschland vor dem Saarland gewann. Das Saarland wurde dabei von dem aus Dresden stammenden späteren Bundestrainer Helmut Schön trainiert; 1952 hatte der 1. FC Saarbrücken gegen den VfB Stuttgart im Endspiel um die Deutsche Fußballmeisterschaft gestanden, nachdem er erstmals statt für die französische zweite Liga für die deutsche Südwestoberliga optieren durfte und dort vor Kaiserslautern Meister geworden war. Ich war 1952 elf Jahre alt und kannte die Saarbrücker „Nationalmannschaft“ mit allen Namen der Spieler. Der Gewinn der Fußballweltmeisterschaft 1954 durch Deutschland führte im Saarland zu besonderen Feiern und mancherorts zum Absingen der (verbotenen) ersten Strophe des sog. Deutschlandliedes. Damit war unsere Familie keineswegs einverstanden.

Die politische Erfahrung im Saarland der fünfziger Jahre wurde von einem Abstimmungskampf getragen: Angeboten wurde den Saarländern eine Abstimmung über ein „europäisches Statut“, das einerseits zu mehr Autonomie im Status quo geführt hätte, andererseits ein Aufgehen in einem zukünftigen Europa anvisierte. Die Sache war politisch keineswegs eindeutig, zumal Konrad Adenauer der Regelung zugestimmt hatte. Aber mit der Zulassung von „deutsch“-analogen Parteien war doch ein *Heimatbund* (christlich-sozial-liberal) entstanden, der für die Ablehnung des Statuts plädierte („Deutsch ist die Saar“ wurde gesungen). Dies geschah im ungewollten Schulterschluss mit den Kommunisten (nicht zu vergessen: Erich Honecker stammte aus dem Saarland), deren propagandistische Aufkleber wir als Schüler gern verwendeten.

Zugleich war zu erkennen, dass die Kirche, insbesondere die Geistlichkeit, zwischen Status-quo- Vertretern (der Christlichen Volkspartei des Saarlandes, CVP, eine analoge Bezeichnung zur Schweizer Christdemokratie) und Deutschnationalen gespalten war. Politische Zurückhaltung in der Predigt war damals noch nicht der Stil, mit dem die Pastoren ihre Schäflein führten.

Zwei christliche Parteien, das war ein besonderer Konflikt. In anderer Form zeigte sich dieser Konflikt mit veränderten Positionsbestimmungen auch noch nach der Saar-Abstimmung. Mit der Versöhnung zwischen CVP und CDU fühlten sich die Deutschnationalen um einen wichtigen Impuls gebracht, und die Christlich-Nationale Gemeinschaft (CNG) – geführt vom ersten Ministerpräsidenten des Bundeslandes Saarland, Hubert Ney (1892–1984) – spaltete sich ab. Die CDU, deren Generalsekretär bald nach der Abstimmung der Onkel Helmut André wurde – er blieb es sehr lange –, bewältigte ebenso wie die anderen Parteien des *Heimatbundes* ihre nationalistischen Versuchungen. So ist es – nicht nur familiär – verständlich gewesen, dass die CDU, auch im Kontext des Ungarnaufstandes 1956, in unserem Hause zur fraglosen Option wurde. Daran änderte sich zunächst auch bei mir nichts, zumal ich vom Onkel nicht nur mit Gartenarbeit, sondern auch bei Wahlkämpfen mit dem Kleben von Plakaten beschäftigt wurde.

Als Seminarist hatte ich später, im Sommer 1962, in München ein sog. Freisemester. Damals beschrieb ich im saarländischen CDU-Blatt die „Schwabinger Krawalle“ 1962 in München, eine Eskalation, aus der man lernen konnte.

Seit der Jugend stand für mich die noch nicht aufgearbeitete Vergangenheit im Blick. Insbesondere interessierte mich die nationalsozialistische Rolle meines Vaters in der SA, im Berliner Justizministerium und als Soldat. Ich versuchte, die Randbemerkungen in seinen Büchern zu studieren und zu eruieren, wodurch man auch als gescheiter Mensch verführbar werden kann. Die Einsicht in das Parteienspektrum konnte ich später über die CDU hinaus erweitern. Ich lernte dabei, dass nicht Parteien die Menschen, sondern Menschen die Parteien ausmachen. Die Option für eine „christliche“ Politik, d. h. eine Politik aus persönlichen christlichen Motiven und Überzeugungen, lernte ich auch bei Sozialdemokraten und den Grünen kennen. Ich sah später in Baden-Württemberg auch immer wieder, wie sehr dieses Motiv in der CDU in einzelnen Persönlichkeiten wie etwa Erwin Teufel präsent war.

Was den saarländischen Konflikt vor 1955 betrifft, mache ich auf die Unterscheidung von *citoyen* und *bourgeois* aufmerksam, die in der französischen und später auch der deutschen Soziologie eine Rolle spielte. Wir, d. h. unsere Familie, also die zwar nicht frankophonen, aber frankophilen Saarländer (wir lasen Französisch, aber wir sprachen es schlecht – da muss ich freilich meine Mutter und meine Geschwister ausnehmen), wollten *citoyens* sein, aber nicht *bourgeois*, national, aber europäisch. Unsere Abstimmungen („Heim ins Reich“ 1935, 1955) waren durchaus in der Gefahr, national vor europäisch zu stellen. Aber sie riefen auf demokratischer Grundlage europäische Entscheidungen beim französischen Partner hervor, die besondere Achtung verdienten. Dies waren also meine ersten politischen Eindrücke. Wie bei vielen Altersgenossen veränderten sie sich nicht völlig, aber sie differenzierten sich.

II. Theologiestudium im Kontext des Zweiten Vatikanischen Konzils (1959–1967)

Ein philosophisches Jahr in Freiburg (1959/60)

In der intensiven Jugendarbeit zwischen 14 und 18 Jahren entstand eine Neigung zur Fortsetzung dieser Arbeit im geistlichen Stand. Der begleitende Priester unserer Gruppe war zu meiner Abiturzeit der spätere Trierer Weihbischof Alfred Kleinermeilert. Aber auch andere wie der Koblenzer Religionslehrer Kurt Esser (1909–1981) gehörten zu den Priestern, die Jugendliche intellektuell und spirituell begleiteten. Manche von diesen Vorbildern blieben nicht Priester. Ich habe mich immer gefreut, sie später einmal wiederzusehen. Der Eintritt in ein Priesterseminar und das Theologiestudium lagen also nach dem Abitur im März 1959 – nicht weit nach meinem 18. Geburtstag – nahe. Ich einigte mich mit meiner darüber nicht erfreuten Mutter darauf, diesem Schritt erst einmal ein Jahr Philosophiestudium in Freiburg vorausgehen zu lassen.

An der Schule war ich Philosophie als Fach nicht begegnet. Ich hatte daher Mühe, im ersten Semester, dem Sommersemester 1959, den Vorlesungen des Philosophen Max Müller (1906–1994), die morgens um 8 Uhr bereits überfüllt waren, zu folgen. Später las ich meine Mitschriften und wunderte mich, warum ich dennoch so mitschrieb, dass ich die Mitschriften im Nachhinein verstehen konnte. Ich habe damals gelernt, wie viel Eingewöhnung man in eine Fachsprache braucht – es ist ähnlich wie mit jeder Fremdsprache. Wenn man mir später selbst zu viele „fremdsprachige Begriffe“ vorwarf, verstand ich den Vorwurf gut, aber es erwies sich als schwierig, die Eigensprachlichkeiten einer etablierten Denkschule zu übersetzen – in einer Diskussion war dies leichter. Ansonsten belegte ich einen lateinischen *Cursus scholasticus propaedeuticus* für Theologen und Einführungen in die sog. *Philosophia perennis* (die zeitübergreifende Philosophie). Zudem las und exzerpierte ich den Überweg, das damals wie heute führende Kompendium der Philosophiegeschichte, und hörte kirchenhistorische und allgemein historische Vorlesungen.

Viel zu tun hatte ich in diesem ersten Jahr auch immer noch zu Hause, weil ich den *Bund Neudeutschland* (Jungengemeinschaft) in der Diözese Trier leitete. Ich reiste zu den Gruppen und Veranstaltungen, hielt Vorträge und lebte aszetisch, zumal ich dafür Geld brauchte. Eine reguläre Finanzierung gab es noch nicht, der geistliche Leiter, Kurt Esser, sorgte für eine Nachzahlung. Ich wog damals nur 53 Kilo. Das änderte sich in der Folge.

Auch das Griechisch-Abitur legte ich nach diesem Jahr, da ich ja nur „neusprachlich" und Lateinschüler gewesen war, am humanistischen Gymnasium in Saarlouis ab. Die Vorbereitung in Freiburg war nicht gut, ich brauchte eine intensive Gedächtnisleistung, aber ich denke, man war in Saarlouis gnädig und legte mir als künftigem Seminaristen Bibelstellen vor.

Die Wechselwirkung von Theorie und Praxis

Ein besonderer Unterschied zwischen Philosophie und Theologie fiel mir im Studium auf. Er lag für mich in der Übereinstimmung zwischen theoretischer Reflexion und praktisch umgesetzter Überzeugung. Theologie hat m.E. (ein Punkt, in dem ich Hans Urs von Balthasar folge) immer auch einen existentiell-spirituellen Einschlag, der Theorie durch Praxis legitimiert (oder delegitimiert). Praxis bringt Erfahrung hervor, insofern ist die „kreative Praxis" (Hans Joas) auch ein theoretisches Movens. „Die Spannungseinheit von Theorie und Praxis" (der Titel meines Buches von 1986), mein spirituell eingefärbtes theologisches Lebensthema, das auch die Konzeption einer spirituellen Lebenskunst einschließt, bestimmte schon im Studium meine Identität als Theologe.

Insofern zog mich die Philosophie als Phänomenologie besonders da an, wo sie sich mit dem Praktizieren beschäftigte: mit Bewegungsstilen, mit Praktiken der Künstler, mit Lebenskunst.

Noch interessierte mich die Ethik nicht. Aber dies setzte sich später in der Ethik fort. Da ich es vorziehe, in der konkreten Ethik philosophisch zu argumentieren, hat mich ein evangelischer Kollege schon vor über 15 Jahren gefragt, ob ich „mit dem Theologen Mieth verwandt" sei. In der Tat sind die scheinbar oft divergierenden, für mich aber konvergierenden wissenschaftlichen Spuren, die ich verfolge, für manchen in ihrer Unterschiedlichkeit überraschend. Aber ich bin transdisziplinär orientiert, ein Perspektivist, der die Themen von möglichst vielen Seiten her betrachten und dadurch seine Vorausurteile klären will. Zugleich bin ich mir der Gefahr des Dilettantismus schon im Studium bewusst geworden.

Schon früh faszinierte mich das Thema Lebensführung, das ich in der Kirchengeschichte unter Anleitung von Erwin Iserloh (1915–1996), also in Trier, anhand von Seminaren über die *Imitatio Christi*, über das *Enchiridion militis Christiani* des Erasmus von Rotterdam und über die Dominikaner-Mystik im 14. Jahrhundert verfolgen konnte. Schon früh war ein wissenschaftliches Arbeitsthema geboren, das später mein Dissertationsthema wurde. Aber noch andere Weichen waren gestellt: der Vergleich zwischen Lebenswissenschaften und Lebensführung, der mich viel später beschäftigen sollte.

Ein vorkonziliares Priesterseminar und die kirchliche Fakultät in Trier (1960–1962)

Nach dem Jahr in Freiburg ging ich in das Seminar in Trier, das von den Seminaristen der „Kasten" genannt wurde. Damals brauchte man dazu eine ärztliche Untersuchung. Da wurde festgestellt, dass ich auf einem Ohr schlecht hörte. Beim Vorstellungsgespräch fragte mich der Regens, ob ich schon sexuelle Erfahrungen gemacht hätte. Ich war mir bewusst, dass diese Frage nicht in das *Forum externum* gehörte. Aber ich war auch belustigt, und ich wollte wissen, warum er dies frage. Er antwortete, manche kämen davon nicht mehr los. (In Zeiten mangelnder Koedukation war es ansonsten so, dass die Jungen, die ins Seminar eintraten, außer der Mutter nur Schwestern und Cousinen kannten.)

Im sog. Rudolfinum auf dem Berg über der Mosel fing ich an. Später war dieses Haus, Auf der Jüngt 1, einige Zeit Katholische Akademie. Noch später war es Ort von Tagungen. Ich sah es einige Male wieder. In einem grünen Geviert, das von einem Teil des Gebäudes eingefasst wurde, spielten wir Fußball. Daran erinnere ich mich gut, ebenso daran, dass ich 1983 in der Akademie einen Vortrag hielt und dass ich dort 2008 zum Präsidenten der Meister-Eckhart-Gesellschaft gewählt wurde.

Zunächst musste ich etwas im Studium aufholen. Das war dadurch erleichtert, dass ich ja schon über Prüfungsscheine verfügte. Zudem waren die Hauptthemen Philosophie und Kirchengeschichte. Außerdem gab es ein Jahr Hebräischkurse und als Abschlussprüfung das Hebraicum. Bereits 1961 kam ich in das eigentliche Seminar in der Stadt in der Nähe der Konstantinbasilika. Dort wurde man mit Soutane und Birett, also in der damals üblichen offiziellen Priesterkleidung, angefertigt in der *Blauen Hand*, heute noch ein renommiertes Haus, ausgestattet. Das Seminar in der Weberbach, also unsere Unterkunft, die Kapelle, der von einer hohen Mauer (bestückt mit Glasscherben) umgebene schöne Garten, war räumlich mit der kirchlichen Theologischen Fakultät verbunden. Es war „tridentinisch", d. h. es wurde nach der Ordnung des Trienter Konzils (1545–1563) geführt: streng, patriarchalisch, oft engstirnig, aber auch spirituell und liturgisch – dank Balthasar Fischer (1912–2001), Professor für Liturgiewissenschaft –, engagiert und zugleich lebenslustig und sportiv.

Die beschränkte reale Freiheit erhöhte die Intensität der möglichen Freiheit. Ich vergleiche es in der Erinnerung mit einer militärischen Kadettenanstalt – natürlich *mutatis mutandis*. Aber etwas lächeln muss ich schon, wenn ich mich in der Erinnerung mit den jugendlichen Seminaristen in Schwarz mit Birett und Röckel in Zweierreihen in den Dom ziehen sehe. Oder auch, wenn ich daran denke, wie viele Messen man an Allerseelen und an Weihnachten hintereinander als Messdiener begleiten konnte. Denn es war an diesen Tagen Priestern erlaubt, viele Messen zu lesen. Im Kloster in Neresheim hatte ich es schon geübt: Wenn jeder Mönch zusätzlich zum Konventamt seine eigene Messe zelebrierte, wurde ich oft zwischen den Seitenaltären als „Volk" im Dienst gebraucht. Ich erinnere mich auch daran, welchen Ärger eine erotisch aufgeladene, aber harmlose Szene an einem studentischen Filmkunstabend im Hause erzeugen konnte. Die eingeladenen Schwestern liefen gleich davon, begleitet vom Regens des Hauses, der uns anderntags eine entsprechende Predigt hielt.

Eigentlich wollte ich damals Religionslehrer an einem Gymnasium werden. Das war der Grund meines Eintritts in das Seminar. Religionslehrer am Gymnasium stellte man sich damals noch nicht als Laien oder gar als Frauen vor. Dieses Berufsziel galt freilich bereits als sehr ambitioniert. In den vielen Praktika, die ich in den Semesterferien an verschiedenen Schultypen abzulegen hatte, war ich, trotz meiner Erfahrungen als Jugendführer, manchmal von dieser Aussicht eher erschreckt.

Das Trierer Philosophie- und Theologiestudium empfand ich als anregend, auch wenn es langweilige Kurse gab. Dazu gehörte vor allem der neuscholastische Thomismus. Immerhin lernte ich, ihn anhand der *Summa theologiae* des Thomas, einer handlichen spanischen Ausgabe mit Register, zu überprüfen. Thomas von Aquin war auf allen Feldern tonangebend. Freilich durfte man ihn auch mit augustinischen und (neu-)platonischen Augen lesen, dazu half Klaus Kremer (1927–2007), Professor für Philosophie, dem ich eine gewisse Kenntnis des Johannes Eriugena verdanke.

Der Blick auf andere Fächer und die interdisziplinäre Runde der ND-Gruppe in Freiburg fehlten mir freilich in Trier. Die Freiburger Phänomenologie und insbesondere die Strukturphilosophie, der ich schon dort und später in Würzburg in Gestalt meines philosophischen Lehrers Heinrich Rombach (1923–2004) begegnete, sowie die Philosophiegeschichte, die mich schon damals zu der Linie Johannes Eriugena, Meister Eckhart, Nicolaus Cusanus, Blaise Pascal führte, aber auch der ebenso begriffssichere wie begriffsklappernde Neuthomismus – das alles hatte seinen Reiz.

Die Exegese atmete erstmals freier im schnellen Nachvollzug historisch-kritischer Errungenschaften. Die damalige Trierer und spätere Regensburger Bibel-Besetzung mit Heinrich Groß (1916–2008) und Franz Mußner (1916–2016) machte das Erlernen der Bibelauslegung spannend. Vor allem aber interessierte mich die Kirchengeschichte des sehr kritischen Erwin Iserloh, mit dem ich auch zeitweise im ND, dem er verbunden war, zusammenarbeitete. Ich engagierte mich in einer Reihe von kritischen Seminaren zur Spiritualitätsgeschichte, bei denen meine Vorliebe für Meister Eckhart – etwa im Vergleich zur *Imitatio Christi* des Thomas von Kempen oder im Vergleich zum *Enchiridion* des Erasmus – schnell entstehen konnte. Aus einer Seminararbeit ging bereits 1961 das ursprünglich 1963 für eine Lizentiatsarbeit in Trier und danach für eine Doktorarbeit in Würzburg vorgesehene Thema „Aktion und Kontemplation“, bezogen auf Eckhart und Tauler, hervor.

Freisemester in München und eine Rückkehr auf Probe (1962/63)

Ich sah deutlich, dass ich mit wenig Welterfahrung in das Seminar eingetreten war. Ich wollte eine Großstadt erleben. Deshalb plante ich 1962/63 ein Auswärtsjahr in München. Ein Semester wurde mir gestattet. Da ich zwei Semester beanspruchte, wurde ich im Studium und im Seminarjahrgang – d.h. auf dem Weg zur Priesterweihe – in Trier ein Semester zurückgestuft.

In das Sommersemester 1962 fielen auch die bereits erwähnten „Schwabinger Krawalle“ mit einer tagelangen Lahmlegung des Verkehrs in der Münchner Innenstadt. Die Krawalle der Jugendlichen waren aus einer Überreaktion der Polizei auf einen eher harmlosen Anlass (Straßenmusik am Wedekindplatz ohne Lizenz) entstanden. Das Paradigma der Eskalation ohne besonderen politischen Hintergrund ist mir in bleibender Erinnerung und antizipierte das dann politisch gewendete Potential der rebellierenden Studierenden von 1967/68. Die Vertreter der Staatsmacht mussten erst mühsam angemessene Reaktionen lernen. Viel später, als ich in Tübingen 1984/85 Seminare für Polizisten und Studierende zugleich leitete, erlebte ich, dass auf einer nächtlichen Streife, an der ein Demonstrant teilnehmen durfte, für den ich die Verantwortung übernahm, Kontrahenten einer Demonstration friedlich ihre Erfahrungen austauschten.

In München tat ich zeitweilig Dienst in der Bahnhofsmission, und in den Semesterferien im Sommer 1962 arbeitete ich in einer Firma, die u.a. Abdeckkappen für Autoräder herstellte. Diese hatte ich an der Maschine zu lochen. Für mich war es wichtig, auch dem Leben der einfachen Arbeiter, die hier „malochten“, näherzukommen. Sie verbanden das Leben eines „Priesterlehrjungen“ sofort mit anzüglichen Sexgesprächen. Ihre Unterhaltung in den Pausen bestand in einer Art Boccia mit schweren Metallstücken.

Trotz meines Engagements in vielen anderen Dingen, in der ND-Hochschulring-Gruppe, im Ausländerfreundeskreis und in der Freizeitkultur dieser Großstadt, die der *Spiegel* einmal „Weltstadt mit

Herz" betitelte, habe ich in München auch studiert, „Scheine" erworben, vor allem bei dem Moraltheologen Richard Egenter (1902–1981), der die Trierer Seminaristen betreute, der aber auch als theologischer Impulsgeber, ebenso wie sein Mitarbeiter Johannes Gründel (1929–2015), mit dem ND zu tun hatte. Auch sog. Semestralprüfungen habe ich abgelegt, es wurde damals ja alles geprüft (mit Bologna kam das später wieder).

Ein Erlebnis in diesem Sommer 1962 war auch eine Reise im VW-Bulli mit einem amerikanischen Studenten – ich war im sog. Ausländerfreundeskreis der katholischen Studentengemeinde in München – nach Berlin, wo man damals noch leichter über die Grenze kam und ich mir im Brecht-Theater am Schiffbauerdamm ein Autogramm der Filmschauspielerin Sophia Loren, die als Gast dort weilte, besorgen konnte.

Das Münchner Ambiente, vor allem das halbe Jahr als „Stadtgruppenleiter" für die ca. elf Gruppen des ND-Hochschulrings im Wintersemester 1962/63, der in der Vorbereitung der Festkultur engagiert sein musste, eröffnete mir eine katholische, zugleich aber auch sehr urbane Welt. Sie lockerte mein bis dahin eher enges Gemüt. Zum ersten Mal lernte ich auch Frauen näher kennen. Immer noch waren im ND nur Männergruppen und im *Heliand* – bei diesem war meine Schwester, die damals auch in München studierte – nur Frauen, aber alle Feiern waren offen, und sie waren häufig, im Sommer wie auch im Winter. Nicht nur bei den einwöchigen Exerzitien im Trierer Seminar Anfang Oktober 1962 hatte ich zwischendurch Zeit, darüber nachzudenken. Auf dem Weg in eine bestimmte Lebensform mit Einschränkungen, nicht nur durch den Pflichtzölibat, sondern auch durch die Einbindung in sehr autoritative Strukturen, für die man ja auch ein Versprechen ablegte, ist Nachdenklichkeit ein ständiger Begleiter. Die eigene Eignung, kirchlich als „Berufung" bezeichnet, steht ständig in Frage, und die Zeit verstreicht, in der man noch in eine andere Laufbahn wechseln kann.

Die Rückkehr von München nach Trier im Sommer 1963 war wie eine Prüfung, ob ich diesen Weg zum Priestertum fortsetzen wollte. Gelernt hatte ich inzwischen den Aufbruch in eine neue „weltoffene" Dimension. Wie der Spiritual des Seminars damals formulierte, hatte ich erkannt, dass auch die Aufgabe des Familienvaters reizvoll sein könnte. Insbesondere aber hatte ich Probleme mit den fortschreitenden Gehorsamsübungen, die der Regens für notwendig hielt und die es mir als schwierig erscheinen ließen, einen selbstbestimmten Weg zu wählen. Im Gegensatz zu manchen Mitstudenten, die sich später laisieren ließen, hatte ich nicht die Erwartung, dass nach dem Konzil eine Reform des Priesteramtes unausweichlich eintreten werde. Ich hatte gesehen, dass das Konzil sowohl nach vorwärts als auch nach rückwärts auszulegen war. Andererseits bin ich der Meinung, dass man Reformtexte dieser Art auf die eingebrachte Veränderung hin, also nach vorn hin, in der Hermeneutik des *Aggiornamento* interpretieren muss. So nahm ich wahr, wie sehr ich mich und wie sehr sich meine Erwartungen verändert hatten. Ich wollte Theologe sein, aber selbstbestimmt und nicht zölibatär leben. Nachdem ich zum Wintersemester 1963/64 das Priesterseminar verließ, dachte ich nie mehr an eine Rückkehr. In unserer ökumenischen Familie enttäuschte ich keine Erwartungen. Vielleicht dachten sie wie ein Mitstudent, der mir sagte: „Du taugst doch nicht zum Pastor, und um Professor zu werden, musst du nicht Priester werden." In der Tat wollte ich die Verlängerung meines Studiums, die nun unvermeidlich wurde, durch eine Promotion rechtfertigen. Ich dachte nicht weiter, als dass ich zusätzlich ein Staatsexamen für das Lehramt in zwei Teilen brauchte, um eine sichere Anstellung zu finden.

Als ich 1983 in Trier an alter Stelle im Rudolfinum, jetzt Katholische Akademie, einen Vortrag hielt über mein in vielen Auflagen veröffentlichtes Büchlein *Die Kunst, zärtlich zu sein*, sah ich den früheren Regens Nikolaus Jonas († 1992) unter den Zuhörern. Es war ihm offensichtlich ein Bedürfnis, mir anschließend zu erklären, dass ich, entgegen seiner damaligen dezidiert anderen Ansicht, den richtigen Weg gewählt hätte.

Begegnung mit der französischen Theologie und mit Alfons Auer (1963)

Das Gelobte Land der katholischen Theologie seit den fünfziger Jahren war, ohne die Bedeutung der wichtigen deutschsprachigen Theologen wie Karl Rahner (1904–1984) und Hans Urs von Balthasar

(1905–1988) zu schmälern, Frankreich und seine damals prosperierenden Hochschulen in Paris (*Institut Catholique*, *Le Saulchoir* der Dominikaner, die Hochschulen der Jesuiten). Yves Congar (1904–1995), Henri de Lubac (1896–1991), Marie-Dominique Chenu (1895–1990), die Beziehung zu Pierre Teilhard de Chardin (1881–1955), die Kultur des *Nouveau Roman* und des *Film noir* – all dies reicht weit über den innerkatholischen oder gar theologischen Diskurs hinaus. Die frühe Theologie Joseph Ratzingers ist ohne diesen Bezug zur französischen Theologie nicht zu denken, Hans Küng hat nicht nur in Rom, sondern auch in Paris studiert. Diese besondere Rolle setzten die Dominikaner aus Paris später bei der Zeitschrift *Concilium* fort. Wie man heute Englisch liest, las man damals Französisch – was mir besonders entgegenkam. Ich muss freilich einräumen, dass meiner Sprachbegabung – nicht als Lesebegabung, aber als *Sprechbegabung* – Grenzen gesetzt sind, obwohl ich gelegentlich Vorträge auf Französisch und Englisch hielt. Aber mir fehlte u.a. ein längerer Studienaufenthalt. Die Berührung zwischen deutscher und französischer Theologie fand auch auf dem philosophischen Feld der Rezeption der Existenzphilosophie und der marxistischen Philosophie statt. Besondere Bedeutung hatte die französische Theologie auch durch ihre Aufarbeitung der Bibelwissenschaft, der mittelalterlichen Scholastik und der spirituellen Ordenstraditionen. Dies wurde für mich zum Wegbegleiter in den sechziger Jahren.

Weltoffener Christ hieß ein damaliger theologischer Bestseller von Alfons Auer (Düsseldorf 1960), in dem auch manches von der begehrten französischen *Nouvelle Théologie*, vor allem Congar und Chenu, den ich gern gelesen habe, mitschwang. Der systematische Zugriff in Auers Habilitationsschrift über Erasmus von Rotterdam hatte es mir besonders angetan. Das Zweite Vatikanische Konzil hatte begonnen, als ich das Seminar verließ. Ich ging, bevor im Oktober 1963 die Tonsur und die sog. „niederen Weihen“ anstanden, von Trier nach Würzburg. Dort wollte ich mich Auer anschließen.

Alfons Auer (1915–2005), dem ich mich als künftiger Promovend vorstellte, reagierte, nachdem er meine Zeugnisse angesehen hatte, mit der Frage: „Warum wollen Sie in Theologie promovieren? Sie sind doch intelligent genug für Philosophie.“ Ich begründete dies damit, dass ich bereits in das neunte Semester Theologiestudium eintrat, dass ich das Theologiestudium für das Lehramt wegen der Nichtanerkennung meiner kirchlichen Studien mit der Beifügung von Germanistik und weiterhin Philosophie vermutlich noch weitere acht Semester bis zum Staatsexamen für das Lehramt ausdehnen müsse und dass ich diese Zeit einholen würde, wenn ich die bereits als Lizentiatsthema begonnene theologische Doktorarbeit in dieser Zeit, gleichsam mit dem Staatsexamen, fertigstellen würde.

Auer nahm mich nach einigem kritischen Zögern angesichts meines Entwurfes für eine Lizentiatsarbeit, den er las, und nach Rücksprache mit Erwin Iserloh, der mich gern an seinen neuen Wirkungsort Münster verlockt hätte, als Doktoranden an. So konnte ich einerseits Examina im unteren Bereich anhäufen und andererseits in den Doktorandenkolloquien mitarbeiten. Das Konzil war nicht nur in den Schlagzeilen; seine Texte wurden ständig im Studium besprochen, u.a. von mir in Vorträgen als nicht reformerisch genug kritisiert.

Lehramtsstudium und Promotionsstudien in Würzburg (1963–1967)

In Würzburg wollte ich auch davon profitieren, dass der beste Kenner der mittelalterlichen Mystik, Eckhart eingeschlossen, Kurt Ruh (1914–2002), dort als Altgermanist lehrte. Ein Germanistikstudium musste ohnehin dazukommen, wollte ich mit dem Staatsexamen abschließen. So habe ich in Würzburg bei zwei Schweizern, Kurt Ruh und Beda Allemann (1926–1991), mit Begeisterung deutsche Literatur studiert. (Kurt Ruh, ein reformierter Christ, erhielt später theologische Ehrendoktorate in Uppsala und, katholisch, auf meinen Vorschlag, in Tübingen.) Philosophie, vor allem als Heinrich Rombach nach Würzburg kam, war für mein Studium immer eine selbstverständliche Begleitung. Kunst und Geschichte ergänzten gelegentlich mein privates „Studium generale".

In den sechziger Jahren konzentrierte ich mich auf meine Doktorarbeit zu Meister Eckhart und Johannes Tauler. Das Germanistikstudium, das ich von 1963 bis 1967 durchlief, war einerseits eine Fleißangelegenheit, es gab viele Sprachseminare und eine harte Zwischenprüfung. In dem Studienprogramm kam die sog. Deutsche Mystik nicht vor. Aber die anderen Themen der Vorlesungen und Seminare bei Kurt Ruh (Artusepik und Minnesang) und Beda Allemann (z.B. Rainer Maria Rilke, Gottfried Benn) haben mir viel gegeben. Romantik und Thomas Mann beschäftigten mich auch – eine erste Begegnung mit den *Joseph*-Romanen. Das war mir später, als ich mich mit Narrativer Ethik, aber auch mit Religion und Ethik in der Lyrik beschäftigte, hilfreich. Ich lernte nicht nur für Examina, sondern auch für das Leben.

1967 prüfte ich die Möglichkeit, nach Staatsexamen und Promotion als Journalist zu arbeiten. Ich durfte einige Wochen in der Literaturabteilung des Saarländischen Rundfunks hospitieren. Außer der Bearbeitung von Manuskripten ist mir eine Begegnung mit Siegfried Lenz in freundlicher Erinnerung, nicht nur weil ich ihm filterlose Zigaretten ausleihen durfte, sondern auch weil er mir einige Fragen zu der Geschichte, die er im Hörfunk in meiner (nicht-technischen) Begleitung las, beantworten musste. Später haben mich einige Geschichten und der Roman *Das Vorbild* (1973), der etwas konstruiert wirkt, mir aber gerade deshalb gefiel, in der Narrativen Ethik angeregt. Ich durfte im Rundfunk eigene Sendungen humoristischer Art schreiben, und ich verfasste eine literarische Topographie von Würzburg, die damals ausgestrahlt wurde. Angesichts der Dynamik, die ich im Einsatz an den Tag legte, spürte ich die freundliche Besorgtheit, ich würde am Konkurrenzkampf um Stellen im Radio oder Fernsehen teilnehmen wollen. Ich sah aber in diesem Weg nicht meine Bestimmung, obwohl ich immer wieder aufmerksam die journalistische Ethik und darüber hinaus die Medienethik verfolgte.

Da ich in Germanistik nicht direkt zu meinem Schwerpunkt (Meister Eckhart und Johannes Tauler) lernen konnte, war für mich neben einer intensiven Literaturrecherche vor allem die Philosophie in diesem Bereich federführend. Man kann das, was mir damals aufging, im ersten Band von Heinrich Rombachs *Substanz, System, Struktur* nachlesen: die Ontologie der Relation. Rombachs Buch kam zwar erst später, 1965, heraus, aber dass Beziehung und Prozess bzw. Bewegung für mein Verständnis der philosophischen Theologie Meister Eckharts bestimmend wurden, war hier grundgelegt und zog sich bis zu meinem späteren Meister-Eckhart-Buch (München 2014) durch. Angesichts des Mangels an heilsgeschichtlicher Perspektive bei Meister Eckhart, der seine Zuwendung Gottes ganz im vertikalen Jetzt bzw.

in einer jederzeitigen Dynamik „quer“ zum Zeitablauf konstruiert, kamen mir Taulers eher mildernde Konzeption eines heilsgeschichtlichen Prozesses und seine spekulative Enthaltsamkeit durchaus gelegen. Entscheiden wollte ich das nicht, wenn auch meine Sympathie ganz eindeutig bei der rationalen Konstruktion Meister Eckharts lag. Schon damals war es mir wichtig, die Themen von mindestens zwei Seiten her zu betrachten, in diesem Fall sowohl heilsgeschichtlich mit Tauler als auch im Sinne einer zeitübergreifenden philosophischen Konstruktion des Christentums.

Wie ging es weiter mit der Theologie? Ich musste für das Studium des Faches Katholische Religionslehre eine Reihe von Examina aufgrund der etwas anderen Ausrichtung dieser Ausbildung wiederholen. Ich hatte nach dem Austritt aus dem Seminar versucht, eine staatliche Anerkennung meiner bisher unter kirchlicher, nicht unter staatlicher Hoheit abgelegten Examina zu erreichen. Mein früherer Deutschlehrer war Ministerialrat im Kultusministerium in Saarbrücken. Er sah darin von staatlicher Seite kein Problem, fragte aber in Trier beim bischöfichen Ordinariat nach, ob man mit dieser Anerkennung einverstanden sei. Er erhielt eine Ablehnung mit der Begründung, man erleichtere sonst den Seminaristen den Austritt. Ich lernte damals, dass die staatlichen Instanzen sich gern in ihren Entscheidungen von der Kirche dominieren ließen, wenn es, wie sie meinten, allein um deren Belange ging. Seminarscheine wurden freilich bei meiner Anmeldung zum Studienfach Katholische Religionslehre in Bayern anerkannt. Dennoch musste ich, da das Studium zweistufig war, eine neue Vorprüfung, eine neue Prüfung in Philosophie (Philosophikum) und schließlich das Staatsexamen mit neuen Prüfungen in den bereits „volltheologisch“, wie man dies nannte, abgeschlossenen Fächern ablegen.

Es war die Zeit des Zweiten Vatikanischen Konzils. Ich habe schon darauf hingewiesen, dass ich daran – im Unterschied zu meinen Mitstudenten und -studentinnen – keine euphorischen Erwartungen knüpfte. Ich sah die theologischen Fortschritte in der Ekklesiologie und in der Stellung gegenüber den Religionen, aber sie gingen mir strukturell und praktisch nicht weit genug. Die Stellung der Laien (insbesondere der Frauen) schien mir in der Klerus-Kirche weiterhin unterbelichtet. Ich schrieb 1965 eine dogmatische Seminararbeit zum

Schema über die „Allgemeine Berufung zur Heiligkeit in der Kirche“ – es war eine kritische Bilanz. Die liturgische Reform holte bestenfalls ein, was wir schon praktizierten, und sie achtete m. E. nicht genug auf die Qualität der Verkündigung des Wortes. Auch diese Erfahrungen spielten später eine Rolle, vor allem seit ich ab 1979 bei der Zeitschrift *Concilium* mitwirkte. Dort ging es darum, an der Aufwertung der Texte für die Zukunft weiterzuarbeiten. Das Konzil erwies sich dann, wie ich voraussah und wie es sich leider in den kommenden Jahrzehnten bestätigte, nicht als Bollwerk der Reform, sondern als Spielball der Reaktion. Das ist kein Angriff auf Personen oder Päpste, sondern eine Systemkritik: Die Umstellung der Kurie gelang ebenso wenig wie die Synodalität. Die Enzyklika *Humanae vitae* (1968) wurde mit ihrer unbeirrten Argumentation auf der Basis eines missverstandenen Naturrechts und einer Behauptung der katholischen Lehrkontinuität, die gegenüber den Erfahrungen von christlichen Ehepaaren immun blieb, zu einem negativen Symbol. Immerhin enthielt sie den Gedanken der Unterscheidung von Liebe und Zeugung.

Zurück zur Theologie der sechziger Jahre. Es gab durchaus nach meinen Freiburger, Münchner und Trierer Erfahrungen mit Vorlesungen und Seminaren auch in Würzburg interessante Vorlesungen, die mich vor allem im exegetisch-literarischen Bereich reizten, für den ich schon vorher Sympathie hatte. Es war aber die Zeit der geringeren Zahlen von Studierenden, der gesicherten und abgeschotteten Ausbildungsvorgänge und darin eingebettet der verehrten Professoren, die ihren Stil zelebrierten. Das gefiel mir weniger – ich besuchte in meinem Studium Vorlesungen ziemlich unregelmäßig, wenn sie mich langweilten. Alfons Auers moraltheologische und sozialethische Vorlesungen (damals im Deputat noch ungetrennt) besuchte ich ebenso regelmäßig wie die germanistischen Vorlesungen von Kurt Ruh und Beda Allemann. Auers Vorlesungen waren stets anregend und in ihrer Formulierungskunst ansprechend, aber ihre Aufteilung nach der dogmatischen Sakramentenlehre war immanent sehr katholisch. 1966 wurde er nach Tübingen berufen, nachdem er einen Ruf nach Bonn abgelehnt hatte, aber zunächst war er noch in Würzburg.

Ganz anders war dies im moraltheologischen Doktorandenkolloquium in Würzburg, an dem ich vier Jahre (1963–1967) teilnahm. Hier lasen wir gründlich Teilhard de Chardins *Le milieu divin* („Der göttliche Bereich", 1957 posthum veröffentlicht), und dies passte sehr gut zu meiner Beschäftigung mit der spätmittelalterlichen Spiritualität, vor allem mit der Aufwertung der *Vita activa.* Teilhard als Hintergrund der Pastoralkonstitution des Konzils – Weltoffenheit und Fortschrittsbereitschaft – das alles sagte mir zu. Es war nicht nur eine wissenschaftliche Ebene, ich war auch existentiell beteiligt. Das Kolloquium entsprach nicht nur meinen Interessen, ich passte auch mit meinem Schwerpunkt Meister Eckhart und Johannes Tauler immer besser hinein.

Stipendium und Studienabschluss

Angesichts der Studiendauer und zur Entlastung unserer Mutter, die drei Kinder im Studium hatte, musste 1965 ein Stipendium beantragt werden. Für Laientheologen – im Gegensatz zu den damals noch davon ausgeschlossenen Priesteramtskandidaten – war es möglich, ein Stipendium beim katholischen Cusanuswerk zu erlangen. Ich war jedoch bereits von Erwin Iserloh während meiner Münchner Freisemester für die Regelförderung in der Studienstiftung vorgeschlagen worden. Aber bei der Vorstellung war ich – zu engagiert in anderweitigen Beschäftigungen – gescheitert. Daher wollte ich nun erst recht in die Studienstiftung. Die Vorstellungen betrieb ich diesmal offensiver, und so wurde ich aufgenommen (1965–1967). Nach vier Jahren, 1967, konnte ich mich für das Staatsexamen anmelden und dabei den Teil meiner Doktorarbeit über Johannes Tauler als Abschlussarbeit einreichen. Zugleich mit der mündlichen Prüfung im Frühherbst 1967 reichte ich dann die Doktorarbeit ein: „Die Einheit von *vita activa* und *vita contemplativa* in den deutschen Predigten und Traktaten Meister Eckharts und bei Johannes Tauler". Da ich einen volltheologischen Abschluss brauchte (und da es damals möglich war, ein ordnungsgemäßes volltheologisches Studium – in diesem Fall waren meine Trierer Jahre „ordnungsgemäß" – kanonisch durch eine Promotion abzuschließen), war die theologische Promotion – kirchenrechtlich und akademisch zugleich – auch mein volltheologischer Studienabschluss. Dafür musste ich aber ein mündliches Rigorosum, je eine halbe Stunde in den elf theologischen Fächern absolvieren. Das Staatsexamen wurde nicht als eine Voraussetzung für die Promotion anerkannt. (Dieser Trend etabliert sich aus kirchlichen Gründen heute wieder neu; zeitweise war das anders.) Die für mich erforderliche Prüfung, das Rigorosum, zog sich dann in zwei Etappen bis Februar 1968 hin. Da meine Hebräisch-Prüfung schon eine Weile zurücklag, trainierte ich mein Kurzzeitgedächtnis damit. Meine Freundin und ich hatten aber auch Spaß dabei, denn sie musste mich abhören.

Ich freue mich darüber, dass meine Dissertation, die 1969 in den *Studien zur Geschichte der Moraltheologie* veröffentlicht wurde, heute noch in der Eckhart- und Tauler-Forschung zitiert wird. In Würzburg veranstaltete die Theologische Fakultät im Dezember 2018 für mich eine „goldene Promotion". Das Buch wurde unabhängig davon, ergänzt durch eine Darstellung der bisherigen am Thema orientierten Debatte, 2018 neu gedruckt.

Die Eckhart-Forschung ließ mich trotz großer anderer Projekte nie ganz los, und ich veröffentlichte dazu immer wieder Aufsätze und Bücher. Dies liegt daran, dass Meister Eckhart, der auch Mitte der siebziger Jahre, über meinen Nachfolger als Auer-Assistent, den Erich-Fromm-Forscher Rainer Funk, zur Bekanntschaft und fruchtbaren persönlichen Begegnung mit diesem humanistischen Geist führte, mir die Gratwanderung zwischen Philosophie, Theologie, Philologie und Humanwissenschaften ermöglichte, aber auch die Gratwanderung zwischen vernunftstimulierender Glaubensüberzeugung und radikaler Rationalität.

Der Gang der konziliaren Reform und unerfüllte Erwartungen

Das Zweite Vatikanische Konzil war das Kirchenereignis während meines Studiums, das in der Öffentlichkeit und auch ökumenisch in besonderer Weise wahrgenommen wurde. Schon im Priesterseminar in Trier hatte es eine Reihe voreiliger Hoffnungen auf das Konzil gegeben. Man erwartete nicht nur, dass die Erneuerung der Liturgie eingeholt werden sollte, Arabesken daraus verschwinden würden und die volkssprachliche Messe (und damit auch die stärkere Einbeziehung des Laienvolkes) nicht mehr die Ausnahme, sondern die Regel werde. Man bemühte sich auch um deutsche Fassungen im Stundengebet.

Ich erinnere mich im Detail daran, dass damals die „Gottesgebärerin“ Maria zur „Gottesmutter“ wurde. Nicht nur im *Ave Maria*, sondern auch im Anschluss an das *Salve Regina* in der Komplet. Damit war ich – als einziger Seminarist – nicht einverstanden. Mein Argument war: In der „Gebärerin“ als Übersetzung von *theotokos* komme die aktiv hervorbringende Rolle Marias besser zum Ausdruck. Dies sei wichtig, weil die Antike keine weibliche Eizelle kannte und nur so die aktive Rolle ausgedrückt werden könne. Bei einer Entscheidung zwischen einer heute eingängigen Formulierung und einer der Sache angemessenen Ausdrucksweise müsse man dies berücksichtigen. Denn möglicherweise transportiere der Fortschritt, den man anstrebe, in sich einen Rückschritt, indem man Maria nur noch als die den göttlichen Samen austragende Frau verstehe. Vermutlich ist es nicht ganz einfach, diese Spannung zwischen allgemeiner Verständlichkeit und theologischer Präzision zu lösen.

Im Liturgischen herrschte der Wunsch zur Vereinfachung, den ich nachvollziehen konnte, und zur Erweiterung der Steigerung der individuellen Gestaltungsmöglichkeiten im Ritus. Das erzeugte Freiheiten, die mir – je nach Qualität ihrer theologischen Verantwortung – auch bald als zweideutig erschienen. Denn einerseits erhöhte dies die Deutungsmöglichkeiten und die sprachlichen Ausdrucksformen, andererseits hing jetzt mehr von der Person des Zelebranten und seinen Fähigkeiten ab. Aber das Konzil war ja nicht nur eine Liturgiereform. Das Konzil sollte die Kirche kommunikativer und menschennaher darstellen, auf die moderne Welt – die Wissenschaften, die Technik, die Ökonomie – eingehen, die „Zeichen der Zeit“ mit der „Unterscheidung der Geister“ verbinden, Friedensethik (Soldaten als „Diener des Friedens der Völker“ – das war ein neuer Ton!) und Gerechtigkeitsmerkmale stärken und vieles andere mehr. Das Konzil verabschiedete Dokumente, in denen man solches lesen konnte, aber verbunden mit retardierenden und depotenzierenden Sätzen. Besonders wirksam war jedoch m. E. die Konzilserklärung *Nostra aetate*, die in den Religionen Spuren der Wahrheit ertastete und so den Religionsdialog eröffnete. Dass die Kirche selbst näher an ihr „Volk“ herangeführt werde und als „Communio“ kommunikativer sein sollte, das klang gut, wurde aber letztlich nicht umgesetzt.

Wichtig war aber m. E. die Stärkung der Menschenwürde im Begriff der Person. Alles sollte sich nach Johannes XXIII. und dem Konzil an der Personwürde orientieren. Alles? Hier wird manchmal ein Unterschied zwischen Personwürde und Menschenrechten eingeführt. Würde drückt sich jedoch in Rechten aus. Wo blieb die Anwendung dieser Erkenntnis auf die Menschen in der Kirche?

Ich erwähnte schon die Möglichkeit, in einem Seminar (schon in Würzburg) ein Referat zur „Allgemeinen Berufung zur Heiligkeit" auszuarbeiten, wie sie in der Konstitution *Lumen gentium*, einem laienfreundlichen Konzilsdokument, festgehalten wurde. Ich stellte dar, dass es auf halbem Wege stehen blieb, was mir einen milden Verweis einbrachte. 1964 nahm ich in Trier an der Priesterweihe von früheren Konsemestern teil: Was dachten die Trierer Priesteramtskandidaten 1964 über ihre Zukunft? Die meisten wiesen die Primiz-Kränze, die wohl Opfertiere erinnern sollten, zurück und hofften auf weitere Fortschritte. Offen wurde über die mögliche Abschaffung des Pflichtzölibats gesprochen. Ich habe es schon erwähnt: Etwa die Hälfte dieser Geweihten ließ sich später laisieren. Aber diese Möglichkeit war ja auch ein kirchlicher Fortschritt nach dem Konzil, dessen Segnungen ich auf meinem Weg beim Verlassen des Seminars noch nicht verspürt hatte. Kirchliche Examina stellten im staatlichen Kontext kein Problem mehr dar. Solange diese Laien als Religionslehrer wirkten, halfen sie auch dabei, den Auszug aus der Kirche zu verlangsamen.

Das berühmte Dokument des Konzils, *Gaudium et spes*, das für die Moraltheologie und die Sozialethik wichtig war, enthielt das Bekenntnis zur Sachautonomie der Wissenschaften, zögerte aber gegenüber der moralischen Autonomie. Dieses Zögern beeinflusste die Debatte über die Empfängnisregelung, die Papst Paul VI. an sich gezogen hatte.

Die Auswirkungen auf Moral und Recht wurden in der „Reform" des *Codex Iuris Canonici* eher abgebremst. Viele der späteren Diskussionen u. a. über das Sakramentenrecht in seiner Auswirkung auf Lebensschicksale stießen dort auf eine harte Linie, die später Papst Johannes Paul II. bestätigte.

Das von Karl Rahner, Yves Congar, Edward Schillebeeckx und Hans Küng als eine „Internationale, mehrsprachige theologische Zeitschrift" gegründete *Concilium* versuchte, das Konzil nach vorn zu interpretieren. Ich durfte später ca. 20 Jahre als Professor und Direktor der Sektion Moraltheologie daran teilnehmen. Ich komme darauf zurück. Die Befreiungstheologie, die feministische Theologie, der Religionsdialog und neue Fragen in den Gesellschaften bzw. zwischen ihnen fanden hier ihr Organ. Dieses Organ trug sich selbst – es bedurfte nicht, wie die spätere Zeitschrift *Communio*, hierarchischer Unterstützung, die nur den „Namen der Rose" erhält, aber nicht die Sache umsetzt.

Eine weitere Möglichkeit der Umsetzung waren die europäischen Synoden. Hier waren die Bischöfe zur Mitwirkung bereit. Aber Rom las die Dokumente nicht und schob sie in Schubladen. Die römische Missachtung der Synoden war eine der Ursachen der Kirchenkrise der letzten Jahrzehnte. Auf der anderen Seite war die Aufmerksamkeit Roms auf Lateinamerika konzentriert, auf die Synoden von Medellín und Puebla. Hier entstanden Konflikte, die ebenso öffentlich diskutiert wurden wie die Auseinandersetzung mit Hans Küng oder Edward Schillebeeckx.

Ich blicke hier auch auf die Anfänge der katholischen Proteste 1968 zurück: Zur Reformbewegung gehörten Demonstrationen auf dem Essener Katholikentag 1968. Dort wurde skandiert: „Hengsbach wir kommen, wir sind die linken Frommen" (angesprochen war der erste Bischof von Essen und spätere Kardinal Franz Hengsbach). Ich war zu dieser Zeit noch sehr mit meiner Hochzeit und mit der Drucklegung meiner Doktorarbeit beschäftigt. Hier bildete sich ein katholisches „1968". Im Rückblick wurde dies Gegenstand einer Nachbetrachtung: *Revolte in der Kirche? Das Jahr 1968 und seine Folgen* (Freiburg 2018). Von meiner Warte aus sah ich vor allem, wie sich der *Bund Neudeutschland*, dem ich angehörte, verwandelte, teils verfiel, teils sich nach links orientierte. Es war nicht das Ende, aber ein großer Einbruch in das akademische Jugendleben mit, wie es einmal hieß, „Ski und Schott" (der *Schott* war das römische Messbuch für gebildete, lateinfähige Laien). Ich hatte schon in meinem Münchner Studienjahr 1962/63 erlebt, was ein katholisches Eros-Leben als eine Mischung aus Sünde und Bußbereitschaft leisten konnte. Ich konnte mir dieses katholische „sowohl – als auch" nicht persönlich aneignen. In den achtziger Jahren begann ich aber, Bücher über Zärtlichkeit, Liebe und Ehe zu schreiben, die an die Stelle der Restriktion die konstruktiven Erfahrungsmöglichkeiten in der liebenden Beziehung setzten. In der Habilitationsschrift „Dichtung, Glaube und Moral" wollte ich mit dem Interpretationsbeispiel *Tristan und Isolde* des Gottfried von Straßburg († um 1220) u.a. das Versagen traditioneller Ehekonzepte aufzeigen. Die Bücher zur Literaturethik erschienen 1976 nach meiner Erstberufung.

Angesichts der kirchlichen Entwicklungen war für mich nicht so leicht bestimmbar, welchen Weg ich nach der Promotion, der wissenschaftlichen Anstellung und der Heirat mit Irene Lehnert 1968 planen und einschlagen könnte. Eine germanistische Hochschullaufbahn schien zwar möglich, aber ich fühlte mich doch weiterhin als Theologe.

Freier Autor oder verbeamteter Lehrer?

Im Laufe meines Studiums und später meiner Assistentenzeit blieb ich zwar primär mit der Theologie verbunden, aber ich rechnete nicht mit einer Professur in Theologie. Daher prüfte ich schon in meiner Studienzeit in Würzburg (1963–1967) andere Möglichkeiten. Mit dem angestrebten und mit Auszeichnung erreichten bayerischen Staatsexamen in Deutsch und Katholischer Religionslehre stand mir zwar die Schule offen, aber von einer Schulkarriere träumte ich nicht. Dafür gab es einen guten Grund: Ich hatte in den Semesterferien viele Praktika absolviert: für Kinderfreizeiten zunächst, dann in der Grund- und in der Hauptschule, schließlich in Würzburg auch am Gymnasium. Ich schätze meine pädagogischen Fähigkeiten nicht sehr hoch ein – ich tat mich später mit Schülerinnen und Schülern leichter, die sich selbst organisierten und von mir keine autoritätsgesättigte Betreuung erwarteten. Auf diesem Gebiet war ich später als Hochschullehrer durchaus erfolgreich. Aber dies stand mir zunächst nicht offen, und ich war auch nicht darauf fokussiert. Früher im Priesterseminar hatten mir Freunde schon gesagt, dass ich, wegen meiner Neigung, die Dinge komplex zu betrachten oder – in ihren Augen – kompliziert zu machen, nicht zum Pfarrer tauge, eher zum Professor. Nun war ich im Studium keineswegs ein Streber und sowohl beim Fußball als auch beim Kartenspielen immer dabei, und ich ging ungern in langweilige

Vorlesungen. Wenn es für Prüfungen nötig war – und jedes Semester wurde damals ja geprüft –, belastete ich mein Gedächtnis mit Skripten und Buchauszügen.

Wovon träumte ich, da ich – wegen der Umstände, aber auch in meiner Selbsteinschätzung – nicht von einer Hochschulkarriere träumte? Was war die Alternative? Nun, ich wäre gern freier Schriftsteller oder Journalist geworden. Einen gewissen Einblick gab mir das erwähnte intensive Praktikum in der Literaturredaktion des Saarländischen Rundfunks im Sommer 1966. Eine journalistische Karriere schien mir freilich einerseits politische Unterstützung (diese war damals möglich) und andererseits Ellenbogen zu verlangen. Beides wollte ich nicht. So träumte ich eher von einer freien Schriftstellerei, in der ich meine literarische Schulung und meine philosophischen Neigungen umsetzen konnte.

Als ich das mündliche Staatsexamen ablegte, nahmen mich die beiden germanistischen Professoren Beda Allemann und Kurt Ruh deshalb genauer wahr, weil die Doktorarbeit bereits vorlag. Damals waren Promotionen nicht so häufig, und darüber tauschten sich die Professoren aus. Die beiden prüften mich mit guter Laune und mit wissenschaftlicher Neugier. Kurt Ruh bot mir an, ein wissenschaftliches Projekt in der Meister-Eckhart-Forschung zu entwickeln. Es ging dabei um die Texte, die aus der offiziellen Ausgabe herausfielen, auch um Echtheitsfragen (das ist auch heute, 2020, noch ein Thema!). Ich hätte freilich zunächst in Würzburg das Referendariat absolvieren müssen. Da war das unmittelbare Angebot einer Assistentenstelle in Tübingen für mich, der gerade eine Familie gründen wollte, verführerischer. Eine Karriere als Philologe hat aus guter Kenntnis dieser Arbeit meinen vollen Respekt, aber so gerne ich weiterhin interpretierte, ich hatte eine vorwiegende Neigung zur Systematik.

Auf diese Neigung machten mich ältere Fachleute in Philosophie und Kultur aufmerksam, als ich an den Freizeiten des sog. Pommersfeldener Kreises teilnahm, die in den sechziger Jahren auf Schloss Pommersfelden in Franken stattfanden. Sie waren mit Musik, Tanz und Vorträgen in der Kulturphilosophie verbunden. Ich habe daran schöne Erinnerungen, und ich habe den weiteren Weg dieses Kreises gern verfolgt, ohne mich in der Lage zu sehen, mich darin zu engagieren.

Der Entschluss zur Ethik

Der Entschluss zur Ethik im Rahmen der Theologie wurde im Studium vorbereitet. Freilich bildeten im Studium zunächst Philosophie und Kirchengeschichte mein Hauptinteresse. Erst als ich mich entschied, zum Herbst 1963 das Priesterseminar in Trier zu verlassen, Katholische Religionslehre, Deutsch und Philosophie für das Lehramt zu studieren und mich in Würzburg Alfons Auer und – für meine Arbeit zur deutschen Mystik – Kurt Ruh anzuschließen, war es für mich klar, dass ich in Theologie mit Schwerpunkt Moraltheologie und darin wiederum mit einem spirituellen Thema promovieren wollte.

Alfons Auer hatte sich, ähnlich wie Yves Congar, mit den Aufgaben des Laien in der Welt beschäftigt. Die Mündigkeit des Laien war auch ein Thema meiner Jugendarbeit im *Bund Neudeutschland* gewesen. Freilich war diese Mündigkeit an den sozialen Aufgaben des „Weltchristen“ orientiert – dort sollte das kirchliche Amt mehr Freiheit gewähren und viele Bevormundungen zurücknehmen. Wie Karl Rahner formuliert hatte: An die Stelle der vom Klerus geleiteten Katholischen Aktion sollte die „actio catholicorum“, die eigenständige Initiative der Laien treten. Die Frage war, ob Laien dazu nicht auch in die Theologie stärker und mit einer möglichst hohen Qualifikation einsteigen müssten. Gerade Moraltheologie und Sozialethik, die wir später in Tübingen zur „Theologischen Ethik“ zusammenfassten, bedurften dieser Emanzipation der Laien nicht nur in der Führungsstruktur des christlichen Weltdienstes, sondern auch in der theoretischen Kompetenz in den für diesen Weltdienst wichtigen theologischen Kernfächern. Dies wurde 1963 bei meinem Wechsel nicht gleich – und überhaupt nur von wenigen – eingesehen.

Ein Argument für meine intensive Bemühung, trotz meines Austritts aus dem Priesterseminar in Theologie zu promovieren, war mir damals noch nicht so bewusst wie heute: In der Philosophie außerhalb des Theologiestudiums bestand in den sechziger Jahren kaum eine Chance, Ethik gründlich zu studieren. Von heute her gesehen mag dies erstaunen, aber ich habe in der Tat in Würzburg keine philosophische Ethik studieren können, obwohl ich im Rahmen des neuen Lehramtsstudiums ein zweites Philosophikum machte und drei Jahre im philosophischen Doktorandenkolloquium Heinrich Rombachs verbrachte. Dort studierten wir hauptsächlich Phänomenologie und Kunstphilosophie – dafür bin ich heute noch dankbar, zumal es gut zu meinem Germanistikstudium passte. Ethik war auch nicht Rombachs Thema, er hat sich später im Rahmen der Wissenschaftsethik darauf eingelassen und sie nur indirekt im Rahmen seiner *Strukturanthropologie* (Freiburg/München 1987) behandelt. Ethik war damals – auch für das gesellschaftliche Empfinden – besonders in der Theologie präsent, und wer diese Zeit erlebt hat und an sie zurückdenkt, kann nicht übersehen, dass es damals – zumindest in Deutschland – die Theologen waren, vor allem Franz Böckle (1921–1991), die auch medial die gesellschaftlichen Ethikdebatten führten, ja beherrschten. Freilich waren diese Theologen durchweg Priester. Es erscheint im Nachhinein als Paradox, dass eine Aufwertung der Laienverantwortung in der säkularen Welt mit dem Vorbehalt der „Weltferne" für Priester verbunden war. Die Bevormundung setzte sich fort, und selbst Alfons Auer, der Autor des Buches *Weltoffener Christ*, ein Buch, das mich u. a. nach Würzburg gelockt hatte, brauchte Zeit, um hier umzudenken. Das tat er freilich dann mit Nachdruck, und ich spürte diese vorbehaltlose Unterstützung bis zu meiner ersten moraltheologischen Professur 1974.

Liebe und Ehe: Die fortschreitende Selbstgestaltung christlicher Lebensführung (1965–1968)

Meine Frau Irene Lehnert lernte ich 1965 in Würzburg kennen. Sie kam freilich aus einem nicht weit entfernten saarländischen Dorf, das man von Beckingen aus durch einen schönen Laubwald nach 12 Kilometer Fußwanderung erreichen konnte. 1967 verlobten wir uns. Wir liebten Rituale und Konventionen, handhabten sie aber emanzipatorisch. 1968 heirateten Irene und ich im Glanz einer saarländischen Dorfhochzeit. Damals waren das Geschlechterverhältnis, die Eheauffassung und das Familienverständnis im Umbruch. Gesellschaftlich wurden einige Tabubrüche medienintensiv wahrgenommen. Nicht viele werden sich daran erinnern, wie die Filme von Ingmar Bergmann *Das Schweigen* und ähnlich *Die Jungfrauenquelle* als Tabubrüche wahrgenommen wurden. Wegen der metaphysischen Anklänge solcher Filme – z. B. in Bergmanns *Das siebente Siegel* – war das alles auch religiös hoffähig.

Menschen, die wie meine Frau und ich aus der katholischen Jugendführung stammten, hatten es nicht mehr mit Selbstverständlichkeiten der Tradition zu tun, wir durften und mussten auch selbst ein Konzept entwerfen. Die Aufgabenverteilung der Hausarbeit ist in diesem Zusammenhang nicht nur ein prosaisches Thema; auch die Kinderbetreuung sollte auf beide verteilt werden. Theoretisch wurde damals viel darüber geredet, praktiziert wurde es zunächst eher wenig. Aber wir hielten die Aufgabenteilung in Absprache streng durch. Ich hatte mehr Affinität zum Kochen als zum Waschen, bei meiner Frau war es umgekehrt. Irene war noch Studentin im letzten Jahr, während ich – in diesem Sinne ganz traditionell – die Hochzeit erst suchte, als ich aufgrund meiner Anstellung in Tübingen 1968 die erwünschte Familie auch allein ernähren konnte. Also begleitete ich den Studienabschluss meiner Frau, das Staatsexamen in Deutsch und Katholischer Religionslehre 1969, und die anschließende Referendariatszeit in Tübingen und Reutlingen. Bei solchen Entscheidungen ging es weder um Mehrverdienst noch um Gleichrangigkeit. Es ging um die Möglichkeit, intensiv im Gespräch zu bleiben und von unterschiedlichen Erfahrungsquellen her über Literatur und Religion zu diskutieren. Meine Frau hatte später die Möglichkeit, an der Erarbeitung des „Zielfelderplanes" für den katholischen Religionsunterricht am Gymnasium mitzuarbeiten. Sehr früh bestand der Kontakt zu Gabriele Miller (1923–2010), einer Tübinger Theologin der ersten Stunde, die das Schuldezernat in der Diözese Rottenburg organisierte und später von der Fakultät den Ehrendoktor erhielt.

Gelegentlich konnten Irene und ich unmittelbar zusammenarbeiten; Artikel und Bücher sind später daraus entstanden, z. B. zur Debatte über den Schwangerschaftsabbruch (1991). Dazu wollte ich mich nicht ohne die Beteiligung meiner Frau äußern. Umgekehrt nahm ich an den Bemühungen meiner Frau teil, neue religionspädagogische Konzepte mit zu erarbeiten, und wir waren im Gespräch, wenn es um Literatur für den Deutschunterricht ging, den sie am Gymnasium hielt.

Wenn ich diese Sätze drei Jahre nach dem Tod meiner Frau schreibe, ist das Gefühl besonders stark, wie sehr ich dieses Gespräch und diese Zusammenarbeit vermisse. So wurden wir eine theologisch-literarisch-katechetische Familie: Unsere Lebensgemeinschaft konnte über viele Brücken gehen und doch ihre beiden Ufer bewahren. Ich erinnere mich, dass dieser gleichgewichtige, teilweise idemische Lebensstil noch in den siebziger Jahren nicht selbstverständlich war. Wenn ich in dem schweizerischen Dorf, in dem wir wohnten, morgens mit dem Kinderwagen einkaufen ging, fiel dies auf. Denn meine Frau, die damals in einem katechetischen Projekt arbeitete, schien nicht zur Arbeit zu gehen. Man kann noch heute lesen, wie untypisch ihre Art, über Religion mit Kindern nachzudenken, war (*Hält er das Flugzeug jetzt an einem Seil?*, Ostfildern 2006). Ähnliche Bücher waren eher mit den Verlockungen konventioneller, aber nicht weiter durchdachter Gefühle ausgestattet. Es war auch ihre Art, so zu schreiben, wie sie „nicht einverstanden“ war.

III. Theologische Ethik in Tübingen: Neu denken und konzipieren (1967–1973)

Rigorosum in Würzburg, Assistent in Tübingen (1967/68)

Der Wechsel Alfons Auers nach Tübingen erzeugte bei mir zunächst keine Erwartung, bis er mich schon für das Wintersemester 1967/68 als Assistenten nachzog. Ich hatte nach dem Staatsexamen mit dem Referendariat an der Schule in Würzburg gerechnet. Mit Kurt Ruh besprach ich nach Abgabe der Doktorarbeit zur Zeit der mündlichen Prüfungen eine Fortsetzung der philologischen Arbeit an Eckhart-Texten, und ich begann damit, die teilweise noch nicht wissenschaftlich edierten Teile der deutschen Eckhart-Schriften (hg. von Franz Pfeiffer, 1857) in einem Nachdruck nach Kriterien der Originalität Eckhart'scher Diktion zu untersuchen.

Auer sah andere Möglichkeiten. Er erwartete von mir historische und philosophische Anregungen. Als Lehrer wollte er keine Nachahmung, und ich habe später versucht, diese Einstellung an meine Schüler und Mitarbeiterinnen weiterzugeben. Ein Foto von Teilhard de Chardin hing in Auers Tübinger Dienstzimmer. Ich teilte den christologisch ausbuchstabierten Fortschrittsoptimismus Teilhards nicht, das kann man nachlesen, aber ich denke immer noch, dass zwischen Meister Eckhart und Teilhard de Chardin einige Gemeinsamkeiten bestehen.

Gegen Ende der sechziger Jahre kam es zu den Revolten der Studierenden in Paris und Berlin, die mit dem „Fall Ohnesorg“ auf die süddeutschen Universitäten durchschlugen. Ich nahm an Demonstrationen teil und beteiligte mich später in Tübingen an den Bemühungen um mehr Demokratie, auch im Haus der Universitäten. Es gab zeitweilige basisdemokratische Errungenschaften an der Universität, die aber nicht überdauerten. Der Wechsel nach Tübingen nach dem Sommersemester 1967, nun als Mitarbeiter Auers, brachte mich an eine Fakultät, wie ich sie bisher noch nicht kennengelernt hatte: eine Fakultät, in der das Erbe der Aufklärung lebendig war, die sich stets distanziert zu römischen Vorgaben verhielt und die junge Konzilstheologen (Joseph Ratzinger, Hans Küng) in ihren Reihen hatte. Eine Zeit lang war dies für mich eine tief prägende Erfahrung. Die Umstände änderten sich, und ich änderte mich mit ihnen: Meine Erwartungen und Hoffnungen wurden ganz andere – ich begann in der Tat zu erwarten, dass à la longue eine Reform möglich sein würde – in der Kirche, aber auch in der Gesellschaft.

Als wissenschaftlicher Mitarbeiter in Tübingen im Wintersemester 1967/68, der das Staatsexamen hinter sich und die Doktorarbeit abgegeben hatte, musste ich mich auf ein besonderes Rigorosum in Würzburg vorbereiten, das ich in elf Fächern – je eine halbe Stunde – an zwei Terminen bis Februar 1968 ablegen sollte. Dieses Monstrum an Prüfungen war erforderlich, weil meine volltheologische Acht-Fächer-Prüfung nicht mit zu werten war – sie galt als nicht vollständig, als nicht-staatlich-universitär und damit nicht als Abschluss. Ich kann nicht darüber klagen, da es mir ja auch zur breiten Ergänzung und Erneuerung meines Wissens diente. Ich hatte auch mein Amüsement dabei. Aber es war objektiv eine durch meinen Wechsel in das Laientum ohne die Möglichkeit eines in diesem Fall externen Abschlusses in Trier, wo ja damals nur Seminaristen studieren durften, bedingte Schikane. Wenn von den ersten Erfahrungen von Laientheologen die Rede ist, gehört es trotz meiner Belastbarkeit und eines vorzüglichen Staatsexamens sowie eines glänzenden Promotionsabschlusses dazu, sich darüber Gedanken zu machen, warum sich die Kirche in dieser Weise als Kleruskirche auf sehr zögerliche Weise auf neue Umstände und neue Konzeptionen einließ.

Umso angenehmer war es in Tübingen, wo es mehr Laien (Männer!) unter den Mitarbeitern gab, auch unter den Moraltheologen, bei denen ich zwar 1969 auf dem Kongress in Wien als erster Laie unter Priestern auftauchte, die es durchaus begrüßten, dass ein jung Verheirateter sich als Theologe mit Moralfragen, die etwas existentielle Erfahrung brauchen konnten, beschäftigte. Diese Einordnung der Bedeutung von Laientheologen kann man mit einer witzigen Situation abschließen, die ich in den neunziger Jahren bei einem Theologentreffen mit dem Leiter der römischen Bildungskongregation, Kardinal Zenon Grocholewski (* 1939), erlebte. Als ich ihm als Laientheologe vorgestellt wurde, fragte er mich: „Haben Sie Söhne?“ Als ich bestätigte, einen Sohn zu haben, fragte er weiter, ob dieser Priester werden würde. Als ich dies verneinte, schloss er das Gespräch mit dem Diktum ab: „Dann haben Sie ihre Berufung als Laientheologe verfehlt."

Am Ende der sechziger Jahre war von der Deutschen Bischofskonferenz – damals hatte Rom noch nicht die Entscheidung über jede theologische Professorenkarriere an sich gezogen – die Norm für Laientheologen aufgestellt worden: Sie konnten die Hochschulkarriere anstreben, mit Ausnahme der Fächer Neues Testament, Dogmatik und Moraltheologie. In diesen Fächern war für Laien keine Habilitation vorgesehen. Auf Vermittlung des Professors für Neuere Deutsche Literatur in Tübingen, Richard Brinkmann (1921–2002), erkannte die germanistische Abteilung der Philosophischen Fakultät meine Promotion, die ja ohnehin intensiv mit dem Fach zu tun hatte, als Voraussetzung für eine germanistische Habilitation an. Als gewünschte Gegenleistung übernahm ich ein Proseminar in mittelhochdeutscher Lektüre. Diese Konstellation bestimmte zunächst meine Arbeit als moraltheologischer Assistent und als germanistischer Habilitand am Anfang der siebziger Jahre.

Die Unterscheidung zwischen Laien und Priestern in der katholischen Kirche betraf mich damals besonders, weil ich zwar den Weg zum Priestertum aufgegeben hatte, aber nicht den Weg zur Ausbildung einer theologischen Kompetenz. Heute kann man dieses Wagnis nicht mehr so genau nachfühlen, weil seither eine ganze Generation von Laientheologen die Katholisch-Theologischen Fakultäten erobert hat. Der von mir eingeschlagene Weg, auf dem damals bereits die ersten Frauen unterwegs waren (z. B. Elisabeth Schüssler), war zeitweise sehr steinig. Die langsame und zähe Beseitigung von Hindernissen verlief hinsichtlich der Männer und Frauen in unterschiedlicher Geschwindigkeit, auch regionale Unterschiede in deutschen Diözesen – und in anderen europäischen Ländern – waren zu beobachten. (Ergänzende Überlegungen, die sich an meine Erfahrungen anschließen, finden sich im zweiten Teil dieses Buches.)

Von Würzburg nach Tübingen: Auf dem Weg zur „Theologischen Ethik"

Meine spezifisch *moraltheologische* Biographie als Laie begann also mit dem Wintersemester 1967/68 in Tübingen. In meinem Studienjahr in München 1962/63 begegnete ich der moraltheologischen Schule von Richard Egenter (1902–1981) und kam vor allem in Kontakt mit Johannes Gründel. Ich erinnere mich an ein Referat zur Wertlehre und zur Tugendethik. Später, ab 1963, als ich bei Alfons Auer im Doktorandenkolloquium war, sah ich die Querverbindung zur Moraltheologie eher in meiner Arbeit zur Spiritualitätsgeschichte. Spiritualität verstand ich freilich im Sinne der katholisch-französischen *spiritualité* und nicht im Sinne der heutigen englisch artikulierten *spirituality*, die voller flacher Gewässer ist. Man muss für mein tieferes Verständnis einen Blick auf die große Enzyklopädie *Dictionnaire de spiritualité: ascétique et mystique* werfen. Auer selbst hatte eine große Arbeit über die humanistische Spiritualität des Erasmus von Rotterdam geschrieben, die ich gründlich gelesen hatte, bevor ich nach Würzburg ging. Zudem lasen wir im Kolloquium gemeinsam *Le milieu divin* von Teilhard de Chardin, und er empfahl mir das Buch von Henri Sanson (1917–2010), *Spiritualité de la vie active* (Lyon 1957).

Anders war dies in den moraltheologischen (und sozialethischen) Vorlesungen Auers in Würzburg (1955–1967). Die Aufteilung Moraltheologie/Sozialethik setzte sich aus Gründen der Stofffülle erst später an den deutschen und österreichischen Fakultäten durch. International wurde, auch z. B. in der Schweiz, dieser Unterschied nicht beachtet. Er ist in der Sache auch etwas seltsam, denn es gibt m. E. keine Individualethik ohne Sozialethik und umgekehrt. Da wäre eine offene Schwerpunktbildung bei zwei Lehrstühlen besser, und so versuchten wir es dann auch ab 1971 in Tübingen.

Auer hatte in Würzburg eine dogmatisch-heilsgeschichtliche Fundamentalmoral und eine an den sieben Sakramenten orientierte „spezielle Moral" gelesen. Seinen vollen Hörsaal – der andere volle Hörsaal gebührte dem Neutestamentler Rudolf Schnackenburg (1914–2002) –, in den auch Studierende anderer Fakultäten strömten, verdankte er seiner praxisorientierten Systematik des Christentums. Diese war attraktiver als manche Dogmatik, die sich damals oft, abgesehen von den Werken Karl Rahners und anderer Größen, in der Kombination von exegetisch ungeprüften Bibelstellen und *Denzinger*-Zitaten erschöpfte. Er verdankte seinen Lehrerfolg auch seiner flüssigen und eleganten Sprache. Aber die Konzeption seiner Ethik war im Umbruch. Ich erinnere mich, dass er mich in Würzburg an der Tür zu seiner Vorlesung abfing und wegschickte, mit dem Argument, das müsse er nun alles ändern. In Tübingen stieß er, der heimkehrende Schwabe aus dem Oberland, in der Tat auf unterschiedliche Ausführungen einer Systematik des Christentums bei Hans Küng und Joseph Ratzinger. Zugleich musste er seine in vieler Hinsicht aufregenden Erfahrungen als Mitglied der päpstlichen Kommission für die Empfängnisregelung in Rom verarbeiten.

Bereits 1967 zog ich von Würzburg nach Tübingen um, für die erste Anstellung im Winter 1967/68 genügte das Staatsexamen. In Tübingen bemerkte ich nicht gleich die Spannung zu der liberal-praktischen Ekklesiologie eines Hans Küng, aber ich bemerkte Joseph Ratzingers beginnende Wende, die nach seinen eher progressiv-kritischen Kommentaren zum Zweiten Vatikanum einsetzte: Vielleicht wechselte er dabei nicht so sehr das Wofür seiner Auferstehungstheologie, gewiss aber die Schwerpunkte seines Wogegen, auch durch seine Tübinger Erfahrungen. Aus Tübinger Sicht entwickelten diese Abenteuer theologischen Denkens große Intensität und Wucht. Ich hatte noch nie eine Theologische Fakultät erlebt, in der es – wie in Tübingen damals – keine Tabus theologischen Denkens gab. Ich hätte mir das vorher auch nicht so vorstellen können, und seither hat sich bei mir, zu Recht oder auch zu Unrecht, eine gewisse romantische Vorstellung von Tübingen als Ort des Theologietreibens – mit starker evangelischer Komponente, damals Ernst Käsemann (1906–1998) und Jürgen Moltmann (* 1926) – erhalten. Damals war zugleich eine vorübergehende Strukturreform der Universität, von dem Geist der 68er zur Basisdemokratie hin bewegt, im Gange.

Diese „basisdemokratischen“ Elemente führten zeitweise in der Fakultät zu einem Zwölfer-Gremium, in das die Gruppe der Professoren sechs Mitglieder wählte, die Gruppe des sog. Mittelbaus und die Studierenden jeweils drei. Daraus ergab sich, dass es unter Hinzuziehung einer Professorenstimme möglich war, mit den sechs nichtprofessoralen Stimmen als Dekan einen Dozenten zu wählen – das war damals Gotthold Hasenhüttl (* 1933). Zudem gehörten Vertreter der Studierenden und der Assistenten auch in die Promotions- und Habilitationsgremien unter dem Vorbehalt der Mitentscheidung nur durch diejenigen, die bereits über die gleiche Qualifikation verfügten. Insofern bekam ich, zeitweilig als Assistentensprecher, mehr Gelegenheit zur Mitsprache, als dies später in den achtziger Jahren möglich war. In dieser Funktion nahm ich auch am Katholisch-Theologischen Fakultätentag teil. Im Mittelbau nahm der Anteil der Laien zu, mit erheblicher Verzögerung für Frauen. Als eine theologische Studienreform in der Tübinger Fakultät anstand, wurde ich von der Fakultät zum Vorsitzenden der Reformkommission gewählt, an der zwei Professoren – Hans Küng und Max Seckler (* 1927) – teilnahmen sowie drei Studierende, die in dieser Kommission sehr aktiv mitwirkten. Aufgrund dieser Aufgabe wurde ich auch für das Fach Moraltheologie von diesem Fakultätentag in eine Studienreform-Kommission entsandt, deren Ergebnis später unter Beratung mit Weihbischof Ludwig Averkamp (1927–2013) als Vertreter der Bischofskonferenz umgesetzt wurde. Bekanntlich blieb dies nicht die einzige Studienreform in den letzten 50 Jahren, die Umsetzung des Bologna-Prozesses brachte 30 Jahre später stärkere Eingriffe.

Meine systematisch-theologische Orientierung ließ mich manchmal zwischen dem Münsteraner Fundamentaltheologen Johann Baptist Metz (1928–2019) und Alfons Auer schwanken. Metz war aus Auers Sicht „heilsmonistisch“, er zog Schöpfung in die Erlösung. Auer war umgekehrt aus meiner Sicht „dualistisch“, weil er, wenn auch mit reziprokem Akzent, an der Unterscheidung von Schöpfungstheologie und Heilstheologie festhielt, eine Voraussetzung seines moraltheologischen neuen Weges. Denn er betrieb nun die Moraltheologie nicht mehr „von oben“, aus den Grundsätzen des Glaubens bzw. der Dogmatik, sondern „von unten“, d.h. aus den geschichtlichen Entwicklungen von Ethiken, die sich dann durch die Glaubenserfahrungen in ihrer Geltung bekräftigen konnten. Da ich von Meister Eckhart her in diese Debatte einstieg, stand ich Metz näher, dachte aber weniger geschichtlich-eschatologisch und stärker aus der Sicht der Einheit von Ursprung und Gegenwart. Später, 1974 in meinem Habilitationskolloquium in Tübingen über die Relevanz der Geschichte, versuchte ich, die Perspektiven zu versöhnen.

Alfons Auer hatte über den Tübinger Moraltheologen Franz Xaver Linsenmann (1835–1898) promoviert. Sein Doktorvater war damals, 1948, in Tübingen Theodor Steinbüchel (1888–1949), ein sehr philosophisch und zugleich sozial ausgerichteter Moraltheologe, später auch Rektor der Universität Tübingen. Auer, der Linsenmann-Kenner und Steinbüchel-Schüler, hatte sich zunächst gegenüber der philosophischen Richtung Steinbüchels um eine stärkere Einbeziehung der theologischen Begründung bemüht. Auf dem Weg von Würzburg nach Tübingen wurden ihm die Anliegen Steinbüchels erneut bewusst.

Auer veröffentlichte 1969 seine „Zehn Thesen über die Findung sittlicher Weisungen“ in der *Theologischen Quartalschrift*, ebenso „Die Erfahrung der Geschichtlichkeit und die Krise der Moral“. Im ersten Fall ging es um die Frage einer überzeitlichen Stagnation des Naturrechts, das durch sein neues Konzept einer „autonomen Moral“ dynamisiert werden sollte. Im zweiten Fall ging es um die Veränderung der moralischen Erfahrungen in der Geschichte und um den geschichtlichen Wandel der moralischen Sensibilisierung. Beides, die Frage nach der Reichweite kirchlich-lehramtlicher Autorität und die Frage nach dem Beitrag der sich verändernden Erfahrung der Gläubigen selbst, faszinierte insbesondere durch die Ehrlichkeit und Rückhaltlosigkeit, mit der Auer sein bisheriges moraltheologisches Konzept in Zweifel zog.

In Tübingen wandte ich mich erstmals intensiver den Fragen einer normativen Ethik zu, die mich bisher wenig beschäftigt hatten und die – heute erscheint das als erstaunlich – in meiner philosophischen Ausbildung nicht vorgekommen waren. Eine Ausnahme war der *Cursus scholasticus propaedeuticus* am Anfang des Theologiestudiums, dort wurden ethisch-normative Fragen neothomistisch behandelt. Damit war ich also vertraut. Es war auch angeraten, in meiner lateinischen Studienausgabe der *Summa theologiae* des Thomas von Aquin – die mir noch heute gute Dienste tut – immer wieder die Begründungen des Thomas im Original zu studieren. Man kann es auch so zusammenfassen: Seit Leo XIII. am Ende des 19. Jahrhunderts Thomas von Aquin für das Theologiestudium als normative Vorgabe empfohlen hatte, gab es eine neuscholastische Auseinandersetzung, in welcher das Verständnis des Thomas im Original immer wieder eine kontroverse Rolle spielte. Aber es war für uns als Studierende gut erkennbar, dass die Lehre des Thomas von der Geschlechterdifferenz und von der Sexualethik auf Voraussetzungen beruhte, die man philosophisch und theologisch nicht mehr aufrechterhalten konnte.

Meine philosophische Ausbildung in Würzburg bei Heinrich Rombach war, was die Geschichte der Philosophie betraf, an Cusanus,

Pascal und an der Phänomenologie Edmund Husserls und Martin Heideggers ausgerichtet. Ich lernte den Übergang von der Phänomenologie zur Strukturphilosophie. Damit waren fundamentale Einsichten in die Anthropologie und in die Gesellschaftsstruktur verbunden, deren Auswirkungen mir erst in der Auseinandersetzung mit der „Entfremdungslehre“ der Kritischen Theorie ab 1968 bewusst wurden.

Alfons Auer war nicht nur eine eindrucksvolle Persönlichkeit, sondern auch ein vorzüglicher Lehrer, der einem die Freiheit ließ, eigene Gedanken zu entfalten, auch wenn sie von seinen Gedanken abwichen. Ich habe dies gern später gegenüber meinen Schülerinnen und Schülern fortgesetzt. Selbstverständlich versuchte ich, Auers Positionen nachzuvollziehen und zu erläutern, aber – es ist vielleicht nötig, dies zu betonen – ich habe ein dynamisches Naturell, und ich bin nicht sein Nachahmer. Das hat seine Gründe in meiner andersartigen philosophischen Ausbildung, in meiner schon erwähnten Kritik eines dualen Weltbildes und nicht zuletzt im Unterschied des Temperamentes und natürlich auch des Alters und der damit verbundenen Prägung durch Erfahrungen. Intellektuelle Auseinandersetzungen mit Auer, der zugleich ein sehr angenehmer und gesprächsbereiter Chef war, gab es immer wieder, wobei er meine gelegentliche philosophische Insistenz als „anstrengend“ empfand und wir dann gemeinsam auf ein Europapokalspiel im Fußball oder eine Wanderung im Schönbuch auswichen. Die Auseinandersetzung ging zunächst meinerseits darum, ob denn „Autonomie“ nicht als genuin theologischer Begriff neu konzipiert werden müsse, dann darum, ob der Begriff nicht das Element „Befreiung“ vernachlässige. (Ich habe dazu manches in der Zeitschrift *Concilium* geschrieben.) Wir unterschieden uns auch 1968 und darüber hinaus in unserer (hochschul-)politischen Einstellung. Dies war wegen Auers liberaler Toleranz nicht störend, wir konnten uns darüber austauschen.

Ich komme noch auf einige besondere Prägungen der Tübinger Theologie, wie ich sie erlebt habe, zurück. Aber alles braucht, um deutlich zu werden, auch einen konkreten historischen Anlass. Das war für Alfons Auer *Humanae vitae*, nicht nur weil er in die Entstehung dieser Enzyklika involviert war. Um diesen Zusammenhang zu verdeutlichen, füge ich hier einen kritischen Rückblick auf diese so viel Widerstand erzeugende Enzyklika ein, deren mögliche Verschärfung durch Johannes Paul II. dann 1988/89 meinen Protest auslöste. Ich komme darauf zurück.

Die Enzyklika über die Empfängnisregelung: *Humanae vitae* (1968)

Die Enzyklika *Humanae vitae* Papst Pauls VI. war 1968/69 ein heiß diskutiertes Thema in der katholischen Moraltheologie, das auch in den Medien stark beachtet wurde. Als bewusste Empfängnisregelung war darin nur die Zeitwahl, d.h. das Nutzen empfängnisfreier Tage erlaubt. Alle anderen Mittel (Kondom, Pille) waren moralisch nicht erlaubt. Die Enzyklika hat auf die Moraltheologie, aber auch auf die Dogmatik, nicht zuletzt auf die lehramtliche Verkündigung, stark eingewirkt. Als Experten hatten an der päpstlichen Kommission u.a. Alfons Auer (von Würzburg aus), Josef Fuchs SJ (1912–2005, Gregoriana, Rom) und Pierre de Locht (1916–2007, Louvain-la-Neuve) teilgenommen. Der Bericht der Kommission enthielt mit überwiegender Mehrheit der Experten eine andere, offenere Stellungnahme zur Empfängnisregelung, als sie Paul VI. schließlich aufgrund eines schmalen Minderheitsvotums in seine Enzyklika einbrachte. Eine Rolle soll bei der strikten Entscheidung auch der – selten anwesende – Kardinal Karol Wojtyła gespielt haben, der spätere Papst Johannes Paul II., der eine an Augustinus geschulte Sexualethik vertrat (vgl. seine Bücher *Liebe und Verantwortung* und *Person und Tat*). Auer hat die Akten der Kommissionsberatung aufbewahrt. Sie warten in seinem Archiv in der Diözesanbibliothek in Rottenburg auf eine Bearbeitung.

Bei aller Kritik blieb unbestritten, dass die Enzyklika in ihrer Stellungnahme zur Liebe als Sinn der Ehe – unterschieden, wenn auch nicht getrennt von der Fruchtbarkeit als Zweck der Ehe – Bahnbrechendes geleistet hat. Dies wurde später durch das Apostolische Schreiben Johannes Pauls II. *Familiaris consortio* (1981) weiter verstärkt. Aber die Begründung wurde in *Familiaris consortio* verändert. Im Vordergrund stand nun die Vorstellung einer ganzheitlichen Akzeptanz der Geschlechtsperson des Partners im Sexualakt als potentieller Vater oder Mutter. Diese Begründung wurde wegen der Exaltiertheit der dabei abgerufenen Einstellungen kritisiert.

Der bleibende Kritikpunkt blieb das Verbot empfängnisregelnder Mittel überhaupt (nicht nur der abortiven). Da die Kirche sich für dieses Verbot auf die Kontinuität ihrer Autorität und auf ihre Auffassung des Naturrechts bezog, wurde die Reichweite der lehramtlichen Autorität ebenso zum Punkt der Auseinandersetzung wie die Art der Inanspruchnahme des Naturrechts. Diskutiert wurde auch immer wieder die Tatsache, dass die Lehre von der Empfängnisregelung von den Gläubigen nicht rezipiert wurde, nicht aus Schwäche, sondern aus Überzeugung. Hier ging es nicht nur um die Gewissensfrage, sondern auch um den Beitrag des *Sensus fidelium*, des Glaubenssinnes der Gläubigen, für die Moralbildung in der Kirche.

Die Bischofskonferenzen in Mitteleuropa verwiesen darauf, in Deutschland unter Beihilfe von Karl Rahner, dass hinsichtlich der Empfängnisregelung dem Gewissen auch dann die letzte Entscheidung zukomme, wenn dieses sich objektiv im Irrtum befinden sollte. Dies bezog sich nicht auf die in der Enzyklika vorausgesetzte Sexualethik, also die Bindung des sexuellen Vollzuges an die Ehe. Hier versuchte die Würzburger Synode, neue Fragen zu stellen, die aber in Rom nicht beachtet wurden. In der Folge festigte das römische Lehramt in *Familiaris consortio* (1981) und in *Evangelium vitae* (1992) seine Ausgangsposition, die es einerseits in der Kirche nicht in Geltung bringen konnte, an der aber andererseits immer mehr das Problem von „Befehl und Gehorsam" – bereits 1964 ein Buchtitel des Schweizer Pastoraltheologen Alois Müller (1924–1991) – zu hängen schien. Insbesondere ging es neben der Gewissensthematik um die katholische Version des Naturrechts und um die Unterwerfung der Moral unter die Dogmatik. Das Letztere hatte Hans Küng in der Tübinger Universitätszeitschrift *Attempto* offengelegt und daran in Folge die Unfehlbarkeitskritik geknüpft. Es gab aber auch die Perspektive, dass eine Enzyklika zwar gültig ist, aber nicht in Geltung, solange sie nicht in der Universalkirche rezipiert und umgesetzt ist. Auf diese Perspektive hatte der Warschauer Moraltheologe Helmut Juros (* 1933), Schüler Karol Wojtyłas, aufmerksam gemacht. Das brachte ihm in seiner Fakultät Schwierigkeiten ein.

Für die Erinnerung 50 Jahre nach dem Erscheinen von *Humanae vitae* verfasste das New Yorker theologische *Wijngaards Institute* im August 2016 eine kritische Erklärung, an der ich mich auch als Zulieferer von Erinnerungen an die Positionen der Debatte beteiligte. Ich zitiere hier die Zusammenfassung:

> Weder die Bibel noch die biologischen Gesetzmäßigkeiten menschlicher Fortpflanzung bieten stichhaltige Gründe dafür, dass sexueller Verkehr in allen Fällen offen für Fortpflanzung sein muss. Im Gegenteil gibt es reichlich Zeugnisse aus der Bibel selbst, aus der Evolutionsbiologie und der Soziologie dafür, dass Menschen legitimerweise aus verschiedenen Gründen und Sinnzielen sexuelle Begegnung suchen; Fortpflanzung ist hier nur eine Sinndimension unter anderen. Weder die biologische Möglichkeit noch die Absicht der Fortpflanzung ist jedem einzelnen Geschlechtsakt notwendig inhärent. Dem entsprechend kann der Gebrauch von Kontrazeptiva sowohl zur Familienplanung als auch zur Krankheitsprävention ethisch gerechtfertigt sein.

Man wird über die ethische Dimension dessen, was „legitimerweise [...] sexuelle Begegnung suchen" bedeutet, auch heute kritisch nachdenken müssen. Diese Zusammenfassung ist insofern nicht befriedigend. Wie gehen wir mit dem Sinnziel „Liebe" um? Liebe und Sexualität driften heute auseinander, und dies ist ein ambivalentes Ergebnis der zu dieser Zeit einsetzenden „sexuellen Befreiung".

Sexuelle Befreiung? (1969)

Ende der sechziger Jahre wurde die sog. „sexuelle Befreiung" zum gesellschaftlichen Thema. Die „Pille" schien ein Begleitinstrument dieser sexuellen Befreiung zu sein. *Humanae vitae* ging von der Voraussetzung aus, dass sexuelle Beziehungen nur in der Ehe erlaubt seien und dort auch nur – mit Ausnahme der unfruchtbaren Tage – als zeugungsoffener Vorgang.

Die Moraltheologie nahm damals die „sexuelle Befreiung" als Thema auf. Dazu gab es auch manche Mediendialoge, damals vor allem mit dem Bonner Moraltheologen Franz Böckle. 1969 stellte sich der Kongress deutschsprachiger Moraltheologen und Sozialethiker in Wien dem Thema „Sexualethik". Ich war – außer eingeladenen nichttheologischen Fachleuten – der einzige Laie, der an diesem Kongress nach seiner Promotion teilnehmen durfte und der sich als jung Verheirateter, als Idealist und als spirituell Eingeübter, über manche Äußerung von Priestern wunderte. Denn es gab nicht nur Referenten, die, vor allem in der Frage sexueller Beziehungen auf dem Weg zur Ehe, offener sprachen. Ich war damals geschockt von dem Geplauder eines etablierten, geistlichen Theologieprofessors, der, meinem Gedächtnis nach, schlicht sagte: „Sexualität ist erlaubt bei Liebe, und Liebe ist es, solange sie dauert." (Der Kongress wurde nicht veröffentlicht.) Das schien mir als jung verheiratetem Theologen denn doch zu simpel.

Als ich mich mit einem Einspruch an den römischen Moraltheologen der Gregoriana, Josef Fuchs, wandte, meinte er trocken: Das sei jetzt meine Aufgabe als Laie, die entsprechenden moralischen Regeln eines guten Lebens mit der Sexualität zu entwickeln. 1969 wurde nicht klar, wie eine positive Botschaft zu sexuellen Beziehungen theologisch entfaltet werden könnte. Dies wurde für mich dann ein Thema für einige spätere Publikumsbücher der achtziger Jahre (*Die Kunst, zärtlich zu sein*, *Ehe als Entwurf*, *Das gläserne Glück der Liebe*).

Papst Benedikt XVI. hat mit seiner Kritik im *Klerusblatt* (März 2019) zu der in die Zeit Franz Böckles fallenden Moraltheologie nicht nur darin unrecht, dass er die ethischen Überlegungen der Moraltheologen unter Verdacht stellt, sondern auch darin, dass er sie mit dem Missbrauch des Klerus in Zusammenhang bringt. Zahlen aus dem Klerus in den USA belegen eher, dass „sexuelle Befreiung" diesen verringerte.

Dennoch stehen wir heute weiter vor der Frage, ob Sexualität als „Austausch der Launen mit den Gelegenheiten" (Botho Strauß, *Paare, Passanten*) betrachtet werden kann oder ob und vor allem wie sie ein „gutes Leben" im vollen Sinne ermöglicht. Strauß' präzise Beobachtungen von Verlusten an Fairness und an erotischem Tiefgang zeigen das bleibende Dilemma genauer auf als die Verdächtigungen Benedikts.

Gewissen, Autonomie und Selbstbestimmung (1970/71)

Humanae vitae hat kirchlich vor allem in der Art und Weise, wie es seitens des Lehramtes zum Symbol der Kirchentreue von Theologinnen und Theologen gemacht wurde, gewirkt. Die Laien, Männer und Frauen, distanzierten sich, indem die Beichte abnahm. Die europäische und weithin ebenso die nordamerikanische Moraltheologie sahen sich veranlasst, das Naturrecht neu als autonomes Vernunftrecht zu deuten. Dabei wurde ein Anschluss an Thomas von Aquin gesucht, z. B. von Wilhelm Korff (1926–2019) oder Karl-Wilhelm Merks (* 1939) in Bonn. Freilich ging es nicht um Autonomie im Sinne der Selbstbestimmung, der Willkür und der Wahl (im klaren Gegensatz zur *Pro-choice*-Bewegung), noch, trotz einiger Bezüge auf Immanuel Kant, um dessen Autonomie als Selbstverpflichtung in Freiheit. Vielmehr ging es um die eigenständige „Rationalität der Wirklichkeit" (so Alfons Auer), um die Eigenständigkeit der vernunftoffenen Auslegung der Wahrheit der Schöpfung, um eine offene Beziehung zu allem, was „Welt" ausmacht (vgl. z. B. mein Buch *Gotteserfahrung – Weltverantwortung*, München 1982). Diese eigenständige, vielgestaltige Erkenntnisquelle sollte nicht durch einen Christomonismus oder durch einen davon abgeleiteten Ekklesiomonismus aufgesaugt werden. Man besann sich auf die Tradition des Naturrechts, aber diese war längst kirchlich auf restriktive Weise festgelegt. Die ethisch relevante Erkenntnis sollte jedoch nicht erst als eine amtlich „getaufte" Erkenntnis zum Zuge kommen. Von daher ergaben sich neue Relevanzen für die moralische Erkenntnislehre im theologischen Kontext: der Bezug zu den Human- und Sozialwissenschaften (in Frankreich besonders ausgeprägt), aber auch neue Bemühungen um die philosophische Debatte, sei es im Gefolge der neueren Kant-Rezeption, sei es im Gefolge der Gerechtigkeitsdebatte um John Rawls.

Das dabei gewonnene Terrain, zunächst auch in der säkularen gesellschaftlichen Debatte (etwa in Deutschland), wies aber auch eine Verlustrechnung auf. Zum Ersten haben die Befreiungstheologien und politischen Theologien ja überhaupt ihre ethisch relevanten Ansätze oft christologisch unterbaut und damit die naturrechtlich-schöpfungstheologische Eigenständigkeit eines „Weltethos" („mundial ethic" im Sinne Alfons Auers) unterlaufen. Zum Zweiten hat der *religious turn* eher den Blick auf die (un-)moralische Kraft der Religionen und eines möglichen Konsenses im „Weltethos" („global ethic" im Sinne Hans Küngs) gelenkt. Zum Dritten hat sich die in Europa vom Säkularismus in den Laizismus driftende wissenschaftliche, politische und mediale

Welt immer weniger um eine theologisch motivierte Ethik, sosehr sie philosophisch argumentierte, gekümmert. Zwischen diesen Stühlen platziert konnte die „autonome Moral im christlichen Kontext", obwohl sie sich trotz lehramtlicher Behinderungen akademisch immer mehr, nicht zuletzt aufgrund ihrer Differenzierungen durchsetzte, nur dann gesellschaftliches Terrain gewinnen, wenn ihre Vertreter sich mit philosophischen Argumenten und mit praktischer ethischer Kompetenz, unabhängig von ihrem Glauben, Gehör zu verschaffen wussten.

Das alles hat *Humanae vitae* nicht bewirkt und nicht zu verantworten, aber manches oder gar vieles wäre ohne *Humanae vitae* auf eine andere Spur der Entwicklung geraten. So sah es auch der Wiener Kardinal Christoph Schönborn, als er 2007 in einer Ansprache zur Emeritierung des Wiener Moraltheologen (und Auer-Schülers) Günter Virt (* 1940) die Fixierung der Moraltheologie auf diesen Punkt als „unglücklich" bezeichnete. Es war aber nicht die Moraltheologie, es war das Lehramt selbst, das hier fixierte. Ich beklage mit anderen insbesondere die Selbstfixierung des Lehramtes, in der das Verbot künstlicher Mittel der Empfängnisregelung oft wirkte wie ein Gesslerhut im Drama *Wilhelm Tell*. Denn es ging um ein Kontinuitätssymbol: „Ecclesia sibi suaque doctrina constat" („Die Kirche steht zu sich selbst und ihrer Lehre").

Gewiss ist es eine Aufgabe des Lehramtes, diesen Konflikt zu entschärfen. Eine Brücke könnte die Tolerierung des Kondoms im Kampf gegen Aids sein. Eine andere Brücke könnte der Rückgriff auf die dogmatische Dissertation William Joseph Levadas (1936–2019) sein, später Kardinal und Nachfolger Joseph Ratzingers an der Spitze der Glaubenskongregation, in welcher die Möglichkeit einer Unfehlbarkeit in konkreten naturrechtlichen Fragen bestritten wird (vgl. Diss. Kurzfassung Gregoriana, Rom 1971; im Vorwort antwortet Levada in diesem Sinne auf Hans Küng, *Unfehlbar?*, Zürich 1970). Eine dritte Brücke wäre die Stärkung der Gewissenslehre. Eine vierte Brücke wäre die deutlich sichtbare Einbeziehung christlich gelebter Überzeugungen in die abgerufenen *témoignages*. Dies wurde bisher in Rom eindeutig vernachlässigt. Viele dieser Brücken sind in der Diskussion zur Enzyklika *Veritatis splendor* (1992) von den Moraltheologen vorgeschlagen worden (vgl. den 1994 von mir herausgegebenen Band *Moraltheologie im Abseits?*).

Dazu gehört eine kleine Geschichte, die ich später erlebte: Im Jahr 1989, nachdem weltweit Theologinnen und Theologen im Gefolge der *Kölner Erklärung* auch wegen der Probleme zwischen Lehramt und Moraltheologie protestiert hatten, hatte ich u. a. Gelegenheit, mit 80 polnischen Priestern in Kattowitz über die Norm der Empfängnisregelung zu diskutieren. Ich konfrontierte sie mit der Geschichte, dass ein römischer Prälat – es war Papst Johannes Paul II. selbst gewesen, im Gespräch mit Bischof Karl Lehmann – in einem Extremfall im Laufe eines Gespräches in der Einzelbeichte die Pille erlauben würde. Der Extremfall war so gekennzeichnet: Drei Kinder waren geboren, die nächste Schwangerschaft für die Mutter gesundheitsgefährdend, die Methode der Zeitwahl, d. h. Wahl unfruchtbarer Tage, nicht anwendbar. Die Priester waren aber an Gewährung oder Verweigerung im Einzelfall nicht interessiert, schon gar nicht an dieser Auslegung der Vollmacht des Beichtvaters. Sie wollten eine generelle kirchliche Regelung.

Fünfzig Jahre mangelnder Rezeption eines sehr ins Detail gehenden Verbotes sollten genügen, um eine Revision zu überlegen. Man kann durchaus das retten, was u.a. einige Befreiungstheologen an *Humanae vitae* „prophetisch“ genannt haben: die totale (und nicht nur die partielle) Herrschaft der planenden Vernunft in der Liebesbeziehung und die zunehmende Technologisierung der Reproduktion.

Man kann es auch so sehen, dass *Humanae vitae* am Ende einer Insel gleicht, an deren Riff sich Wellen und mutige Boote brachen (die diese Insel anders bebauen wollten), die aber jetzt auf eingefahrenen Bahnen umschifft wird. Was nicht mehr greift, das wird vergessen. Bei jungen Christen und Christinnen, Theologinnen eingeschlossen, hat sich die Aufregung gelegt. *Humanae vitae* trifft sie und ihr Verhalten nicht mehr existentiell. Sie gehen nicht zur Beichte – auch eine Wirkung, die mit *Humanae vitae* einsetzte. Das Thema hört damit nicht auf, Gegenstand weiterer moraltheologischer Betrachtungen zu sein. Aber die Zuhörerschaft wird zusehends kleiner.

Moraltheologisch ist aber wohl aufzuarbeiten, dass eine philosophisch begründete Vernunftmoral sich selbst heute de facto Grenzen setzt, die sie de jure nicht zu haben bräuchte, wenn sie sich nicht gerade in der Ethik selbst den Verzicht auf weiterführende Fragen nach dem Sinn unserer Existenz auferlegte. Die philosophische Moral hat in ihrer Auseinandersetzung um Gerechtigkeit und Menschenrechte viele Gärten und Blüten, aber auch manches Abfallprodukt hervorgebracht. Man trennt aber diese „politische Philosophie" von der „Moralphilosophie". Die Letztere mäandert mit vielen Flussarmen, die meist in ein großes Meer säkularer und pluralistischer Beliebigkeit münden. Die großen Fragen nach der Kontingenz des Menschen, nach Schuld und Leid fallen dabei aus. Sie gehören nicht in das säkular umgrenzte Gelände der Prüfung analytischer Richtigkeit in den Gedankenlaboratorien, die mit der Wirklichkeit, mit den Fragen nach dem Sinn des Lebens und nach unverdient geschenktem Glück wenig zu tun haben. Die philosophische Moral präsentiert sich oft liberal, aber „gnadenlos". Die Popularphilosophen, die Literaten und die Esoteriker verwalten diesen Ausfall auf ihre Weise. Aber diese Gruppen bestellen das Feld der moralischen Verantwortung nicht, sie lassen es ihrerseits brach liegen. Die theologische Ethik hingegen hat angesichts des Brachlandes eine Chance aufgrund ihrer reichhaltigeren Anthropologie.

Nach Christoph Schönborn verhinderte dieser Konflikt eine reichhaltigere Rezeption des Zweiten Vatikanischen Konzils. Der Blick sei wie gebannt auf die „Autonomie" in *Gaudium et spes* gerichtet gewesen, während andere Konzilsdokumente (über die Offenbarung und über die Kirche) doch auch Grundlagen für die Erneuerung der Moraltheologie hätten liefern können. Ich meine, dass diese Bilanz nicht auf die Schriften der Moraltheologie aus der Tübinger (Auer) oder Bonner (Böckle) oder Münchner (Gründel) Schule zutrifft. Hier ist auch zu erwähnen, dass 1986 „Autonomie" (bei Karl-Wilhelm Merks) als Begründung für eine *Nihil-obstat*-Verweigerung in Bonn diente und dass die Wiener Ehrenpromotion für Alfons Auer bischöfich behindert wurde. Sie wurde erst freigegeben, als er aus Altersgründen nicht mehr reisen konnte.

Das katholische Lehramt will oft die moralische Vernunft nur „getauft" zulassen und erlässt dafür Vorschriften, wer, wie und wann „taufen" darf. Selbstverständlich ist Theologie in einem gewissen Sinne auch „getaufte Vernunft". Aber mit der Moral ist es wie mit der Taufe, die durch alle Christen und Christinnen gespendet werden kann. Die Vernunft ist theologisch eine Freigelassene der Schöpfung, eine wandernde und irrtumsfähige, aber, vor allem als neuzeitlich reflektierende, zugleich eine selbstkritische Vernunft – keine Vernunft ohne „Kritik der Vernunft". Diese kritische Vernunft, unterstützt von breit gefächerter Erfahrung, wandert auch in der Kirche ein und aus. Die Hausgenossen können mit ihr Freundschaft schließen und mit ihrer Hilfe rechnen – versklaven lässt sie sich nicht, ohne zu pervertieren. Wer Angst vor ihrer Freiheit hat, der sollte nicht Theologie treiben, weil ihm der Logos verloren geht. Wer freilich alles von ihrer Freiheit erhofft, der täuscht sich ebenso. Da haben die Befreiungstheologen m. E. recht: Die geschichtlich gewordene Unfreiheit erreicht auch die Vernunft und ruft zu ihrer Befreiung auf. Große philosophische Themen, große moralische Themen haben oft in der Geschichte theologische Impulse aufzuweisen, nicht ausschließlich, aber doch oft gute Impulse.

Vieles am aufgeklärten Humanum hat christologische Quellen, die vor allem im Menschwerdungsglauben, in der christologischen Präsenz in den Armen selbst, im Gewaltverzicht und damit im Herrschaftswechsel liegen. Diese Auffassung ist aber von einem normativen Christomonismus, der alles auf ein christologisches Zentrum zurückführt, zu unterscheiden. Man kann Menschen zeigen, dass Christus nicht heteronom ist, wenn er die religiöse Identität des Christen von innen her bestimmt. Ebenso wenig wie die Vernunft, welche die philosophischen Laboratorien sprengt, gehört Christus ausschließlich in das von der Kirche eingerichtete Lehrhaus (*Domum disciplinae et doctrinae*, nach Augustinus).

Ein Blick zurück auf *Humanae vitae* mündet in weitläufigen Fragen der heutigen (Moral-)Theologie bzw. theologischen Ethik. Dabei zeigt sich, wie sehr die „Empfängnisregelung" in weitere Fragen der katholischen Sexualmoral eingebettet ist.

Zu *Humanae vitae* habe ich 1968 nicht nur meinen ersten Fachvortrag gehalten, sondern auch meine erste moraltheologische Arbeit verfasst, die später in das Buch *Geburtenregelung* (Mainz 1990) mit einfloss. Meine erste Veröffentlichung zu ethischen Fragen beschäftigte sich jedoch mit den projektierten Entwicklungen der Humangenetik.

Ich hielt in dieser Zeit viele, viele Vorträge. Reden hatte ich schon in der Jugendarbeit gelernt – ich las seither ungern meine vorbereiteten Texte vor und sprach meistens frei. Aufgrund der vielen Einladungen war ich viel als Vortragender unterwegs: 50 Vorträge im Jahr, Adressaten waren Pfarreien, Bildungswerke, Akademien, Verbände, Bundeswehrtagungen und viele andere mehr. Entsprechende Veröffentlichungen folgten. Mit dem Reden kam aber auch das Schreiben. So dachte ich noch bis 1974 an eine Karriere als freier Autor in Kombination mit einer Lehrbefähigung als Privatdozent an der Hochschule, wobei meine Frau als beamtete Studienrätin für eine gewisse Sicherheit sorgte. Ich fühlte mich aber doch in der Lage, mich selbst als freier Autor und Hausmann zu erhalten.

Ein erster Beitrag zur Ethik der Gentechnik (1969)

Aufgrund meiner Beschäftigung mit der Lebensführung in spirituellen Modellen hatte ich mich immer für das Thema „Leben", griechisch *bios* und lateinisch *vita*, interessiert. So kamen mir die Auseinandersetzungen um die Wissenschaftsgeschichte und die neuen Erkenntnisse in der Gentechnik, als ich die konkrete Ethik zu bearbeiten anfing, besonders gelegen. Alfons Auer bat mich, eine Anfrage zu einer Vorlage für die Stuttgarter Ministerien zu beantworten, in der aus populationsgenetischen Gründen eine flächendeckende Embryonenuntersuchung anvisiert wurde. Ich las mich in die Geschichte der Genetik in der Nazi-Zeit ein und nahm u. a. wahr, dass in den zwanziger Jahren in einigen Staaten der USA die Sterilisierung sog. geisteskranker Frauen umgesetzt worden war. In Deutschland ging man, vor allem in Baden und Württemberg, in der Beseitigung sog. „lebensunwerten Lebens" noch weiter. Schon in den zwanziger Jahren hatte der Moraltheologe Hermann Muckermann SJ (1877–1962) Sterilisierung in Erwägung gezogen. Auer übersandte mein kritisches Gutachten an das Ministerium.

Ich durfte bereits 1969 den ethischen Kommentar zu einem Fachbeitrag des amerikanischen Humangenetikers Kurt Hirschhorn (* 1926) in der Zeitschrift *Wort und Wahrheit* schreiben, der Titel lautete „Moraltheologische Aspekte der Humangenetik". Dazu las ich weiter den Stand der Forschungen, bekämpfte die populationsgenetischen Irrtümer, die es um diese Zeit leider noch gab. Ich las auch die Beiträge Karl Rahners zur „Manipulation am Menschen", die eher die Fortschrittsängste verringern wollten. Ich schlug vor, die Nutzung der Gentechnik am Menschen an dessen Integrität auszurichten, eine eher zur Vorsicht mahnende Stellungnahme. In Tübingen veranstaltete ich im Auftrag der Fakultät 1971 eine Podiumsdiskussion zur Gentechnik mit dem Rektor der Ulmer Universität, dem Biologen Helmut Baitsch (1924–1991), und dem Philosophen Heinrich Rombach. Außerdem durfte ich den internationalen Moraltheologen-Kongress mit dem Thema „Manipulation am Menschen“, 1973 in Straßburg, organisiert von Freiburg, Metz und Tübingen, mit vorbereiten und einen Arbeitskreis leiten.

Die Liebe zur Literatur und ein germanistisches Zwischenspiel

In meiner wachsenden Beschäftigung mit der Narrativen Ethik als „Literaturethik“ für die Habilitation, die zunächst in der Germanistik geplant war und erst 1972 in die Theologie übernommen wurde, trat das Thema Gentechnik zunächst zurück. Bei Thomas Manns *Joseph*-Romanen war für mich das Thema „soziale Identität“ wichtig, und die Beschäftigung mit dem *Tristan*-Roman zielte auch auf einen historisch-literarischen Beitrag zum Thema Sexualität, Liebesanalytik und Ehe.

Wenn ich aber Hochschullehrer werden wollte, was sich seit meinen Abschlüssen 1967/68 nahelegte, brauchte ich trotz der Assistentenstelle in Moraltheologie am Lehrstuhl Auer eine andere Habilitation. Meine theologische Dissertation mit altgermanistischem Einschlag wurde dafür auf Antrag des Germanistikprofessors Richard Brinkmann von der Tübinger Neuphilologie als Voraussetzung für eine Annahme als Habilitand anerkannt. Ich übernahm einen Lehrauftrag für Proseminare zum Erlernen des Mittelhochdeutschen, wofür ich den *Tristan* des Gottfried von Straßburg bevorzugte. Der überzeugte Katholik Richard Brinkmann (zugleich Gastprofessor in Berkeley) hatte als Student im Hause Theodor Steinbüchels gewohnt, von dem er manche Geschichte zu erzählen wusste. Er war mit Auer befreundet, und auch die Waldwege im Schönbuch bei Tübingen konnten ihn zu Spaziergängen mit kontroversen Gesprächen, bei denen man gestikulierend stehen blieb, verlocken. Ich habe von ihm vieles gelernt, u.a. dass immer Gegenargumente bleiben, wenn man „mit guten Gründen“ etwas behaupten kann. Sein Doktorandenkolloquium, an dem ich teilnahm, wurde nach 1968 zeitweise vom Spätmarxismus und seinen Analysen dominiert. Damit kam er, der eher Konservative, besser zurecht als manche seiner gleichgesinnten Kollegen. Nach 1968 las man in diesem Seminar *Das Kapital* und diskutierte über Karl Marx. Ich las dazu Georg Lukács und Theodor W. Adorno, marxistische Literaturgeschichte und Literaturanalyse.

Mit Brinkmann konnte ich über die „Verbindlichkeit des Unverbindlichen“, so der Untertitel eines seiner Bücher über Theodor Fontane (München 1967), diskutieren. Als 1972 die Erlaubnis zur Laienhabilitation seitens der katholischen Bischofskonferenz kam, erfüllte ich die Bedingung außeruniversitärer Tätigkeit durch 50 Vorträge im Jahr, die ich im schwäbischen Ober- und Unterland hielt. Ich lernte dabei eine andere Kirche kennen, als sie mir aus den Diözesen Trier und Würzburg vertraut war. Gebildete Prinzipale in den Pfarreien machten auf mich den Eindruck, dass es hier eine Tradition gab, die sich in der Aufklärung der Diözese Konstanz gebildet hatte.

Ich selbst, eher phänomenologisch und strukturphilosophisch ausgebildet, verfiel nicht dem Spätmarxismus, aber der – in meinen Augen – eher „kontemplativen“ Ideologiekritik der Frankfurter Schule (Horkheimer, Adorno, Arendt, der frühe Habermas). Den Impulsen der 68er begegnete ich stets, auch als gelegentlicher Streikbrecher, mit der Betonung der Gewaltlosigkeit. Aber die Aufarbeitung der antidemokratischen Überbleibsel deutscher Geschichte und die Mitbestimmung aller Betroffenen an den sie betreffenden Entscheidungen ist mir heute noch ein Anliegen.

Narrative Ethik: Moralische Erfahrung als Brücke zwischen Vernunft und Gefühl – ein großes Projekt

Erzählen und Erfahren gehören zusammen. Im Laufe der Zeit konnte ich diesen Zusammenhang erlernen, verstehen und darstellen. Dies hat dann die Philosophin Martha Nussbaum (* 1947) auf ihre Weise, zunächst an der Antike, später auch an der Gegenwartsliteratur, dargestellt und eine weltweite Rezeption erfahren. Mir ging es aber schon seit 1970 vor allem um die Konvergenz von moralischer, ästhetischer und religiöser Erfahrung. Erfahrung unterschied ich dabei stets von Erlebnis, das freilich die Erfahrung in Bewegung setzt. Aber Erfahrung wählt unter Erlebnissen aus. Nur das, was sie sich selbst erzählt, was sie erinnert und bestätigt, sich damit zu eigen macht, erzeugt einen Komplex von Erfahrungen und schließlich die Erfahrenheit. Diese Form der Aneignung lässt sich jedoch vernünftig klären und schließt sich daher nicht gegenüber der Vernunft ab. Ich konnte dies damals noch nicht so formulieren, aber ich stimme dem folgenden Zitat zu:

> An religiösen Antworten auf moralische Fragen festzuhalten, nur weil sie einfache Lösungen erlauben, wäre intellektuell unredlich und entspräche weder dem Ernst der Fragen noch dem Ernst, den der religiöse Glaube seinerseits fordert. Aber auch der Gläubige kann, zumindest wenn er Andersgläubige und Nichtgläubige ernst nimmt, seine moralischen Normen letztlich nicht mehr auf seinen Glauben gründen. Denn das Einhalten von moralischen Normen ist etwas, was wir (so scheint es jedenfalls) von allen verlangen, und um das zu können, müssen wir auch erwarten, daß sie für alle einsichtig zu machen sind. (Ernst Tugendhat, *Vorlesungen über Ethik*, Frankfurt am Main 1993, 13)

Moralrelevante Erfahrung ist zugleich Erfahrung von Verwiesenheit auf Vernunft in moralischen Angelegenheiten. Wenn wir an der Reflexivität von Erfahrung festhalten müssen, sollte das Grundphänomen Erfahrung nicht auf das Sprudeln seiner Quellen (z. B. das Erleben) vorrational fixiert werden. Erfahrung, insbesondere moralische Erfahrung, ist nicht gegen Vernunft zu kehren, sie ist vielmehr Teil der Vernunftpraxis selbst. Freilich hilft sie der Vernunft eher dazu, sich selbst und die Phänomene der Wirklichkeit zu entdecken und zu erfassen, als dazu, normative Regeln diskursiv zu begründen.

Sprachlich ist immer wieder zu bedenken, dass wir in einer der Erfahrung zugeordneten Wortwahl immer nach beiden Seiten von der Brücke abrutschen können: in Richtung des Vorrationalen und in Richtung des Rationalen. Aber es gilt um der moralischen Erfahrung willen auf der Brücke zu verbleiben und zu verweilen. Der moralischen Erfahrung eignet ein vorrationales Moment des Erleidens – daher stammt die Bedeutung der Kontrasterfahrung für die moralische

Erfahrung, in der unser Mitgefühl (*compassio*) oder unsere „Leid-Empfindlichkeit" (Johann Baptist Metz) aktiviert wird. Ohne dieses Erleiden betrachte ich die rationalen Gebilde der Ethik wie mit einem hervorragenden Fernrohr des Verstandes, aber ich bin nicht dort selbst anwesend, wo die Reflexion ihren Sitz in der Erfahrung hat. Das Verbindliche ist dann logisch kohärent, aber nicht existentiell betreffend und daher nicht personal verbindlich. Man mag sich fragen, ob die Distanz der Vernunft nicht auch ein Vorteil ist, aber man vergisst dabei, dass das Fernrohr Ausschnitte schafft und damit naheliegende Kontexte verschließt. Eine offene Sensibilität und eine scharfe Intellektualität können einander nicht ersetzen. Deshalb muss man über die Brücke der moralischen Erfahrung gehen. Ein Analphabet in der Reflexivität des Fühlens kann seine Alphabetisierung in der Reflexivität des Verstandes nicht zureichend nutzen. Man kann ohne kognitives Defizit in seiner Erkenntnis defizitär sein. Gegen kognitive Reduktion gibt es als Heilmittel nur die Erfahrung, die immer auch erleidend ist.

Unter der damit angesprochenen Reflexivität des Fühlens verstehe ich nicht das Nachdenken und Analysieren der Gefühle, vielmehr versuche ich hier zwischen zwei Extremen zu vermitteln: Moral zur „Gefühlssache" zu machen, was nach Robert Musil ein Bärendienst für sie wäre, oder aber die Moral von Gefühlen als nichtrationale Triebfedern oder Neigungen fernzuhalten. Unter Reflexivität des Fühlens verstehe ich, dass sich der fühlende Mensch zu sich selbst fühlend verhalten kann. Dieses Fühlen des Fühlens ist etwa dann gegeben, wenn ein vergangenes Gefühl mir präsent wird, weil ich es erinnernd noch einmal fühlen kann, ohne dass dieses Gefühl mit meinem derzeitigen Befinden völlig gleichzeitig oder gleichartig ist. Das Fühlen des Fühlens setzt einerseits (zumindest partielle) zeitliche Distanz, andererseits nicht völlige Veränderung voraus. Wenn Reflexivität die Perspektive dreier Vögel im Bewusstsein des dritten Vogels ist, der sich (zweiter Vogel) hinter sich (erster Vogel) herfliegen sieht, dann ist die – oft narrativ entfaltete – Erinnerung der Ort, wo uns Einheit und Differenz des Gefühls zugleich transparent werden.

Was bedeutet religiöse Erfahrung für die Ethik? Meister Eckhart scheint sich hier eher für eine Begrenzung der ethischen Bedeutsamkeit von religiöser Erfahrung auszusprechen: „Die Meister (des Lebens) erreichten mit der Übung der Tugend eine so hohe Erkenntnis, dass sie jede einzelne Tugend viel anschaulicher und genauer erkannten als Paulus oder irgendein Heiliger in seinem religiösen Erlebnis [wörtlich: Verzückung]" (Pr. 86, DW III, 483, 4–9). Ich halte das für eine weise Einsicht. Es gibt so etwas wie eine Überblendung der Realität durch Gottestrunkenheit – oder was noch gefährlicher ist: durch Kirchenblindheit, eine Art Verblendung durch Reduktion der Welt auf eine Binnenwelt.

Moralische Auseinandersetzungen der Gegenwart können immer wieder religiöse Züge annehmen, auch wenn sie auf dem Felde der ethischen Auseinandersetzung mittels der Vernunft stattfinden und die säkular auftretende Seite ihre quasi-religiösen Implikationen meist völlig übersieht. Wenn nämlich die Moral etwas mit unserer Wahrheitssuche, mit unserer Sinnfindung und mit unserer aus Überzeugungen angeleiteten Praxis zu tun hat, dann ist sie in der personalen moralischen Identität von der Religion (explizit oder implizit) nicht zu trennen. Moral hat immer mit sinnbestimmten Zielen und praktischen Haltungen zu tun, und diese haben etwas mit Religion zu tun. Seit William James und John Dewey ist deutlich, dass der Pragmatismus auch religiöse Züge trägt. Nun wird aus dem antiken Leitspruch „Erkenne dich selbst!", den die christlichen Mystiker vertieft haben, der moderne Leitspruch „Make the best of it!". Wenn man ihn missversteht, enthält er die Fiktion, das alles zu verbessern ist, und zwar durch das Machen. Richtig verstanden bezieht er sich auf die „Kreativität des Handelns" (Hans Joas), d. h. auf die Möglichkeit, auf dem Rücken des Handelns Entdeckungen über die Möglichkeiten zu machen, das Gute und Richtige zu erkennen und umzusetzen.

Die religiös gesteuerte Praxis der Lebensführung und menschlichen Anteilnahme beeinflusst durch Gewöhnung die moralische Einsicht positiv. Die Praxis als Erkenntnisort hat zwar keinen Anspruch auf Ausschließlichkeit, aber einen Anspruch auf Steigerung von Nachdenklichkeit. Nicht ohne Grund spricht man von einer Déformation professionnelle, d. h. vom Ersatz der Einsicht durch die praktische Gewohnheit. Erfahrenheit wird hier in ihrer ambivalenten Struktur sichtbar: als falsche und als richtige Gewöhnung. Wahrheit kann eine Krisis praktischer Gewissheit sein: Praxis kann den Weg zur Wahrheit öffnen. Die Prozesse sind hier nicht anders als dialektisch zu begreifen. Gerade das Nachdenken über strittige Moral öffnet geschlossene Systeme, macht Ethik interdisziplinär, interreligiös und interkulturell.

Narrative Ethik gab es damals, Anfang der siebziger Jahre, als Begriff noch nicht. Es gab jedoch die Ansätze zur Narrativen Theologie in unterschiedlichen Formen, etwa bei dem Methodisten Stanley Hauerwas (* 1940) in den USA oder bei dem Dominikaner Edward Schillebeeckx, der, vorher thomistisch geschult, die christliche Dogmatik neu zu erzählen begann.

Was ich zunächst in der Literaturwissenschaft leisten wollte, war eine genauer reflektierte Form des Umgangs mit ethisch exponierten Themen, als ich sie im Studium kennengelernt hatte. Ich erinnerte mich an die Vorlesungen über die höfischen Romane des Mittelalters, zu denen – schon bei Goethe und insbesondere in Bezug auf den *Tristan* des Gottfried von Straßburg – Urteile wie „ästhetisch gut, moralisch schlecht“ üblich waren. Eine ähnliche Bewertung fand sich noch seitens eines Altgermanisten – im Gegensatz zu meinem früheren Lehrer Kurt Ruh – in einer Besprechung meiner *Tristan*-Interpretation, der meinte, die Moral des *Tristan* sei mit Kant nicht vereinbar, eine recht unhistorische Beobachtung. Der Tübinger Altgermanist Wolfgang Mohr (1907–1991) verwies mich hingegen im Gespräch ebenso wie Hugo Kuhn (1909–1978) in München auf die „Disproportion von Erfahrung und Ordnung“ als ethisches Dilemma.

Neben dem *Tristan* wollte ich andere Paradigmen dieser „Disproportion“ untersuchen, ich erinnere mich an Wittenwîler (ein Seminar bei Burghart Wachinger, * 1932) und an Friedrich Schillers *Räuber* (als Gleichnis vom „verlorenen Vater“), an Musils *Mann ohne Eigenschaften*, zu dem bei mir später eine vorzügliche Dissertation geschrieben wurde, oder an Friedrich Dürrenmatts *Meteor*, zu dem ich später in der Festschrift für Richard Brinkmann geschrieben habe.

Im Wesentlichen beschäftigten mich aber Thomas Manns *Joseph*-Romane, deren humanisierende Absichten gegen den Nationalsozialismus ja überdeutlich waren, die auch theologisch interessant sind und zu denen dann Thomas Mann im *Doktor Faustus* einen Gegenpol setzte. Das Gespräch über den *Joseph* und über den *Tristan*, über Musil und Dürrenmatt konnte ich auch später, als ich Seminare über Peter Handke und Botho Strauß anbot, weiter führen, zumal als die

„Literaturtheologie“ und die „Literaturethik“ auf größere Akzeptanz stießen.

In meiner Habilitationsschrift über „Dichtung, Glaube und Moral“ versuchte ich also, erstmals mit Hilfe literaturtheoretischer Reflexionen und Paradigmen der Interpretation eine „narrative Ethik“ zu begründen. Die Parallele, aber auch die Eigenheit gegenüber der „narrativen Theologie“ blieb im Sinne der Eigenständigkeit („Autonomie“) der Ethik erkennbar. Diese Arbeit von über 1.000 Manuskriptseiten war 1973 weitgehend fertig und führte 1974 zur Habilitation in Theologischer Ethik – der ersten eines Laien überhaupt. Sie fand dann in zwei Bänden verschiedener Reihen – eine theologische, eine literaturwissenschaftliche – ihre Veröffentlichung. Ich versuchte mich an dem Brückenbegriff des „ethischen Modells“, orientiert an so unterschiedlichen Zugängen wie Adorno und Rombach, als offene, oft auch dialektische Wegweisung. Auch dieser Spur, die weiter zur systematischen Betrachtung von „Moral und Erfahrung“, aber auch zur Beschäftigung mit der Tugendethik führte, bin ich immer wieder in Arbeiten gefolgt, und weitere Arbeiten meiner Schülerinnen und Schüler haben sie vertieft. Ich habe dabei immer methodisch daran festgehalten, dass man ohne Analyse der Literaturtheorien und der literarischen Formen sich nicht direkt auf moralisch oder religiös interessante Motive in der Literatur stürzen dürfe. Für die literaturethischen Überlegungen und für die beiden Interpretationen zum *Tristan*-Roman Gottfrieds von Straßburg bzw. zu den *Joseph*-Romanen Thomas Manns fand ich viel Zustimmung, die mich antrieb. Nun wollte ich aber diese Spur in einen größeren systematischen Zusammenhang einordnen. In den achtziger Jahren haben Philosophen wie Paul Ricœur und Martha Nussbaum, später auch Hans Krämer in seinem Buch *Integrative Ethik* neue philosophische Reflexionen zur Verfügung gestellt, an denen sich die nächste Generation für die Narrative Ethik orientieren konnte. Inzwischen ist die Narrative Ethik etabliert, oft freilich auf eine Weise, die mit genauer interdisziplinärer Arbeit zwischen Literatur und Philosophie wenig zu tun hat.

Tübinger theologische Atmosphäre

Wir wohnten in der Tübinger Nordstadt in einem „Assistentenhaus“ mit vielen Kollegen zusammen, auch mit den späteren Professoren, dem Systematiker Hermann Häring und dem Historiker Hansgeorg Honnefelder. Hubert Bour (* 1941), auch Mitarbeiter bei Alfons Auer, war von Würzburg mitgekommen, und er trug später, als Mitarbeiter von Bischof Georg Moser (1923–1988) sowie in der *Arbeitsgemeinschaft Christlicher Kirchen*, zu wichtigen Entwicklungen bei. In dieser Zeit begann auch der Maler Sieger Köder (1925–2015) sein Studium der Theologie in Tübingen, um nach seiner Zeit als Studienrat für Kunstgeschichte Priester zu werden. Wir kannten uns bereits vom *Bund Neudeutschland* über meinen Onkel Pater Hildebrand. Meine Frau und ich konnten später seinen weiteren Weg nicht immer aus der Nähe verfolgen, aber wir besuchten ihn in seiner Pfarrei und bewunderten seine Ausmalungen der Kirchen und die Kirchenfenster. In der jetzt erzählten Tübinger Zeit schuf er die *Tübinger Bilderbibel* (*Eine Tübinger Bibel in Bildern*, Aalen/Ellwangen 1968). Ich schlage sie gern auf, wenn ich vom Schreibtisch aufstehe.

Mit den Kollegen an anderen Lehrstühlen, den Dogmatikern Gisbert Greshake (* 1933), Heinz Tiefenbacher (* 1940, später im Domkapitel) sowie dem Kirchenhistoriker Wilhelm Geerlings (1941–2008), hatten wir zu Hause bei uns über das Skatspiel Kontakt. Wir nahmen die Gelegenheit wahr, uns über die Bedeutung des Glaubens in der Ethik auch kontrovers zu unterhalten.

Zur katholischen Tübinger Atmosphäre gehörte auch die Sonntagsmesse, die Alfons Auer „Auf dem Sand“, in einer französischen Militärkapelle hielt. Seine wunderbar ausgearbeiteten Predigten wurden zwar vom Band abgeschrieben, aber er wehrte sich gegen ihren Abdruck, weil er die jeweiligen Belege nicht nachgeschlagen hatte. Sonntags gab es auch Spaziergänge mit Alfons Auer, Richard Brinkmann und Hubert Bour durch den nahe gelegenen Schönbuch, bei denen manchmal der Abend zu früh hereinbrach und man sich am Mond zu orientieren versuchte.

In der evangelischen Theologie waren die Vorlesungen von Ernst Käsemann (1906–1998) ein ökumenisches Ereignis. Evangelische Vorlesungen wirkten auf mich sehr viel rhetorischer als katholische.

Käsemann würzte sie auch mit Reprisen der Bibel in Kirchenliedern und mit Erinnerungen. Wir verfolgten später das Schicksal seiner Tochter, die in Südamerika verschollen war. In diesem Zusammenhang muss ich auch die Philosophen Ernst Bloch und Walter Schulz (1912–2000) erwähnen. Ernst Bloch kam zur regelmäßigen Versammlung des ökumenischen Arbeitskreises, zu dem man als promovierter Assistent zugelassen war. Ich erinnere mich an einen Vortrag von Herbert Haag (1915–2001), der als katholischer Alttestamentler gerade den Teufel abschaffte. Bloch nahm die Pfeife aus dem Mund und sagte: „Wenn ich nach Vietnam schaue, scheint mir der Teufel noch sehr lebendig, und es scheint mir leichter, an den Teufel als an Gott zu glauben." In der lebhaften Debatte über die rechtlichen Regelungen zum Schwangerschaftsabbruch hörte ich eine besonders polemische Äußerung von ihm: Die katholische Kirche habe so viel Leben abgeschafft, dass sie das Recht verloren habe, sich noch zu solchen Fragen zu äußern. Ich dachte sogleich: Wenn man dieses Argument verallgemeinert, fallen viele politische Optionen aus.

Es war eine Zeit der deutlichen Polemik und des rhetorischen Schlagabtausches. Ich verteidigte mit meiner Frau die Option, für ein ungeborenes Leben einzutreten. Freilich gingen wir dabei immer davon aus, dass Männer eine besondere Verantwortung tragen. Das haben wir später, 1991, als der Konflikt nach der Wende erneut diskutiert wurde, in einem Buch dargestellt.

1972 wurde unser erstes Kind geboren. Die erste Elternzeit ist eine besondere, auch den Vater manchmal nächtlich umwerfende Erfahrung. Da wir nicht mehr zusammen ausgingen, kauften wir den ersten kleinen Fernsehapparat in Schwarz-Weiß.

Neuer Ansatz: Ethik als „sozialtherapeutische Handlungswissenschaft"

Alfons Auers direkter Kollege, der Inhaber des 1966 begründeten Lehrstuhls für Soziallehre, Josef Rief (* 1924), war nicht lange nach Ratzinger auf einen Lehrstuhl für Moraltheologie in Regensburg gewechselt. Die Tübinger Lehrstühle wurden nun neu benannt. Ich konnte mich an der Titelsuche als Assistentenvertreter beteiligen. Sie sollten beide der Systematischen Theologie angehören und „Theologische Ethik“ heißen, teils in Entsprechung zur Ökumene, teils um die erwähnte Eigenständigkeit der Ethik und den subsidiären Kontext der Theologie zu betonen. Im Zuge der Einbeziehung der Human- und Sozialwissenschaften erhielt der Rief-Lehrstuhl den Titel „Theologische Ethik unter besonderer Berücksichtigung der Gesellschaftswissenschaften“.

Diesen Lehrstuhl konnte ich im Sommersemester 1972 als Vertreter verwalten, mich darauf bewerben und auf der Liste berücksichtigt werden. (Dem dazu dann Erstberufenen, Wilhelm Korff, folgte ich 1981 nach, als er nach München wechselte.) So entstand meine erste schriftlich ausgearbeitete Vorlesung über „Theologische Ethik als sozialtherapeutische Handlungswissenschaft“.

In individuellen moralischen Situationen wirken gesellschaftliche (und kirchliche) Normen eher eingrenzend und unterdrückend. Mit Hilfe von fachlich angeleiteten Erkundungen der dort versagten oder gelungenen Lösungen wollte ich Modelle für die eigene schöpferische Lebensführung entwerfen. Zugleich folgte ich dem Interesse an gesellschaftlichen Zukunftsbewegungen zu mehr sozialer Gerechtigkeit. Zwischen individueller Lebensführung und sozialer Gerechtigkeit besteht eine Spannung, der ich genauer nachgehen wollte, um einen fruchtbaren Ausgleich zu suchen. Dazu zog ich neben der Phänomenologie und der Strukturphilosophie, die meine philosophische Ausbildung bestimmt hatten, die Kritische Theorie der Frankfurter Schule und den amerikanischen Pragmatismus heran. Ein solches Zusammenwirken so unterschiedlicher Perspektiven war damals ungewöhnlich. Aber es entsprach der von mir angestrebten Wechselwirkung von Theorie und praktischer Erfahrung in einem Prozess schrittweiser „Meliorisierung“ gesellschaftspolitischer Kriterien. Das „Individuelle im Sozialen“ zu beachten war auch ein Anliegen des späteren Tübinger Kollegen Gerfried Hunold (* 1938). Aber das „Soziale im Individuellen“ suchte ich als „negative Dialektik“ mit Theodor W. Adorno, als „sozialen Charakter“ mit Erich Fromm. Die Implikationen dieses Ansatzes beschäftigen mich immer noch.

Dynamische Moral und „Christologie von innen“

Ich schrieb ein kleines Buch *Auf dem Wege zu einer dynamischen Moral* (Graz 1970), in dem ich Alfons Auer auf meine Weise – d. h. leitende Motive vor diskursive Begründungen stellen – unterstützte. Auers These von der Subsidiarität des Glaubens gegenüber der Vernunft in Sachen der Moral sollte ja nach gemeinsamer Ansicht nicht dazu führen, dass der Glaube weniger zu bedeuten habe, sondern nur, dass man ihn verantwortlich und subsidiär einführen müsse. Solche Überlegungen sind dann sehr erfolgreich gewesen und auch in meinen späteren Schülerinnen- und Schülerkreis geflossen. Damals habe ich mich, von vielen Klerikern im Fach seit 1969 befürwortet, auch der Sexualethik zugewandt. Ein geplantes und teilweise schon geschriebenes Buch zum Thema fiel freilich der Kritik zum Opfer und verwandelte sich in einzelne Aufsätze. Ich erinnere mich daran, dass ein damaliger Lektor des Patmos-Verlags meinen Entwurf zur Sexualethik kritisierte, weil er nicht auf der „Gottesherrschaft“ aufbaue. Konkrete Ethik, der Meinung bin ich immer noch, sollte menschennah und induktiv vorgehen. Ebenso verzichtete ich damals auf die bereits durch Einladung der Autoren vorangetriebene Herausgabe eines Moralhandbuches bei Grünewald, die dann Anselm Hertz (1924–2013) übernahm.

Auers Thema „Autonomie“, das sich als Eigengesetzlichkeit des Ethischen („autonome Moral“) von der Selbstgesetzlichkeit des Subjekts im Sinne Kants – also der „Moral der Autonomie“, so meinte der Freund, der Tübinger Philosoph Johannes Schwartländer (1922–2001) – unterschied, hat mich aber weniger in Unruhe versetzt als das Thema Vernunft und Erfahrung. Dies wurde mein eigener theoretischer Zugang zur Ethik. Freilich baute ich nicht die normative Ethik, sondern die Strebensethik oder zunächst die Tugendethik auf diesem Ansatz auf.

Ich arbeitete zunächst die Erträge zu einer aktiven und zugleich spirituellen Lebensführung als Extrakt meiner Doktorarbeit auf und stellte diese mit der Bewegung in normativen Fragen in Zusammenhang. Ich wollte – ein Anteil jugendlicher Übermut war auch dabei – die Moral in Bewegung bringen, ohne allgemeine Grundsätze aufzugeben. Diese Bemühungen führte ich in verschiedenen Veröffentlichungen der siebziger Jahre fort. Diese mündeten zunächst in dem Sammelband *Meister Eckhart. Gotteserfahrung und Weg in die Welt* (Olten/Freiburg 1979). Das Ziel war zweitens eine Ethik, die mehr auf Haltungen als auf Verhalten zielte (also eine Tugendethik), drittens eine Ethik, die den individuellen ethischen Präferenzen genügend Raum gab – daher veröffentlichte ich (bis heute) viele Aufsätze über das Gewissen. Individuelle Abweichungen, Normkritik und soziale Fragen verband ich viertens in der Narrativen Ethik. Immer aber war das Ziel, allgemeine und nachvollziehbare Einsichten mit christlichen Traditionen und neuen systematisch-theologischen Impulsen zu verbinden. Das kleine Taschenbuch (das erste Topos-Buch) *Christus – das Soziale im Menschen* (Düsseldorf 1972) versuchte, eine „Christologie von innen", wie sie sich bei Meister Eckhart findet, zu entfalten und mit sozialer Verantwortung zu verbinden. Es war dieses Buch, das mich erneut in die Nähe dominikanischer Frömmigkeit führte und zu meiner ersten Berufung beitrug.

1973/74 beantragte und erhielt ich, um etwas intensiver forschen zu können, ein Habilitationsstipendium der Deutschen Forschungsgemeinschaft, das ich wegen meines Abschlusses und der Berufung nach Fribourg in der Schweiz nicht voll ausnutzen musste. Mit diesem Stipendium konnte ich mich auf meine inzwischen für die Theologische Ethik vorbereitete Habilitationsschrift konzentrieren. Ich knüpfte an die bisherigen Auseinandersetzungen der Theologie mit der Roman-Literatur an. Sie waren vor allem theoretischer Natur. Meine Fortsetzung der Theorie lehnte ich an zwei sehr unterschiedliche Philosophen, den Phänomenologen Rombach und den Kritischen Theoretiker Adorno, an. Das Gemeinsame zwischen ihnen war der „Modell"-Begriff als ein beweglicher Begriff – im Vergleich zu Gesetz und Norm –, mit dem man das „Strittige bei allem Wegweisenden" (Siegfried Lenz) aufzeigen konnte, das die moralische Selbstreflexion anregt und eine kritische Analyse der Gesellschaft ermöglicht.

Es war eine sehr umfangreiche Arbeit. Sie wurde von mir Anfang 1974 als interdisziplinär zwischen Literaturwissenschaft und Theologischer Ethik angelegte Habilitationsschrift bei der Katholisch-Theologischen Fakultät der Universität Tübingen eingereicht und von Alfons Auer sowie dem Germanisten Richard Brinkmann begutachtet.

Die „Studien zur Begründung einer Narrativen Ethik“ wurden dann erst 1976 in zwei Büchern veröffentlicht, um sie zugleich an die Theologie und an die Literaturwissenschaft zu adressieren: *Dichtung, Glaube und Moral* mit der Interpretation des *Tristan*-Romans im Grünewald-Verlag, Mainz, *Epik und Ethik* mit der Interpretation der *Joseph*-Romane Thomas Manns bei Niemeyer, Tübingen.

Von der Habilitation zur Professur: Frankfurt, Fribourg und die Kandidatur in Münster (1974)

Vor der eingereichten Habilitation wurden Bewerbungen von mir eher übungshalber versandt. Es könnte meiner Erinnerung nach ungefähr so sein, dass ich bei etwa sechs Bewerbungen damals zwei dritte Plätze auf Listen (u.a. in Tübingen selbst) erntete. Auf dem Wege zur Professur waren die Kontakte zur internationalen deutschsprachigen Moraltheologie immer intensiver geworden. Theologie und Priestertum waren häufig noch synonym. Ich erinnere mich an den Vortrag 1968 in einer Stuttgarter Pfarrei zu *Humanae vitae*, den eine Zuhörerin so kommentierte: „Es ist ja interessant, was dieser junge Mann erzählt. Jetzt möchte ich doch noch die Meinung eines Theologen dazu hören.“

Das erste Verfahren einer Laien-Habilitation in einem theologischen Kernfach wurde beachtet, und daher wurde die Frage nach der Berufung auf einen moraltheologischen Lehrstuhl intensiver diskutiert. Zunächst stand aber – ich war ja noch Stipendiat der DFG und relativ frei – die Einladung zu einer Gastprofessur in Fribourg in der Schweiz im Vordergrund. Zu dieser Einladung trug seitens einer Gruppe von Dominikanern, so vermute ich, bei, dass ich mich intensiv mit dem Dominikaner Meister Eckhart beschäftigt hatte. Für manche spielte es wohl auch eine Rolle, durch die Einbeziehung eines „progressiven“ Laien (Stichwort „Dynamische Moral“) die Fortschrittlichkeit der Fakultät zu zeigen, die sich ja mit ihren Beschlüssen der Entlassung Stephan Pfürtners widersetzt hatte.

Den sog. „Fall Pfürtner“ muss ich kurz erklären. Stephan Pfürtner OP (1922–2012), mein Vorgänger als Fribourger Moraltheologe, wurde kirchlich angegriffen, als er in einem Berner Vortrag 1971 die sexuelle Liebe vor der Ehe nicht so ohne Weiteres moralisch verbieten wollte. Darauf reagierte der an sich weder für Bern noch für die Fribourger Universität zu dieser Zeit zuständige Bischof von Lausanne, Genf und Fribourg Pierre Mamie (1920–2008) mit einer pastoralen Sonderklage in Rom. Diese Klage wurde seitens der Glaubenskongregation als pastoraler Notstand behandelt und daher einem außerordentlichen Schnellverfahren überantwortet. Statt eines Verfahrens nach juridischen Regeln erging sofort die Aufforderung zum Widerruf an Pfürtner. Dieser autoritäre Zugriff führte, trotz langwieriger Verhandlungen, die von dem Konzilsberichterstatter Ludwig Kaufmann SJ (1918–1991) gut dokumentiert wurden (*Der Fall Pfürtner*, Fribourg 1987), schließlich zum Rückzug Pfürtners von dem Lehrstuhl, den ich im Sommer 1974 vertreten sollte. Meine Einladung war, wie schon angedeutet, vermutlich auch eine Kompensation für die Vertreibung Pfürtners.

Ludwig Kaufmann kritisierte später die mangelnde Diskursbereitschaft und Solidarität der – im Vergleich zu Fribourg – institutionell besser abgesicherten deutschen Moraltheologen: Sie sahen das Problem, sie waren – auf dem von mir bereits erwähnten Moraltheologen-Kongress zur Sexualethik in Wien 1969 – teilweise viel weiter als ihr Kollege Pfürtner gegangen, aber sie fühlten sich wohl nicht direkt betroffen, weil ihre Rechtsstellung besser abgesichert war, als dies in Fribourg der Fall war. Ich hatte 1973 bei dem Straßburger Moraltheologen-Kongress erstmals durch Bernhard Stoeckle OSB (1927–2009), Moraltheologe in Freiburg i. Br., von der Anklage gegen Pfürtner gehört. Er setzte sich mit Pfürtners Thesen kritisch auseinander (wie später mit Alfons Auers Thesen zur Autonomen Moral), und ich erinnere mich gut an sein Argument, diese Diskussion zeige die wissenschaftliche Debatte und verlagere damit die kirchliche Auseinandersetzung in diese Richtung. Für mich war es zu dieser Zeit schwierig, die besondere Situation einer Zuständigkeit des Dominikanerordens und die gesetzliche Lage im Kanton einzuschätzen: Wie die auf Lehrstühlen etablierten Kollegen rechnete ich nicht mit der Schärfe dieses außerordentlichen Verfahrens. Nun kam die Einladung zu einer Gastprofessur im Sommersemester 1974 auf mich zu, und ich ließ mir bestätigen, dass Pfürtner, den ich damals noch nicht persönlich kannte, damit einverstanden sei. So lag eine Bewerbung auf den moraltheologischen Lehrstuhl Pfürtners im sog. Lizentiandenkurs – heute würde man Masterstudium sagen – nahe.

Dies schloss die Erteilung eines *Nihil obstat* durch die zuständige kirchliche Obrigkeit ein. Zu dieser Zeit meiner Erstberufung lag diese Entscheidung noch ganz in den Händen der zuständigen Ortsbischöfe bzw. des zuständigen Ordensoberen, in diesem Fall also des Generals des Dominikanerordens. Rom zog erst später durch seine Bildungskongregation in Absprache mit der Glaubenskongregation die Zuständigkeit für Ersternennungen zum Professor der Theologie, also das *Nihil-obstat*-Verfahren, generell an sich.

Zugleich mit dieser Berufung auf eine Gastprofessur in Fribourg wurden für mich andere Optionen möglich. Ich bewarb mich auf die gut ausgebaute Fakultät an der Universität Frankfurt am Main (ohne Priesterausbildung und nicht mit theologischem Promotionsrecht – ein Streit, der später ausgetragen wurde). Hier war eine Laien-Berufung weder neu noch ein grundsätzliches Problem. Es zeigte sich bald, dass eine Bewerbung hier sehr aussichtsreich sein würde. In der Tat erhielt ich diese Berufung auf die Professur für Moraltheologie noch im Sommersemester 1974. Inzwischen in Fribourg zur Lehre in diesem Semester verpflichtet, nahm ich doch eine zusätzliche Vertretung am Institut für Theologie und Sozialethik in Darmstadt an, das von der Frankfurter Fakultät betreut wurde. Aufgrund einer guten Verhandlungsposition wäre es möglich gewesen, die mir aus Frankfurt empfohlene Bedingung zu stellen, dieses Institut mir anvertrauen zu lassen.

Dies war nicht leicht zu entscheiden, nachdem inzwischen auch die Bewerbung für Fribourg vorlag. Zudem hatten einige Münsteraner Professoren, die mich näher kannten und die in ihren wissenschaftlichen Optionen durchaus unterschiedlich waren, mir eine Bewerbung nach Münster auf den Lehrstuhl für Moraltheologie empfohlen. Dabei spielte gewiss eine Rolle, dass ich in der Kommission des Katholisch-Theologischen Fakultätentages zur Studienreform für das Fach Moraltheologie – unter Beteiligung von Bischof Ludwig Averkamp – mitwirkte.

In dieser komplex gewordenen Lage kam es zu einer Vortragseinladung der Fakultät in Münster (das sog. „Vorsingen" des Kandidaten). Die guten Aussichten wurden dadurch getrübt, dass schon vorher seitens der Universität beim Bischof von Münster angefragt wurde, ob er einem Laien das *Nihil obstat* für Moraltheologie erteilen werde. Im Hintergrund stand die Konkordatsformel, dass Professoren an den Priesterausbildungs-Fakultäten „in der Regel" Priester seien. Die offizielle – negative – Antwort durch den Generalvikar der Diözese Münster (der spätere Bischof von Trier, Josef Spital, 1925–2007) konnte möglicherweise noch verhandelt werden. Der Dekan der Münsteraner Fakultät legte mir jedoch den Rückzug von der Bewerbung nahe. Ich bat freilich um einen Fakultätsbeschluss, ob die Einladung zum Vorsingen aufrechterhalten werde. Die Einladung wurde aufrechterhalten.

Inzwischen war dies alles für mich zu einem kaum mehr zu bewältigenden Stress, auch für die junge Familie, geworden. Ich lehrte in Fribourg und in Darmstadt und hatte noch einen Einführungskurs in Tübingen. Die Bewerbung in Fribourg führte nicht zur Berufung und Ernennung, weil die Fakultät mich zwar mit guter Mehrheit wählte, mir aber eine Stimme zur Zweidrittelmehrheit fehlte, die den berufenden Dominikanergeneral – den Spanier Aniceto Fernández Alonso (1895–1981), der die Auseinandersetzung mit Pfürtner zu bestehen hatte – gebunden hätte. So berief er nach dem Minderheitenvotum. Es war die Kantonsregierung, die diese Ernennung aus mancherlei Gründen aussetzte. Der fragliche Lehrstuhl war für den Lizentiandenkurs ausgewiesen, und ein weiterer Lehrstuhl im Fach stand bald zur Besetzung an. Also stand in Aussicht, beide berufen und ernennen zu können. Dazu fand eine geheime Abstimmung in meiner Vorlesung statt (es gab bei Ernennungen auch ein Mitspracherecht der Studierenden, das stark beachtet wurde) – es gab nur eine Enthaltung. Der Fakultätsbeschluss wurde fast zur Einstimmigkeit verändert – natürlich in kleinerer Besetzung. Der Dominikanergeneral wechselte – ab 1974 war es Vincent de Couesnongle (1916–1992) – und es gab neue Absprachen.

Dies alles wusste ich jedoch noch nicht, als ich, inzwischen auch physisch angeschlagen, mich entschied, meine Münsteraner Kandidatur doch noch vor dem Vorsingen zu beenden. Der Ruf nach Frankfurt lag ja vor. Inzwischen hatten die Studierenden in meiner Vorlesung in Fribourg sich für mich eingesetzt. In den Semesterferien besuchte ich mit meiner Frau auf Anraten Heinrich Stirnimanns OP (1920–2005) den Vorsitzenden der Bischofskonferenz in Sitten, Nestor Adam (1903–1990), und ich stellte mich einer Befragung durch Bischof Pierre Mamie in Fribourg. Letztlich entschied über die Ernennung der neue Dominikanergeneral, so dass es von einer vorherigen Ablehnung zu einer Ernennung kam. Dazu gehört auch eine skurrile Geschichte, die mir später erzählt wurde. Der Hochschulrat der Universität Fribourg hatte zu einer Ernennung seine Zustimmung zu geben. Da bei der Abstimmung ein Patt entstand, musste der Vorsitzende den Stichentscheid für mich fällen. Er reiste, so wurde mir erzählt, nach Rom, um sich diese ungewöhnliche Entscheidung für einen Laien bestätigen zu lassen.

Gegenüber Frankfurt gab die Möglichkeit, einen Doktorandenkurs – nach Pfürtners Vorarbeit – in Theologie aufzubauen, den Ausschlag, mich für Fribourg zu entscheiden. Ganz so leicht war dies nicht, weil meine Frau in Hessen leicht eine Schulstelle gefunden hätte. Sie konnte sich nun umso mehr auf ihre Arbeit am religionspädagogischen Projekt „Zielfelderplan“ konzentrieren. Gewiss mochte ich auch den Dominikanerorden (in seinem Pluralismus) und die frankophone Kultur, aber insbesondere den Durchbruch, der in dieser Berufung lag und der auch die Öffnung für Laien in dieser Richtung zwar langsam, aber stetig erweiterte.

Ich habe in diesem Sommersemester 1974 die Frankfurter Fakultät und das Darmstädter Institut über die Begegnung mit ganz anderen Studienfällen im Bereich Religionslehre schätzen gelernt. Später gab es Verbindungen mit Darmstadt um die Ethik der Technik, mit Münster auch über Johann Baptist Metz, eine der tragenden Persönlichkeiten bei *Concilium*.

IV. Moraltheologe in Fribourg/Schweiz (1974–1981)

Ein neuer Lebensabschnitt und seine Besonderheiten

Freiburg im Üechtland, auch Freiburg in der Schweiz, schweizerdeutsch Fryburg oder französisch Fribourg, Letzteres die kürzeste und für Deutsche nicht missverständliche Bezeichnung, direkt auf der Sprachgrenze liegend, hat eine „katholische" Universität, die freilich staatlich finanziert ist, für die aber die Katholiken einmal im Herbst in den Klingelbeutel sammeln, wozu die Professoren der Theologischen Fakultät ausschwärmen und predigen. Gepredigt hatte ich immer mal wieder, auch einmal 1970 im Evangelischen Stift in Tübingen, nun konnte man die Wirkung am Inhalt des Klingelbeutels erkennen. Meine gegen manche Widerstände vollzogene Ernennung in Fribourg wurde wegen der ersten Ausnahme für einen Laien als Moraltheologen damals sogar im *Spiegel* angezeigt. Die Fribourger Moraltheologen, alle vor mir Dominikaner, waren seit der Gründung der Universität im Sozialkatholizismus des ausgehenden 19. Jahrhunderts entweder vom Orden wegen eines *échec pédagogique* zurückgezogen worden, oder sie verloren wegen allzu großer Eigenständigkeit die Lehrerlaubnis wie vor mir Stephan Pfürtner. Pfürtner stammte wie Günter Grass aus Danzig, war als junger Mann im Lübecker Widerstand gegen den Nationalsozialismus mit den Lübecker Kaplänen verhaftet, zum Tode verurteilt und schließlich als Jugendlicher doch begnadigt worden. Man kann das in seiner Autobiographie (*Nicht ohne Hoffnung. Erlebte Geschichte 1922 bis 1945*, Stuttgart 2001) nachlesen. Den kirchlichen „Fall Pfürtner" wiederum kann man in der ausführlichen Dokumentation von Ludwig Kaufmann (*Der Fall Pfürtner*, Fribourg 1987) nachvollziehen, wo auch passim einige Probleme meiner eigenen Erfahrung mit Absagen behandelt werden. Pfürtner, der Dominikaner, nicht nur als Predigerbruder ein guter Rhetoriker, hinterließ in Fribourg, wo man erst seit 1966 nicht mehr in Latein unterrichtete, eine vorzügliche Gruppe von Doktoranden, die ich übernehmen konnte, unter ihnen die späteren Professoren Alberto Bondolfi (* 1946) (Lausanne) und Adrian Holderegger OFMCap (* 1945) (Fribourg).

Meine Lehrveranstaltungen waren in deutscher Sprache, die Prüfungen waren oft, absichtlich seitens der Studenten, eine Übung im Verständnis Schweizer Dialekte, die Umgangssprache an der Universität und im Institut war und ist Französisch. Die Sprache kannte ich zwar als Saarländer, aber ich sprach sie nur ausreichend. Es gab fünf Moraltheologen, in beiden Sprachen je einer für Fundamentalmoral (Francesco Compagnoni OP, * 1941, Italiener, und Servais Pinckaers OP, 1925–2008, Belgier) im Basisstudium und je einer für Moraltheologie im französischsprachigen Lizentiandenkurs (Carlos-Josaphat Pinto de Oliveira OP, Brasilianer) und ich für den deutschsprachigen Lizentiandenkurs, dazu in der französischen Sektion noch einen für den Pastoralkurs der dem Lizentiatsanforderungen nicht entsprechenden Priesteramtskandidaten, die ich in der deutschsprachigen Sektion prüfte (dort waren sie viel seltener). Soweit ich weiß, durften freilich Zisterzienser aus dem Kloster Hauterive und Tessiner Theologen bei mir, dem Laientheologen, nicht studieren. Das moraltheologische Institut, in dem wir uns alle mit den Mitarbeitern trafen, war ein interessanter Ort für Disputationen. Bald brachten wir die zweisprachige Reihe *Studien zur theologischen Ethik* bzw. *Etudes d'éthique chrétienne* heraus, für die Pinto und ich die ersten Bände lieferten. Dort findet sich seit 1978 auch die Autonomie-Debatte, wie sie im Institut geführt wurde. Diese Reihe hatte einen guten Start, der dank der unermüdlichen Sorge Adrian Holdereggers, meines Nachfolgers als deutschsprachiger Herausgeber, in eine führende Rolle als Standardreihe für theologische Ethik hineinführte.

Die Universität in Fribourg hat keine Medizinische Fakultät, so dass sich hier eine Zusammenarbeit mit dem Universitätsspital der Universität Bern ergab. Bewundernswert war die ökumenische Zusammenarbeit mit den evangelischen Fakultäten Bern (dort auch mit den Christkatholischen) und Zürich, die Heinrich Stirnimann von Fribourg aus steuerte, eine wahrhaft verbindungsreiche Figur, zugleich ein früherer Rektor. Drei seiner Schüler wurden noch zu seiner Zeit in Fribourg Professoren: Mit diesen Dogmatikern der deutschen Sektion, Johannes Brantschen OP (* 1935) und Pietro Selvatico SJ (1932–2008), freundeten wir uns an, mit den Exegeten ebenfalls. Die französische Schweiz war über ein *troisième cycle*, eine Art übergreifendes Graduiertenkolleg, miteinander verbunden. Darüber hinaus arbeitete ich in einer evangelischen Ethik-Kommission der Schweiz zu Problemen des Lebensendes mit.

In der Universität und in einem schweizerisch-deutschen Familienkreis fanden wir viele hilfreiche Freunde. Die Internationalität der Universität brachte ein überaus ausländerfreundliches Klima mit sich. Das galt nicht im gleichen Maße für unseren Wohnort Düdingen, nördlich von Fribourg in Berner Richtung. Aber die zweiseitigen Geschichten unserer familiären Integrationsbemühungen stehen ebenso wie die indirekte Teilhabe an gesellschaftlichen Entwicklungen in der Schweiz auf einem anderen Blatt. Wie schon erwähnt, konnte ich auf einem Schülerkreis aufbauen. Viele Feste wurden gefeiert. Viele Kontakte bestehen bis heute weiter. Ein Teil dieser Kontakte wurde nach unserer Rückkehr nach Tübingen in Graubünden in einem wunderschön gelegenen Ferienhäuschen, das der Familie Kaufmann und über Ludwig Kaufmann den Zürcher Jesuiten diente, weiter gepflegt. Die Familie des späteren Bundesrichters Giusep Nay (* 1942) übernahm dann das Anwesen, und wir waren auch hier als Freunde willkommen. Die Verbindung zur Schweiz blieb für mein Leben ein gewichtiges Thema.

Interdisziplinäre Möglichkeiten

Nach Fribourg kam ich als interdisziplinär ausgerichteter und „trainierter" Ethiker. Meine Auffassung von Interdisziplinarität war durch die Zusammenarbeit von Germanistik bzw. Literaturwissenschaft, Philosophie und Theologie geprägt. Außerdem war auch mein ethisches Konzept interdisziplinär angelegt. Dies schloss vor allem die Human- und Sozialwissenschaften einer bestimmten Prägung ein. Dabei ging es um Offenheit für Anthropologie, für Religion und für Ethik, wie ich sie in verschiedenen Ausprägungen der Philosophie (Phänomenologie, Pragmatismus, Kritische Theorie und Dekonstruktionstheorie, Habitualisierung) kennengelernt hatte. In Fribourg konnte ich mich in diesem Rahmen bewegen, später weitete er sich auf die Lebenswissenschaften aus.

Man kann m.E. zwischen disziplinärer und integrierender Interdisziplinarität unterscheiden. Disziplinäre Interdisziplinarität bringt ihre Fachbezogenheit in einen Mehrfachdiskurs ein, ohne darüber hinauszugehen. Der entsprechende Diskurs wirkte auf mich oft „aristokratisch“, weil niemand in seiner Disziplinarität gefährdet wurde. Dies war nicht mein Fall: Einerseits beanspruchte ich, in den drei genannten Disziplinen auch beheimatet zu sein. Das hieß natürlich nicht, dass ich mich darin allen Neuerungen gewachsen und überlegen fühlte. Aber ich konnte die jeweiligen Veränderungen und Herausforderungen einordnen und einbeziehen. Man fühlt sich in einer Disziplin beheimatet, wenn man am jeweiligen „Lernen des Lernens“ beteiligt sein kann.

Die disziplinäre Interdisziplinarität ist eher additiv und lässt sich nicht wirklich darauf ein. Dann aber liegt es in der Interdisziplinarität nahe, dass um die Führung gestritten wird. 1974 war diese Führung, wenn man das mediale Kriterium „Öffentlichkeit“ anlegt, in der Ethik noch bei der Theologie. Das änderte sich binnen zweier Jahrzehnte zugunsten der aufstrebenden Praktischen Philosophie. Nimmt man das Anspruchsdenken zurück, dann müsste dies nicht so sein. In Fribourg waren diese Prozesse noch in der Schwebe, und die Zusammenarbeit stand nicht unter disziplinär aristokratischem Vorbehalt. Ich habe dies später in Tübingen vermisst. Die Vorstellung von einer integrierenden Interdisziplinarität, die in Fribourg nicht auf Probleme stieß, habe ich später eher kämpferisch aufrechterhalten müssen.

In Fribourg hielt ich interdisziplinäre Seminare mit dem Wirtschaftswissenschaftler Hanns Abele (1941–2016), einem bald nach Wien zurückkehrenden Österreicher, und mit dem Philosophen Guido Küng (* 1933), einem Vetter von Hans Küng. Das Thema war seit 1975 die Wirtschaftsethik, insbesondere ausgehend von der Gerechtigkeitstheorie bei John Rawls. Zu dieser fand ich erst über intensivere Kant-Lektüre einen Zugang, da Vertragstheorien nicht zu meinem hermeneutisch-kritischen Ansatz passten. Ich lernte aber, mich, auch durch die Lektüre der Habilitationsschrift des späteren Fribourger und dann Tübinger Kollegen Otfried Höffe (* 1943), aus der „provinziellen“ (so Guido Küng) deutschen Philosophie herauszubewegen. Kontakte zur Literaturethik waren mit dem Freund Edgar Marsch (* 1938) und mit dem deutschen Kollegen Peter Horst Neumann

(1936–2009) jederzeit möglich. Ebenso konnte ich den Weg des Kollegen Othmar Keel (* 1937) zur international bedeutsamen orientalischen und biblischen Bildsymbolik mit meiner Frau bewundern. Meine Frau hat in dieser Zeit am religionspädagogischen Lehrplan für die Gymnasien, dem „Zielfelderplan" mitgearbeitet, zu dem ich auch fachliche Beiträge lieferte. Für jedes Kind schenkte ich ihr damals eine Exkursion, während deren ich mich mit meiner Schwiegermutter um den Nachwuchs kümmerte. So reiste sie mit einer Gruppe zusammen mit Othmar Keel nach Palästina und später mit Richard Friedli (* 1937) nach Südamerika. Ich profitierte davon durch tägliche Briefe meiner Frau. Die Verbindungen standen unter einem guten Vorzeichen: In der Universität Fribourg waren die Wege zueinander kurz. Dies galt auch für die Beziehung zu den Studierenden und ihren besonders munteren gesellschaftskritischen und professorenkritischen Gruppen, mit denen ich mich gut verstand. Man trifft sie heute in der Politik, in den Medien und in der Caritas Schweiz.

Mein grundlegendes Thema zu dieser Zeit war „Moral und Erfahrung", zunächst 1977 als erster Band der Fribourger Reihe *Studien zur theologischen Ethik* veröffentlicht. Ich habe die damaligen Aufsätze als Prolegomena verstanden, die ich später fortführte (zwei Bände in dieser Reihe 1998/1999). Ich hatte mich ja mit religiöser, moralischer und literarischer Verarbeitung von Erfahrung beschäftigt. Wichtig war mir dabei, dass Erfahrung mit Erinnerung, mit Erzählen und mit vernünftiger Kontrolle erst Erfahrenheit oder gelebte Überzeugung ermöglicht. Erfahrung im christlichen Glauben verband ich – wie mein Begleiter Meister Eckhart – mit einem erweiterten Vernunftbegriff. Damit hoffte ich auf eine plausible Erläuterung dessen, was man Intuitionen nennt. Die Ergebnisse kohärenter Argumentationen und Begründungen pflegen wir ja häufig an unseren primären Intuitionen zu überprüfen, so dass sich eine Art reflektiertes Gleichgewicht bildet. Hier sah ich die Konzeption von John Rawls, der ja diesen Begriff geprägt hat, als hilfreich an. (Damit ist formal Meister Eckharts Balance zwischen dem Glauben an eine Offenbarung, der der Vernunft vorausgeht, und dem Weg des Glaubens zur Vernunft ausgedrückt.) Man kann sagen, es geht mir um die Vermittlung von Grund und Gründen, von Motiv und Diskurs. Diese Vermittlung spielt auch eine tragende Rolle, wenn es um das Verhältnis von Glaube und Ethik geht.

Die katholische Schweiz und die Ökumene in Fribourg

Wir wohnten in Düdingen, im deutschsprachigen Teil des Kantons, in einem Reihenhaus. Von einer Ecke des Balkons konnte man die Viertausender im Berner Oberland als kleine weiße Spitzen sehen. Der Wald war nicht weit, und Ausflüge ins Senseland gab es mit dem ersten Kind häufig. Leben in der Schweiz bedeutete auch Skifahren im Winter. Damit begannen wir auf der Bettmeralp im Wallis, aber es gab auch Wochenendausflüge in die nahegelegenen Skigebiete und erste Erfahrungen mit dem Bergwandern unter Anleitung von Pater Stirnimann, das Kind auf dem Rücken. Die Seen haben wir besucht, Historisches und Kunsttraditionen, die Stadt Fribourg in vielen Richtungen ausführlich sowie das größere Bern dazu.

Ich erinnere mich an eine Priesterweihe in der Dreifaltigkeitskirche in Bern mit dem Basler Bischof Anton Hänggi (1917–1994) an einem Muttertag. Beim Auszug des Bischofs saßen wir noch in der Bank, weil unsere Tochter auf dem Arm ihrer Mutter eingeschlafen war. Der Bischof besuchte spontan die Bank, um Mutter und Kind zu segnen. Als ich zum ersten Mal in Fribourg den dortigen Bischof Mamie im Auto sah, saß er in einem Citroën 2CV selbst am Steuer und rauchte Pfeife. Alles wirkte weniger steif und ungezwungener als in Deutschland. Das hob die Spannungen keineswegs auf, inszenierte sie aber nicht in Äußerlichkeiten, wie ich dies später bei Konflikten in Deutschland gelegentlich erlebt habe.

Das Katholische erwies sich als vielfältig und spannungsreich. Um den Universitätsbau „Miséricorde“, der zu einem Viereck erweitert wurde, um das Salesianum als Priesterseminar und in einer Akademikergruppe gab es über den Freundeskreis hinaus vielfältige Unternehmungen. Eine Besonderheit war, dass nach der Pensionierung des Regens im Salesianum dessen Geschicke von einem Rat geleitet wurden, dem ich auch angehörte, dessen Vorsitz eine Studentin mit dem schönen katholisch-schweizerischen Namen Regula innehatte. Eine Besonderheit war das engagierte Mitwirken der Studierenden an der

Fakultätspolitik, vor allem im deutschsprachigen Bereich, in dem ich unterrichtete.

Die spirituelle Ökumene war, wiederum unter den Impulsen von Heinrich Stirnimann sehr intensiv. Es gab übergreifende Doktorandenkolloquien mit Bern oder Zürich und gemeinsame Oberseminare zu Themen wie der Mystik, zur medizinischen Ethik (z.B. einen evangelischen Beirat zur Sterbehilfe-Debatte), später ein intensives Seminar mit Zürich zum Thema „Kirche und Geld", in welchem die historischen juridischen Festlegungen, ihre heutige umstrittene Bedeutung und die Ambivalenzen einer Veränderung erörtert wurden.

Ein Kongress zur Kontroverse um „Autonomie" in der Moraltheologie

1975 hatte ich an dem internationalen Kongress der Moraltheologen und Sozialethiker in Luzern erstmals als Ordinarius teilgenommen. Ich war ja schon vorher als Assistent in die Vorbereitung des Kongresses in Straßburg 1973 einbezogen gewesen. Nun lag es nahe, vor allem angesichts der Debatte, die sich seit 1971 an Alfons Auers Buch *Autonome Moral und christlicher Glaube* entzündet hatte, einen entsprechenden Kongress in Fribourg auszurichten. Die Schweiz als Veranstaltungsort bot sich auch deshalb an, weil damals diese deutschsprachigen, aber internationalen Kongresse im Ausland stattfinden sollten, um die Beteiligung von Theologen aus Osteuropa zu erleichtern.

Nach dem Einverständnis mit diesem Vorschlag wurde ich also 1975 Geschäftsführer des tragenden Vereins. Ich bemühte mich mit Hilfe der Fribourger Mitarbeiter an den beiden deutschsprachigen Lehrstühlen – inzwischen war Francesco Compagnoni auf den Lehrstuhl für Fundamentalmoral im Grundstudium berufen worden – um finanzielle Hilfen in der Schweiz, um eine kulturelle Begleitung in Fribourg und insbesondere um die inhaltliche Ausrichtung mit Referaten, in denen die Kontroverse argumentativ ausgetragen werden sollte. Der Einfachheit halber kürzte man die Vokabeln für die beiden unterschiedlichen Richtungen in „Autonome Moral" und „Glaubensethik" ab. Ich selbst nahm an der Debatte durch einen Artikel in der Zeitschrift *Orientierung* (Zürich) teil. Dort kritisierte ich die

Schriften, die Joseph Ratzinger, Hans Urs von Balthasar und Bernhard Stoeckle gegen Auers Thesen als Buch verfasst hatten. Ich lud Ratzinger in Regensburg brieflich ein, in Fribourg im September 1977 ein Referat zur „Glaubensethik" zu halten. Er sagte zunächst zu, aber nach einer Weile wieder ab – mit der Begründung, er sei als neuer Vizepräsident der Universität Regensburg besonders belastet. Später sollte das Bischofsamt in München die Situation verändern. Ich fragte darauf Walter Kasper (* 1933), der jedoch keinen Grund sah, die kontroverse Position zu übernehmen. Um dennoch die Dogmatik zu Wort kommen zu lassen, lud ich schließlich den Konzilstheologen Edward Schillebeeckx (1914–2009) ein. Als guter Kenner des Thomas von Aquin kam ihm freilich eher die Rolle eines Vermittlers zu. Nun war es vor allem Tadeusz Styczeń SDS (1931–2010) aus Polen, der die glaubensethische Position philosophisch und theologisch zu begründen versuchte. Er war Schüler des späteren Papstes, also des damaligen Philosophieprofessors in Lublin und Kardinals von Krakau, Karol Wojtyła.

Meine Absicht war, die Härte dieser Debatte zu mildern, das wechselseitige Verständnis zu erhöhen und auch versöhnliche Töne einzubringen. Dies wurde durch den Besuch Stoeckles, damals Rektor der Universität Freiburg i. Br., dem ich selbst in meinem Artikel besonders zugesetzt hatte, unterstützt. Dieser Versuch war freilich nicht sehr erfolgreich. Das zeichnete sich bereits unmittelbar vor dem Kongress ab, weil Auer vor das „Tribunal" der Glaubenskommission der Deutschen Bischofskonferenz unter Vorsitz von (inzwischen) Kardinal Ratzinger geladen war. Hier diskutierten die Kollegen Bruno Schüller SJ (1925–2007) und Johannes Gründel das Problem als Verteidiger einer richtig verstandenen Autonomie, während Stoeckle die bekannte Gegenposition vertrat, die auch im Vorsitzenden Kardinal Ratzinger einen Befürworter hatte, der die polemische Zuspitzung nicht scheute. Er warf Auer, dessen Bericht ich unmittelbar am Flughafen Zürich entgegennahm, wo ich ihn für den Kongress in Fribourg abholte, insbesondere vor, er reduziere den Glauben zu einer Art „Sahnehäubchen" auf dem autonomen Kuchen.

Wir, die Professoren und ihre Assistenten, setzten den Versuch der Verständigung in angenehmer Atmosphäre im Moraltheologischen Institut der Universität Fribourg fort. Daraus entstand die wissenschaftliche Reihe *Studien zur theologischen Ethik – Etudes d'éthique chrétienne*, die vor allem im deutschsprachigen Bereich ein kontinuierlicher Erfolg wurde.

Bei der Kontroverse um „Autonomie“ übernahm der Kollege Servais Pinckaers die Aufgabe, Thomas von Aquin gegen die „autonome Moral“ in Stellung zu bringen. Hier war es eine Bonner Position zum Gesetzestraktat des Thomas um Wolfgang Kluxen (1922–2007) und die Moraltheologen Franz Böckle, Wilhelm Korff und Karl-Wilhelm Merks, die die Kontroverse belebte. Pinckaers ging – wie später Eberhard Schockenhoff (* 1953), ein Schüler Alfons Auers – von Thomas als Tugendethiker aus, der die aristotelische Tugendethik noch einmal theologisch überbaute, während der Kollege Carlos-Josaphat Pinto di Oliveira eher den thomanischen Akzent als praktische Konvergenz zwischen philosophischer und theologischer Begründung vertrat.

Die harten Bandagen der Debatte setzten sich fort, nicht nur als thomanische, sondern auch als glaubensanalytische Kontroverse. Mit dem Papstamt Karol Wojtyłas und seiner verstärkten Einschärfung der Enzyklika *Humanae vitae* fasste auch polnische Kritik im Fürstentum Liechtenstein Fuß. Ich geriet freilich erst später unter Beschuss, als ich schon Professor in Tübingen war.

Eigene Projekte und ihre Dynamik

Wissenschaftlich hatte ich mich in den sechziger Jahren mit der Dominikanermystik und ihrer spirituellen Tradition mit Hilfe des Mystikforschers Kurt Ruh und Alfons Auers spirituellem Interesse am „Weltethos“ beschäftigt, dann in den siebziger Jahren in Fortsetzung meiner Brückenbildung zwischen Literatur, Philosophie und Theologie mit der Narrativen Ethik und in der Folge dieses Ansatzes mit der Relevanz der Erfahrung für die Herausbildung moralischer Einstellungen. In Fribourg fand ich bei Kollegen, Doktoranden und Studierenden Interesse für diese Forschungsrichtungen, und ich lernte Neues dazu, indem ich der Gerechtigkeitstheorie John Rawls' begegnete, der tragenden Figur der Verantwortung im „Antlitz des Anderen“ bei Emmanuel Levinas, den ich freilich, als er Gastprofessor in Fribourg war, wo er wenige Hörer hatte, bei einem Besuch eher als in sich geschlossene Gesellschaft empfand. Über Meister Eckhart suchte in der Vermittlung von Rainer Funk, meinem Tübinger Nachfolger als Assistent, Erich Fromm mit mir Kontakt, und ich verbrachte auf seine Einladung 1976 ein paar schöne Tage in Locarno. Erich Fromm war einer der Bezugspunkte der Autonomen Moral in Alfons Auers Vorlesungen gewesen. So studierte ich ihn auch, und ich hielt diesen Kontakt nach seinem Tode mit der Erich-Fromm-Stiftung gerne weiter. Fromms Buch *Haben oder Sein* (Stuttgart 1976), in dem er meine Eckhart-Studien zwar kurz, aber besonders lobend erwähnt, entsprach durchaus meiner Mentalitätskritik in der Sozialethik. Die Kritische Theorie hatte ich ja ohnehin in das Konzept einer „sozialtherapeutischen Handlungswissenschaft" eingebaut.

Erich Fromm unterschied zwischen humanistischer Ethik und autoritärer Moral. Eine humanistische Religion nannte er auch „radikale" Religion. Diese sollte den religiösen Grundakt über einzelne Glaubenssätze stellen und damit einen Absolutheitsanspruch vermeiden. Wir waren nicht einer Meinung darüber, ob Meister Eckhart so auszulegen sei, stimmten aber darin überein, dass er einen weiten Blick für die Bedeutung der Menschwerdung hatte.

Die Dominikanermystik des 14. Jahrhunderts verband auch Kreise um Heinrich Stirnimann, Gerhard Ebeling (1912–2001) und Alois Haas (* 1934). Ich war auch weiterhin mit Kurt Ruh, der meine *Tristan*-Arbeit lobte, zum Thema Meister Eckhart in Kontakt, zumal ich mit einer Auswahlübersetzung von Eckharts Deutschen Traktaten und Predigten begann, die zu meinem meistverbreiteten und bis heute neu aufgelegten Buch wurde. An dem dominikanischen, vor allem rechtshistorisch orientierten Projekt, einem Versuch, Meister Eckhart vom Ruf des Häretikers zu befreien, war ich nicht beteiligt. Der Dominikanergeneral Damian Byrne OP (1929–1996) fragte aufgrund des Ergebnisses der Forschergruppe 1992 offiziell bei Kardinal Ratzinger an, ob eine *abrogatio condemnationis*, also eine Aufhebung der Verurteilung, von einer kompetenten Autorität veranlasst werden könne. Diese Anfrage wurde nicht mit einem offiziellen Dokument beantwortet, aber Ratzinger ließ dem General – nach mündlicher Rücksprache – offiziell mitteilen, es habe keine Verurteilung der *Person* Eckharts als Häretiker gegeben. Eckhart habe zudem widerrufen, insofern Widersprüche zur korrekten Lehre festgestellt worden seien. Ratzinger empfahl dann immerhin Meister Eckhart zum Studium.

Da ich nicht nur fachlich, sondern auch persönlich spirituell engagiert war, gehörte zu meinen Vorlesungen auch eine biblisch orientierte „Nachfolge Christi“. Der Zugang verschiedener Disziplinen zur Christologie war und blieb mir wichtig. Ich war und bin vorrangig, wenn auch nicht exklusiv, an einer Theologie der Menschwerdung ausgerichtet. Gott schien mir nur von daher zugänglich. Gott außerhalb dieser Relation ist für mich der Aussagbarkeit entzogen. Unter den historischen Modellen der Spiritualität kritisierte ich die *Nachfolge Christi* des Thomas von Kempen wegen ihrer Theologie des Kreuzesopfers und der Nachfolge in der Haltung zu Opfer und Leid: Sollten diese nicht nur bestanden und erduldet, sondern als Segnung Gottes „erfleht“ werden?

Mein vorgeschriebenes bzw. insinuiertes Vorlesungsprogramm sollte sich an der Einteilung des zweiten Bandes der *Summa theologiae* des Thomas von Aquin, die ja ohnehin im Schwerpunkt moraltheologisch ist, orientieren. Das gefiel mir. Als größte Anregung empfand ich dabei, dass auch der Bereich „Rechtfertigung“ in dieses Programm fiel. Damit wurde „Rechtfertigung und Gerechtigkeit“ für mich zu einem zentralen Thema, freilich nicht nur in ökumenischer Absicht, sondern vor allem als mögliche Differenz zwischen Thomas und Eckhart, insofern Thomas die Rechtfertigung des Sünders als eine konsekutive Maßnahme Gottes betrachtet, während bei Eckhart die Gerechtigkeit Gottes bereits aller Sünde voraus seine Selbstbekundung als liebender Erbarmer ermöglicht. (Vgl. Monika Bobbert und Dietmar Mieth, *Das Proprium der christlichen Ethik*, Luzern 2015.)

In der Zeit der West-Ost-Auseinandersetzung der ideologischen und militärischen Blöcke war die Friedensethik ein besonderes Thema, an dem ich seit dieser Zeit teilnahm. Hier war ein Höhepunkt für mich die Teilnahme als Ethiker an einer KSZE-Konferenz für „Frieden und Zusammenarbeit in Europa“ in Bern, wo ich auch evangelische kirchliche Vertreter aus der DDR kennenlernen konnte. Mit Erfurt in der DDR gab es seit dem Kongress in Fribourg 1977 Kontakte und Begegnungen. Ein Treffpunkt war damals, jeweils im Januar, Innsbruck auf Einladung von Hans Rotter SJ (1932–2014), wohin

Wilhelm Ernst (1927–2001) und Karl-Heinz Ducke (1941–2011) aus Erfurt ausreisen konnten.

Die Auseinandersetzung mit der Filmkultur war uns ein Anliegen in der Erweiterung der Narrativen Ethik. Ich erinnere mich an drei besondere Höhepunkte in der literarisch-ethischen Begegnung: Der Germanist Peter Horst Neumann legte den Doktoranden Gedichte an die Führer Hitler und Stalin sowie aus der gleichen Zeit Gedichte zu Christus als Führer vor. Obwohl wir diese Gedichte nicht – wie andere Textpersonen – verwechselten, machte uns dies doch klar, wie der Zeitgeist auch Theologie mitbewegen kann, die uns als Formensprache reaktionär erscheinen muss – so wie die Königsfigur am in den 1920er Jahren eingeführten Christkönigsfest. Der zweite Höhepunkt war ein unvergesslicher Besuch, den der Bruder des Diogenes-Herausgebers, der Alttestamentler Othmar Keel (* 1937) ermöglichte, mit unseren Frauen bei Friedrich Dürrenmatt in dessen Haus in Neufchâtel. Es wurde eine rotweinselige Nacht, in der zuletzt Bordeaux aus dem 19. Jahrhundert gegen 3 Uhr morgens serviert wurde. Der Abend brachte auch eine Kontroverse über das Stück *Der Meteor*, das gerade zu einer Wiener Neuaufführung anstand. Dürrenmatt stimmte meiner ästhetischen Interpretation nicht zu, die er für zu humanistisch hielt. Ich habe diese Interpretation dennoch in der Festschrift für meinen germanistischen Lehrer Richard Brinkmann veröffentlicht. Der Dichter hat mich in der Auslegung seines ästhetischen Einfalls damals ebenso wenig überzeugt, wie ich ihn, der gerade Bilder malte und ausstellte, überzeugen konnte, denn er liebte seine Botschaft gegen den Auferstehungsglauben. Auch das ein Moment eines wechselseitigen Nichteinverstanden zwischen Authentizität und Wahrnehmung. Der dritte Höhepunkt war die Kontroverse um das Buch *Leben des Geistes* (Freiburg 1977) meines philosophischen Lehrers Heinrich Rombach mit Othmar Keel. Hier ging es um die historische Analyse von archäologischen Befunden, in der Keel vor allem im altorientalischen Bereich Fachmann ist, und die epochale Bedeutung von tragenden Phänomenen, die phänomenologisch erschlossen wird. Ich habe freilich als bekennender Perspektivist kein Problem, beiden Sichtweisen ihr eigenes Recht zuzugestehen.

In die Fribourger Zeit fiel auch die Zusammenarbeit mit Günter Stachel (1922–2013), die sich aus dem Engagement meiner Frau für den religionspädagogischen „Zielfelderplan“ ergab, der damals u. a. die Religion besser mit den aktuellen Herausforderungen in der Gesellschaft vernetzen sollte. Aus der Zusammenarbeit entstanden moralpädagogische Beiträge und ein Buch. Auch ein eigenes Projekt über Ethik im Religionsunterricht, das die DFG in Fribourg förderte, entstand daraus. Hier konnte meine Frau mitwirken. Leider ist das Ergebnis des Projektes nicht veröffentlicht worden. Aufgrund des anvisierten Wechsels nach Tübingen blieb es nur in einem ausführlichen Abschlussbericht in meinen Unterlagen, die nun im Tübinger Archiv liegen, erhalten.

In dem letzten Fribourger Jahr beschäftigte mich ein Konflikt mit der Fakultät bei der Annahme einer Dissertation über Homosexualität und christliche Ethik.

Eine Auseinandersetzung um Homosexualität (1980)

Das Thema Homosexualität beschäftigte mich zum ersten Mal, als ich Doktorand in Würzburg war. Am Doktorandenseminar bei Alfons Auer nahm damals auch ein Doktorand teil, der theologisch über Homosexualität promovieren wollte. Wir haben häufig darüber diskutiert. Die kirchlichen Blockaden, deren Argumentation man bei Thomas von Aquin nachlesen kann, was ich damals getan habe, beruhten auf einer harmonisch erscheinenden Verbindung von naturrechtlichen Argumentationen mit biblischen Zeugnissen. Dem Hinweis des Thomas, das Naturrecht gelte, soweit wir davon wissen können, ist man bis heute, soviel ich weiß, nicht nachgegangen.

1975 wurde in einem Schreiben der römischen Glaubenskongregation (*Persona humana*) erstmals anerkannt, dass es eine homosexuelle Prägung gibt, die nicht erst erworben wird. Es erstaunte daher, dass ein Pfarrer, der offensiv die Heilbarkeit der Homosexualität vertrat, 2009 zum Weihbischof der Diözese Linz in Österreich ernannt werden konnte und erst nach öffentlichen katholischen Protesten verzichtete. Bis 1975 wurden alle Menschen unhinterfragt in der katholischen Kirche als heterosexuell betrachtet. Man sah hier eine Übereinstimmung von Bibel und Naturrecht. Beide, Bibel und ein mittelalterliches Naturrecht, etwa in der Fassung von Thomas von Aquin, wussten jedoch nichts von einer Homosexualität, in der sich ein Mensch vorfindet, ohne sie als Heterosexueller in einem eigenen Akt zu wählen. Homosexuelle Neigungen wurden als objektiv falsch betrachtet, da sie sowohl bei Paulus (vgl. Röm 1,26.27.32) als auch im scholastischen Naturrecht die homosexuellen Neigungen und Akte an sich heterosexueller Menschen waren. Die pastoralen Dokumente des Vatikans nach 1975 halten jedoch daran fest, dass es eine vorwillentliche homosexuelle Veranlagung gibt, die als solche, als Veranlagung, keine zurechenbare Schuld darstellt. Bereits 1986 wurde jedoch seitens der römischen Glaubenskongregation von „unzulässigen Schlussfolgerungen" gesprochen: Homosexualität sei nicht eine Variante in der gottgewollten Ordnung, und die sexuelle Beziehung sei deshalb falsch, weil sie ein „Übel" oder zumindest eine Unordnung in der Natur nicht nur an sich selbst erfahre, sondern auch bejahe und vollziehe.

Da ich hier über meine Erfahrungen berichte, füge ich die zweite, spätere Begegnung mit diesem Thema in Fribourg im Jahr 1980 ein: Ich übernahm von Stephan Pfürtner einen Doktoranden mit dem Thema „Homosexualität, kirchlich und moralisch". Die Arbeit wurde auch von Hermann Ringeling (* 1928), dem evangelischen Ethiker der Universität Bern, mit begleitet, und mein moraltheologischer Kollege, der Dominikaner Francesco Compagnoni, schrieb ein weiteres Gutachten, so dass nach der Abgabe der Dissertation drei empfehlende Gutachten bei der Theologischen Fakultät der Universität Fribourg vorlagen. Vermutlich wäre dies akzeptiert worden, wäre nicht im Schweizer Rundfunk eine Sendung wiederholt worden, in welcher der Doktorand sich selbst als homosexuell „outete", und wäre nicht diese Sendung Kollegen zur Kenntnis gebracht worden. Jedenfalls ergab sich, als ich die Arbeit mit Hilfe der Gutachten in der Sitzung verteidigte, eine heftige Debatte, in der zwei weitere Fachkollegen nicht auf meiner Seite waren. Die Motive dabei waren gemischt – mir wurde gesagt, ein Motiv sei, mich zu schützen. Als ich den Widerstand spürte und eine Mehrheit für die Ablehnung der Dissertation in Betracht ziehen musste, schlug ich als Kompromiss vor, die Arbeit zur Wiedervorlage – nach Korrektur angesichts von Einwänden – zuzulassen. Die Arbeit wäre dann nicht katholisch „verbrannt" gewesen, und ich hätte Zeit gewonnen, mit denen zu reden, die u. a. mich „schützen" wollten, was mir zuwider war. Dies wurde – so vorsichtig war ich – zu einer Probeabstimmung gestellt, und mein Vorschlag unterlag, so dass ich eine weitere Abstimmung nicht riskieren wollte und die Dissertation im Namen des Doktoranden zurückzog, damit sie nicht als abgelehnt gelten konnte.

Ein juristischer Kollege, der sich schon um die Belange Pfürtners gekümmert hatte, Thomas Fleiner, schlug mir, als ich ihn zu Rate zog, vor, die Fakultät mit einer Klage beim Schweizer Bundesgericht zur Annahme zu zwingen. Schließlich seien ja drei Gutachten – eines mehr als erforderlich – eine klare wissenschaftliche Stellungnahme. Wie in allen späteren Fällen, in denen ich staatliche Rechtsmittel in Erwägung zog, musste ich darauf verzichten, weil die jeweilig verhandelten Personen dadurch belastet worden wären.

Ringeling legte, nachdem er unser Einverständnis hatte, die Dissertation an seiner evangelischen Fakultät in Bern vor. Dazu musste diese Fakultät das katholische Studium des Doktoranden teils approbieren, teils ergänzen. Dies dauerte, wenn meine Erinnerung richtig ist, nur sechs Wochen. Darauf wurde die Doktorarbeit evangelisch mit sehr guter Note angenommen. Ich sah mich – mit einiger Belustigung – eines scharfen Angriffes der reaktionären Zeitschrift *Una Voce* ausgesetzt: Ich hätte meine Fakultät beleidigt.

Dieser Vorgang spielte für mich biographisch durchaus eine Rolle. Denn sosehr meine Frau und ich, angesichts des Rufes nach Tübingen 1980, auch gute Gründe sahen, die Möglichkeiten in Fribourg, wo wir viele gute Kollegen und Freunde hatten, die uns zum Bleiben ermunterten, weiter zu nutzen: Das Gefühl des Vertrauens in die Fakultät war nicht mehr gegeben.

Bevor ich von Fribourg nach Tübingen wechselte, wurde ich bereits 1978 als Nachfolger Franz Böckles als Moraltheologe in das Direktorium der Internationalen Zeitschrift *Concilium* aufgenommen.

V. Internationale theologische Beheimatung: *Concilium* (1979–2001)

Im Dezember 1976 erschien im 12. Jahrgang der Zeitschrift *Concilium* das Heft Nr. 12, geplant von dem Bonner Moraltheologen Franz Böckle, mit dem Thema „Werteinsicht und Normbegründung". Hier erhielt ich zum ersten Mal die Möglichkeit eines internationalen Beitrags, zumal damals *Concilium* noch in sechs Sprachen erschien. Das war eine Ehre, denn die anderen Autoren waren ältere, national und international ausgewiesene Moraltheologen: neben Franz Böckle Johannes Gründel, Giovanni Sala SJ (1930–2011), René Simon SDB (1912–2004), Richard McCormick SJ (1922–2000), Charles Curran (* 1934), Marciano Vidal CSsR (* 1937). Mein Beitrag hieß: „Die Bedeutung der menschlichen Lebenserfahrung. Plädoyer für eine Theorie des ethischen Modells". Wenn ich ihn im Rückblick lese, erscheint er mir wie ein Programm, das teils aus meiner Habilitation über Narrative Ethik, teils aus meinen ersten Vorlesungen zur „Ethik als sozialtherapeutische Handlungswissenschaft" entstanden war. Die Erfahrungstheorie habe ich weiterentwickelt und versucht, sie mit einer Begründungstheorie ethischer Normen zu verbinden. Denn es ging mir ja nicht darum, Normativität zu relativieren, sondern darum, sie in der Analyse der Erfahrungswelten zugleich als deren Kritik zu situieren.

Vom Direktorium der Zeitschrift wurde ich 1978 als Nachfolger von Franz Böckle zum Direktor der Sektion Moraltheologie an der Seite von Jacques Pohier OP (1926–2007) aus Paris berufen. Ich nahm diese Arbeit 1979 auf. *Concilium* war die zur Umsetzung des Zweiten Vatikanischen Konzils von Karl Rahner, Yves Congar, Edward Schillebeeckx und Hans Küng gegründete, sich selbst tragende, bedeutendste Zeitschrift der weltweiten konziliar initiierten theologischen Reformbewegung. Da ich viele Hefte herausgegeben und viele Beiträge geschrieben habe, kann man in *Concilium* manches über meine Arbeit nachlesen. Ich arbeitete dort mit dem letzten Rektor der Pariser Dominikaner-Hochschule, dem Moraltheologen Jacques Pohier, eng zusammen, bis er einen anderen Weg einschlug und aufgrund seines berühmten Buches *Quand je dis Dieu* mit Kirchenstrafen belegt wurde. Der vergessene Tod war sein Thema. Später wurde er Präsident einer Bewegung für freiwilliges Sterben, und wir fanden nur wenig Gelegenheit, darüber einen freundschaftlichen, aber kontroversen Diskurs zu führen.

Concilium bedeutete auch die fortschreitende Begegnung mit der Befreiungstheologie, insbesondere mit der spirituellen Persönlichkeit von Gustavo Gutiérrez (* 1928), der in meinem ersten Tübinger Dekanat die Ehrendoktorwürde erhielt und der später in Frankreich Dominikaner wurde. Bei *Concilium* konnte ich auch die Begegnung mit Hans Küng, Edward Schillebeeckx, Claude Geffré OP (1926–2017), Jean-Pierre Jossua OP (* 1930), Johann Baptist Metz, Giuseppe Alberigo (1926–2007), der historische Bearbeiter der Akten des Zweiten Vatikanischen Konzils und Ökumeniker, Norbert Greinacher (* 1931), Elisabeth Schüssler-Fiorenza (* 1938) erleben bzw. vertiefen. Den Mitbegründer Karl Rahner, in dessen erster Festschrift – *Christentum innerhalb und außerhalb der Kirche* (Freiburg 1976) – ich einen Beitrag schreiben durfte, hatte ich bereits auf anderen Wegen kennengelernt. Das Konzil und die neuen Bewegungen der „Befreiung" – später die befreiungstheologische und die feministische Sektion, deren Einführung ich unterstützte – schufen eine mediale Wahrnehmung dieser Theologengeneration durch die öffentliche Wahrnehmung, die anders war als die heutige, eher periphere Wahrnehmung der Theologie.

Concilium war für mich und andere eine Art internationale Familie, in der man sich durchaus heftig – bis zu fließenden Tränen – streiten konnte. Ich erinnere mich, dass Jacques Pohier und ich an einer angesagten Versöhnung in der Kapelle nicht teilnahmen, weil wir darauf bestanden, dass der Streit sachlich und zwischenmenschlich bereinigt werde, nicht durch fromme Zelebrierung der Trauer über den Zwist.

Es gab dann, vor allem in den achtziger Jahren, eine oft – aber nicht nur – auf Französisch kommunizierende, zugleich auch lateinamerikanisch orientierte Fraktion, der u. a. Claude Geffré OP, Virgilio Elizondo (1935–2016) aus San Antonio/Texas, Elisabeth Schüssler-Fiorenza, Edward Schillebeeckx, Norbert Greinacher, Jürgen Moltmann und ich angehörten, sowie eine amerikanisch-britisch-deutsche Fraktion. Aber diese Ausrichtungen waren nicht fixiert und mischten sich ständig. Damals war natürlich Tübingen, nicht nur mit Hans Küng, ein besonderes Standbein für *Concilium*; ich bin stolz darauf, dass auch lange nach meiner Zeit Tübinger Schülerinnen (Regina Ammicht Quinn, Hille Haker, Maureen Junker-Kenny, Michelle Becka u. a.) im Direktorium waren oder sind. Zeitweise hatte ich, Ende der neunziger Jahren auch zum Mitglied der leitenden Stiftung aufgerückt, mit anderen versucht, die Struktur von *Concilium* angesichts einer alternden Reformbewegung zu reformieren, aber dies blieb nächsten Generationen vorbehalten.

Über zwanzig Jahre *Concilium* (1979–2001): Themen und Einsichten

Zehn Hefte von *Concilium* erschienen damals im Jahr, und zwar auf Niederländisch, Deutsch, Italienisch, Französisch, Spanisch, Portugiesisch (bzw. Brasilianisch) und, freilich als Buchreihe, Englisch. Ich nenne hier nur die Themen der Hefte zur Moraltheologie, die ich zunächst gemeinsam mit Jacques Pohier redigierte, dann mit Lisa Cahill (* 1948) und übergreifend mit Christoph Theobald SJ (* 1946), Hermann Häring (* 1937) und Karl-Josef Kuschel (* 1948):

Erfahrung (mein erster Beitrag 1976)

Mit Jacques Pohier:

- Die Würde der Entwürdigten (1979)
- Christliche Ethik und Ökonomie: Der Nord-Süd-Konflikt (1980)
- Christliche Ethik: Uniformität, Universalität, Pluralität (1981)
- Arbeitslosigkeit und Recht auf Arbeit (1982)

- Befreiung (unter Federführung von Leonardo Boff, 1984; mein Beitrag dazu: „‚Autonomie‘ und ‚Befreiung‘ – zwei Paradigmen christlicher Ethik?“)
- Der Suizid: Recht auf den eigenen Tod? (unter Federführung von Jacques Pohier, 1985)
- Werte und Tugenden im Wandel (1987)
- Ethik in den Naturwissenschaften (1989)

- Sport (unter Federführung von John Coleman SJ, 1989; mit einem Beitrag von mir zur Sportethik)
- Altwerden (unter Federführung von Lisa Cahill, 1991)
- Menschen auf der Flucht (1993)
- Familienethik (unter Federführung von Lisa Cahill, 1995)
- Außerhalb des Marktes kein Heil? (mit Marciano Vidal, 1997)
- Unerledigte Fragen nach dem Konzil (mit Christoph Theobald, 1997)
- Identität (mit Hermann Häring und Maureen Junker-Kenny, 2000)
- Die Rückkehr des gerechten Krieges? (mit Karl-Josef Kuschel 2001)
- Auf der Suche nach universalen Werten (mit Karl-Josef Kuschel 2001)

Aus diesem Themenspektrum kann man leicht unsere an aktuellen Debatten ausgerichteten Erkenntnisinteressen nachvollziehen. Insbesondere das Heft 1997, das ich zusammen mit Marciano Vidal, Madrid, betreute, führte zu einigen kritischen Reaktionen bezüglich der Kritik an marktbestimmten Abhängigkeiten. Ein kleiner Unfall war es, dass das Heft über die „Würde" (mit Jacques Pohier 1979) auf deutsch als „Würde der Nichtgewürdigten" (statt der „Entwürdigten") betitelt wurde. Das war etwas missverständlich. Diese zwanzig Jahre bieten ein Spektrum der kollegialen und der internationalen Zusammenarbeit. Im Laufe dieser Zeit verringerte sich die Mehrsprachigkeit, bis heute kommen aber auch neue Sprachen hinzu. Da ich durch eine Art Beirat früherer Direktoren bis heute in die Umläufe einbezogen bin, wird die internationale Verlagerung der Zentrale von den Niederlanden nach Indien deutlich. Viele Studien sind „postkolonial" nicht nur in ihren ethischen, sondern auch in ihren kirchlichen Beobachtungen und Analysen. Der Feminismus in *Concilium* – wir hatten eine feministische Sektion, geprägt von Elisabeth Schüssler-Fiorenza – wandelte sich zur Gender-Thematik.

Neben den klassischen Disziplinen der Theologie gab es übergreifende Themenhefte zum Feminismus und zur Befreiungstheologie. In den neunziger Jahren wurden die zehn auf sechs Hefte mit übergreifenden Themen reduziert. Die Positionen der Direktoren bzw. Direktorinnen, die meist zu zweit die einzelnen Hefte herausgaben, wurden durch Wahl besetzt und konnten verlängert werden. Das konnte zu Konflikten führen. Die Jahrestagungen fanden in der Pfingstzeit statt, damals im Wechsel zwischen den Niederlanden – das Sekretariat war in Nijmegen – und alle zwei Jahre in anderen europäischen Ländern, später auch in Übersee. So bildete sich eine engere Beziehung zu den Niederlanden heraus, wo wir an wechselnden Orten tagten und wo ich später (im Sommersemester 1995) in Nijmegen eine Gastprofessur als Vertretung in der Philosophie für Paul van Tongeren (* 1950) übernahm. Für ein paar Monate konnte ich bei Schwester Hadewych Snijdewind OP (* 1940) in ihrem Haus wohnen, und ich hatte die Gelegenheit, Edward Schillebeeckx näher kennenzulernen. Mit diesem Konzilstheologen von Weltbedeutung konnte ich dadurch vertrauter werden. Ich habe nach seinem Tode 2009 seinen Spazierstock geerbt, in dessen oberem Teil man eine Zigarre transportieren kann. Wir verstanden uns insbesondere über die mittelalterliche Theologie (Thomas von Aquin und Meister Eckhart) und über die Narrative Theologie, die seine mehrbändige Dogmatik von der Metaphysik zur Geschichte geführt hat. Ich nahm wahr, wie er seiner Ordensgemeinschaft diente, indem er musikalische Noten für die Liturgie umschrieb, wie er Theologinnen und Theologen aus aller Welt empfing. Ich hatte später die Gelegenheit, mit ihm über religiöse Gewalt zu publizieren und ihn – unter Vermittlung von Hadewych Snijdewind – zu einer Tagung in Tübingen zu empfangen. Für Rosino Gibellini (* 1926), in dessen Verlag Queriniana, Brescia, nicht nur *Concilium*, sondern auch die Übersetzungen unserer Bücher erschienen, gaben wir, Edward Schillebeeckx und ich, gemeinsam eine Festschrift heraus. Auch hier bin ich Hadewych Snijdewind, die sich besonders der Mystikerin Hadewijch von Brabant widmete, dankbar.

Concilium war für mich auch eine stärkere Verbindung mit dem Dominikanerorden, in dessen Fakultät in Fribourg ich zunächst lehrte. Es waren vor allem die französischen Dominikanertheologen Claude Geffré, Jean-Pierre Jossua, Christian Duquoc (neben Jacques Pohier), mit denen ich viele Gespräche führen durfte und die auch mein spezifisches Interesse an Meister Eckhart verstanden. Später schlüpfte auch der verfolgte Gustavo Gutiérrez – wie bereits erwähnt – bei den französischen Dominikanern unter. Dominikaner, das habe ich schnell gelernt, sind sehr unterschiedlich – das konnte ich bereits in Fribourg erfahren.

Bei *Concilium* waren auch Tübinger wie der Mitgründer Hans Küng, später seine Schüler Hermann Häring und Karl-Josef Kuschel, dazu Norbert Greinacher und insbesondere Jürgen Moltmann als unsere ständige Bereicherung im ökumenischen Dialog. Aus Münster kam Johann Baptist Metz, der an den allerersten Anfängen von *Concilium* teilgenommen hatte, aus Paderborn Norbert Mette (* 1946). Ich führte viele Gespräche mit Werner Jeanrond (* 1955), der wie ich aus dem Saarland stammte, mehrfach die Universitäten wechselte, bis er später nach Oxford berufen wurde und noch später in Oslo landete. Nicholas Lash (* 1934) war in Cambridge, und ich habe ihn dort auch einmal besucht. Miklós Tomka (1941–2010) aus Ungarn, einem Religionswissenschaftler, war ich besonders verbunden, und ich schrieb später seinen Nachruf. Durch die Jahrestagungen lernten wir auch viele europäische Städte von Madrid bis Prag kennen. Freundschaftlich verbunden war ich mit Jacques Pohier, mit dem ich zunächst in der Direktion Moraltheologie zusammenarbeitete. Diese menschliche Vertrautheit ließ uns auch Kontroversen gut abstimmen. Ich erinnere mich daran, dass er mich, den in Berlin Geborenen, am Tag des Mauerfalls begeistert aus Paris in Tübingen anrief. Mit meiner Frau – sie begleitete mich öfter zu den Jahrestagungen – besuchte ich ihn, als er – wie bereits gesagt –, katholisch verurteilt wegen seines kritischen Buches *Quand je dis Dieu*, säkularisiert in Paris arbeitete. David Tracy (* 1939), der so viel für die US-amerikanische Theologie getan hat, besuchte ich später in Chicago, ebenso wie Elisabeth Schüssler-Fiorenza und ihren Mann Francis in Boston, zunächst in der *Episcopal Divinity School*, dann in Harvard. Elisabeth vertrat die feministische Theologie mit Verve, Francis, dessen *Foundational Theology* ich schätzte, hielt den Festvortrag zu meinem 60. Geburtstag in Tübingen. Im *Boston College* konnte ich später mit der prominenten Moraltheologin Lisa Sowle Cahill zusammenarbeiten, die dort ein bioethisches Projekt leitete.

Gustavo Gutiérrez durften wir – wie bereits erwähnt – in Tübingen in meinem Dekanat den Ehrendoktor verleihen. Es war ein besonderes Gefühl, diesen berühmten Theologen mit Norbert Greinacher zu uns nach Hause und zum Essen einzuladen. Leonardo Boff (* 1938) suchte im Gespräch mit mir, Meister Eckhart für eine „Theologie der Armen" zu erforschen. Christian Duquoc brachte das Thema Meister Eckhart immer wieder als Möglichkeit eines Sonderheftes auf, aber dazu kam es nicht. Jon Sobrino SJ (* 1938) versuchten wir immer wieder durch unseren Diskurs vor römischen „Verfolgungen" zu schützen. Die Konflikte dieser Generation mit dem römischen Lehramt, insbesondere mit Papst Johannes Paul II. und mit Joseph Ratzinger bzw. Benedikt XVI. sind bekannt. In diesem Zusammenhang verweise ich, der ich auch gelegentlich Unterschriften sammelte, gern darauf hin: „Nicht einverstanden" zu sein ist keine Deklamation von Positionen, sondern eine Wende im Stil der Auseinandersetzungen zu einer fairen Kommunikation, zu größerer Lernbereitschaft und zu einer Anerkennung von unterschiedlichen Perspektiven.

VI. Die Rückkehr nach Tübingen 1981: „Theologische Ethik unter besonderer Berücksichtigung der Gesellschaftswissenschaften"

Theologie in Tübingen: Eine besondere Attraktion?

Warum habe ich mich trotz vieler positiver Erfahrungen, Arbeitsmöglichkeiten und menschlicher Beziehungen, trotz der internationalen Verankerung in *Concilium*, von Fribourg nach Tübingen auf den Lehrstuhl, den ich 1972 schon einmal vertreten hatte und den Wilhelm Korff verließ, um nach München zu gehen, beworben? Meine – nicht von allen Kollegen geteilte – Tübinger Theologie-Romantik, die sich bei mir seit 1967 herausgebildet hatte, spielte gewiss eine Rolle. Denn der Unterschied zu anderen theologischen Ausbildungsstätten, die ich besucht hatte, war für mich besonders signifikant. Das hatte nicht nur mit der Situation 1967 zu tun, in der mir die Offenheit und der Mut der damaligen Tübinger um die Dogmatiker Küng und Ratzinger, aber auch die intellektuelle Ausstrahlung der Evangelischen Fakultät als etwas Besonderes erschienen. Da ich ja stets auch historisch interessiert bin, lernte ich die Tübinger theologischen Schulen im 19. Jahrhundert kennen. Insbesondere Johann Sebastian Drey (1777–1853), Zeitgenosse Friedrich Schleiermachers, erregte wegen seiner Verbindungen zur Aufklärung und zum Idealismus meine Aufmerksamkeit. Von dem Fundamentaltheologen Max Seckler, der die Eigenständigkeit der katholischen Tübinger herausstellte, konnte ich in dieser Hinsicht einiges lernen. Ich beschäftigte mich dann, in meiner neuen Tübinger Zeit, mit der moraltheologischen Konzeption Dreys als „umgewandte" (also nicht als „angewandte") Dogmatik, mit seiner Erörterung des theologischen Motivs „Reich Gottes" und mit seiner Forderung einer individuellen Ausbildung einer theologisch-systematischen Konzeption. Darüber hinaus war mir der Moraltheologe Franz Xaver Linsenmann ein Begriff, der ein sehr eigenständiges, originelles *Lehrbuch der Moraltheologie* (Freiburg 1878) geschrieben hatte. Über seine Moraltheologie hatte Alfons Auer 1949 promoviert. Diese Arbeit betreute Theodor Steinbüchel, ein auf seine Weise ebenso origineller, philosophisch orientierter Denker, 1948 auch Rektor der Universität Tübingen, gestorben unmittelbar nach seinem Wechsel an die Universität Frankfurt, wo er seine „Sozialismusrezeption" (Andreas Lienkamp) hätte fortsetzen können. Eric Gaziaux (* 1966), der mit einem Humboldt-Stipendium in Tübingen weilte und nun in Louvain-la-Neuve Moraltheologie lehrt, hat Theodor Steinbüchel in einer Doktorarbeit gewürdigt (*L'autonomie en morale. Au croisement de la philosophie et de la théologie*, Leuven 1998). Steinbüchels Schüler Bernhard Häring CSsR (1912–1998), Georg Teichtweier (1913–1993) und Alfons Auer trafen sich zu einer Gedächtnisveranstaltung in Tübingen.

In Tübingen waren im 19. Jahrhundert auch im katholischen Bereich selbständige Traditionen entstanden. Sie hatten etwas mit der Dalberg-Wessenbergischen Aufklärung in der Großdiözese Konstanz zu tun, zu der dieses Gebiet ja gehörte. Der letzte Mainzer Erzbischof und Kurfürst Karl Theodor von Dalberg (1744–1817), ein Sohn der Aufklärung, der zuerst Weihbischof in Erfurt, nach dem Verlust seines Mainzer Kurfürstentums zuletzt Bischof von Regensburg war, hatte durch seinen Generalvikar Ignaz Heinrich von Wessenberg (1774–1860) in Konstanz eine aufgeklärte Theologengeneration für die späteren Bistumsfakultäten in Tübingen und Freiburg i. Br. vorbereitet. Der als Fundamentaltheologe (1905–1919) nach dem Ersten Weltkrieg aus dem Amt entfernte Wilhelm Koch (1874–1955) wirkte als Pfarrer in Waiblingen (ab 1929), wo die Familie meines Großvaters zeitweise lebte. Die Geschichte seiner intriganten Anklage und seiner Resignation als Professor ist präzise erzählt (vgl. Max Seckler, *Theologie vor Gericht*, Tübingen 1972). Die Familie unserer Mutter, die in Stuttgart in das Mädchen-Gymnasium ging, erhielt in Waiblingen eine bleibende schwäbische Imprägnierung.

Mein theologisches Faible für die Tübinger Prägung der Theologie, für die ja auch Walter Kasper (u.a. als Rezipient Schellings) stand, war 1979/80 durch das Verfahren gegen Hans Küng getrübt. Als ich den Ruf erhielt, zögerte ich bis Dezember 1980, ihn anzunehmen, nicht nur wegen einiger erforderlicher Umstellungen bei der Rückkehr nach Deutschland, sondern auch weil ich befürchtete, die Fakultät, in der die „Schwaben" sich letztlich gegen den Verbleib Küngs in der Fakultät ausgesprochen hatten, werde eine bleibende Veränderung erleben. Es wurde aber auch an der Theologischen Fakultät in Fribourg deutlich, dass mit einer fortschreitenden Bevormundung durch den konservativen frankophonen Anteil der Fakultät zu rechnen war. Wer Präsenz und Einsatz entwickelt, muss nicht Feinde haben, aber Gegner finden sich von selbst. Das zeigte mir damals, im Sommer 1980, die schon erwähnte Probeabstimmung bei einer von mir betreuten Promotionsarbeit über das prekäre Thema Homosexualität, die trotz dreier positiver Gutachten negativ ausfiel. Ich sah, dass die Zeit der Kompensation des Pfürtner-Falles durch eine Flucht nach vorn – ein Laientheologe als „progressiver" Moraltheologe – zu Ende war und alte Ängste wieder Einkehr hielten. Wie so oft, ließ sich dies nicht etwa an „häretischen" Passagen festmachen, sondern eben an den Ängsten auch vor denen oder um diese, die Mut zu neuem Denken wagten. Wer sich selbst an die Machtverhältnisse anpasst, möchte auch, dass sich andere anpassen, damit er in seiner Anpassung gerechtfertigt ist. Dieses Phänomen findet man in der Kirche häufig, auch bei denen, die etwas verändern möchten. Aber um an der Macht teilzuhaben, die nach kirchlichen Mustern vergeben wird, passen sie sich so lange an, bis sie vergessen haben, dass sie etwas wagen wollten. Die Mittel, die von den Zwecken abweichen, aber lange benutzt werden, dominieren *à la longue* die Zwecke.

Über den „aufrechten Gang" in Theologie und Kirche hatte ich immer wieder Gelegenheit, tiefgründig nachzudenken. In meine Bewerbungszeit fiel – wie gesagt – der Fall Küng. Dieses besondere Ereignis ist ja durch ihn selbst und andere gut dokumentiert. Adrian Holderegger vertrat den Korff-Lehrstuhl zu dieser Zeit. Solidarisch mit Hans Küng und mit den ersten Reaktionen aus der Tübinger Fakultät, sammelte ich damals Unterschriften von über 50 Hochschullehrern in der Schweiz. Ich wusste jedoch, dass ein Universitätslehrstuhl in Deutschland bei Verlust des kirchlichen *Nihil obstat* eine sichere Angelegenheit ist, vor allem wenn man sich über die internen theologischen Diskurse hinaus etwas zutrauen darf. (So kam es ja auch bei Küng.) Am Fall Pfürtner hatte ich erlebt, dass die Verhältnisse in der Schweiz unsicherer waren, obwohl dies durch einen neuen Vertrag bald verbessert wurde. Außerdem nahm ich an, und dies bewahrheitete sich später, dass es in Tübingen einfacher und eingeübter ist, die kirchliche und die akademische Ebene zu unterscheiden.

Obwohl die Nachfolge Alfons Auers ebenfalls verhandelt wurde und ich bisher Mitglied der AG Moraltheologie war und dies später von Tübingen aus auch weiterhin blieb, bewarb ich mich von Fribourg nach Tübingen auf die Nachfolge Wilhelm Korffs, d. h. auf den Lehrstuhl „Theologische Ethik unter besonderer Berücksichtigung der Gesellschaftswissenschaften". Ich rechnete damit, dass eine Bewerbung auf die Nachfolge Auers wiederum das Problem meines Laientums aufwerfen würde. Im Sinne der Münsteraner bischöfichen Auskunft von 1974 war damit zu rechnen, dass man den stärker mit sozialethischen Aufgaben betrauten Lehrstuhl eher einem Laien geben würde. Auer, der dies nicht glauben wollte, ließ sich aber im Verlauf der Behandlung der Bewerbungen, an denen er als nicht stimmberechtigter Berater teilnahm, eines anderen belehren: Ich hatte dies richtig eingeschätzt. Festzuhalten bleibt, dass das Tübinger Modell zweier Ethiklehrstühle mit nur einem gemeinsamen Habilitationsverfahren bis zu meinem endgültigen Abschied aus der Lehre 2010 erhalten blieb.

Früh im Jahr 1980 erhielt ich den Ruf nach Tübingen auf den Korff-Lehrstuhl, für den ich mich beworben hatte. Das Verfahren zog sich – wie bereits angedeutet – in längeren Verhandlungen, die durch bürokratische Schwierigkeiten der Umstellung aus dem Ausland bedingt waren, hin, bis ich mich Ende des Jahres, an meinem 40. Geburtstag, für Tübingen entschied und dies bei der schönen Geburtstagsfeier in unserem Haus in Düdingen mit einem Mahl eingelegter Heringe (an meine väterliche Kieler Herkunft erinnernd) bekannt gab. Erst für das Sommersemester 1981 erfolgte infolge meines Zögerns die Ernennung. Zunächst mit dem Auto zwischen Fribourg und Tübingen pendelnd, hatte ich im Mai einen schweren Unfall, so dass meine Frau allein mit den beiden Kindern in das Atrium-Haus auf dem Lande umziehen musste, in dem wir bis 2017 wohnten.

Theologische Ethik in Tübingen und die Entwicklung der Moraltheologie in den achtziger Jahren

Die Katholisch-Theologische Fakultät hatte zunächst nach dem Entzug der Lehrerlaubnis für Hans Küng noch in der ersten Hälfte der achtziger Jahre mit Nachwirkungen zu kämpfen, die in der Betreuung der Küng-Schüler durch Küng selbst in Abstimmung mit der Fakultät zu Konflikten führten. Dies hatte damit zu tun, dass Küngs Ausgliederung nicht radikal, sondern – zum Leidwesen mancher Kollegen – mit einigen Kompromissen vollzogen wurde. Dazu gehörten die Alleinstellung des Ökumenischen Instituts zwischen den Fakultäten, Küngs Gutachterrechte bei den Qualifikationsarbeiten seiner Schülerinnen und Schüler und nicht zuletzt seine Mitwirkung an entsprechenden Verfahren. Hier die Spannungen zu überbrücken war nicht einfach und führte gelegentlich zu Auseinandersetzungen zwischen den Gutachtern. Schließlich gelangte die Fakultät zu Lösungen und später auch zu Versöhnungen. Je länger diese Zeit währte, umso mehr wurde die besondere Nähe Küngs zur Fakultät beachtet und einbezogen. Das Ökumenische Institut kehrte schließlich nach seiner Emeritierung zur Fakultät zurück.

In diesen Auseinandersetzungen und Überbrückungen stand ich ganz auf der Seite von Hans Küngs Anliegen, zumal wir ja bei der Zeitschrift *Concilium* zusammenarbeiteten. Gerade *Concilium* war eine Art Tübinger Außenort, da – wie schon erwähnt – neben Hans Küng und Jürgen Moltmann aus der Fakultät auch Norbert Greinacher und ich dazugehörten, später auch Karl-Josef Kuschel und einige meiner Schülerinnen.

Im Herbst 1981 fand der internationale deutschsprachige Kongress der Moraltheologen in Hamburg statt. Das dort in einem Institut gut verankerte Thema Friedensethik wurde auch in öffentlichen Veranstaltungen mit Generalen der Bundeswehr bzw. mit der Hochschule der Bundeswehr diskutiert. Im Jahr darauf fuhr ich mit der Hamburger Katholischen Akademie erstmals nach Jerusalem, ein prägendes Erlebnis. Meine Frau Irene war ja 1978 schon mit der Gruppe Othmar Keels von Fribourg aus einige Wochen in Israel gewesen, so konnten wir uns anschließend austauschen. Es war aufgrund der Auseinandersetzung um einen auf dem islamischen Friedhof erschossenen deutschen Priester (er hatte Fotos genommen) bei einzelnen Gängen in der Stadt etwas gespannt, und ich erinnere mich besonders daran, dass ich mich im palästinensischen Teil in der Nähe des Tempelberges an einem Donnerstagabend, also dem Vorabend des islamischen Freitags, verirrte und dass mich palästinensische Kinder an der Hand aus dem prekären Terrain hinausführten.

In Tübingen konnte ich das gute Verhältnis zu meinem theologischen Lehrer Alfons Auer fortsetzen. Das Thema „Gotteserfahrung – Weltverantwortung“, dem ich ein Buch widmete, blieb mit ihm, seinem „Weltethos“, das er vom „Heilsethos“ unterschied, im Gespräch. Seine Beteiligung an der Siebener-Erklärung in der FAZ nahmen ihm manche seiner Freunde und Schüler übel. Dies führte an seinem 65. Geburtstag 1980 ihrerseits zu manchen harten Worten, die er ertragen wollte. (Ich nahm an der Kritik nicht teil, das war nicht nötig. An die Stelle der Übereinstimmung trat der Respekt.) In der Erklärung der Sieben war die Möglichkeit des Verbleibs von Hans Küng in der Fakultät nach dem Scheitern der Verhandlungen mit Rom bestritten worden. Ich erlebte, wie Auer in dieser Hinsicht mit sich selbst uneins blieb, auch wenn er angesichts des Küng-Streites um den Bestand der „schwäbischen Fakultät“ besorgt war. Ich selbst konnte mich trotz meines gegenteiligen Engagements durchaus in Auer einfühlen – in den Lehrer, der seine Habilitation über Erasmus von Rotterdam, den in der Reformation schwankenden Katholiken, geschrieben hatte. Auer, der meinen Weg als Laientheologe trotz seines Dualismus zwischen „Heil“ und „Welt“, den er damals als „Reziprozität“ erklärte, intensiv unterstützt hatte, wurde oft, auch von mir, als janusköpfig empfunden. Aber die wechselseitige Einfühlung blieb in einer ungetrübten Freundschaft und Anerkennung erhalten. Ich verteidigte Auers „Weltethos“ im Sinne eines „mundanen Ethos“, das von Küngs späterem Vorschlag eines „Weltethos“ als eines „globalen Ethos“ zu unterscheiden war. Ich entwarf für ihn die Festschrift *Anspruch der Wirklichkeit und christlicher Glaube* (Düsseldorf 1980). (Man darf sich durch die Aufmachung mit zwei Herausgebern nicht darüber täuschen lassen.) Mit dem Tübinger Philosophen Johannes Schwartländer konnte die philosophische Seite des Zusammenhangs von Menschenwürde und Menschenrechten intensiviert werden. In Auers Festschrift schrieb er, Auer ergänzend, den Beitrag „Nicht nur autonome Moral, sondern auch Moral der Autonomie“. Ich beschäftigte mich mit der „Natürlichen Theologie“, um Auers Dualität zu relativieren. Sosehr ich auch damals und später Auers Akzent der Autonomie – als geschichtlich erwiesener Vorspann des Rechtsbedürfnisses vor der religiösen Autorisierung und als Vorspann der Welterfahrung vor einem alles integrierenden Glauben – nicht übernahm, so sehr interessierte mich eine – nicht unkritische – Übernahme der moralischen Selbstbestimmung. Dieser Faktor „Selbstbestimmung“ machte Auers Erfolg in der moraltheologischen Diskussion aus, und er blieb für mich ein kritisch auszuarbeitendes Thema.

In diesem Zusammenhang kann auch von der Tübinger theologisch-ethischen Schulbildung gesprochen werden. Sie bezog sich vorrangig auf Laien, Männer und Frauen, mit einigen Priestern: Helmut Weber in Trier, Günter Virt in Wien und Eberhard Schockenhoff, der zunächst in die Dogmatik wechselte, ehe er über Regensburg nach Freiburg i. Br. kam, Hubert Bour im Rottenburger Domkapitel, der zuletzt für eine erfolgreiche Arbeit bei der *Arbeitsgemeinschaft Christlicher Kirchen* geehrt wurde. In meiner Zeit in Fribourg hatte auch Albert Biesinger (* 1948) bei Auer promoviert. Ich wurde persönlich – nicht in jeder Hinsicht freilich – zum tragenden Zwischenglied, das den Impuls Auers weitertrug, ohne ihn zu kopieren. Der Name Auer löste sich aus dem engeren wissenschaftlichen Diskurs und wurde zum Programmwort für eine zukunftsoffene christliche Ethik. Der Diskurs blieb differenziert, aber ein Programmwort entfaltete sein Eigenleben, auch wenn man es – philosophisch und sozialwissenschaftlich differenziert – weitergab. Als ich eine Reihe von Aufsätzen Alfons Auers für die Reihe *Studien zur theologischen Ethik* zusammenstellte, fragte er mich, warum ich sie aus der Fundamentalmoral gewählt hatte und nicht aus dem medizinisch-ethischen Dialog. Ich verteidigte mein Anliegen, dass sein Programmwort auf diese Weise – durch seine Antwort auf die Kritiken – differenzierter aufgenommen werden könne. Schließlich kam Auer meiner Auffassung entgegen, dass der Glaube nicht nur eine abschließende Prüfinstanz, sondern auch ein bewegendes Motiv am Beginn der Ethik darstellt.

In der Frage einer besonders aufgeschlossenen Moraltheologie war die Tübinger Zusammenarbeit mit dem ebenfalls 1981 als Auer-Nachfolger ernannten Böckle-Schüler Gerfried Hunold problemlos, zumal wir gemeinsam den Unterschied zwischen Moraltheologie und Sozialethik weder urgierten noch praktizierten. Insofern kann man sagen, dass diese Zeit bis 2005 eine Tübinger Spezialität blieb. Aus Statusgründen wurde außerhalb von Tübingen die Verteilung von Laien in die Sozialethik und Priestern in die Moraltheologie stabilisiert. Dies war ein von Wilhelm Ernst (Erfurt) und Bernhard Fraling

(1929–2013) (Würzburg) beratenes Konzept der Bischofskonferenz, das mir Ernst damals bei Tagungen in Erfurt freundlich erklärte. Insofern kann man sagen, dass das Tübinger Konzept, das seit 1981 bestand, ein Platzhalter für zukünftige Laien in der Moraltheologie war. Der Priesterstatus verlor, mit vielen retardierenden Elementen wie der Beanspruchung eines Priesterquorums, allmählich, wenn auch sehr langsam, seine berufungspolitische Bedeutung. Wir hielten freilich in Tübingen gemeinsam daran fest, die Ausbildung und die Habilitation in Theologischer Ethik nicht auf zwei Fächer aufzuteilen. Dafür gibt es weiterhin gute fachliche Gründe, auch wenn sich weiterhin Widerstand aus Statusgründen bildete.

Meinen Vorgänger Wilhelm Korff, der nach dem Weggang von Tübingen die *Arbeitsgemeinschaft Moraltheologie*, in der ich verblieb, verließ, beerbte ich in zwei Funktionen: im Beratergremium der *Aktion Jugendschutz* in Stuttgart, wo ich mit einer mir bereits bekannten Nichte Alfons Auers, Elisabeth Gropper, zusammenarbeiten konnte, und im wissenschaftlichen Beirat des (katholischen) Arbeitskreises *Kirche und Sport*, wo ich mich im Laufe der Zeit vor allem mit dem Sportwissenschaftler Norbert Müller (* 1946) (Mainz), einem internationalen Fachmann für Pierre de Coubertin, befreundete. Hier begannen auch die Impulse, die ich später, in den neunziger Jahren, für die Sportethik setzen konnte.

Mit meiner größeren Nähe in Tübingen wuchs das Interesse der Evangelischen Akademie in Bad Herrenalb, die das Thema „Deutsche Mystik“ kultivierte. Ich referierte wie Alois Haas bei einigen Tagungen, und ich hatte den Eindruck: Das Akademiepublikum hat ein klares evangelisches Gewicht, aber die Referenten für das Mittelalter waren katholisch. Hier sind eine Reihe meiner Mystik-Aufsätze entstanden. Damals hatte ich mit dem Ausdruck „Mystik“ noch keine Probleme, obwohl der renommierte Philosoph Kurt Flasch (* 1930) bereits 1971 Zweifel an der Passform dieses seit dem 19. Jahrhundert in der Germanistik favorisierten Terminus für die Interpretation Meister Eckharts angebracht hatte. Erst zwanzig Jahre später nahm ich dieses Problem historisch und spirituell auf, um in Kenntnis der historischen und systematischen Probleme zu einer differenzierten Anwendung dieses Ausdrucks zu gelangen.

Der Moraltheologen-Kongress fand 1983 unter Leitung Helmut Webers (1930–2005) in Trier statt. Sein Thema war „Der ethische Kompromiss". Ich beteiligte mich intensiv, obwohl ich diesen Titel kritisch sah. (Ich erläutere dies im zweiten Teil des Buches.) Ich war zu dieser Zeit aber vor allem von der Idee einer neuen Tugendethik angetan. Dazu veranlasste mich nicht nur die aristotelisch-thomanische Tradition, die Meister Eckhart auf seine Weise akzentuierte, sondern auch ein neues philosophisches Interesse an der Tugendethik sowie eine politisch-gesellschaftliche Situation, die m. E. neue Tugenden erforderte. Insbesondere die Tugenden der Friedensbereitschaft und der Zivilcourage sowie der ökologischen Selbstbegrenzung fanden in den Auseinandersetzungen um die beginnende Nachrüstung im Kalten Krieg sowie in der Einrichtung der Atomreaktoren, die ich im Unterschied zu Wilhelm Korff für bedenklich hielt, auch massive Gegenwehr. Der *Rheinische Merkur* konterkarierte meinen Artikel über „Die neuen Tugenden" mit einem Bild von lasch herumliegenden jugendlichen Protestlern.

Auf der Suche nach interdisziplinärer Zusammenarbeit, wie ich sie in Fribourg erlebt hatte, konnte ich in meinen ersten neuen Tübinger Jahren die Verbindung zu den Literaturwissenschaften erneuern, ebenso auf der mittelalterlichen wie auf der neuzeitlichen Ebene der Germanistik. Es war eine Zeit der Brückenbildung zwischen Religion und Literatur, die freilich, in meiner Erfahrung, eine schmale Verbindung blieb. Da aber viele meiner neuen Schülerinnen und Schüler Literatur studierten und zwischen den Fächern arbeiteten, erfuhr durch sie der Ansatz einer Narrativen Ethik einen besonderen Aufschwung.

Die Aufbruchserfahrung, die ich 1968 erlebt hatte, war verschwunden, die Mitbestimmung des sog. Mittelbaus (Assistenten und Akademische Räte), auch der Studierenden war zurückgefahren, die Ordinarienherrlichkeit gleichsam wiederhergestellt. Fribourger Freunde, denen mein Unmut nicht verborgen blieb, ermunterten mich zu einer Rückkehr nach Fribourg, wo inzwischen Anselm Hertz OP (1924–2013), mein Nachfolger, im Orden nach Rom aufgestiegen war. Aufgrund einer Bonner Tagung über „Narrativität" mit dem Kölner Weihbischof Hubert Luthe (1927–2014) nahm ich, von ihm ermuntert, wahr, dass die kirchliche Instanz inzwischen angesichts eines Laientheologen, dessen *Nihil obstat* nicht mehr in Rom angefragt werden musste, entgegenkommender war. Aber ein möglicher Rückruf nach Fribourg bewegte meine Emotionen mehr, so dass ich mich schließlich bewarb und von der Fakultät auch gewählt wurde. Dies ergab dann eine lange Hängepartie aufgrund eines neuen Statutes, das die Schweizer Bischöfe neben dem Dominikanerorden einbezog und damit – das hatte man wohl nicht beabsichtigt – dem Ortsbischof Pierre Mamie Einspruchsrechte gab. Diese nahm er wahr, indem er schließlich 1986 ein Priesterquorum geltend machte. Mit Bénézet Bujo (* 1940) übernahm ein afrikanischer Vertreter der Autonomen Moral diesen Lehrstuhl, nachdem bereits 1981 mein Schüler Adrian Holderegger den anderen Lehrstuhl übernommen hatte.

Auf den Einschnitt, den für mich der Beginn der interdisziplinären Zusammenarbeit mit den Naturwissenschaften darstellte, komme ich später zu sprechen. Zunächst ging es mir in den achtziger Jahren und darüber hinaus in Tübingen darum, den besonderen Erfahrungszugang von Laien, Frauen und Männern, in verschiedenen ethischen Bereichen im kritischen Dialog mit den kirchlichen Traditionen aufzuarbeiten. Dies begann z. B. 1983 mit einem von Doktorandinnen geleiteten Seminar und dem Engagement für feministische Ethik. Nicht nur der Bereich Literatur, sondern auch Film und Medien wurden an beiden Lehrstühlen in Tübingen sozialkritisch betrachtet und zugleich auf ihr moralisches Potential abgeklopft. Dabei wurde den Doktorandinnen und Doktoranden viel Eigenständigkeit gewährt. Das Konzept war immer: Lehrende als Lernende.

Ich schrieb in dieser Phase über *Die Kunst, zärtlich zu sein* (das Buch erlebte viele Auflagen), über *Ehe als Entwurf*, *Die neuen Tugenden*, *Arbeit und Menschenwürde* sowie immer wieder über *Moral und Erfahrung*. Zu Theologie und Literatur bzw. zur Narrativen Ethik verfasste ich immer wieder neue Aufsätze. Reihum gab es mit vielen Kollegen interdisziplinäre Seminare.

Erfahrungen mit der Gestaltung von katholischen Gottesdiensten als Laientheologe (1982–1991)

Mit der Rückkehr nach Tübingen war mir klar, dass ich mich für eine stärkere Einbeziehung der Laien in den kirchlich-liturgischen Dienst einsetzen würde. Das betraf auch mich selbst: Ich fand eine Situation vor, die mich zu einem stärkeren liturgischen Engagement ermunterte. Es war dabei mein Anliegen, die Gestaltung von katholischen Gottesdiensten durch Laien, Frauen und Männer, mit einer gehobenen Kenntnis von Bibel und Liturgie zu verbinden. Dieses Anliegen bewegt mich auch heute – ich habe Sorge, dies alles den Einfällen und den Zufällen zu überlassen.

Ich blicke zunächst zurück: Ich war als Kind nie Messdiener gewesen. Diese Option auf dem Dorf war mir nie nahe gewesen. Die Nähe zur katholischen Liturgie, die schon durch die Wahl der Konfession bedingt zu sein schien, war dennoch weiterhin gegeben, und sie verstärkte sich entscheidend, als ich zur *Katholischen Studierenden Jugend* stieß. Dort war es nun nicht nur selbstverständlich, dass der Junge am Gymnasium einen *Schott*, das handliche, lateinisch-deutsche Messbuch für Laien, besaß und benutzte. Als Messdiener bei entsprechenden internen Gelegenheiten zu fungieren war ebenfalls selbstverständlich. Dies setzte sich im Priesterseminar fort. In einer Zeit der vielen Messen an Seitenaltären, die zum Hauptgottesdienst hinzukamen, weil Priester täglich zelebrieren sollten und wollten, war ich als Seminarist manchmal so beansprucht, dass ich an den Tagen der erlaubten Dreifachzelebrationen von Altar zu Alter eilen und die Beteiligung des „Volkes“ darstellen musste. Dort gab es natürlich auch eine liturgische Schola, zu der man gehören musste. Es war nicht schwer, diese Tätigkeit während des Studiums mit den Erfahrungen des Klosters auf Zeit zu verbinden. Seminaristen wurden als Hilfe in die liturgischen Dienste einbezogen. Ich erinnere mich z. B. an einen Sonntagsgottesdienst in der Neresheimer Klosterkirche, bei dem ich – wohl wegen des Ausfalls der Orgel – Lieder anstimmen musste. So eine Aufgabe war für mich als nicht-musikantischen Typ ziemlich extrem.

In der Zeit meiner beruflichen „Karriere“ als Laientheologe 1967 bis 1974 hatte ich weniger mit eigenen liturgischen Diensten zu tun, aber ich besuchte gern mit meiner Frau in Tübingen den Sonntagsgottesdienst in der Kapelle auf dem Sand, den mein Lehrer Alfons Auer hielt. Ich bin froh, diese Predigten heute noch in Mitschriften lesen zu können. Später, in der Schweiz, lernten wir den Fribourger Pfarrer Winfried Baechler kennen, der die Laien gern in die Liturgie einbezog. (Ich habe 2018 seinen großen Abschied vom pastoralen Dienst in Fribourg mitfeiern dürfen.)

Im Herbst 1981 zogen wir – wie bereits erwähnt – aus unserem gemieteten Haus in Düdingen in der Schweiz zurück nach Deutschland in ein eigenes Haus in Neustetten-Remmingsheim, oberhalb von Rottenburg am Neckar. Neustetten war ein in der Gemeindereform aus der Zusammenlegung protestantischer Dörfer entstandener Name. Remmingsheim war Hauptort dieses evangelischen „Stäble". So hieß wegen der Gerichtshoheit eine Unterherrschaft, die auf eigenen Wunsch seit ca. 1600 nicht mehr zu Vorderösterreich, sondern zu Württemberg gehörte. Dort gibt es eine kleine spätgotische, mit ihren Fresken umsichtig renovierte Kirche, die uns gleich sehr gefiel. Es gab auch einmal im Monat eine katholische Eucharistiefeier in dieser Kirche. Sie hielt der Dompfarrer, der zugleich für die katholische Nachbargemeinde und für die Remmingsheimer Katholiken zuständig war.

Wir wohnten am südlichen Ortsrand mit freiem Blick nach Süden auf die Rotenburg, auf die Schwäbische Alb und die Zollerburg. Das gekaufte Flachdachhaus hatte ein Atrium. (Das Flachdach war ein Problem, das mich manche Arbeit kostete, das wir aber schließlich lösten.) Wir gestalteten den großen Garten mit einer Pergola, in der wir schöne Sommerabende verbrachten. Es gab einen Fischteich, und wir ließen später einen Wintergarten anschließen. Vom Haus aus konnte man auf den nächsten flachen Berg laufen und den Blick erweitern. Auch in den Wald war es nicht weit. Am Abend sinkt die Sonne hinter das Plateau, auf dem das Dorf steht. Sie scheint dann von unten nach oben. Dies ergibt einen Eindruck, den Besucher aus dem tiefer gelegenen Rottenburg „das Remmingsheimer Licht" nannten.

Von 1981 bis 2017 waren wir also in diesem evangelisch geprägten Dorf zu Hause. In dieser Zeit kamen immer mehr Katholiken „auf den Berg" oberhalb Rottenburgs. Sie blieben aber oft der Stadt Rottenburg weiter verbunden. Als Theologen waren wir, weil im Blick auf Theologie protestantisch kein sakraler Unterschied gemacht wird, bei den Evangelischen gut akzeptiert. Meine Frau war lange in der Diakonie tätig, nach ihrer Pensionierung am Gymnasium in Tübingen auch im katholisch betreuten Altenheim.

Den ökumenischen Wortgottesdienst, für den ich mich zusammen mit dem evangelischen Ortspfarrer erwünscht und zuständig fühlte, wollte ich um die katholische Nachbargemeinde Seebronn, zu der die Katholiken kirchlich gehörten, erweitern. Mit den Seebronnern trafen wir uns zwei Jahre lang an der Georgskapelle in Kalkweil. Hierhin gingen die Remmingsheimer zu Fuß. Das brachte uns auf die Idee, den Gottesdienst auf das Feld zwischen der Remmingsheimer und der Seebronner Kirche zu verlagern – ein Halbhöhenweg mit umfassender Aussicht auf die Schwäbische Alb. Dies wurde gern angenommen – ein Ausflug mit Kindern und mit Posaunen auf Rädern. Diesen Gottesdienst gibt es weiterhin. Hier war ich froh, dass ich den katholischen Anteil an der Gestaltung an die zuständige Pastoralreferentin abgeben konnte. Es war für mich immer ein Gewinn, wenn ich etwas anfangen, fortführen und dann in andere Hände legen konnte. Anfänge waren und sind das, was mich bewegt, Anfänge setzen – damit bin ich immer noch befasst.

Ich kümmerte mich schon seit 1982 um monatliche katholische Gottesdienste in der schönen spätgotischen evangelischen Dorfkirche. Wortgottesdienste mit Kommunionfeiern, die von Pastoralreferentinnen gehalten wurden, kannte ich bereits, ebenso hatte ich selbst organisierte Gottesdienste in Familien mit und ohne Priester kennengelernt. Zeitweise gab es Messen in einer Familie, die als „Hauskirche" bezeichnet wurde. Man suchte hier ein frühchristliches Gefühl. Diese Versuche hatten alle ihre Grenzen. Nun fragte ich den Dompfarrer, ob wir nicht zusätzlich einmal im Monat einen Wortgottesdienst mit Kommunionfeier halten könnten, woraufhin er mich schriftlich damit beauftragte. 1982 begann ich mit einem Liturgiekreis, solche Gottesdienste vorzubereiten und dann auch zu halten. Von Anfang an war damit ein anschließender warmer Imbiss verbunden, für den ich (ich kochte ja gern) ebenfalls sorgte. (Das wurde, bis auf den Wein, den ich stiftete, später in kompetente Hände gelegt.) Ökumenische Wortgottesdienste feierte ich dann mit dem evangelischen Pfarrer, der mir gern die Themenstellung für die gemeinsame Predigt überließ. Bei einer solchen Gelegenheit stellte sich auch die Gewandfrage, so dass ich mir in der Asservatenkammer der Universität ein geeignetes Gewand besorgte.

Eine lustige Geschichte ergab sich einmal, als ich am Palmsonntag 1990 im Gottesdienst die Palmen segnen wollte und dazu nach Rottenburg zum Dom hinunterfuhr, um mir Weihwasser zu besorgen.

In der Sakristei kam gerade Bischof Walter Kasper mit dem Domkapitel an, und ich erregte Gelächter, als ich nach Weihwasser fragte. Das erhielt ich mit der Belehrung, wie man als Laie Weihwasser selbst kreieren könne.

Ich war dann freilich sehr zufrieden, als ich den katholischen Gottesdienst an eine der ersten Tübinger Theologiestudentinnen nach dem Krieg, eine pensionierte Religionslehrerin, Irene Häberle, abgeben konnte. Sie zog das Messgewand ohne Stola an, predigte vorzüglich mit bester exegetischer Ausbildung. Leider musste sie wegen Krankheit aufgeben und starb zu früh.

Mir war inzwischen an ihrem Beispiel einerseits aufgefallen, dass mir als „Liturge" die pastorale Bonhomie, die Kunst der volksnahen Sprache und die Zügelung der auf mich einströmenden Ideen in der Predigt fehlten. Andererseits sah ich das Bedürfnis nach klassischen katholischen Eucharistiefeiern und die Möglichkeit, hier als Vermittler von ausländischen Priester-Doktoranden, auch von Kollegen zu helfen. So wurde im Laufe der neunziger Jahre der Gottesdienst wieder zur Messe, und schließlich übernahm mein Kollege Joachim Köhler (* 1935) diesen Gottesdienst ganz, während wir – meine Frau und ich – uns mit anderen an Gebet, Gesang und Imbissvorbereitung beteiligten. Der Trauergottesdienst für meine im Januar 2017 gestorbene Frau war ein sehr schönes ökumenisches Ereignis.

Früh an die familiäre Ökumene gewöhnt, sage ich heute gelegentlich, ich sei in der „Zweitkonfession" protestantisch. In der Tat mag ich die unterschiedlichen Perspektiven in den Konfessionen, und es fällt mir als geübtem „Perspektivisten" nicht schwer, mich in beide konfessionellen Standpunkte einzufühlen, und doch bei der vertrauten katholischen Tradition zu bleiben. Das evangelische Bekenntnis wurde bei uns durch den Großvater an Karfreitag offenkundig, wenn er den Feiertag bekennend im dunkelblauen Anzug durch den Vorgarten wandelte und uns Kindern gesagt wurde: „Kinder, seid besonders ruhig, Opa bekennt seinen Glauben". Evangelisch war im Dorf oft mit schwäbischem Dialekt verbunden. Schwaben wechselten als höhere Angestellte an die Saar. Handwerker bzw. Arbeiter waren katholisch. Evangelisches gab es später als vorrangige Prägung in Tübingen, dort war die größere theologische Fakultät evangelisch. Meine Frau, die in Tübingen auch katholische Religionslehre am Wildermuth-Gymnasium unterrichtete, übernahm einmal bei evangelischem Personalmangel aushilfsweise eine untere Klasse in Evangelischer Religion. Wir haben sehr darüber gelacht, als sie dies aufgeben musste, weil evangelische Eltern sich dagegen wehrten, dass ihre Kinder von einer „Papistin" unterrichtet wurden.

Mein ökumenisches Interesse konnte ich seit 2009 auch in Zusammenarbeit mit der lutherischen Predigergemeinde in Erfurt fortsetzen, wo der „vorreformatorische" Dominikaner Meister Eckhart als Prior und Provinzial gewirkt hatte. Ich komme darauf zurück.

Diese Geschichten könnte man nun wegen ihres nostalgischen Flairs und wegen ihrer kirchlich-konstruktiven Elemente lediglich als positive Erinnerung lesen. Das sind sie in gewisser Weise auch. Aber sie sind auch die Geschichten eines privilegierten Theologen, der immer an einer Nische mitbauen konnte. Eine Nische in diesem Sinne stellt die Möglichkeit dar, sich aus einem allgemeinen, wie ich meine, größtenteils selbstverschuldeten Abstieg des liturgischen Katholizismus heraushalten zu können. Was speziell möglich war, ließ sich jedoch so nicht verallgemeinern. Die Nische erhält das Bewusstsein der Reform, ist sie aber nicht selbst. Um der eigentlichen Kirchenreform, die u.a. in der Aufhebung des Pflichtzölibates und in der Priesterweihe von Frauen hätte bestehen müssen, zu entgehen, haben die deutschen Bistümer – nicht sie allein – zur Schrumpfung der liturgischen Zugänglichkeit und damit zur Erschwerung des Kirchenbesuches beigetragen. Damit sage ich nichts Umfassendes zu den Kirchenaustritten oder zum Rückgang der Sonntagsgottesdienstbesucher, aber dieses Detail ist nicht zu leugnen.

Erfahrungen in meinem ersten Dekanat (1985/86)

1985 wurde ich erstmals Dekan. Als solcher begleitete ich einen ereignisreichen Professorenausflug nach Moskau, eine erste Reise an die Akademie in Warschau, die von deutschen Fakultäten unterstützt wurde. An dieser Stelle ist besonders Norbert Greinacher, Professor für Praktische Theologie, zu erwähnen, der die unterstützenden Verbindungen ins sozialistische Europa hielt und dafür nach der Wende von den Unterstützten ausgegrenzt wurde. (Das galt später auch für mich, insofern ich nach 1989 kirchlich zeitweise geschnitten wurde.) In Moskau besuchten wir unseren Ehrendoktor Jewgenij Barabanow (* 1943), der inzwischen seine eigene Kirchengemeinde gegründet hatte. Wir machten Erfahrungen mit dem Statusbewusstsein der orthodoxen Kirche, die uns einen Diakon zum Gespräch schickte, mit dem offiziellen Besuchsprogramm (Theater, Kunstmuseum und Weltraum-Museum) von *Intourist*. Für die Museumsführer hatten wir (schmuggelnd) russische Bibeln mitgebracht, die natürlich sehr begehrt waren. Bei Kirchenbesichtigungen hieß es: „Arbeitet jetzt nicht mehr Kirche, arbeitet Museum darin". Wir begannen mit einer unvorhergesehenen Notübernachtung am Roten Platz in der alten französischen Botschaft und einem nächtlichen Spaziergang auf diesem Platz, wo ich Tage später an der Wallfahrt zur Lenin-Mumie teilnahm. Wir aßen viel Vanilleeis, das es im Sommer ebenso wie den erfrischenden Brottrunk an vielen Ecken gab. Wir besuchten das Kloster Sagorsk des Heiligen Sergej, dem ich zur Verwunderung meiner Kollegen als in der Prozession Vorausgehender auch die Füße küsste, was nicht nachgeahmt wurde. Der ältere Kollege Hermann Josef Vogt (1932–2015), Patristiker, übersetzte, in flüssigem Latein, zum Fest Maria Pacis meine Gegenrede zur regimetreuen Friedensrede des dortigen Diakons für die Besucherchronik.

Eine besondere und damals noch durchaus ungewöhnliche Erfahrung für einen Laientheologen fiel in dasselbe Jahr 1985: Ich durfte als Laie in der Abtei Neresheim die Festpredigt für die goldene Profess meines Onkels Pater Hildebrand Bill halten. Natürlich war dies nicht meine erste Laienpredigt, aber die erste in einem Konventamt in einem Mönchskloster. Diese schöne Kirche Balthasar Neumanns (1687–1753) kannte und liebte ich von Jugend auf. Ich predigte zu dem Thema „Kirche in lebendigen Steinen". Die Kirche hat u. a. ihre Besonderheit darin, dass ihre berühmten Kuppelgemälde von Martin Knoller (1725–1804) nicht mariologisch, sondern nach dem Vorbild einer Hofkapelle in Ludwigsburg christologisch aufgebaut sind. Dies war für mich ein besonderer ökumenischer Ausdruck der Konzeption, und zugleich war mir die christologische Konzeption persönlich wichtig. Es war ja immer die Christologie „von innen", als Theologie der immerwährenden Menschwerdung (*incarnatio continua*), die mich fesselte und die ich bereits mit Hilfe Meister Eckharts in dem Taschenbuch *Christus – das Soziale im Menschen* 1972 beschrieben hatte.

Die Diözese Rottenburg-Stuttgart unter Bischof Georg Moser berief nach einem Gespräch mit der Fakultät für 1985 eine Diözesansynode ein. Einige Professoren wurden als Experten berufen, vor allem die „original schwäbischen" wie Alfons Auer, Max Seckler und Walter Kasper, die man auch die „Gewachsenen" nannte. Ich war nach der vorherigen Absprache als Dekan „geborenes" Mitglied. Zur Eröffnung wurde ich freilich als Laie nicht eingeladen. Dies war ein Symptom der Statusarroganz, die ich bis in die Gegenwart immer wieder kennenlernen durfte. Freilich erforderte dies, dass ich, um ein besonderes Aufsehen zu vermeiden, zur Eröffnung ging, ohne eine Einladung erhalten zu haben – ein Detail, das einige der subkutanen Spannungen erkennen ließ. Nachdem ich in diesem Arbeitskreis bereits ein Jahr gewirkt hatte, wurde ich als Experte für Ehe und Familie berufen. Die Synode suchte das offene Gespräch und war bis auf wenige Ausnahmen – etwa der besonderen Anfeindung gegen Norbert Greinacher, den man als Praktischen Theologen von auswärts ersetzte – kommunikativ, auch in ihren reformfreudigen Ergebnissen, die nach Rom gesandt wurden, um dort im Archiv zu liegen. Meinem Nachfolger als Dekan, Joachim Köhler, wurde einmal das Wort verweigert. Ich sollte freilich in diesem Zusammenhang auch sagen, dass Bischof Moser, wenn ihm aufgrund meiner TV-Auftritte brieflich aggressive Stellungnahmen geschickt wurden (es waren nicht wenige), diese ungeöffnet an mich zur Beantwortung weitersenden ließ. Da ich in den Jahren 1967 bis 1974 und dann 1981 bis 2017 viel Gelegenheit hatte, die Diözese Rottenburg-Stuttgart kennenzulernen, will ich hervorheben, dass sie mir zur zweiten Heimat im kirchlichen Bereich geworden ist. Die weitere Zusammenarbeit mit den Bischöfen Walter Kasper und Gebhard Fürst (* 1948) hat dies verstärkt, gerade auch deshalb, weil ein Klima des strittigen Gespräches und des Zuhörens erhalten blieb.

In dieser Zeit wurde auch von der Fakultät ein „Kontaktstudium" für die im pastoralen Dienst tätigen Priester und Laien gegründet. Es war ein großer Erfolg und fand im Wechsel zwischen Tübingen und einem Dekanat außerhalb statt.

Gelegentlich verabschiedete die Fakultät mit großen Mehrheiten Stellungnahmen. Ich erinnere mich an zwei davon, die ich ausgearbeitet hatte: eine zum Konflikt um die Jungfrauengeburt, die mit dem Fall Uta Ranke-Heinemann zusammenhing und sich gegen eine „physizistische“ Deutung wandte (Bischof Moser ließ sich dies von mir erklären); eine andere, die den Schutz des Lebens von Anfang an in der Debatte um die In-vitro-Fertilisation vor der deutschen Gesetzgebung 1988 betonte.

Themen und Projekte

Bei der Zeitschrift *Concilium* hatte ich als Direktor der Sektion Moraltheologie die Möglichkeit, moraltheologische und sozialethische Arbeit zu verbinden. Unter Priesterkollegen wurde mir als Laien gern die Verbindung von Sexualethik, Geschlechterverhältnis, Ehe-Ethik, Familienethik anvertraut. So schrieb ich elaborierte Aufsätze und für breitere akademische Kreise bestimmte Bücher. Auch die Arbeit an der Narrativen Ethik setzte ich fort. Ich befand mich dabei stets in Kontakt mit der sog. Basis – über liturgische Dienste und über viele Vorträge außerhalb der Universität, auch über die Zeitschrift *Publik-Forum* blieb ich mit dem „Kirchenvolk“ in Kontakt.

Zu meiner sozialethischen Arbeit in der Theologie, aber auch in der interdisziplinären Ethik, gehörte die Auseinandersetzung mit der Wirtschaftsethik. Mit dem St. Gallener Wirtschaftsethiker Peter Ulrich (* 1948) und mit dem später in Notre Dame, USA, lehrenden Georges Enderle (* 1943) verfolgten wir in Tübingen das Projekt einer Integrativen Wirtschaftsethik. Früher, in den siebziger Jahren, galt man als Romantiker, wenn man sich gegen den kapitalistischen Wachstumszwang aussprach. Ich kann mich freilich an Vorträge zu den „Grenzen des Wachstums“ erinnern, z. B. bei den *Christen für die Grünen*, die damals eher marginal waren. Freilich ging es dabei nicht generell gegen Wachstum, sondern um die Frage „Wachstum in welche Richtung?“. Damit verbunden war die Frage „In welche Richtung und nach welchen Kriterien soll Wachstum angestrebt werden?“ oder „Worin besteht unter ethischen Gesichtspunkten gesteuertes und geplantes Wachstum, das sich auf die Dauer auch ökonomisch lohnt?“.

Diese Frage hat fortschreitend immer mehr Menschen bewegt. Sie war mit der Frage nach der ökologischen Verantwortung verbunden und erweiterte das Konzept einer sozialen Marktwirtschaft zum Konzept einer sozialen und ökologischen Marktwirtschaft.

In der politischen Ethik stand für mich vor allem die Auseinandersetzung um Menschenwürde und Menschenrechte im Vordergrund. Auch hier grub ich eine historische Komponente aus: die Auseinandersetzung um die Würde und um die Rechte der „Heiden" in der Mission des Deutschen Ordens in den baltischen Ländern um 1400. In diese spielten die Dekretalien Papst Innozenz' IV. im 13. Jahrhundert, die kanonischen Rechtsschulen in Bologna und Pisa und die Theologie der neuen Universität Krakau hinein. Schon vor der Auseinandersetzung um die Heidenmission in Amerika und schon vor den Beiträgen der Schule von Salamanca um Bartolomé de Las Casas (* 1484/1485, † 1566) hatten die polnischen Theologen und Kanonisten in der Zeit des Konstanzer Konzils (1414–1418) die Rechte der „Heiden" gegenüber dem Deutschen Orden erfolgreich vertreten.

Ein weiteres Thema der politischen Ethik war die demokratische Komplexität des Pluralismus und damit m. E. verbunden die schwierige, aber notwendige Selbsterneuerung der Demokratie. Demokratische Komplexität gehört zu den Erfahrungen, die mich, schon als ich mit dem Konzept „Ethik als sozialtherapeutische Handlungswissenschaft" meine Vorlesungen 1972 begonnen hatte, über Jahrzehnte weiter beschäftigt haben. Ein historisches Beispiel ist mir hier besonders wichtig – Matthias Mayer hat dazu eine Doktorarbeit beigetragen: Der Dominikaner Girolamo Savonarola verteidigte in der zweiten Hälfte des 15. Jahrhunderts – zum Leidwesen der Medici und Papst Alexanders VI. – mit seinen Predigten die Demokratie gegenüber der kirchlich bevorzugten Monarchie. Sein Argument war nach Thomas von Aquin – den er sozialethisch umsetzen wollte –, dieser habe zwar die Monarchie als die beste Regierungsform bezeichnet, doch seien die Florentiner dafür nicht geeignet. Vielleicht hatte dieser Dominikaner, der sich eigentlich den Ruf der Sittenstrenge zuzog und nach dem Siege der Reaktion öffentlich verbrannt wurde, in dieser Hinsicht etwas Humor. Die Demokratie der *Democratia Christiana* berief sich später, nach dem Zweiten Weltkrieg, auf ihn. Diese einzigartige Bedeutung Savonarolas ist mir aufgrund meiner stark historischen Orientierung wichtig. Ich hatte immer die historischen Kontexte sozialer Bewegungen vor Augen.

Die wissenschaftliche Zusammenarbeit über die Fächer hinaus wurde in Tübingen immer wieder geübt. In dieser Hinsicht habe ich vor allem die Zeit der neunziger Jahre in guter Erinnerung. Dazwischen lag der Weg zur *Kölner Erklärung*. Auch dies stelle ich der Erzählung über die interdisziplinäre Zusammenarbeit, die seit 1985 auf das *Interfakultäre Institut für Ethik in den Wissenschaften* (IZEW) zusteuerte, voraus.

VII. Einspruch der Theologen: Die *Kölner Erklärung* (6. Januar 1989)

So wie das Jahr 1981 war auch das Jahr 1989 für mich ein Einschnitt. Einerseits nahm das IZEW als *Interfakultäres Institut für Ethik in den Wissenschaften* an der Universität Tübingen seine nicht unbehinderte Entwicklung zu einer Dauerinstitution. Andererseits setzte ich mich ab Dezember 1988 mit Norbert Greinacher für eine Erklärung der Theologen ein, für die wir den Namen „Kölner Erklärung" wählten.

Vorausgegangen waren Auseinandersetzungen der Pastoraltheologen und Kirchenrechtler mit der Form der Ernennung Kardinal Joachim Meisners (1933–2017) zum Kölner Erzbischof sowie Stellungnahmen, z. B. der Dogmatiker und Fundamentaltheologen (29. September 1988 in St. Pölten) „zur Praxis der Nihil-obstat-Erteilung". Auch der westdeutsche Katholisch-Theologische Fakultätentag hatte sich zu diesem Thema geäußert. Dies waren jedoch keine Schritte in die allgemeine Öffentlichkeit. Freilich rief die Zähigkeit, mit der ein Dialog über diese Fragen abgewehrt oder aufgeschoben wurde, die Kölner Erklärung mit hervor.

Ende 1988, als alles für die Besetzung des Kölner Erzbischofsstuhles mit dem Berliner Kardinal Meisner auf Druck des Papstes sprach, wurde ich, angeregt von Norbert Greinacher, mit zwei besonderen Ansprachen von Johannes Paul II. konfrontiert. Sie schienen auf die infallible Dogmatisierung der Empfängnisregelung im Sinne von *Humanae vitae* zuzusteuern. Möglich schien dies auf dem Wege einer im Konzilsdokument *Lumen gentium* dafür vorgesehenen und eventuell abrufbaren Einstimmigkeit der Bischöfe. Dies zeigte sich insbesondere in der Rede an die Bischöfe des US-Staates New York. Der Druck auf die Bischofsernennungen in Österreich und in der Schweiz schien dafür zu sprechen, dass auch in Deutschland eine Rücknahme der *Königsteiner Erklärung* der Deutschen Bischofskonferenz in Bezug auf *Humanae vitae* erfolgen sollte. Es wurde mir klar, dass man etwas unternehmen müsse. Greinacher schlug wegen der Querelen um die Kölner Bischofsernennung eine Theologenerklärung vor. Eine öffentliche Protesterklärung von Theologen mit römischer Adresse hielt ich für ein Hilfsmittel, das selten wirksam ist, das nicht inflationär gebraucht werden darf und das viel zusätzliche Arbeit kostet. Aber ich sah ein, dass u. U. meine theologischen Enkel mich einmal fragen würden, was ich denn, erfolgreich oder nicht, als Theologe zu dieser Stunde unternommen hätte. Ich einigte mich mit Greinacher darauf, eine Reihe von Theologen (etwa 25) zum Fest der Erscheinung am 6. Januar 1989 nach Köln einzuladen. Realisiert wurde dann der 4. Januar 1989. Das Symbol von Ort und Zeit schien uns wichtig, weil die öffentliche Aufmerksamkeit besonders auf Köln gerichtet war. Ich schlug also den Titel „Kölner Erklärung" vor. Greinacher ermöglichte das Treffen in einer Bank – in der Nähe des Marcellus-Hauses – und visierte mit mir schriftlich in der gemeinsamen Einladung die drei Themen an, um die es gehen würde: *Humanae vitae*, Bischofsernennungen und die Behandlung der Moraltheologen. Meine Aufgabe war es, um Weihnachten 1988 herum den Entwurf für die anvisierte Erklärung zu erstellen.

14 Kollegen kamen nach Köln, unter ihnen auch die Moraltheologen Franz Böckle und Johannes Gründel. Greinacher und ich verlasen den Text wechselnd in Abschnitten. Böckle sagte sofort (mit seiner Schweizer Diktion): „Aber das ist ja ausgezeichnet!" So fand der Text spontan einstimmige Akzeptanz. Ich wurde zudem persönlich mit der Redaktion der Erklärung beauftragt. Die mir überlassenen Modi der in Köln anwesenden Kollegen sowie andere einsichtige Verbesserungen konnte ich, teilweise im Laufe der Unterschriftensammlung, für die ich als Rückmeldeadresse diente, in die Erklärung eintragen.

Dieses Vertrauen empfand ich als eine große Unterstützung. Die meisten Vorschläge betrafen Kleinigkeiten, bis auf einen von mir übernommenen, etwas prophetisch klingenden Schluss in der Diktion von Peter Eicher (* 1943), den dann Peter Hünermann (* 1929) – er war nicht in Köln, setzte sich aber unter den Kollegen in Tübingen für die Erklärung ein – etwas abschwächte (aus „Widerstand" wurde „Widerspruch"). Greinacher, der Ältere, hat mit einigen zögernden Theologen intensiv gesprochen und sie überzeugt. Dies gelang mir auch, wenn auch nicht in jedem angestrebten Fall. Es gab viele Telefongespräche, die auf mich wie ein Spiegel der psychischen Schwierigkeiten und Karrieresorgen von Kollegen (darunter noch keine Frauen!) wirkten. Ich lernte viel über tiefsitzende Ängste, über erschwerende Kontexte, aber auch über eine Resignation, die mich erschreckte. Im

Ganzen verliefen solche Debatten fair. Sie waren schon allein für sich genommen sinnvoll.

Eine solche Unterschriftensammlung war in dem Sinne prekär, als die Anfrage nicht an alle Kollegen gehen konnte, da sonst noch während der Sammlung mit Indiskretion und Gegenmaßnahmen zu rechnen war. Außerdem musste sie aus dem gleichen Grunde kurze Fristen (hier den 20. Januar) setzen. Daraus erklärt sich, dass ca. 200 Personen angeschrieben wurden, von denen 163 sofort unterzeichneten. Das logistische Problem der Unterschriftensammlung wurde dabei von den Lehrstühlen Greinacher und Mieth und ihren Mitarbeiterinnen mit großem Einsatz bewältigt. In der vordigitalen Zeit war der handwerkliche Aufwand eines solchen Vorgangs groß.

Freilich wollte ich mich darum bemühen, dass durch die Unternehmung kein garstiger Graben zwischen Unterzeichnern und Nichtunterzeichnern entstehen sollte. Dies war mein Eindruck bei den vielen Telefongesprächen, in denen mir gegenüber begründet wurde, warum eine Unterzeichnung gefährdend sei. Ich rechnete auch nicht damit, dass ein großer Teil der Moraltheologen unterzeichnen würde. Es herrschte teils eine ängstliche Stimmung, teils, um es hart zu sagen, eine hierarchische Angepasstheit.

Während ich als Rückmeldeadresse diente, wurde Norbert Greinacher als Kontaktadresse für die Presse angegeben. Dies entsprach unserer Arbeitsteilung zwischen Text und Unterschriftensammlung einerseits und Öffentlichkeitsarbeit andererseits. Unsere gute Verständigung in dieser Arbeit ergab sich nicht nur aus der Tübinger Nähe, sondern auch daraus, dass wir als Direktoren von *Concilium* über einen großen Rayon internationaler Kontaktmöglichkeiten verfügten. Wir hatten außerdem die Möglichkeit, sehr unterschiedlich orientierte Persönlichkeiten anzusprechen.

Am 23. Januar 1989 wurde die Kölner Erklärung im Auftrag der 14 Theologieprofessoren, die sie am 4. Januar in Köln beschlossen hatten, nach ihrer Unterzeichnung von bis dahin 163 Theologieprofessoren und -professorinnen in Deutschland an die Presse mit der Sperrfrist 27. Januar, 12 Uhr, übersandt. Die *Frankfurter Allgemeine Zeitung*, von Johann Baptist Metz aufmerksam gemacht, veröffentlichte den Text jedoch – ohne Angabe der Namen der Unterzeichner – bereits am 26. Januar, gefolgt von *Publik-Forum* am 27. Januar (mit den Namen).

Mit der Bekanntheit des Dokumentes wuchs die Zahl der Unterzeichner in Deutschland auf 223. Das öffentliche Aufsehen war größer als erwartet, viele Solidaritätserklärungen von Priestern und Laien waren zu lesen. Einige Bischöfe griffen mehr oder weniger disziplinierend ein, der Vorsitzende der Bischofskonferenz, Bischof Karl Lehmann (1936–2018), musste zum Rapport nach Rom reisen. Er berichtete anschließend bei der üblichen jährlichen Versammlung von Moraltheologen – damals nur an Fakultäten mit Priesterausbildung – im März in Schloss Hirschberg bei Beilngries im Beisein des Eichstätter Bischofs Karl Braun (* 1930) ausführlich von der Begegnung mit dem Papst. Es war übrigens das erste und einzige Mal – trotz wiederholter Einladungen –, dass residierende Bischöfe zu den Moraltheologen kamen.

Da man mit dem „Erfolg" einer solchen Erklärung nur schwer rechnen konnte, ging es zunächst wesentlich darum, angesichts einer uns bedrohlich erscheinenden Entwicklung nicht geschwiegen zu haben. Insbesondere befürchteten wir, die von Rom, ja persönlich von Papst Johannes Paul II. gesteuerten Bischofsernennungen, für die nicht nur Köln, sondern dann auch Wien ein Beispiel war, könnten ein Versuch sein, die differenzierenden Erklärungen von Bischöfen zu *Humanae vitae* zurückzunehmen und damit ein *Fait accompli* des als „unfehlbar" zu verstehenden Konsenses des Weltepiskopates zu arrangieren.

Die Kölner Erklärung trägt den Titel „Wider die Entmündigung – für eine offene Katholizität". Schon daraus geht hervor, dass es sich nicht um einen reinen Protest handelte. Mit Recht heißt es im Vorspann, der in der *FAZ* abgedruckt wurde: „Die Autoren und Unterzeichner wollen mit ihrer Meinungsäußerung zu einem ernsthaften theologischen Gespräch beitragen." Deshalb plädierten wir für eine stärkere Einbeziehung der Ortskirchen in die Bischofsernennungen und eine stärkere Berücksichtigung gewachsener Rechte, damit die „Vielgestaltigkeit der Kirche angemessen zum Ausdruck" komme. In der Erteilung der kirchlichen Lehrerlaubnis erhofften wir eine Beachtung des Subsidiaritätsprinzips. Auch heute ist die Forderung nicht obsolet geworden: „Einwände gegen die Erteilung einer Lehrbefugnis […] sind mit Argumenten zu begründen und nach anerkannten akademischen Normen zu belegen". Dabei seien die „Hierarchie der Wahrheiten" und die „theologischen Gewissheitsgrade" zu berücksichtigen. Kritisch wird konstatiert, dass „einzelne ethische und dogmatische Detailfragen" zur Frage nach der Glaubensidentität „hochgespielt" werden, „während mit der Glaubenspraxis unmittelbar verbundene sittliche Einstellungen (etwa gegen die Folter, die Rassentrennung oder die Ausbeutung) nicht von gleichem theologischen Belang für die Frage nach der Wahrheit zu sein scheinen". Der damals befürchtete „Verlust des Ansehens der Theologie an den Universitäten" ist inzwischen eingetreten. Die Praxis der *Nihil-obstat*-Verfahren hat sich m. E. eher verschärft, und die Bevormundung der Fakultäten hat dabei unter der römischen Reklamation von Priesterquoten und mit dem Eingriff in deren Bestimmung der jeweiligen fachlichen Schwerpunkte zugenommen.

An der moraltheologischen Lehre der römischen Instanzen hat die Kölner Erklärung kritisiert, dass – hinsichtlich der Empfängnisregelung – in Papstansprachen „die Begriffe der ‚grundlegenden Wahrheit' und der ‚göttlichen Offenbarung' herangezogen worden" seien, um eine konkrete, naturrechtlich argumentierte Detailfrage zu disziplinieren. Bedauert wird „die intensive Fixierung des päpstlichen Lehramtes auf diesen Problembereich". Im Ganzen wird die Pflicht zum theologischen „Widerspruch" aus den rechtlichen Kriterien der Freiheit der theologischen Wissenschaft und aus der Verantwortung im Rahmen einer kirchlichen „Communio" begründet.

Aufnahme der Erklärung in den Medien, in Europa und darüber hinaus

Die umstrittenen Bischofsernennungen hatten bereits in der Schweiz, in Österreich und in Deutschland über die Kirche hinaus zu öffentlichen Debatten geführt. Die Medien, auch das öffentliche Fernsehen, stürzten sich mit unerwarteter Wucht auf die Kölner Erklärung und begleiteten eine weit über den deutschsprachigen Raum hinausreichende Debatte. Die Stellungnahme des Vorsitzenden der Deutschen Bischofskonferenz, Bischof Lehmann von Mainz, wurde noch am gleichen Tag, dem 26. Januar 1989, im Fernsehen gebracht. Lehmann distanzierte sich öffentlich von der Erklärung. Talkshows folgten ebenso wie Einzelinterviews. Wie bereits angedeutet, erfasste zudem eine große Solidarisierungswelle Teile des Klerus und der kirchlichen Mitarbeiterinnen und Mitarbeiter. Gegenerklärungen und Ergebenheitsadressen wurden veröffentlicht. Der als ungewöhnlich erscheinende deutliche Stil des Protestes wurde Gegenstand polemischer Erörterung.

Dies blieb kein deutsches oder deutschsprachiges Phänomen: Frankreich, Belgien, die Niederlande, Italien, Spanien, die USA – überall waren führende Theologen über die Unterschriftensammlung informiert, oft auch durch die schnelle Reaktion der Medien im eigenen Land. Sie meldeten sich spontan und intensiv. Übersetzungen machten schnell die Runde. In Frankreich (166 Unterzeichner), Italien (63) und Spanien (62) wurden ähnliche Erklärungen verfasst; 52 belgische, 13 niederländische und 23 Schweizer Theologen schlossen sich der Kölner Erklärung an. Ein Solidaritätsappell von *Témoignage Chrétien* erhielt 26.355 Unterschriften; *Publik-Forum* sammelte 19.444 Unterschriften. Insgesamt meldeten sich weit über 100 Gruppen zu Wort. Ein Jahr später dokumentierte die französische Zeitschrift *Golias* weltweit 1.000 Theologen, die sich der Kölner Erklärung oder ihren Folgeerklärungen angeschlossen hatten. In Zürich (mit 400 Teilnehmern), in Aachen und in Münster fanden große Akademietagungen zur Kölner Erklärung statt. Diskutiert wurde auch der Zusammenhang mit dem Brief des weltweit bekannten Moraltheologen Bernhard Häring an Johannes Paul II., der zur Zeit der Abfassung der Kölner Erklärung noch nicht bekannt war, dann aber besonderes Aufsehen erregte.

Die Wirkung war also überraschend groß. Aber sie war zunächst nur ein Echo. Entscheidender war, dass einige Gespräche stattfanden. Bischof Lehmann, der in der Öffentlichkeit, vor allem in den Medien Distanz hielt, wollte u. a. zwei Anregungen folgen, die ich bereits vorher schriftlich zum Ausdruck gebracht hatte: die Vorsitzenden der theologischen Arbeitsgemeinschaften regelmäßig zum Gespräch einzuladen (das ist nun Tradition geworden), ferner eine Arbeitsgruppe zwischen Bischöfen und Moraltheologen zu bilden. Das zweite Anliegen wurde nicht realisiert. Solche Gespräche mit Moraltheologen gab es dann doch eher ad hoc – etwa zum Erwachsenenkatechismus –

und eher selten. Sie erzielten z. B. keine große Wirkung, als 1999 120 Moraltheologen, versammelt in Tilburg, sich für das Verbleiben in der Schwangerschaftskonfliktberatung aussprachen. (Ich schrieb dazu einen Beitrag in *Concilium.*)

In meinem Büro sammelten sich die Akten mit den Reaktionen, Medienauszügen und umfangreichen Korrespondenzen zur Kölner Erklärung. Insbesondere habe ich Dokumente über die Entwicklung der Erklärungen in Italien, Frankreich und den USA. Meine Unterlagen liegen jetzt im Tübinger Universitätsarchiv.

Mit der Kölner Erklärung bewegte sich etwas in der Kirche, mehr als wir bisher in solchen Fällen erfahren und mehr als wir erwartet hatten. Eine gewisse Erschütterung ging bis in die römischen „Bastionen“ (der Begriff „Bastion“ stammt von Hans Urs von Balthasar). Es ist zu vermuten, dass die Erklärung mit dazu beitrug, eine Dogmatisierung von *Humanae vitae* bzw. der „absoluten“, d. h. umstandslosen Verbotsnormen zu verhindern. In die vorbereitenden Gespräche zur Anfertigung der Enzyklika Johannes Pauls II. *Veritatis splendor* (1992) wurden die Professoren Alfons Auer und Johannes Gründel einbezogen. In dieser Enzyklika wurden die absoluten, umstandslosen Verbotsnormen zwar in einer Anmerkung versteckt, aber weiter urgiert. Ich gab danach das Buch *Moraltheologie im Abseits?* (Freiburg 1994) heraus, weil die Debatte darüber weiterging. An diesem Buch beteiligte sich eine internationale Riege kritischer Moraltheologen, z. B. aus Chicago Richard McCormick, mit eigenen Beiträgen. Dieses Buch wurde aus Anlass der Wirkung seiner spanischen Übersetzung in einem Beitrag, der mit drei Sternen (anonym, man vermutete Joseph Ratzinger) gezeichnet war, im *Osservatore Romano* kritisch besprochen.

Bestärkt wurde die internationale Solidarität von Theologinnen und Theologen nicht nur im europäischen Raum, sondern auch in Nord- und Südamerika, darüber hinaus in Asien und Australien. Weder die entsprechenden Artikel (*Tablet*, *National Catholic Reporter* u. a. m.) noch die Erklärungen von Gesellschaften wie der US-amerikanischen *Catholic Theological Society*, Erklärungen aus Brasilien und Australien, auch weitere Solidaritätsbekundungen, z. B. von Diözesanversammlungen aus diesen Ländern, oder die vielen Zuschriften und Nachfragen habe ich damals aufarbeiten können.

Gründung der *Europäischen Gesellschaft für Katholische Theologie* in Wiesbaden (30. April 1989)

Die wichtigste Folge war jedoch der interne Dialog in Europa, das damalige Osteuropa, vor allem Polen, mit eingeschlossen. Dieser hatte zur Voraussetzung, dass sich bereits in der Zeit der Unterschriftensammlung eine Korrespondenz herausgebildet hatte, worin einzelne Kollegen ihre differenzierenden Einstellungen und Überlegungen bekundeten. Insbesondere wurde der Druck auf die österreichischen Kollegen mehrfach zum Ausdruck gebracht. Die Kölner Erklärung sollte hier nicht spaltend, sondern dialogisch wirken. Daher schlug ich vor, europaweit zu einer Versammlung von Theologinnen und Theologen einzuladen. Zweck der Versammlung zwischen expliziten Unterzeichnern, Sympathisanten und Kritikern der Kölner Erklärung, die sich schriftlich bei mir gemeldet hatten, sollte der Gründungsbeschluss für eine *Europäische Gesellschaft für Katholische Theologie* sein. Norbert Greinacher und ich teilten uns wieder die Aufgaben und luden entsprechend für den 30. April auf den 1. Mai 1989 in die Akademie nach Wiesbaden-Naurod ein. Es kamen 70 Theologinnen und Theologen aus Mittel-, West-, Süd- und Osteuropa. Weitere äußerten schriftlich ihre Zustimmung. Der von mir eingebrachte und dann einstimmige Beschluss vom 1. Mai lautete (die Zahlen geben den vorübergehenden Stand von Ende April wieder):

> Die Kölner Erklärung hat weit über den deutschen Sprachraum hinaus ein überraschend großes Echo gefunden. Äußerungen der Solidarität von Laien und Priestern sind inzwischen von 16.000 Personen und über 100 Gruppierungen eingegangen. 485 europäische katholische Theologinnen und Theologen haben die Erklärung unterzeichnet oder mit eigenen Stellungnahmen unterstützt. Viele andere haben den Initiatoren bekundet, dass sie ihre Anliegen und Sorgen teilen, aber wegen Einzelformulierungen nicht unterschreiben wollten.

Diese Reaktion hatte gezeigt, dass sehr viele Menschen einen Raum für das offene Wort in der Kirche suchten.

Die Gründung der Gesellschaft wurde beschlossen, nicht in Analogie zu einer Gewerkschaft, sondern in Analogie zu einem eigenständigen Forum – darüber wurde eigens abgestimmt und mit großer Mehrheit entschieden. Weiter hieß es:

> Die am 30.4./1.5.1989 im Wilhelm-Kempf-Haus versammelten 70 Professoren und Professorinnen der Katholischen Theologie aus 7 Ländern Europas, hauptsächlich Unterzeichner, aber auch Nichtunterzeichner der Kölner Erklärung, wissen sich diesem Anliegen verpflichtet. Sie wollen daher den vom Vorsitzenden der Deutschen Bischofskonferenz, Bischof Dr. Dr. Karl Lehmann, sodann von vielen anderen Bischöfen gewünschten „sorgfältigen Dialog“ untereinander und mit anderen fortsetzen.

Darauf folgte der Vorschlag zur Gründung einer „Europäischen Gesellschaft für Katholische Theologie“. Der Text meines Antrags und des Beschlusses lautet:

> Aus dem Zusammenwachsen Europas, den neuen Verbindungen von Ost und West, der länderübergreifenden Wissenschaft und Praxis, ergeben sich ebenso neue Chancen wie neue Nöte. Daher ergreifen die hier versammelten Theologinnen und Theologen die Initiative zur „Gründung einer europäischen Gesellschaft für katholische Theologie“. Die europäischen Kollegen und Kolleginnen sind eingeladen, diese Initiative mitzutragen. Die Gesellschaft möchte den Raum für das freie Wort und für aufbauende Kritik aus theologischem Sachverstand wahren bzw. schaffen. Für diese theologische Gesellschaft sind freiheitlicher Dialog, wissenschaftlicher Anspruch und Dienst an der ganzen Kirche selbstverständlich. Sie sieht im kirchlichen Amt der Theologen einen eigenständigen Dienst für das gesamte Volk Gottes. Sie engagiert sich für eine offene, dem Evangelium gemäße Kirche, für die Ökumene und für die internationale Solidarität und Gerechtigkeit. Die Fragen, denen sich die theologische Gesellschaft widmet, sind nicht beschränkt auf die in der Kölner Erklärung angeschnittenen Probleme. Sie betrachtet namentlich die Lebens- und Überlebensfragen in unserer Gesellschaft als Herausforderung, wie sie stets neu die jeweils aktuellen und in verschiedenen Kulturen verschiedenen Situationen zu prüfen hat, die helfen oder hindern, das Evangelium der Welt zu vermitteln. Diese theologische Gesellschaft begrüßt das Zusammenstehen ganz verschiedener Richtungen in der Theologie in zentralen Fragen der „Kirche in der Welt

> von heute". Sie tritt für diese Vielfalt ein und wird sich allen Versuchen widersetzen, die freie theologische Auseinandersetzung einzuschränken.

Neben dieser Gründungsinitiative äußerte sich die Versammlung ebenso einstimmig und klar zum damals neuen „Treueid". Nach einer Solidaritätserklärung mit dem eigenständigen Amt der Bischöfe und nach einem Protest gegen den römischen Alleingang in dieser Frage heißt es u. a.:

> Sie wenden sich jedoch gegen den Versuch, ohne Berücksichtigung der Intentionen der Bergpredigt in der Frage der Eidleistung, ohne Rücksicht auf die Erfahrung mit dem vorkonziliaren Antimodernismus-Eid, unter Betonung eines formalen Gehorsams, der fast beliebig Inhalte einfordern kann und in einer erneuten Verrechtlichung der pastoralen Sprache des Konzils, von den Menschen in theologischen und in anderen kirchlichen Diensten eine Erweiterung des Glaubensbekenntnisses und einen neuen Treueid zu verlangen.

Nach dem Gründungsbeschluss von Wiesbaden wandte ich mich an Peter Hünermann, der sich in der *Herder Korrespondenz* (3/1989) um die theologischen Argumente im Kontext der Kölner Erklärung bemüht hatte. Er übernahm die Initiative für eine Gruppe Tübinger Kollegen, welche die Satzung der Gesellschaft erarbeitete. Die Gründung der Gesellschaft wurde durch eine Gruppe von internationalen Vertretern am 1. Dezember 1989 im Erbacher Hof in Mainz umgesetzt. In der Situation war es wichtig, einen Brückenbauer als Vorsitzenden zu gewinnen. Dies wurde schließlich Peter Hünermann, der zwar nicht in Naurod gewesen war, aber viel für die Institutionalisierung des Beschlusses getan hatte. Bei der Gründung im kleineren Kreis in Mainz wurde auch Bischof Lehmann einbezogen, der sich noch am 1. April angesichts des medialen Interesses, das Norbert Greinacher entfacht hatte, zurückgehalten hatte.

Das Treffen in Wiesbaden-Naurod wirkte in der *Concilium*-Jahresversammlung in Bologna (17.–21. Mai 1989) weiter. Vorher war ich zu einem Vortragsbesuch in Warschau und Kattowitz, wo ich mit einem Vortrag zu *Humanae vitae* auf 70 nachdenkliche Priester traf. Ich erzählte schon, dass sie eine von mir beschriebene „römische Lösung" des Problems der Empfängnisregelung durch kasuistische Extremfallregelungen in der Beichte nicht für angemessen hielten, weil sie einen Paternalismus des Priesters voraussetzte. In Bologna wurde die Kölner Erklärung als Ermunterung empfunden, die Konzilsbewegung zu erneuern und zu stärken, was dann auch später in einer großen Theologenversammlung von *Concilium* in Leuven/Belgien geschah. Manche betrachteten damals eine konfessionell aufgestellte theologische Gesellschaft als Rückschritt. Aber es gab auch Gründe dafür, institutionelle Auseinandersetzungen erst einmal katholisch intern anzugehen.

Was die Bischofsernennungen betrifft, so konnte man im Laufe der Zeit einige Änderungen beobachten. Es ist schwer, sie einzuschätzen. Aber es war keine Frage, dass damals die Ernennung des Kollegen Walter Kasper, der sich seinerseits von der Erklärung distanziert hatte, zum Bischof in Rottenburg übergreifend angenommen und gefeiert wurde. Initiativen seitens der oberrheinischen Kirchenprovinz in Rom sind aus den neunziger Jahren bekannt – aber sie waren nicht erfolgreich.

Siegfried Wiedenhofer (1941–2015), ein früherer Assistentenkollege in Tübingen (bei Professor Ratzinger), war einer der besten Kenner der Theologie Ratzingers. Er lehrte als Dogmatikprofessor in Frankfurt und bewarb sich von dort auf den Dogmatiklehrstuhl in Graz. Vom Bischof von Graz, Johann Weber (* 1927), wurde ihm wegen seiner Unterzeichnung der Kölner Erklärung das *Nihil obstat* verweigert. Erneut sammelte ich viele Unterschriften (wiederum 220!) zum Protest gegen diese Verweigerung. Diese Aktion war aber wirkungslos. In Österreich war bereits die erste Unterschriftensammlung für die Kölner Erklärung nicht erfolgreich gewesen. In Graz bestätigte sich, warum dies der Fall gewesen war. Als ich später mit dem Kollegen über seine Kontakte mit seinem Lehrer Ratzinger sprach, erzählte er mir von den weiterhin kontinuierlich stattfindenden Treffen der früheren Ratzinger-Schüler und -Mitarbeiter in Rom.

Einige Veränderungen gab es später im Hinblick auf die Lehrerlaubnis. Eine Handreichung der Deutschen Bischofskonferenz brachte mehr Klarheit, erwies sich aber zunächst nicht und später nicht in jedem Fall als durchschlagskräftig. Es fehlte die rückwirkende innerkirchliche Rechtskontrolle ebenso wie eine Einforderung der

Normengerechtigkeit auf kirchlicher Seite seitens des Konkordatspartners Staat. Freilich gab es seit der Errichtung der Europäischen Gesellschaft für Katholische Theologie auch gelegentlich erfolgreiche Gespräche mit den involvierten römischen Kongregationen. Unterzeichner der Kölner Erklärung wurden in Deutschland trotz einiger herber bischöficher Reaktionen nicht „verfolgt“, in Italien soll das anders gewesen sein.

Die Aktion der Solidaritätsbekundung und des Protestes – an die deutschsprachigen Bischöfe geleitet – war also zwar als Unterschriftensammlung äußerst erfolgreich, aber in ihrer Wirkungslosigkeit erhöhte sie den Frust. Hier stellt sich u.a. die Frage, wie sehr wir in diesen Protesten von einer medialen Eventkultur abhängig sind. Der Scheinwerfer lag auf Köln, aber nicht auf Graz.

Helmut Juros, Kollege in Warschau, der zu dieser Zeit auch in Castel Gandolfo war, frühstückte beim Papst. Er hatte bei ihm in Lublin promoviert. Er berichtete mir von den Büchern auf dem Schreibtisch des Papstes, darunter auch mein Buch *Ehe als Entwurf*, in dem ich sein Theaterstück *Der Laden des Goldschmieds* kommentiert hatte. Ein römischer Monsignore, der gut Deutsch sprach, reiste nach Stuttgart und erkundete bei mir und bei Peter Hünermann (als dem ersten Präsidenten) die Intention der Europäischen Gesellschaft für Katholische Theologie. Juros selbst bekam in Warschau Probleme, zumal er in der Tübinger *Theologischen Quartalschrift* die Frage erörterte, ob eine Enzyklika ohne die Zustimmung der Rezipienten (Regionalkirchen, Kirchenvolk) in Geltung sein könne. Dies verneinte er.

Es hieß, meinem Lehrer Alfons Auer sei wegen der Kölner Erklärung oder seiner Position zur sog. Autonomen Moral der beschlossene theologische Ehrendoktor der Universität Wien kirchlich nachhaltig verweigert worden. Er wurde ihm dann ein Jahrzehnt später, als er schon sehr altersschwach war und nicht mehr nach Wien anreisen konnte, nach Tübingen gebracht. Die Frankfurter Fakultät verlieh ihm stattdessen den Dr. phil. h. c.

Johann Baptist Metz, der bei der Promotion der Kölner Erklärung eine wichtige Rolle spielte, war laut Mitteilung der *FAZ* vom 13. August 1989 als einziger katholischer Theologe unter 35 Gelehrten zum Gespräch mit dem Papst nach Castel Gandolfo eingeladen. Heinz-Joachim Fischer, *FAZ*-Korrespondent in Rom, formuliert dies so: „Daß

Metz die papstkritische ‚Kölner Erklärung' von Anfang dieses Jahres unterzeichnet hatte, war kein Hindernis für Johannes Paul II., ihm Aufmerksamkeit zu schenken." Nun kann man dies auch anders ausdrücken: In der kirchlichen Hierarchie ist man es gewohnt, so etwas auseinanderzuhalten. Man schüttelt ja auch mal Diktatoren die Hände und ist – umgekehrt – an gescheiten Abweichlern interessiert. Wenn freilich die eigenen etablierten Machtansprüche, die ja „divinisiert", d. h. Teil einer von weltlicher Kontrolle abgehobenen Rechtsordnung sind, durchgesetzt werden müssen, ist diese Dialogfähigkeit begrenzt.

So traf sich Kardinal Ratzinger ja jährlich mit seinen Schülern, von denen einige die Kölner Erklärung unterschrieben hatten. Der wissenschaftliche Dialog ist die eine, die kirchliche Disziplin die andere Sache. Man kann diese Spannung aber auch anders angehen. Eugene Kennedy veröffentlichte 1988 ein Buch mit dem Titel: *Tomorrow's Catholics, Yesterday's Church. The Two Cultures of American Catholicism* (New York). Die Namenslisten für diese beiden Gruppierungen ließ er jeweils durch den Papst und durch Kardinal Ratzinger anführen. Damit wollte er sagen, dass sie letztlich auch „zwei Seelen in einer Brust" (Goethe) zu tragen schienen.

Von der Seite der römischen Behörden gesehen stimmt jedoch weiterhin, was *Le Monde* 1989 schrieb: „Le Vatican impose son ordre". Dies galt z. B. für die Entwicklung der Bischofsernennungen, besonders in Lateinamerika, in den USA und weiterhin für Theologieprofessoren und -professorinnen an Theologischen Fakultäten. Die *Divinity Schools*, z. B. in den USA, blieben davon unberührt. Es gilt für die bei Erstberufungen rechtlich vorgesehene und letztlich entscheidende Mitwirkung des Vatikans an der Erteilung der kirchlichen Lehrerlaubnis. Mir gegenüber wurde dies von einem Mitarbeiter der Bildungskongregation noch 2007 damit begründet, es gehe um „Qualitätskontrolle". Die Kölner Erklärung hatte darauf bestanden, dass sich der theologisch-wissenschaftliche Bereich selbst ergänzen dürfe. Man wird sich weiterhin fragen, wo die „Qualität" liegt: bei der Selbstergänzung oder bei der Kontrolle, die sich auch anmaßt, wissenschaftstheoretische Einbahnstraßen zu verteidigen oder theologische Qualität mit der abnehmenden Zugehörigkeit zum Priesterstand zu verwechseln. Die bereits erwähnte Forderung der Fundamentaltheologen und Dogmatiker von 1988 nach Transparenz und nach zureichenden Rechtsmitteln für die Betroffenen sind nicht erfüllt, trotz einiger Fortschritte im Verfahren, die aber de facto nicht immer und nicht vollständig eingehalten werden.

Die mediale System- und Eventkultur kommt seit den medialen Auftritten Johannes Pauls II. der kirchlichen Weltzentrale entgegen. Insofern ist es schwierig, sich einerseits dieser Eventkultur zu bedienen und sie andererseits aus den weltkirchlichen Auseinandersetzungen heraushalten zu wollen. In einem Interview in *Le Monde*, das Kardinal Ratzinger zum Abschluss des Jahres 1989 (30. Dezember) gegeben hat, sagte er: „La fonction du théologien est en effet d'enseigner, mais aussi d'approfondir des données de la foi, de trouver que répondre aux problèmes nouveaux, et parfois aussi de critiquer" („Die Aufgabe des Theologen ist hauptsächlich das Lehren, aber auch, die Vorgaben des Glaubens zu vertiefen, aufzufinden, was auf neue Herausforderungen zu antworten ist, und manchmal auch zu kritisieren"). Aber das Recht zu kritisieren werde durch die Pflicht, die Kirche und ihr Lehramt zu respektieren, begrenzt: „A ce point de vue, des écarts sont constatés aujourd'hui et il faudrait reformuler les règles traditionnelles. A la différence d'autrefois, un théologien ne travaille plus comme dans le secret du laboratoire" („In dieser Hinsicht sind heute Spannungen zu konstatieren, und man muss überkommene Regeln neu formulieren. Im Unterschied zu früher arbeitet ein Theologe nicht in der Abgeschlossenheit eines Laboratoriums"). Der Theologe trage auch eine Verantwortung angesichts der Informationen, die den Gläubigen durch die Massenmedien zukommen. Also müsse er das richtige Gleichgewicht zwischen dem Respekt vor dem Lehramt, dem Wohl der Gläubigen und der Forderung nach einer exakten intellektuellen Reflexion finden. Wenn Ratzinger dabei von „reformuler les règles" spricht, muss man beachten, dass er nicht von „réformer les règles" redet. Statt der Erneuerung also nur neue Varianten oder Variablen der bestehenden Regeln? Genau darin blieb der Kirchenführer Ratzinger stecken.

Die Frage bleibt, wie das Lehramt selbst sein „Gleichgewicht" findet. Sie ist bis heute nicht beantwortet.

Eingriffe des römischen Lehramtes und „klärende Gespräche"

Eine Kritik von Bischof Karl Lehmann im März 1989 bei seinem Besuch der *Arbeitsgemeinschaft Moraltheologie* in Hirschberg an der mangelnden Fortführung der Debatte um *Humanae vitae* durch die Moraltheologen nahm ich zum Anlass, ein Buch *Geburtenregelung. Ein Konflikt in der katholischen Kirche* (Mainz 1990) zu publizieren, um dem Anspruch an die Moraltheologen zu genügen, die Argumente erneut zu dokumentieren. Es brachte mir ein Dossier der römischen Glaubenskongregation, mit Briefen von Kardinal Ratzinger an Bischof Kasper, ein. Das weitere römische Vorgehen schloss auch andere Dissensfragen (z. B. die Streitfrage Frauenordination) ein und führte zu Gesprächen in Rottenburg mit Bischof Kasper, deren Reichweite mir mangels Einsicht in Briefe und Akten – außer dem Dossier der Kongregation über das Buch *Geburtenregelung* – verborgen blieb. Über Fragen der Transparenz, des Stils und der Rechtssicherheit kann und muss man weiterhin objektiv streiten. Subjektiv wollte ich mich aber nicht selbst zum Gegenstand dieses Streites stilisieren. Schon gar nicht in den Medien. Ich wollte Bewegungsfreiheit behalten und nicht auf eine Rolle festgelegt werden.

Besuche bei Bischof Kasper ergaben sich aus weiteren einschlägigen Schreiben der Glaubenskongregation, über deren Inhalt er mich in Kenntnis setzte, ohne sie mir auszuhändigen. Das erste römische Dossier war ziemlich pauschal. Es riss u. a. Sätze ganz aus ihrem Zusammenhang. Die Gespräche mit dem Bischof waren – im Unterschied zu zwei *Nihil-obstat*-Problemen der Tübinger Fakultät bei Frauenberufungen – angenehm. Ich kenne die genaue kirchenrechtliche Bedeutung dieses Verfahrens oder Vorverfahrens nicht, wollte es auch nicht auf eine rechtlich greifbare oder gar öffentliche Ebene bringen. Als ich beim Bischof eine Akte mit der Aufschrift „Causa Mieth" sah, schlug ich ihm vor, die Aufschrift zu ändern, weil ich, falls dies ein Verfahren sei, Akteneinsicht fordern müsse. Wenn ich mich recht erinnere, nahm Kardinal Ratzingers Ton an Schärfe zu, als es zusätzlich um die Frauenordination ging, die ich zunächst in der *Theologischen Quartalschrift*, daraufhin als Wiederabdruck in dem von Walter Groß herausgegebenen Buch *Frauenordination. Stand der Diskussion in der katholischen Kirche* (München 1996) eingefordert hatte. Die

Entschärfung dieses Problems nahm die Züge eines Eiertanzes an, für den man genaue Philologie meines menschenrechtsorientierten Textes und des Zeitpunktes seiner ersten Veröffentlichung vor dem römischen Diskussionsverbot brauchte. Es mag unentschieden bleiben, ob man darüber lachen oder weinen soll. Der schon erwähnte internationale Band zur Kritik an der Enzyklika *Veritatis splendor*, den ich 1994 herausgegeben hatte, wurde tadelnd erwähnt. Im *Osservatore Romano* erschien eine Besprechung der spanischen Übersetzung dieses Buches mit einer Drei-Sterne-Zuordnung, die für den Präfekten der Glaubenskongregation als Autor sprach. Obwohl auch hier der Ton scharf war, wurde mein Name als Herausgeber nicht eigens genannt. Vermutlich geschah dies bewusst, zumal ich damit nicht weiter konfrontiert wurde. Das Buch, das meine Frau und ich zum Schwangerschaftsabbruch verfasst hatten (*Schwangerschaftsabbruch. Die Herausforderung und die Alternativen*, Freiburg 1991), war, trotz der scharfen Kritik des Salzburger Weihbischofs Andreas Laun OSFS (* 1942), nicht Gegenstand eines römischen Schreibens. Ich nehme an, dass die im Buch getroffene Unterscheidung zwischen normativer und existentieller Ebene nicht als Herausforderung empfunden wurde. Bischof Kasper bat mich während dieses „Austausches" um Vermittlung, als die Jugendverbände der Diözese einen anderen Umgang mit jugendlicher Sexualität forderten. Es blieb mit den Rottenburger Bischöfen ein Vertrauensverhältnis, das Kontroversen nicht ausschloss.

Nach dem Wechsel im Rottenburger Bischofsamt zu Bischof Gebhard Fürst (* 1948), der mich seinerseits in die Unterkommission der Bischofskonferenz zur Bioethik eingeladen hatte, erhielt ich länger keine Nachricht von einer Beendigung dieser Angelegenheit. Bischof Fürst las mir erst im Februar 2004 einen Brief Kardinal Ratzingers vom Dezember 2003 vor, in dem dieser mein 2002 erschienenes und 2003 ins Italienische übersetztes Buch *Was wollen wir können? Ethik im Zeitalter der Biotechnik* lobend ansprach, mich zu weiteren Überprüfungen meiner Positionen freundlich ermahnte und vorschlug, ich solle mich doch einmal um eine „christologische" Begründung der Moral bemühen. Ich schlug dem Bischof meinerseits vor, in seiner (mir wie die Briefe Bischof Kaspers unbekannten) Antwort auf meine alte Arbeit *Christus – das Soziale im Menschen* (1972 zu Meister Eckhart) zu verweisen. Es reizte mich in der Tat weiterhin, nachdem ich mich öfter mit theologischen Motiven zur Sozialethik wie etwa dem „Reich Gottes“ beschäftigt hatte, den alternativen Spuren der sozialen Motive einer christlichen Ethik zu folgen. Aber erst 2015 erschien bei Exodus das Buch *Das Proprium der christlichen Ethik* mit Monika Bobbert, in dem ich meine spezifisch christologischen Motive für die theologische Ethik darstelle.

Anlässlich des Besuchs der Tübinger Professoren bei Benedikt XVI. im März 2007, der sich öffentlich auf dem Petersplatz zu seiner Tübinger Zeit bekannte, bestätigte mir Kardinal Kasper auf Nachfrage, dass es ihm damals gelungen sei, die „Angelegenheit“ zu einem guten Ende zu bringen. Kardinal Kasper, mit dem mich einige muntere Kontroversen, in denen auch sein Temperament offenkundig wurde, schon zu Fakultätszeiten verbanden, hatte mir in den „klärenden Gesprächen“ in Rottenburg vorgeschlagen, doch „etwas zu schreiben“. Als ich in der Gemeinde Neuhausen bei Stuttgart einen Vortrag mit dem Titel „Kann man sich seine Moral selber machen?“, in meinen Augen eher eine rhetorische Frage, zu halten hatte, ließ ich diesen im *Katholischen Sonntagsblatt* der Diözese veröffentlichen. Ich weiß nicht, ob dieser harmlose Beitrag ein Mosaikstein für eine Abwiegelung war.

In dem nicht nur mich immer noch, formal ebenso wie inhaltlich, empörenden Fall der zweifachen *Nihil-obstat*-Verweigerung für Regina Ammicht Quinn (2000) erwies sich eine Klärung als unmöglich, weil keine Sachdebatte geführt wurde, weder mit mir noch mit der Autorin. Stattdessen wurde die Last einer weiteren Verhandlung ganz auf die Schultern der Autorin gelegt. Nun war deren Habilitationsschrift über „Religion und Sexualität“ inhaltlich weder angegangen noch widerlegt worden, der Vorgang blieb sowohl bei der Verweigerung in Augsburg (Bevorzugung der Besetzung mit einem Priester) als auch in Trier (Verweigerung ohne jedes Vorgespräch) so formal, dass man sich nicht inhaltlich dagegen wehren konnte. Das Problem des „rechtlichen Gehörs“ ist das Problem aller römisch-kirchlichen Verfahren bei Erstbesetzungen von Theologieprofessuren. Wo Verfahrensordnungen existieren, die dies berücksichtigen wollen, bleibt immer noch die ungelöste Frage bestehen, wer diejenigen, die sich daran nicht halten, zur Rechenschaft ziehen kann.

Tübinger Bemühungen um theologische Frauenberufungen (1990–2000)

Ende der achtziger und in den neunziger Jahren war allen Kollegen in Tübingen deutlich, dass frei werdende Positionen bzw. Professuren möglichst an Theologinnen vergeben werden sollten. (Professuren wurden auch frei, wenn Priester heirateten.) Es war weniger Widerstand als gelegentliche Skepsis zu erwarten. 1985 hatte ich beim Vorstellungsgespräch als Dekan beim Universitätspräsidenten die Gelegenheit genutzt, eine sog. Fiebiger-Professur mit dem Argument zu beantragen, dass bei uns ein Kernfach, die Liturgiewissenschaft, im Unterschied zu vergleichbaren Fakultäten nicht mit einem eigenen Lehrstuhl ausgewiesen sei. Die liturgische Lehre, welche der Praktische Theologe Norbert Greinacher mit versah, sollte m. E. eigenständig verstärkt werden. Nachdem diese neue Professur von der Universität bewilligt worden war, erkundigte ich mich bei Mary Collins OSB, also bei der Direktorin für Liturgie bei *Concilium*, ob es in den USA deutschsprachige Liturgiewissenschaftlerinnen gebe, die zu Hause keinen Platz gefunden hatten. Sie nannte mir sofort zwei Kolleginnen: Teresa Berger (* 1956) und Gabriele Winkler (* 1940). Ich forderte sie beide zur Bewerbung auf, und sie wurden auch zum Gespräch eingeladen. Auf weitere Einzelheiten, die eher mit bestimmten fachlichen Vorbehalten zu tun hatten, will ich hier nicht näher eingehen. Es gelang ja dann schließlich, Gabriele Winkler zu berufen und zu gewinnen. Dem sollte dann in den neunziger Jahren eine weitere Frauenberufung folgen, als der Lehrstuhl für Biblische Einleitung frei wurde. Wir wollten uns fachlich für Silvia Schröer (* 1958) aus Fribourg entscheiden, stießen aber auf einen Widerstand, der von Schweizer Denunziationen in Rom ausging. Bischof Kasper, der uns (d. h. Walter Groß und mich als Fakultätsvertreter) mit der Professorin bei sich empfing, entschied sich dafür, dass eine bischöfiche Verweigerung den weiteren Weg der Professorin weniger bedrohe als eine römische Verweigerung seines Ersuchens um ein *Nihil obstat*. So dauerte es eine Weile, bis die Besetzungen der Lehrstühle mit Frauen, soweit dies fachlich passte, selbstverständlich wurden.

Ein Zwischenspiel, das andauert: Ethik und Sport (seit 1981)

Mein Wechsel nach Tübingen 1981 brachte es – wie erwähnt – mit sich, dass ich zwei Aufgaben von Wilhelm Korff übernahm: die Teilnahme am Stuttgarter Beirat der *Aktion Jugendschutz* und am wissenschaftlichen Beirat der Kommission *Kirche und Sport*. In beiden Fällen habe ich mich so viel als möglich engagiert, länger jedoch im Sport. Während bei Korff das Verhältnis zum Sport eher distanziert angelegt war, war dies bei mir anders, auch wenn es persönlich nur um Freizeitpraxis ging und um das Interesse, den Sport genau zu verfolgen. Lange liebte ich das Laufen, bis ich in den achtziger Jahren mit eigenem Pferd und als Förderer meiner Tochter zum Reiten bleibend überwechselte. Selbstverständlich war ich auch von Kindesbeinen dem Volkssport Fußball als Dauerläufer an der linken Außenbahn ergeben. Wo immer eine Auswahlmannschaft in der Jugend, der Studentengemeinde, dem Priesterseminar oder, wie in Fribourg, der Professorenschaft (letztes Spiel 1980) bereit war, über meine technischen Schwächen um anderer Vorzüge willen hinwegzusehen, war ich vom Fußball nicht abzuhalten, wenn ich auch oft als Brillenträger gehandicapt und durch Verletzungen gebremst wurde. Aber das ist eine eigene Geschichte.

Der erwähnte Beirat der Kommission *Kirche und Sport* gab eine Reihe „Kirche und Sport“ heraus, an der ich mich beteiligte. Da ich zu einer „autonomen“ – d. h. zu einer allgemein kommunikablen – Ethik drängte, fand ich Ende der achtziger Jahre endlich einen Partner in dem leider früh verstorbenen Horst de Marées (1936–1994), einem Mediziner, Leiter der sportwissenschaftlichen Förderung, der als Berliner Hugenotte auch den ökumenischen Ansatz garantierte. In den neunziger Jahren arbeitete ich dann vor allem mit dem Coubertin-Fachmann Norbert Müller (Mainz) in der Sportethik zusammen. Nach einem längeren Anlauf finanzierte das *Bundesinstitut für Sportwissenschaft* in Bonn an meinem Lehrstuhl die dreijährige Arbeit an einem *Lexikon der Ethik im Sport* (mit Christoph Hübenthal als Mitarbeiter), das ich dann mit dem Tübinger Sportwissenschaftler Ommo Grupe (1930–2015) herausgab und das schließlich 1998 erschien. Interdisziplinäre sportethische Arbeiten unterstützte ich weiterhin, und ich begleitete als Beirat einige Projekte, in deren Zentrum die Dopingfrage stand.

Schließlich führte dieses Engagement als Vorarbeit zur Unterstützung der weltkirchlichen, römischen Initiative *Kirche und Sport* (1995). Norbert Müller arbeitete ebenso wie Christoph Hübenthal, heute Professor in Nijmegen, an der Vorbereitung römischer Dokumente mit, die auf den Weg gebracht und inzwischen veröffentlicht wurden. Ich hielt dazu in Rom einen Eröffnungsvortrag, aber die Wege unterschieden sich: Rom war mehr an einer christlichen Mission und kirchlichen Präsenz im Sport interessiert, ich hingegen sah im Vordergrund die ethischen Probleme, die mit der Ökonomisierung, der Medikalisierung und der Mediatisierung des Sports in der Gesellschaft verbunden waren.

Ich engagierte mich weiterhin im säkularen sportethischen Bereich, etwa bei der Dopingforschung, und bin heute noch im Kuratorium für die Verleihung eines Ethik-Preises des Deutschen Olympischen Sportbundes. Insbesondere hatte ich mit der Sportwissenschaftlerin und Sportethikerin Claudia Pawlenka im Zusammenhang mit „Ethik in den Wissenschaften" zusammengearbeitet.

Die Beziehung zu offiziellen kirchlichen Gremien blieb freundlich distanziert, zumal ich weiterhin die Kirchenreform vor Augen hatte und damit auch eine Entklerikalisierung der römischen Dikasterien für sinnvoll hielt. Dies schien mir auch sinnvoll, um eine übergreifende Ethikdebatte für den Sport in der modernen Gesellschaft zu ermöglichen. *Kirche und Sport* fiel mit meinem Interesse an einer Kirchenreform zusammen, die eine Reform ethischer Artikulationen seitens der Kirche einschloss.

VIII. „Ethik in den Wissenschaften" – das Tübinger Zentrum

Die Initiative eines Gesprächskreises „Ethik in den Naturwissenschaften"

1984/85 dachte ich, wie schon erzählt, über eine Rückkehr auf den Lehrstuhl für Moraltheologie in Fribourg nach. In dieser Situation tat sich 1985 anlässlich eines Besuches des Ministerpräsidenten Lothar Späth und seiner positiven Reaktion auf eine Rede des renommierten Mikrobiologen Hans Zähner (1929–2008) an der Universität Tübingen die Möglichkeit auf, mit den Naturwissenschaften in ein intensives Gespräch über ethische Probleme der Gentechnik am Menschen, der Gentechnik in der Landwirtschaft, der wissenschaftlichen Tierversuche und anderer brisanter Themen zu kommen. Ohne die besondere Hilfe einiger Naturwissenschaftler, der Genetiker und Mediziner wäre dies nicht möglich gewesen.

Die Entwicklung neuer Technologien, der schwindende Einfluss traditioneller Autoritäten und der damit einhergehende Verlust von Orientierungskraft tradierter Wert- und Sinnsysteme haben im 20. Jahrhundert zu einem Bedarf an Orientierungswissen geführt. Dies führte zu einer Wiederbelebung der Ethik überhaupt und zu einer Ausdifferenzierung der konkreten Ethik in teilweise neue und unterschiedliche Bereichsethiken (z. B. Bioethik, Informations- und Medienethik, Medizinethik, Umweltethik, Wirtschaftsethik, Kulturethik). In Deutschland hat sich in diesem Zusammenhang das in Tübingen entworfene und durchgeführte Konzept einer „Ethik in den Wissenschaften" bewährt, da es nicht von außen auf die Wissenschaften einwirkt, sondern sich unter deren Beteiligung von innen her entfaltet. Daher ist der Status einer solchen Institution in Tübingen von Anfang an wichtig gewesen, und er wird andernorts angestrebt. Inzwischen ist dieser Sprachgebrauch vom *Deutschen Referenzzentrum für Ethik in den Biowissenschaften* in Bonn bis zur Jenaer Neugründung des *Ethikzentrums* üblich geworden. Auch im Ausland, z. B. in Fribourg und in Nijmegen, wurden solche Konzepte erprobt. Dass damit eine starke Interdisziplinarität ethischer Forschung verbunden war, lag auf der Hand.

Während früher die Rahmenbedingungen menschlichen Lebens über Generationen weitgehend konstant waren, stellte im letzten Drittel des 20. Jahrhunderts die Veränderungsdynamik die Menschen vor bedeutende Herausforderungen. Die meisten dieser Veränderungen wurden und werden von den Wissenschaften bewirkt oder zumindest maßgeblich beeinflusst. Die Informationswissenschaft ermöglicht Technologien, welche die Arbeitsabläufe und Alltagskommunikation grundlegend gewandelt haben. Die Möglichkeiten der Diagnose und Einflussnahme auf die Genstruktur der Menschen eröffnete Anwendungspotentiale, die nicht leicht zu überschauen, geschweige denn abzuklären waren. Die Wissenschaften ermöglichen in ihrer Entwicklung technische Fortschritte, welche die Menschen vor ganz neue Fragen stellen. In der Gesellschaft wissen wir häufig nicht mehr, welche dieser Entwicklungen wir wirklich wollen und ob wir sie moralisch verantworten können. In dieser Situation gerieten die biotechnologischen Wissenschaften einmal mehr ins Zentrum öffentlicher Auseinandersetzungen. Aber nicht nur Politik und Gesellschaft, sondern auch viele Wissenschaftler fragten nach der Verantwortungsdimension der Wissenschaften.

Die Arbeit zur „Ethik in den Wissenschaften" begann in Tübingen damit, dass *in den* Naturwissenschaften nach der Verantwortung der eigenen Arbeit gefragt wurde. Seit 1985 wurden diese Fragen im Gesprächskreis *Ethik in den Naturwissenschaften* diskutiert. Diesen von der Universitätsleitung, insbesondere von dem damaligen Präsidenten Adolf Theis (1933–2013) in Absprache mit der Regierung unterstützten Gesprächskreis durfte ich mit initiieren und dann als Sprecher organisieren. Als die Universität auf dieser Basis dann 1990 das *Interfakultäre Zentrum für Ethik in den Wissenschaften* (IZEW) gründete, geschah dies in der Überzeugung, dass an der Universität ein Ort geschaffen werden müsse, an dem kontinuierlich und wissenschaftlich fundiert über ethische Fragen von Wissenschaft und Technik geforscht werden kann. Das Zentrum sollte eine interfakultäre Einrichtung sein, weil allen Beteiligten bewusst war, dass die ethischen Fragen, mit denen Wissenschaft und Gesellschaft konfrontiert werden, weder von Biologen und Medizinern noch in Philosophischen und Theologischen Fakultäten allein angemessen behandelt werden können, sondern dass dazu ein eigener interdisziplinärer Forschungs- und Diskussionsrahmen geschaffen werden müsse. Die ersten Anstöße zu dieser Gründung kamen aus der Biologie, hier v. a. durch die Initiativen des Mikrobiologen Hans Zähner und durch die Mikrobiologin Vera Hemleben, die lange den wissenschaftlichen Rat des Zentrums leitete. Auch Mediziner wie Dietrich Niethammer (1939–2020) übernahmen die Antragsarbeit. Entsprechend standen ethische Fragen der neuen Gen- und Biotechnologien im Mittelpunkt der Arbeit.

Die erste Tagung des Gesprächskreises, die Jean-Pierre Wils (* 1957) 1985 vorbereitete, zeigte bereits, wie pointiert die Kontroverse werden würde. Der Versuch, in einem Workshop Tierversuchsgegner und Forscher, die mit Tierversuchen arbeiteten, ins Gespräch zu bringen, scheiterte. Die Beiträge wurden nicht veröffentlicht, weil sich einige der an Tierversuchen beteiligten Forscher weigerten, mit Tierversuchsgegnern unter einen Buchdeckel zu treten. Es erwies sich als ein Problem, einerseits das wissenschaftliche Niveau, das Forscher reklamierten, einzuhalten und andererseits den Argumenten der Kritik Raum zu geben. Tierversuche blieben in Tübingen ein heißes Thema.

Der kompetente Wissenschaftsjournalismus in den Medien war eine eher schmale Expertengruppe in den überregionalen sog. Qualitätszeitschriften. Erst später wurden die breiten Medien, Radio und Fernsehen einbezogen, so dass die Information nicht mehr unter den seltsamen Schlagzeilen litt, die die *Bild*-Zeitung gelegentlich bevorzugte, etwa „Jetzt ist auch der Käse voller Gene“. Man brauchte eine Weile, um das Thema in eine angemessene Komplexität zu bringen. Gerade dazu hatten sich ja die Tübinger Ethiker im engeren Sinne mit den Naturwissenschaften verbündet.

Erfolgreich waren erste Tübinger Kongresse zur Gentechnik (1986), auch manche Symposien, z. B. zum Thema „Gehirn und Geist“ (in Blaubeuren). Ich wirkte in einem Kuratorium der Bonner Bundeskunsthalle mit, um mit anderen Ausstellungsorten (Dresden, Mannheim, Genf) und mit Fachleuten eine Konzeption der Darstellung der Kontroversen um die Anwendung der Gentechnik zu erarbeiten. Unter dem Titel „Genwelten“ fand diese Ausstellung in Varianten an den unterschiedlichen Orten statt. Mit den Dresdener Ausstellungen im *Hygiene-Museum* zu ethisch relevanten Themen (z. B. „Die

Zehn Gebote“) hatte ich später noch für einige Zeit als Kuratoriumsmitglied zu tun.

In der Folge arbeiteten Tübinger Ethikerinnen und Ethiker auch mit der neu gegründeten *Akademie für Ethik in der Medizin* in Göttingen zusammen. Ich nahm hier an vielen Tagungen auch als Referent teil. Sporadisch besuchte ich als Mitglied die *Societas Ethica*, einen ökumenischen Zusammenschluss, der immer wieder versuchte, den Kontakt zur philosophischen Ethik nicht zu verlieren.

Das *Interfakultäre Zentrum für Ethik in den Wissenschaften* (seit 1990)

Das *Interfakultäre Zentrum für Ethik in den Wissenschaften* (IZEW), das aus dieser Arbeit entstand, war, soweit ich weiß, in dieser Konstruktion das erste derartige Institut im deutschsprachigen Raum. Später, als die gemeinsame Anstrengung der Fakultäten gesicherter erschien, wurde aus „interfakultär“ „international“.

Das Ziel eines einstimmigen Beschlusses des baden-württembergischen Landtages 1987, den der damalige Fraktionsvorsitzende der CDU, Erwin Teufel, eingebracht hatte, war es, ein „interfakultäres“ – d. h. zwischen den beteiligten Fakultäten aufgebautes – „Zentrum für Ethik in den Wissenschaften“ an der Universität Tübingen zu gründen. Fest etabliert wurde das Zentrum freilich erst 1990. Es gab Widerstände: zum einen die Beanspruchung der Fachlichkeit für Ethik seitens der Philosophie (mit Toleranz für die Theologien), die der übrigen wissenschaftlichen Welt keine ethische Selbstreflexion zutraute, und andererseits die Abwehrhaltung angesichts der hochrangigen Wissenschaftsfreiheit an der Universität gegen moralische Bevormundung.

Von 1990 bis 2001 war für mich die nicht ganz einfache Aufgabe als Sprecher und organisatorischer Leiter des Zentrums eine Chance, aber auch ein Schicksal. Die nicht einfache interfakultäre Gründung und deren Erhaltung trotz inneruniversitärer Widerstände sowie die relativ häufigen Evaluationen banden immer mehr Kräfte und zogen mich letztlich in den neunziger Jahren immer mehr in die politischen Kontroversen und in die Politikberatung hinein. Freilich ergaben sich auch – nicht nur wie bei *Concilium* und dessen jährlicher interkontinentaler Arbeitswoche – neue Möglichkeiten internationaler Kooperationen, zunächst mit meinem bereits über Alfons Auer, bei dem er in Würzburg hospitierte, bekannten Freund Warren Reich, der in Rom noch als Priester in Moraltheologie promovierte, dann nach seiner Laisierung Medizinethik-Professor am *Kennedy Institute of Ethics*, Georgetown, und Herausgeber der renommierten *Enzyklopädie zur Bioethik* wurde. Mit Klaus Steigleder (* 1959), dem das Zentrum in der Organisation und Strukturierung viel verdankt, besuchte ich zunächst die berühmtesten amerikanischen interdisziplinären Ethikinstitute (*Hastings Center* in New York, *Kennedy Institute* in Georgetown), aber auch Chicago und Boston/Harvard, wo *Concilium* (David Tracy und Elisabeth Schüssler-Fiorenza) zugleich als Schiene dienen konnte. Ich hatte auch die Möglichkeit, mit einer Delegation der katholischen Universitäten in Washington die *National Institutes of Health* (Thema „Gentherapie") und später mit einer deutschen Delegation auf Einladung der amerikanischen Botschaft in den USA die „Gentechnik in der Landwirtschaft" kennenzulernen. Das war eines der ersten Tübinger Forschungsthemen, in Zusammenarbeit mit dem Tübinger Mikrobiologen Hans Zähner, aber auch mit der Mikrobiologin Vera Hemleben, die den Vorsitz im wissenschaftlichen Beirat dieses Zentrums führte.

Warren Reich, der Ende der achtziger Jahre zeitweise an der Medizinischen Fakultät in Cleveland lehrte, richtete dort eine *Task Force* für „Experiential Ethics" ein, die jeweils eine Woche 1988/1989 tagte. Das Thema kam mir besonders entgegen, und ich sollte dazu die theoretischen Grundlagen vor einem illustren Kreis von Spitzenforschern aus Philosophie, Jurisprudenz und Medizinethik liefern. Leider fiel die Bearbeitung der englischen Veröffentlichung, immer wieder verschoben, sekundären Umständen zum Opfer. (Meine Anteile finden sich in den beiden Bänden *Moral und Erfahrung*, 1998/99). „Experiential Ethics" sollte als Projekt ebenfalls die Wissenschaften mit der Philosophie und der Theologie verbinden, aber wie in manchen anderen Fällen kam ich mit diesem Projekt nicht zu spät, sondern eher zu früh.

Das *Zentrum für Ethik in den Wissenschaften* war im Ansatz eine Innovation, die zunächst ein Alleinstellungsmerkmal an der Universität Tübingen bildete. Die Grundidee klingt schlicht: Die Ethik sollte aus den unterschiedlichen Disziplinen heraus in ethisch-fachlicher Begleitung entwickelt werden, also keine Ethik *für*, sondern eine Ethik *in* den Wissenschaften sein. Dazu gab es aus anderen Konzeptionen heraus Widerstand. Einige wollten die Ethik bis auf die Medizinische Ethik-Kommission in der Philosophie konzentrieren, andere bevorzugten eine *Akademie für Technikfolgenabschätzung* in Stuttgart. Dieses Projekt, das auf einer Arbeitsgruppe bei Ministerpräsident Lothar Späth beruhte, an der ich zeitweise auch teilnahm, wurde mit Verve etabliert. Man sah darin die Aufgabe, für welche die Wissenschaft mit Hilfe der Sozialwissenschaften selbst zuständig sein konnte. Hilfe aus dem Tübinger Zentrum wurde dann aber auch vielfältig gebraucht, hier ergab sich statt einer Konkurrenz eine begehbare Brücke. Es zeigte sich dabei, dass auch die interdisziplinäre Ethik eine Brücke sein konnte. Die Idee einer „Ethik in den Wissenschaften" hat sich daher an vielen Universitäten in Deutschland und in Europa durchgesetzt. Sie ist freilich unterschiedlich strukturiert. Das anfänglich starke Interesse der Philosophie an der angewandten Ethik scheint rückläufig. Die um Vorherrschaft bemühte Analytische Philosophie orientiert sich zwar an naturwissenschaftlichen Standards, aber sie ist nicht an der Einbeziehung der humanen Wissenschaftsdiskurse in ihren sprachlogischen Diskurs interessiert.

Nicht zu vernachlässigen in der Entwicklung ist – wenn auch meines Wissens auf Deutschland beschränkt – der Arzt/Ärztin-Vorbehalt bei Berufungen in das Fach Medizinische Ethik. Das erinnerte mich an den Priestervorbehalt der katholischen Kirche, wenn es um ihre Repräsentanz bei gesellschaftlichen Auseinandersetzungen ging. Mag es in dem einen Fall der Rückgriff auf Erfahrung sein, so ist es im anderen Fall der Rückgriff auf Vertrauen. Das Erste ist nachvollziehbar, das Zweite diskriminiert vorhandene Kompetenz und setzt auf eine standesgemäße Geschlossenheit, sei es des Klerus, sei es der Medizin.

„Zentrum" konnte man sehr unterschiedlich verstehen: im Sinne einer überfachlichen Zuständigkeit für alle Wissenschaften durch die (philosophischen) Ansätze zur Wissenschaftstheorie, im Sinne einer Zulieferung wissenschaftlich-technischer Alternativen unter Gesichtspunkten politischer Steuerung oder wie in Tübingen im Sinne einer integrativen Interdisziplinarität, auch für die Ethik, wenn auch mit einer Verpflichtung auf philosophische Argumentation in der Begründung normativer Schlussfolgerungen.

Das Zentrum sollte zusätzlich von zwei neuen Lehrstühlen in Biologie und Medizin, zunächst als Gastprofessuren eingerichtet, getragen werden. Deren Besetzung erwies sich als langwierig.

Seit 1991 gab es am Zentrum ein Graduiertenkolleg, das ich zunächst leitete. Den Philosophen Reiner Wimmer, der mich 1993 ablöste, lernte ich bei dieser Arbeit immer mehr schätzen. Selbstverständlich musste ich, mit einer philosophischen Grundausbildung anderer Art – einer philosophischen Ethik kantischer Prägung – ausgestattet, dazulernen. Dazu half nicht nur die politisch-ethische und wirtschaftsethische Rawls-Debatte, die ich ja schon seit 1975 in Fribourg kennengelernt hatte, sondern auch die Begegnung mit Alan Gewirth (1912–2004). Mit seiner Fundamentalmoral *Reason and Morality* (1978) und mit seiner Sozialethik *The Community of Rights* (1996) übte er, besonders seit seinem Auftritt bei einer Tagung des IZEW 1990 in Blaubeuren, viel Einfluss auf die am Zentrum beteiligten Ethik-Doktoranden in Philosophie und Theologie aus, soweit sie sich nicht z. B. an Jürgen Habermas' Diskursethik orientierten.

Mit großem Engagement entwickelte sich das Zentrum auch zu einem Ort, an dem Forschungsprojekte zu ethischen Fragen der Humangenetik, der grünen Gentechnik, der Umweltethik und zu anderen Themen durchgeführt wurden, aus denen zahlreiche Kongresse und Publikationen hervorgegangen sind. Im Rahmen des etablierten und verlängerten Graduiertenkollegs „Ethik in den Wissenschaften" wurden unter Leitung von Reiner Wimmer, aber auch von mir, viele interdisziplinäre Dissertationen zu Fragen der Ethik in den Wissenschaften betreut: in der Biologie, in der medizinischen Genetik, in den Wirtschaftswissenschaften und in den Sozialwissenschaften. Aber von besonderer Bedeutung waren hier die etablierten neuen Lehrstühle. Der Lehrstuhl für Ethik in den Biowissenschaften wurde endgültig 1996 mit Eve-Marie Engels (* 1951) fest eingerichtet, und der Lehrstuhl für Ethik in der Medizin wurde 1998 mit Urban Wiesing (* 1958) besetzt. Ein wissenschaftlicher Rat aus verschiedenen mitarbeitenden und interessierten Fakultäten war ein relativ großes Leitungsgremium.

Durch die verstärkte europäische Zusammenarbeit in den neunziger Jahren wurden auch, vor allem als ich 1994 Mitglied der EU-Ethikberatergruppe wurde, europäische Projekte in Zusammenarbeit mit vielen europäischen Universitäten möglich. Später nahm ich an einer u. a. von der Porticus-Stiftung geförderten Zusammenarbeit mit amerikanischen Humangenetikern und Moraltheologen aus Europa und den USA unter Federführung von Lisa Sowle Cahill teil.

Eine Einladung nach Kyoto 1990 hatte mir bereits die Möglichkeit gegeben, die Fragen einer religiös motivierten Ethik zum Thema Umwelt zu erörtern. Ein weiterer Besuch in Japan, in Osaka, stand im Zeichen der internationalen Bioethik, wie auch eine Tagung in Brasilia. Nach Tunis wurde ich, ebenso wie später nach Palermo und nach Istanbul, durch Vermittlung der Goethe-Institute eingeladen. Ein Vortrag über europäische Bioethik an der über 1000 Jahre alten islamischen theologischen Fakultät in Tunis war für mich ein besonderes Ereignis, insbesondere, weil man mir versicherte, dass ich der erste im muslimischen Sinn „Ungläubige“ sei, der dort sprechen durfte – dazu noch in dem bisher nicht zugelassenen Französisch. Das war nicht ironisch gemeint, aber es zeigt sich eine Entwicklung: Nach einer besonderen Beratung, die meinen – absatzweise aus dem Französischen ins Arabische übersetzten – Vortrag unterbrach, wurde auf Einspruch der Studierenden, die ja gut Französisch sprachen, die Übersetzung unterlassen. Unter den Studierenden waren viele Frauen. Ich erzähle dies, weil es etwas Historisches an sich hatte. Denn ich fühlte mich an die Bemühungen des „Laientheologen“ Raimundus Lullus erinnert, der in Tunis schwierige Religionsdialoge am Beginn des 14. Jahrhunderts geführt hatte. Zugleich zeigt es auch auf, wie sehr nicht nur wir Christen in Traditionen befestigt sind und welche Bedeutung dem von Papst Johannes Paul II. inszenierten Assisi-Gebet der abrahamitischen Religionen zukommt. In der Unterstadt von Tunis konnte ich die leeren Stellen des einstmalig so friedlichen Zusammenlebens von Muslimen, Christen und Juden beobachten. Nach dem Ausbruch des Sechstagekrieges von 1967 waren Juden und Christen geflüchtet.

In Tunis hatte ich die europäische Haltung in der Bioethik erläutert. Die „westlichen" Diskussionen blieben freilich kontrovers. Meine eigene Auseinandersetzung mit den Thesen von Peter Singer (* 1946), begonnen in einer Zürcher TV-Debatte 1991, setzte sich auf dem Umweg, z. B. über einen Kongress in Brasilia, den die von ihm gegründete *Internationale Gesellschaft für Bioethik* durchführte, bis zu einer internationalen Tagung in Heidelberg 2003 fort. Mit Hans Jonas (1903–1993), mit dem ich die Kritik des Hirntod-Kriteriums teilte und mit dem ich zusammen ein kleines Buch *Was für morgen lebenswichtig ist* (Freiburg 1988) veröffentlichte, bestanden bis zu seinem Tode Kontakte. Noch wichtiger wurde die europäische Dimension. Die biowissenschaftlichen Fortschritte, nicht nur im humanen, sondern auch im landwirtschaftlichen Bereich, forderten eine sozialethische Begleitung.

Die ethischen Fragen auf diesen Gebieten verlangen immer mehr institutionenbezogene Expertisen und sind m. E. in diesem Sinne theologisch-ethisch nicht ohne sozialethische Kompetenz anzugehen, die sich natürlich auch immer schon bei Moraltheologen, die sich mit rechtsethischen Fragen beschäftigen müssen, findet. Aber gerade diese neuen Herausforderungen zeigen auch seit den achtziger Jahren, wie obsolet eine scharfe Trennungslinie in den Denominationen der Theologischen Ethik wäre. Das ist in der Philosophie zwischen politischer Philosophie und philosophischer Ethik ganz ähnlich.

Die akademischen Schülerinnen und Schüler bzw. früheren Mitarbeiter und Mitarbeiterinnen, an deren Ethikausbildung ich beteiligt war, zumal ich auch Dissertationen in anderen Fächern mit zu begutachten hatte, fanden bald Anstellungen in dieser Weiterentwicklung der Ethik, die man im allgemeinen Sinne „angewandt" oder speziell „Bioethik" nannte. Darunter waren auch Biologinnen und Biologen, die wie z. B. Sigrid Graumann und Nicole Karafyllis in die Ethik wechselten. Graumann war auch als kundige Humangenetikerin eine Partnerin bei der Politikberatung in Berlin (seit 1998). Das erleichterte mir meine Berliner Funktionen, im wissenschaftlichen Beirat des Gesundheitsministeriums (Ministerin Andrea Fischer, 1998), in der Enquete-Kommission des Bundestages (2003–2005), aber auch als Vorsitzender des wissenschaftlichen Beirates beim *Institut Mensch, Ethik und Wissenschaft* (IMEW) (seit 2001) und bei dem mit Andreas Lob-Hüdepohl und Christof Mandry gegründeten *Berliner Institut für christliche Ethik und Politik* (ICEP). Vieles dazu kann man in dem Band *Interdisziplinäre Ethik* (Freiburg 2001) auch in Einzelartikeln der Beteiligten, die mir als freundliche Sammlung überreicht wurden, nachlesen. Die literarisch orientierte Narrative Ethik wurde am IZEW zur Kulturethik ausgebaut (Regina Ammicht Quinn, Walter Lesch, Hille Haker). Der Philosoph Paul Ricœur wurde bedeutsam wegen seiner Verbindung von Hermeneutik, Strukturalismus und Narrativer Ethik. Hans Krämers Integrative Ethik suchte die Unterscheidung, aber auch die Korrespondenz zwischen individueller und sozialer Ethik. Selbstverständlich gingen die Doktoranden auch sehr eigenständige Wege, wie man u. a. an den Arbeiten meines langjährigen Tübinger Assistenten Jean-Pierre Wils und von Christoph Hübenthal in seiner transzendentalphilosophischen Grundlegung der Sozialethik (beide lehren in Nijmegen), aber auch an den späteren Philosophie-Professoren Klaus Steigleder (* 1959) und Marcus Düwell (* 1962) erkennen kann. Die enge Zusammenarbeit meines Lehrstuhls und des Zentrums dauerte bis 2001. Eve-Marie Engels (Lehrstuhl Ethik in den Biowissenschaften) übernahm die Leitung des Zentrums. Ich behielt zunächst die Leitung des Ethik-Netzwerkes Baden-Württemberg, das aus der Zusammenarbeit der Hochschulen entstanden war, und arbeitete weiter mit im wissenschaftlichen Beirat. Seit meinem Eintritt 2009 als Fellow in das Max-Weber-Kolleg in Erfurt konnte ich mich freilich nur noch wenig beteiligen.

Als die damalige Kultusministerin Annette Schavan auf Einladung der Katholisch-Theologischen Fakultät nach Tübingen zu Besuch kam, entsprach sie, wie später auch Bischof Karl Lehmann als Vorsitzender der Bischofskonferenz, meiner Bitte, beim IZEW einem interdisziplinären Kreis junger Ethikerinnen und Ethiker zu begegnen. Die Begegnung überzeugte sie in einer Weise, die es ermöglichte, in alle Lehramtsstudiengänge in Baden-Württemberg zwei Kurse „Ethisch-Philosophisches Grundlagenstudium" unter Beteiligung aller, auch der Theologischen Fakultäten einzuführen. Leider hat diese Institution den Einspruch fachlicher Ansprüche an die kurze Decke der Ausbildung auf die Dauer nicht überstanden, und es war auch in anderen Bundesländern bei Gesprächen Widerstand der Ministerialen zu spüren. Er ging neben den Argumenten der „zu kurzen Decke" der fachlichen Ausbildung davon aus, dass man von der Ethik Bevormundung und Einengung befürchtete. Einerseits dachte man die Liberalität und andererseits das individuelle Gewissen zu verteidigen.

Der EU-Kongress „Ethik und Wissenschaft in Europa. Die gesellschaftliche, rechtliche und philosophische Debatte“ fand 1999 in Tübingen statt (Veröffentlichung in einem Sammelband 2000). Dieser Kongress, von der EU, dem Bundesministerium und dem Land Baden-Württemberg getragen, versammelte am 10. und 11. Juni 1999 einen repräsentativen Querschnitt von Wissenschaftlerinnen aus einschlägigen Disziplinen, Politikern, Journalistinnen und zuständigen Beamten. Der Kongress, dessen Initiative u.a. aus meiner Mitarbeit in der *European Group on Ethics in Science and New Technologies* resultierte, fand große Beachtung und wurde in vielerlei Hinsicht als zukunftsweisend für die ethische Diskurskultur bewertet.

Auch auf europäischer Ebene wurde daher das Tübinger *Ethikzentrum* bald ein Begriff. Es hieß in einem Bericht der Gutachter: „Als interfakultäre Institution, die sich professionell und in enger interdisziplinärer Durchdringung mit den wissenschaftsethischen Fragen der Gegenwart auseinandersetzt, ist das Tübinger Ethikzentrum in Deutschland einmalig und den großen amerikanischen Zentren in Washington (Kennedy Institute) und New York (Hastings Center) an die Seite zu stellen.“

In Bochum hatte der Philosoph Hans-Martin Sass (* 1935) das *Zentrum für Medizinische Ethik* 1986 gegründet. Er war uns, d.h. der Tübinger Initiative, sehr behilflich (da er auch eine Gastprofessur in Georgetown hatte), die neuen Impulse in den USA kennenzulernen. Wir suchten nach Modellen, welche die Gründung des Zentrums in Tübingen fördern konnten. Am Ende blieb jedoch die universitär-interfakultäre Konstruktion in Tübingen etwas Neues, das seinerseits modellbildend wirkte.

Ich hatte die Möglichkeit, meine Erfahrungen und Einsichten in einem Buch über Ethik in den Wissenschaften unter dem Titel *Was wollen wir können?* zusammenzutragen (2002, italienisch 2003). In der Folge versuchte ich als Mitglied der Unterkommission *Bioethik* der Deutschen Bischofskonferenz unter Leitung von Bischof Gebhard Fürst, nicht nur Expertisen mitzutragen, sondern auch Tagungen und Veröffentlichungen anzuregen und durchzuführen. Dabei konnten die Moraltheologen – mit ihrem damaligen Sprecher Konrad Hilpert (* 1947) – bei der Publikation mitwirken, und es gab auch einen eigenen Workshop zum Thema „Perfektionierung des Menschen“ (vgl. Fürst/Mieth, *Entgrenzung des Menschseins*, Paderborn 2012). Zwischen 2002 und 2007 beschäftigte ich mich weiterhin kritisch, auch in Zusammenarbeit mit dem Katholischen Büro in Berlin, mit den Gesetzentwürfen zur Verwendung importierter embryonal gewonnener Stammzellen.

Jahre der Reisen (1986–2010)

Es ist sicher gut nachvollziehbar, dass Reisen eine Rolle spielen, wenn man sich globalen Themen der Ethik widmet. Ich bin privat nicht besonders unternehmungslustig, was Reisen betrifft, aber ich nahm gern berufliche Gelegenheiten wahr.

In meiner Jugend habe ich eine Reihe von Städteerfahrungen gemacht, die mir, im Dorf aufgewachsen, wichtig waren. Oft hatte ich später, selbst in Berlin-Wilmersdorf geboren, in den europäischen Hauptstädten zu tun, und das Flair von Rom, Paris, London oder Wien ist mir nicht entgangen. Im Gegenteil: Sooft es ging, begleitete mich meine Frau, und es gab ein Kulturprogramm. Auch die Universitätsstädte Freiburg, Trier, München, Würzburg, Tübingen und Fribourg prägten sich mir gut ein und wirken noch heute auf mich sehr vertraut, insbesondere Tübingen.

Aber zunächst eine eher persönliche Reisenotiz mit einer Erinnerung an eine besonders aus dem Rahmen fallende Persönlichkeit. Mit meiner Tochter habe ich mich früher um Pferde gekümmert, mit meinem Sohn, sechs Jahre jünger, ging ich in die Ferien. Eine solche Reise führte uns im Sommer 1990 nach Galway in Irland, wo ich John O'Donohue (1956–2008) in seiner Kaplanei besuchte. Wir hatten uns in Tübingen kennengelernt, während er bei Peter Hünermann über Hegels Christologie arbeitete und promovierte. Er wollte seine Arbeit über Meister Eckhart fortsetzen, und so blieben wir im Gespräch. Ich hatte anschließend die Möglichkeit, den Neutestamentler Sean Freyne (1935–2013) im *Trinity College* in Dublin zu besuchen, ein prominenter *Concilium*-Kollege, an dessen Festschrift ich später mitwirkte. John O'Donohue nahm mich zu gälischen Predigten mit, und ich genoss mit ihm manches Guinness sowie seine ungezwungene Art. Die vordere rechte Scheibe an seinem alten Auto schloss nicht mehr richtig, dort warfen ihm die Gläubigen Geld für Benzin hinein. Er führte uns nach Connemara, wo er eine Hütte hatte, und in den County Clare mit seinen Bergen wie Elefantenrücken, wo wir seine Mutter besuchen durften. John, der zu früh an einem Gehirntumor starb, war ein vorzüglicher Lyriker. Er schrieb auch ein auf Deutsch weit verbreitetes Buch über gälische Mythen (*Anam Ċara. Das Buch der keltischen Weisheit*, München 1997) und gehörte früh zur *Eckhart Society*. Ich lese seine (englischen) Gedichte besonders gern. Darunter sind viele Liebesgedichte eines Klerikers.

Irland, die grüne Insel mit ihren sehr unterschiedlichen Landschaften – nur das Zentrum war eine grüne Wiese –, war ein Kontrast zu den Urlaubsreisen, Ostern oder im August in die Schweiz nach Valbella-Sartons, wo wir uns mit Schweizer Freunden treffen konnten, ans Mittelmeer oder später nach der Wende an die Ostsee und an die Nordsee. Ende der neunziger Jahre konnte ich wiederum das *Trinity College* (Vortrag, Tagungen, z.B. mit Paul Ricœur) unter der Regie von Maureen Junker-Kenny und ihrer Familie besuchen. Da war bereits neben der Narrativen Ethik (Ricœur) die Bioethik ein Hauptthema, und Maureen Junker-Kenny vermittelte später meine Aufsätze auf Englisch zu einer elektronischen Ausgabe im Verlag Elsevier.

Städte im nahen und ferneren Ausland lernte ich vor allem über Vortragseinladungen, die meine sehr unterschiedlichen Schwerpunkte und Interessen betrafen, und über die Jahrestagungen von *Concilium* kennen. Ich war einige Male in Jerusalem, wie erwähnt zuerst mit der Katholischen Akademie in Hamburg, zuletzt mit einer Einladung ökumenischer Kreise zur Bioethik. Auch die erste Reise nach Istanbul ging von Hamburg aus und setzte sich dann über das Goethe-Institut fort. Dieses brachte mich auch zu Vorträgen nach Sizilien und nach Tunis. In Tunis durfte ich 2001, wie schon erwähnt, als erster Christ an der Islamisch-Theologischen Fakultät der Kairouan-Universität (gegründet im 10. Jahrhundert) reden. Dort entschloss man sich angesichts der französischkundigen, großenteils weiblichen Studierenden, auf eine arabische Übersetzung meines Vortrags zu verzichten. So etwas vergisst man nicht mit den vielen Eindrücken vor dem islamischen Frühling, die damit verbunden waren. Ich sah auch die bis 1967 interreligiös bevölkerte Unterstadt und erhielt einen Eindruck vom toleranten Zusammenleben der Religionen.

Der befreundete Medizinethiker Warren Reich am *Kennedy Institute* in Georgetown kannte meine Arbeiten zu *Moral und Erfahrung* sowie zur Narrativen Ethik gut. 1989 lud er zu einer *Task Force* über „Experiential Ethics" an die Medizinische Fakultät der Universität in Cleveland ein. Es waren zwei mehrtägige interdisziplinäre Veranstaltungen mit Naturwissenschaftlern, Medizinern, Juristen und Philosophen, jeweils im Februar und im April 1989, die ich mit einem Impuls eröffnen durfte. Mein Mitarbeiter Klaus Steigleder, der sich in Georgetown fortgebildet hatte, half mir in Englisch, über das einer spottete, es sei ein Deutsch, das man aber verstehen könne. Cleveland war auch ein kunsthistorisches und ein musikalisches Erlebnis, aber man musste von der Klinik durch eine eigene Unterführung zur nächsten Bank gehen, weil die Straße als unsicher galt. Warren Reich kam auch zu Gastaufenthalten nach Tübingen. Wir hielten Verbindung, als er historisch über den Begriff „Care" (*cura*) zu arbeiten begann, und er kommentierte 2004 euphorisch eines meiner Bücher über Meister Eckhart.

Im Oktober 1989 war ich in Washington, um mit einer internationalen Expertengruppe der Katholischen Fakultäten an den *National Institutes of Health* French Andersons (* 1936) damals sehr renommierte Experimente zur Gentherapie zu studieren und mögliche Anwendungen kritisch zu bedenken. Mir schienen – nicht nur damals – die Versprechungen erheblich größer als die rudimentären Forschungen.

Es kommt mir im Nachhinein seltsam vor, aber im folgenden Jahr 1990 war ich in Prag, in Kyoto, in Helsinki, in Amsterdam und in Irland. Prag war ein Besuch mit Kollegen bei Kollegen nach der Wende. In Kyoto folgte ich der Einladung zu einer von Mitsubishi finanzierten Tagung am dortigen universitären Zen-Institut mit dem Umweltthema „Sufficiency" („Genügsamkeit"). Ich nutzte die Gelegenheit, Kloster, Tee-Zeremonien, Gärten und Tempel kennenzulernen. Die Verehrung des Gründers Nishitani Keiji (1900–1990), der, damals schon sehr alt, wie früher ein Papst auf einem Sessel hereingetragen wurde, die Begegnung mit seinem Nachfolger, dem Eckhart-Forscher Shizuteru

Ueda (1926–2019) – all dies hinterließ einen starken Eindruck. Ethik wurde in der Tagung nicht normativ abgehandelt, sondern haltungsorientiert. Normative Ethik – etwa Peter Singers praktische Ethik – wurde eher zurückgewiesen. Da ich hier nicht vermitteln konnte, zog ich mich auf einen Vortrag über Meister Eckhart zurück, der in englischer und später auch in chinesischer Übersetzung erschien. (Eine bioethische Tagung besuchte ich 15 Jahre später in Osaka.) Nach Helsinki war ich über Ostern als Gastprofessor von dem philosophischen Kollegen Simo Knuuttila (* 1946) eingeladen worden, um über Narrativität Vorträge zu halten. Ich konnte, weil es Schulferienzeit war, meine Frau und unseren zehnjährigen Sohn mitnehmen.

An der Universität Amsterdam durfte ich mit Stanley Hauerwas, dem ich schon 1988 in Cleveland begegnet war, über Narrative Ethik diskutieren. Wir unterschieden uns trotz des gemeinsamen Impulses, weil er stärker Erzählen mit Erleben verband, während ich die rational reflektierte Erfahrung der „gelehrten" Schriftsteller (*Poeta doctus*, z.B. Thomas Mann) bevorzugte. Es gab noch weitere Reisen in Deutschland: zur Niels-Stensen-Gemeinschaft, zum Katholikentag in Dresden.

Als Ethiker gab es Reisen mit kirchlichen Initiativen nach Vietnam, China, Brasilien, Ecuador. Viele Kolleginnen und Kollegen waren unterwegs. Es waren aber vor allem Initiativen von Peter Hünermann und Josef Sayer (* 1941), die mich (mit anderen) als Ethiker mitnahmen. Die letzte dieser Reisen führte mich mit der Eugen-Biser-Stiftung vor dem Syrien-Krieg nach Jordanien und Syrien. Vor allem die Tage in Damaskus 2010 haben im Nachhinein ein besonderes Profil in der Erinnerung bekommen, denn sie lagen noch in einer scheinbar friedfertigen Zeit. Im Gespräch mit dortigen Religionsvertretern erhielt ich den Eindruck religiöser Toleranz des Regimes. Dies ist nicht mit einem freiheitlichen Rechtsstaat zu verwechseln.

Auf Reisen mit den Tübinger Kollegen nach Rom (2002 und 2007) und auf eine Veranstaltung des Dikasteriums für Laien in Rom zum Thema „Kirche und Sport" komme ich noch näher zu sprechen.

IX. Das wachsende akademische, politische und gesellschaftliche Interesse an Bioethik

Anlässlich der Verabschiedung der Europäischen Biomedizinkonvention 1999 bildeten sich Initiativen für einen Widerstand im Bundestag, falls über den deutschen Beitritt zu der Konvention abgestimmt werden würde. Bundeskanzler Helmut Kohl wollte keinen Beitritt durch Regierungsbeschluss, sondern eine Abstimmung im Parlament. Diese gab es – bis heute – nicht, weil die Mehrheiten unsicher waren. Die Gruppe der Parlamentarier, die zum Widerstand entschlossen waren, nannte man nach dem vorübergehenden Aufenthalt des Bundestages in Bonn das „Wasserwerkbündnis". Um das Bündnis herum waren die Bewegungen der Behinderten, zum Teil die Kirchen, insbesondere Caritas und Diakonie, und Initiativen zum Lebens- und Würdeschutz aktiv. Ich war viel unterwegs und versuchte, zur argumentativen Auseinandersetzung beizutragen. Es war für mich nicht ganz leicht, einerseits gegenüber den stark emotional bewegten Kritikern auf einem differenzierten Diskurs zu bestehen und andererseits doch meine klare Haltung in den ethischen Grundsätzen einzubringen. Gleichzeitig gab es genügend politischen Druck, im sog. Fortschritt konkurrenzfähig zu bleiben, zumal vom Ausland deutsches Bedenkenträgertum gern auf den Schock der Nazi-Erfahrungen zurückgeführt wurde. Die mediale Erfindung des „Gutmenschen", der vor lauter Gesinnung seine Verantwortung nicht sieht, wurde und blieb eine polemische Verzerrung. Immerhin konnte man mit dem „Vorsichtsprinzip", das der Religionsphilosoph Hans Jonas, mit dem ich zeitweise zusammenarbeitete, aufgestellt hatte, das „Prinzip Verantwortung" besser deuten: Man soll Probleme nicht so lösen, dass die Probleme, die aus der Problemlösung entstehen, größer sind als die Probleme, die gelöst werden. Selbstverständlich muss man dann eruieren, was jeweils „größer" ist. Das kann die Ethik nicht allein, dazu braucht sie die einschlägigen wissenschaftlichen Expertisen. Bis heute finde ich es unangemessen, wenn Philosophen und Theologen neue Fragen mit Analogieschlüssen zu alten Lösungen oder Positionen anzugehen versuchen.

In den neunziger Jahren wurde auch versucht, Gentechnik mit ihren großen innovatorischen Versuchen und Plänen gesellschaftlich durch die Medien und durch Ausstellungen breiteren Kreisen präsent zu machen. Hier waren die überregionalen, sog. Qualitätszeitschriften führend. Ich habe aber auch viele Videokassetten von TV-Debatten, die damals fallweise stattfanden. Inzwischen hat sich gerade in visuellen Medien die professionelle Darstellung wissenschaftlicher Entwicklungen etabliert.

Wie erwähnt, nahm ich mit Fachwissenschaftlern u.a. an einem Kuratorium für die Bundesausstellungshalle in Bonn teil, das eine Ausstellung nicht nur für Bonn, sondern auch für das Hygiene-Museum in Dresden, für Mannheim und für die Schweiz (gesponsort von Nestlé) vorbereitete. Diese Ausstellungen fanden dann unter dem Titel „Genwelten" erfolgreich statt. Ich erinnere mich, dass ich mir Stolpersteine auf dem Boden mit ethischen Prinzipien gewünscht hatte. Stattdessen wurde die Ethik auf plakative Zitate und auf eine Ausstellung von Kunstwerken mit skurrilen Klon-Exemplaren aus der Tierwelt beschränkt. Später wirkte ich noch einige Jahre im Kuratorium des Hygiene-Museums, das die problematische Nazi-Vergangenheit aufarbeitete, eine Ausstellung über die Zehn Gebote gestaltete und mich u.a. mit einem Befürworter des „Digitalen Sex" diskutieren ließ.

In Dresden haben wir uns auch von Tübingen aus und mit der Stuttgarter *Akademie für Technikfolgenabschätzung* an dem Modell „Bürgerkonferenzen" beteiligt. Bei diesem Format wurden nach einem bestimmten Verteilerschlüssel Bürgerinnen und Bürger – ich meine, es waren 25 – ausgewählt und zu einem Seminar eingeladen, bei dem sie einer Reihe von Experten aus den beteiligten Wissenschaften Fragen stellen durften, was es ihnen gleichsam als Jury ermöglichte, bestimmte genetische Versuche an Tieren und Menschen und die Möglichkeiten der In-vitro-Fertilisation bis hin zur Leihmutterschaft abzuschätzen und ethisch zu beurteilen. Dabei ergab sich: Je informierter die Bürgerinnen und Bürger waren, umso restriktiver waren sie, wenn es um die Forschungsethik und um die Anwendung an Menschen ging.

Dieses Modell setzte sich freilich nicht fort. Stattdessen bildeten sich Gruppen, die sich nur schwer verständigen konnten. Vereinfacht beschreibe ich dies als den Gegensatz zwischen einer universitären Aristokratie, die zu Bürgergruppen, Behindertenverbänden und genethischen Initiativen Abstand hielt, und der Dialogbereitschaft mit

Vertretern und Sympathisanten dieser Initiativen, denen ja oft gründlichere und zusätzliche Aufklärung zu verdanken war.

Im Gedächtnis sind mir auch Tagungen mit der Bioindustrie geblieben, z.B. mit BASF, Schering, Novartis, Pfizer u.a. Sie waren gesprächsoffen, manchmal auch konfliktbezogen. Die Absicherung von Forschung und Produktion mit formalen und inhaltlichen ethischen Kriterien wurde eingeführt, vor allem im Bereich staatlicher Förderung und später auch im Bereich der Berichte und Publikationen. Dazu halfen auch kritische Beobachtungsposten wie die *Gen-ethische Stiftung* und andere Initiativen.

Eingeladen von Bundesminister für Wissenschaft und Forschung Jürgen Rüttgers und von Horst Seehofer als Bundesgesundheitsminister fand 1998 in Bonn ein Gespräch statt, das Überlegungen zur Etablierung der Bioethik in der Politikberatung dienen sollte. Hier versuchte man wohl, wie ich von einem Basler Rabbi, der auch eingeladen war, auf der Rückreise im Zug erfuhr, die Übertragbarkeit des Modells einer – religiös und ethisch pluralen – Zusammensetzung wie in der *European Group on Ethics* zu prüfen. Es gab wohl einigen Widerstand dazu. Die Bandagen waren zeitweise recht hart. Gerade in Deutschland wurde einerseits die hochrangige Freiheit der Wissenschaft im Grundgesetz betont, andererseits erschien Deutschland auf europäischer Ebene als moralischer Bedenkenträger. Beides wies man im Ausland gern den Erfahrungen aus der deutschen Vergangenheit zu.

Die Gesundheitsministerin Andrea Fischer bemühte sich 1999, die Gesellschaft in Gesetzgebungsfragen mitzunehmen und insbesondere die Behindertenbewegung einzubeziehen. Ich arbeitete im ethischen Beirat des Ministeriums mit, der dann durch den Nationalen Ethikrat abgelöst wurde. Die Ministerin hat mit ihrer damaligen Staatssekretärin Christa Nickels – also gestützt auf die Grünen in der Regierung Gerhard Schröders – in einmaliger und aufwendiger Weise versucht, den gesellschaftlichen Dialog in einer großen Tagung mit Vertreten vieler engagierter Verbände zustande zu bringen.

In Berlin durfte ich 2001 die Guardini-Lectures zum Thema Ethik und Genetik halten. 2001 wurde auch das *Institut Mensch, Ethik und Wissenschaft* (IMEW) gegründet, und ich war lange Vorsitzender im wissenschaftlichen Beirat. Diese Zusammenarbeit konzentrierte sich einerseits auf die Forschungsethik, insofern diese auch von wissenschaftstheoretischen Voraussetzungen („Erklären und Verstehen“) abhängig war, andererseits auf die Probleme der Entstehung und der Betreuung eingeschränkten Menschseins. Für mich waren der Beirat und die – zum Teil vor mir in Verbindung mit Sigrid Graumann und Katrin Grüber eingeworbenen – Veranstaltungen eine Möglichkeit zur Konkretisierung meiner ethischen Überlegungen.

Die Universitäten bemühten sich auf unterschiedliche Weise um den Dialog zwischen Ethik, Wissenschaft und politischer Verantwortung. Tübingen war zwar zeitlich durch die Initiative seit 1985 voraus, aber nicht nur in Deutschland entstanden z. B. in Göttingen, Bonn, München, Freiburg, Darmstadt, Hamburg (um nur ein paar Beispiele zu nennen, die bald zu erweitern waren) institutionelle Verankerungen der Biodebatte. Bald entfaltete sich ein akademischer Wettbewerb, den die Deutsche Forschungsgemeinschaft oder das Wissenschaftsministerium in der üblichen Weise – d. h. umsichtig, aber von Umständen und Interessen abhängig – steuerte.

Ein besonderes Gewicht hatten die Initiativen des katholischen Philosophen Ludger Honnefelder (* 1936) an der Universität Bonn. Außer der Teilnahme an der ethischen Politikberatung, die am Anfang in Bonn kurze Wege gehen konnte, wurde eine erfolgreiche Reihe *Wissenschaft und Ethik* begründet und das *Deutsche Referenzzentrum für Ethik in den Biowissenschaften* mit Hilfe der *Union der deutschen Akademien der Wissenschaften* etabliert und erhalten.

Es ging nicht nur um Gentechnik, sondern auch um den Schutz des frühen menschlichen Lebens zwischen der Lockerung der Gesetze zum Schwangerschaftsabbruch und dem Schutz des Lebens von Anfang an. Es gab u. a. eine ökumenische Kommission zur Ermittlung des Embryonenschutzes, aber sie entfaltete sich seitens der evangelischen Kollegen kontrovers. Die evangelische Kirche war in der Sache uneins: Eine Stellungnahme evangelischer Professoren in der *FAZ* 2001 fand ihrerseits bei evangelischen Kollegen heftige Kritik. Sie erwies sich jedoch als einflussreich in der Zurücknahme des Lebensschutzes von Anfang, d. h. von der Befruchtung an. In den neunziger Jahren waren dann neben dem Klonen und der – oft politisch protektionierten – grünen Gentechnik vor allem die embryonalen Stammzellen Themen für Rechtsberatungen im Bundestag. Ich wurde in die

Embryonenschutz-Protokollgruppe zur Biomedizinkonvention des Europarates nach Straßburg von der Justizministerin entsandt (2001–2003). Zuletzt nahm ich an den Gruppendiskussionen zum Import embryonaler Stammzellen im Bundestag teil, verweigerte aber 2003 den Einstieg in eine die Liberalisierung dieses Importes begleitende Ethik-Kommission. Ich blieb auch bei der Liberalisierung dieses Gesetzes 2007 kritisch.

Als kirchlicher „Laie" (der „Stand", nicht die Kompetenz) konnte ich damals nicht von der katholischen Kirche für den in der Regierung Schröder etablierten *Nationalen Ethikrat* entsandt werden, ohnehin hatten zunächst Bischöfe diese Initiative zu begleiten. Ich hatte mich auch nicht von mir aus als stellvertretender Vorsitzender des Ethikbeirates des Gesundheitsministeriums, in den ich 1998 berufen wurde, darum bemüht. Man muss dazu sagen, dass es nicht so einfach ist, wenn man seine Lehrverpflichtungen wahrnimmt, übergreifende Termine zeitlich zu akzeptieren. Zu mancherlei gewichtigen Gesprächen in Berlin ist es nicht gekommen, weil ich meine Vorlesung nicht ausfallen lassen wollte. Schließlich war ich in der zweiten Auflage einer Enquete-Kommission des Bundestages (2003–2005) tätig. Dort hätte ich einen Beschluss zur Forschungsethik, den ich mit vorbereitete, mit herbeigeführt, aber an diesem wollte sich die CDU-Vertretung nicht beteiligen. Zu meiner Erfahrung in dieser Arbeit, die ich im Detail hier nicht beschreiben kann, gehörte auch der Respekt vor vielen Abgeordneten des Bundestages, die sich nicht nur in die fachlichen Details einarbeiteten, sondern auch ihre moralischen Optionen gut argumentieren konnten. Freilich leidet die parlamentarische Arbeit darunter, dass sie so aufgeteilt ist, dass viele Entscheidungen auf Vertrauen in die Kompetenz der Kolleginnen beruhen. Politische Ethik ist im Detail vom Vertrauenspotential abhängig.

Meine Präsenz in Berlin nahm auch mit der neuen Berliner Präsenz der Kirchen zu. Ich durfte z. B. in der evangelischen Gedächtniskirche zur „Umweltethik als Schöpfungsethik" predigen und war öfter in der Katholischen Akademie oder in der Evangelischen Akademie zu Gast. Es war eine sehr konstruktive Zeit, in der ich von anderen Fachwissenschaftlern eine Menge lernen konnte und durch die ich mich durch ein großes Vertrauen in meine Arbeit als Ethiker ermuntert fühlte.

Da schien es mir wichtig, in Berlin ein kleines akademisches Institut für die ethisch orientierte Politikberatung im katholischen Bereich zu ermöglichen. Ich habe schon auf dieses Institut für christliche Ethik und Politik (ICEP) hingewiesen: Die Einrichtung gelang mit Hilfe Andreas Lob-Hüdepohls (* 1961), des Theologischen Ethikers und Direktors der Katholischen Fachhochschule Berlin, und Christof Mandrys (* 1968). Auch da war ich lange Vorsitzender des Beirates und verfasste kleine Expertisen. Mit dem Engagement im Land Baden-Württemberg und im Bund, erst in Bonn, dann in Berlin, wuchs auch die europäische Orientierung.

X. Teilnahme an der ethischen Politikberatung in Europa (1994–2005)

Am Anfang der neunziger Jahre ließ der Präsident der Europäischen Kommission, Jacques Delors, in Brüssel eine *European Group on Ethics in Science and New Technologies* oder kurz *European Group on Ethics* (EGE) einrichten. Sie bestand zunächst aus sechs Personen. Als sie 1994 auf neun Personen erweitert wurde (später auf zwölf), wurde ich berufen. Im Hintergrund stand wohl ein theologischer Berater von Delors. Man wollte drei Vertreter der Biowissenschaften, drei Juristen und drei Ethiker. Die letzten drei verteilte man nach dem Proporz: freigeistig, protestantisch, katholisch. Das katholische Ticket erhielt ich (später der Wiener Kollege Günter Virt, die Kollegin Hille Haker). Diese Berufung war wohl eine Folge der europäischen Aufmerksamkeit für die Kölner Erklärung und der gut besuchten Gründungsversammlung der *Europäischen Gesellschaft für Katholische Theologie*. Ethik-Kommissionen dieser Art wurden zunächst noch in Bonn verworfen (ich war mit anderen Vertretern zu einem Vorgespräch beim Wissenschafts- und Gesundheitsminister eingeladen worden). Später in der Regierung Schröder ging man andere Wege und richtete nach dem gesellschaftlichen Proporz einen Nationalen (später: Deutschen) Ethikrat ein, d.h. die Berufenen waren zugleich Entsandte.

Im medizinisch-gesundheitspolitischen Bereich und bei der Einführung neuer Biotechnologien ging es in der Europäischen Union nach meiner Wahrnehmung immer mehr um umsetzungspflichtige Richtlinien, so dass sich die ethisch bedeutsamen Entscheidungen immer mehr nach Brüssel verschoben. Dort saß ich wie erwähnt von 1994 bis 2001 in der zunächst neun-, dann zwölfköpfigen europäischen Ethikberatergruppe. Von 1996 bis 1999 leitete ich zudem drei Jahre lang ein EU-Projekt zur biomedizinischen Ethik unter Beteiligung von 30 Institutionen. Die Brüsseler *European Group on Ethics* tagte häufig und besuchte offiziell europäische Länder, wo uns, z.B. in Italien und Frankreich, auch die Staatspräsidenten empfingen. Später wurde ich als deutscher Vertreter in die Arbeitsgruppe des Europarates zum Embryonenschutz (1998–2003) entsandt. Meinen Beitrag zur inhaltlichen Arbeit kann man in *Was wollen wir können? Ethik im Zeitalter der Biotechnik* (2002) nachlesen. Weitere Einsätze waren dann in Berlin, im Ethikbeirat des Gesundheitsministeriums und in der zweiten Enquete-Kommission des Bundestages zur Ethik (2003–2005).

In der *European Group on Ethics in Science and New Technologies* arbeiteten wir u.a. zu den Themen Gen-Tomate, Klonen, Biobanken und Sport und legten dazu „Opinions" vor. Besonders umstritten war das Klonen beim Menschen, nachdem das in Schottland geklonte Schaf „Dolly" Aufsehen erregt hatte. Ich stand hier allein in der Gruppe, denn diese wollte das „reproduktive Klonen" zwar verbieten, aber damit zugleich das Klonen von Keimzellen und Embryonen für die Forschung ermöglichen. Ich komme darauf zurück.

Ferner wurde ich in die Embryonenschutz-Protokollgruppe zur Biomedizinkonvention des Europarates nach Straßburg von der Justizministerin entsandt (2001–2003). Als ich 2003 an den Gruppendiskussionen zum Import embryonaler Stammzellen im Bundestag teilnahm, verweigerte ich anschließend den Einstieg in eine die Liberalisierung dieses Importes begleitende Ethik-Kommission. Ich blieb auch bei der weiteren Liberalisierung dieses Gesetzes 2007 kritisch.

Als ethischer Berater von Christoph Then (* 1962), der Greenpeace vertrat, begleitete ich die Interventionen gegen die „Patente am Leben" beim europäischen Patentamt. Es ging um sog. Biopatente, ihren Erfindungscharakter und ihre Begrenzung durch den *Ordre public*, der als Maßstab im Europäischen Patentierungs-Abkommen vorgesehen war. In diesen Grenzbestimmungen waren wir erfolgreich, weil der Europäische Gerichtshof die erwünschten Einschränkungen bestätigte.

Die sog. grüne Gentechnik, ihre Auswirkungen auf die Pflanzen, auf Tiere, Insekten, die Umwelt und auf die Ernährung wurden im *Internationalen Zentrum* für *Ethik in den Wissenschaften* in Tübingen von Anfang an mit beobachtet. Da ich hier die kritischen Argumente lieferte, wurde ich 2003 zu einer Reise in die USA von der amerikanischen Botschaft mit 15 weiteren Personen eingeladen. Den Austausch mit der Bioethik in den Staaten hatte ich bereits erwähnt. Seit 1986 hatte ich auf Reisen das *Kennedy Institute* in Georgetown, das *Hastings Center* in New York sowie die *National Institutes of Health* in Washington kennengelernt. Diese spezielle Reise ins „Grüne" im

Jahr 2003 führte uns zu den US-Behörden, die die Kriterien der amerikanischen Einfuhrgesetze auf die grüne Gentechnik anwandten: die Prüfung der Pflanzengesundheit, die ökologische Prüfung (Auswirkung auf angrenzende Bereiche) und die Ernährungs-Gesundheitsprüfung. Wir lernten auch die amtliche Zusammenarbeit mit Firmen wie z.B. Monsanto kennen, die gentechnische Innovationen in der Landwirtschaft betrieben. Wissenschaftliche Kritiker, die es in den USA auch gab und deren Anhörung ich eigens für diese Exkursion beantragt hatte, wurden im Gegensatz zu eher plakativ agierenden Widerstandsgruppen nicht zugelassen. Ein Besuch bei Monsanto in St. Louis machte uns vollends mit Propaganda vertraut. Vor einem Gewächshaus standen zwei Töpfe mit Tabakpflanzen: Die eine Pflanze welkte (wegen Insektenbefalls) dahin, die andere wuchs prächtig. Bei dem Kümmerling stand das Schild „Plant Without Genes", bei der anderen „Plant With Genes". Oder ein Angestellter zog die Bibel hervor und behauptete, schon der Apostel Paulus habe die Gentechnik befürwortet. Er bezog sich auf Röm 11, wo rein metaphorisch vom „Pfropfen" im Hinblick auf das „neue Israel" die Rede ist. Das widerlegten wir, aber Evangelikale sind schwer zu überzeugen. Wir merkten in der deutschen Delegation die Absicht, und wir waren verstimmt: Der Besuch erreichte das Gegenteil, die deutsche Delegation, zunächst in ihrer Einstellung eher geteilt, war nun fast einmütig gegen diese Art von grüner Gentechnik eingestellt.

Zurück zu meiner Tätigkeit in der *European Group on Ethics*: Wir waren in vielen europäischen Hauptstädten – Paris, Rom, Lissabon, Helsinki –, auch in Deutschland (Tübingen) unterwegs, um für die Themen zu sensibilisieren. Die unterschiedlichen Einstellungen, denen wir begegneten, die aber auch die Gruppe selbst kennzeichneten, konnten oft nicht im Sinne einer philosophischen Argumentation erörtert werden. Ich versuchte daher einen Austausch mit den naturwissenschaftlich orientierten Kolleginnen und Kollegen, indem ich sie darum bat, zu erzählen, wie sie zu ihrer eigenen Option gekommen waren. Das war besonders interessant, als ich mich später öfter mit der britischen Embryologin Anne McLaren (1927–2007) in Straßburg zu einer Beratung bei Elsässer Flammkuchen traf, da sie ihre Erfahrung mit Mäuseembryonen im Labor einbrachte, während ich über die genetische Herkunft meiner Sehschwäche nachdachte,

d. h. darüber, dass sie bereits in der befruchteten Eizelle, aus der ich hervorging, angelegt war.

Der Bedarf an Forschungsethik ist heute immer noch nicht gedeckt, auch wenn viele Forschungen, wie ich inzwischen als Mitglied der Ethik-Kommission der Universität Erfurt sehen kann, mit einer Ethik-Expertise versehen werden müssen. Der Ethikdiskurs wandelte sich mehr zu einer begleitenden und präventiven Klärung von Sachlagen, Problemen und Verantwortungsfragen. Hier wirkte in Deutschland die Theologische Ethik mit allgemein einsichtigen Argumenten und begründeten Positionen mit.

XI. Anhaltender Reformstau der katholischen Kirche: Steigerung der Dramatik (1990–2000)

Reformbewegungen in der katholischen Kirche

In den neunziger Jahren wurde von der oberrheinischen Kirchenprovinz (die Bischöfe Karl Lehmann, Walter Kasper, Oskar Saier) erfolglos der Versuch unternommen, den Ausschluss der Wiederverheirateten von der Eucharistie zu lockern. Papst Johannes Paul II. ließ sich nicht darauf ein, Bischof Kasper erzählte seinen früheren Kollegen damals auch von einem ähnlich negativ verlaufenden Gespräch mit dem Papst über den Pflichtzölibat. In die neunziger Jahre fiel auch ein Versuch der *Katholischen Jugend* in der Diözese Rottenburg-Stuttgart, bei der Selbstaufklärung über Sexualität und Liebe auf eine verständnisvolle Weise mitzuwirken. Auch hier gab es ein römisches Monitum. Ich durfte an der Schlichtung mitwirken. Sie bestand darin, dass die wirklich sehr intensiv diskutierenden Jugendlichen anerkannten, dass sie selbst erheblich mehr wollten als sexuelle Befreiung.

Ein Ergebnis dieser Entwicklung war, dass die katholische Beichte seltener abgelegt wurde. Die Bereitschaft, in Beichtstühlen über Sex zu reden, die der Sündenkatalog der Kirche erzwungen hatte, war nicht mehr gegeben. Als dann in der Fastenzeit Bußgottesdienste eingeführt wurden – nicht gleichrangig, aber doch offen für die erwähnte Bußfertigkeit –, fanden diese großen Zuspruch, bis Johannes Paul II. auch dieser Liturgie des Volkes die sakramentale Bedeutung entzog.

Ein Anliegen war auch die Gemeindereform in der Kirche, die dann freilich eher in der katholischen Schweiz zum Zuge kam als in den deutschen Diözesen. Man übernahm die Reform hier nicht mit dem fragwürdigen Argument, sie habe sich nicht bewährt. Damit war gemeint, dass sie hierarchische Vorgaben hinsichtlich der Funktion von Priestern und Laien erschüttert hatte. Das hat sie, und das ist gut so!

Tiefgreifende Erfahrungen mit der Verweigerung der kirchlichen Lehrerlaubnis

Ich habe bereits von den Bemühungen berichtet, an der Fakultät in Tübingen Frauen als Theologieprofessorinnen zu berufen. Die Berufung einer ersten Moraltheologin an der Wende zum dritten Jahrtausend erwies sich noch als eine besondere Hürde, zumal wenn das Thema Sexualität dabei eine Rolle spielte. Zu diesem Thema hatte ich besonders ermuntert. Ich hatte den Eindruck, dass Sexualität und Liebe insbesondere aus der Frauenperspektive bearbeitet werden sollten, die in der bisherigen Moraltheologie bzw. in der einschlägigen theologischen Literatur sichtlich zu kurz gekommen war. Regina Ammicht Quinn (* 1957) nahm sich mutig des Themas „Körper – Religion – Sexualität" in ihrer Habilitationsschrift an (Mainz 1999), die in Tübingen zur *Venia Legendi* für Theologische Ethik führte. Als sie sich auf den Lehrstuhl für Moraltheologie an der Universität Augsburg bewarb, wurde ihr nach Einbeziehung der römischen Kongregationen vom Bischof die Lehrerlaubnis – das *Nihil obstat* der Kirche – verweigert. Dies wurde damals in vielen Medien kritisch analysiert.

Rückblickend auf ein nachträgliches Gespräch am 23. April 2000 zwischen Bischof Viktor Josef Dammertz OSB (1929–2020), seinem Berater Anton Ziegenaus (* 1936, Dogmatiker an der Universität Augsburg), Regina Ammicht Quinn und mir hielt ich meine Eindrücke schriftlich fest: In dem Schreiben, das der Bischof bezüglich der *Nihil-obstat*-Anfrage an die Bildungskongregation in Rom im November 1999 gerichtet hatte und von dem uns Auszüge vorgelesen wurden, wird der Bischof wie der Vermittler einer Aktenlage tätig, nicht als ein Bischof, der mit guten Gründen um eine *Nihil-obstat*-Erteilung ersucht. Das Schreiben erweckt den Eindruck, als habe er sich die Bedenken, die er beilegt, zu eigen gemacht. Der Bischof hatte zwar vorher die Kandidatin eingeladen und mit ihr gesprochen, sie aber nicht auf die eigenen Bedenken und deren Bedeutung hingewiesen. Dies wäre sicherlich nicht so leicht möglich gewesen, wenn ich an diesem Gespräch des Bischofs mit Regina Ammicht Quinn als Berater – wie rechtlich vorgesehen – hätte teilnehmen können. Das wichtigste Missverständnis liegt im Begriff „Phänomenologie". Die Kandidatin hat die phänomenologische Methode philosophisch eingesetzt, wie dies etwa auch in den philosophischen Büchern Papst Johannes Pauls II. nachzuvollziehen ist. Die Berücksichtigung signifikanter Materialien für die phänomenologische Bearbeitung („Zeichen der Zeit“) besagt weder, dass die Methode, noch, dass die Parameter nicht theologisch sind. Hier von „außertheologischen“ Methoden zu sprechen macht deutlich, dass der angemessene Durchblick auf eine nachkonziliare Moraltheologie, welche die *loci theologici* im umfassenden Sinne aufgreift, fehlt.

Die Beurteilung, die der Präfekt der Bildungskongregation schließlich mitgeteilt hat, geht völlig am Ansatz der Arbeit vorbei, und die theologische Methode der Arbeit, wie sie von ihr selbst schon im Titel behauptet wird, ist überhaupt nicht erfasst. Die inhaltliche Auseinandersetzung im Zuge des Verfahrens kann nicht als fair angesehen werden. Ich habe kein Anliegen bemerkt, das nicht darauf hinausläuft, die Präferenz für eine Priesterbesetzung auf diese Weise durchzusetzen.

Ich erwähnte bereits, dass sich Regina Ammicht Quinn in der Folge sowohl in Saarbrücken als auch in Frankfurt auf eine moraltheologische Professur im Rahmen der dortigen Lehrerausbildung beworben hatte. Hier wäre seitens der zuständigen Bischöfe, Reinhard Marx (* 1953) in Trier bzw. Franz Kamphaus (* 1932) in Limburg, einerseits die Notwendigkeit (wegen des ersten *Nihil obstat* für eine theologische Universitätsprofessur), andererseits auch die Möglichkeit gegeben gewesen, eine begutachtete Anfrage an die römische Bildungskongregation zu richten, nachdem ein entsprechendes Vorgespräch mit der Kandidatin und mit mir als ihrem Berater stattgefunden hätte. Im Fall Saarbrücken gab es jedoch seitens des Bischofs statt eines Gespräches – ein solches fand angesichts unserer Empörung erst post factum, also nach der offiziellen Verweigerung statt – nur einen Brief an das Kultusministerium, der die Nichterteilung des *Nihil obstat* für Ammicht Quinn mitteilte und zugleich darauf hinwies, dass auch der Zweitplatzierten die Lehrerlaubnis nicht erteilt werde (Hille Haker, später Professorin in Frankfurt und an der Loyola-Universität in Chicago, zog daraufhin ihre Bewerbung sofort zurück).

Im Falle Ammicht Quinn wurden in Trier die rechtlichen Vorschriften einer Handreichung der Deutschen Bischofskonferenz, die von Rom kanonisch anerkannt war, nicht eingehalten. Auch in Augsburg fand vorher keine sachliche Debatte mit der Kandidatin statt.

Bischof Kamphaus hat in einem späteren Gespräch mit mir, das ironischerweise in Peking stattfand, wo wir als Delegation mit *Misereor* weilten, mit großer persönlicher Trauer das Problem erläutert, dass es unmöglich sei, eine in Rom bereits „verbrannte" Kandidatur zu retten. Im Unterschied zum Trierer Bischof, der ebenfalls die Kandidatur in seinem Schreiben an das Ministerium ausbremste, erreichte er aber die römische Lehrerlaubnis für Hille Haker, die zuvor für Saarbrücken ebenfalls abgelehnt worden war.

Man kann nicht durchweg sagen, dass es Frauen zu dieser Zeit, in den späten 1990er und beginnenden 2000er Jahren, wenn sie die Qualifikationen erlangten, in jeder Hinsicht schwerer hatten, es sei denn, sie beschäftigten sich wie Ammicht Quinn mit Religion und Sexualität – oder sie standen in Verdacht, irgendwie an diesem Diskurs teilzunehmen.

Die *Nihil-obstat*-Verweigerung gegenüber Ammicht Quinn ist freilich eine Geschichte für sich. Sie erhielt aus Rom, übermittelt durch Bischof Dammertz, den Bescheid: „Ihr persönlicher Ansatz stimmt mit dem Glauben der Kirche nicht überein." Eine solche Phrase ist schwer zu verifizieren, auch rechtlich gesehen, denn die Kirche, auch die Glaubenskongregation, ist daran gebunden, ihrerseits Gründe für die Behauptung einer solchen Differenz anzugeben. Da es in der Habilitationsschrift nicht um eine normative Abweichung ging, wurde ein Unterschied in der wissenschaftlichen Methode unterstellt: Die Bibel werde zwar für ihre Einstellung zum sexuellen Handeln, aber nicht als normative Quelle herangezogen. Außerdem werde das Lehramt, wie von der Kongregation im Anschluss an ein vom Bischof übersandtes unfreundliches Gutachten verlangt, nicht als „Quelle der theologischen Erkenntnis" genutzt. Nun ist die Bibel ja ohnehin normativ nicht widerspruchsfrei. Ich halte jedoch diesen Text, in dem sich die römische Kongregation auf ein vom Bischof – im deutlichen Interesse an einer Priesterberufung – vorgelegtes Gutachten bezog, für eine Verwechslung von theologischen Erkenntnisquellen und lehramtlicher Zuständigkeit für die Prüfung von Übereinstimmungen in der Lehre. Eine Abweichung von der Lehre lag nicht vor, insofern zog man sich auf einen Methodendiskurs zurück, für den die alleinige Zuständigkeit der Kongregation in Frage steht.

Der bischöfiche Anteil an dem Verfahren gegenüber Ammicht Quinn belehrte mich u.a. darüber, dass auch Bischöfe krumme Wege – sogar an der rechtlichen, von Rom genehmigten Handreichung der Deutschen Bischofskonferenz vorbei – bevorzugten, wenn sie eigene Besetzungsvorstellungen hatten. Ich fragte mich zu dieser Zeit, warum der Staat, der ja auf theologische Lehrstühle beruft, nicht darauf besteht, dass die Kirche ihre formalen Rechtsvorschriften selbst befolgt. Er unterstützt damit kirchliche Willkür. Denn auch im nächsten Berufungsverfahren Ammicht Quinns für die Universität Saarbrücken fand weder eine vorherige – kirchenrechtlich durchaus vorgesehene – Beratung statt, an der ich als Berater hätte teilnehmen können. Lassen wir die rechtlichen Bedenken, über die sich Bischöfe hinwegsetzen, beiseite: Wo sind ihre menschlichen Bedenken angesichts der Zerstörung akademischer Karrieren, für die besondere Lebensleistungen gläubiger Menschen erbracht wurden? Der Bischof von Limburg, Franz Kamphaus, war, wie bereits erwähnt, neben Bischof Karl Lehmann der einzige, der das Vorgehen als problematisch empfand. Lehmann nannte damals das konkrete Verfahren mir und den Tübinger Kollegen gegenüber „gegen die Menschenwürde“. Verbrannte Karrieren in der Theologie können bestenfalls durch engagierte und politisch mächtige Personen kompensiert werden, wie es in Baden-Württemberg in Bezug auf Tübingen auch geschah. Aber es gibt keine umsetzbaren römisch-rechtlichen Rekursmöglichkeiten. Einerseits liegt dies daran, dass die beteiligten Bischöfe in ihrer Rechtssouveränität nicht korrigiert werden können, andererseits ist eine römische Instanz nicht bereit dazuzulernen – auch dann nicht, wenn sich die Einstellung zum Thema in päpstlichen Schreiben verändert. Selbstkorrektur bedeutet Machtverlust. „Geistlich“ und „weltlich“ sind fast austauschbar, wenn es um Machtfragen geht. Die Rechtskontrolle ist freilich in weltlichen Händen besser und vor allem unabhängig aufgestellt. Das Kirchenrecht wartet auf die Adaption einer Gewaltenteilung. Was daran wäre theologisch problematisch?

Als später die Berufung einer weiteren Moraltheologin aus der „Tübinger Ethik-Schule“, Monika Bobbert (* 1963), auf eine Professur an die Theologische Fakultät der Universität Luzern anstand, bemühte sich der zuständige Bischof von Basel, Kurt Koch (* 1950), nicht um ein *Nihil obstat*, sondern verzögerte die Anfrage in Rom.

Als Grund dafür wurde mir genannt, dass die Kandidatin mit den beiden anderen Moraltheologinnen einen Artikel zur Bioethik verfasst habe. (Das Buch mit diesem Beitrag wurde von Konrad Hilpert und mir herausgegeben und von Bischof Gebhard Fürst als Vorsitzendem der Unterkommission *Bioethik* der Deutschen Bischofskonferenz finanziert.) Weniger der Inhalt des Beitrages der Luzerner Kandidatin als die Verbindung der Autorinnen mit der abgelehnten Regina Ammicht Quinn schien eine Rolle zu spielen. Bischof Felix Gmür (* 1966), der Nachfolger von Bischof Kurt Koch, der als Kardinal die Nachfolge Walter Kaspers im Päpstlichen Rat zur Förderung der Einheit der Christen antrat, ermöglichte dann eine unvoreingenommene Behandlung der Anfrage in der Bildungs- bzw. in der Glaubenskongregation, so dass die Ernennung zur Professorin für Moraltheologie schließlich 2013 erfolgte.

Während ich dies schreibe, wird mir bewusst, dass einige Hindernisse weggeräumt worden sind. Es ist offensichtlich so, dass die ersten Generationen einer Veränderung in der Situation der Katholisch-Theologischen Fakultäten viel Eis aufgetaut und auf ihrem Rücken einiges an Lasten getragen haben. Ich erinnere an die blauen Flecken beim Drängen durch eine nur schmal geöffnete Türe. Aber die unbekümmerte Vereitelung einer akademischen Karriere, wie sie im Fall Ammicht Quinn durchgezogen wurde, fasse ich in einem Merkspruch zusammen: Der Kampf um Glaube und Moral kann den Verlust von Anstand und Sitte bedeuten. In der Folge gibt es dann für einige Mandatsträger nur noch Unterwerfung statt eines Brückenbaus.

Die Moraltheologie unterstützt den Verbleib der Kirche in der Schwangerschaftskonfliktberatung (1999)

Papst Johannes Paul II. hatte 1998 nach längerer Debatte den Verbleib der katholischen Beratungsstellen in der gesetzlich vorgesehenen Schwangerschaftskonfliktberatung, deren Dokumentation den gesetzlichen Möglichkeiten vorgeschaltet war, untersagt.

1999 fand der Kongress der *Internationalen Vereinigung deutschsprachiger Moraltheologen und Sozialethiker* in Tilburg statt. In ihrer Erklärung von Bovendonk am 23. September 1999 hat sich die Vereinigung, die auf ihren zweijährigen Kongressen theologische Wissenschaftlerinnen von Polen bis Irland, insbesondere die deutschsprachigen Mitteleuropäer vereint, mit überwältigender Mehrheit für den Verbleib der deutschen Bistümer in der Schwangerschaftskonfliktberatung ausgesprochen. In der Generalversammlung erhob sich bei ca. 100 Anwesenden nur eine Hand dagegen. Das Gewicht dieser Erklärung, die wenig zur Kenntnis genommen und kaum kommentiert wurde, beruht nicht nur auf einem für diese so oft kontroverse Disziplin einmaligen Konsens, sondern auf der Argumentation. Angesichts des besonderen Augenmerks, das Rom der Besetzung des Faches Moraltheologie zuteilwerden lässt, kann man ebenfalls überrascht sein. Aber die Einheit ergab sich aus der Eindeutigkeit, mit der das römische Ansinnen an die deutschen Bischöfe als überspannt empfunden wurde.

Die vier Argumente für den Verbleib in der gesetzlich vorgesehenen verpflichtenden Schwangerschaftsberatung waren: (1) *ex negativo*: Es gibt kein moralisches Argument gegen die Teilnahme an der Schwangerschaftskonfliktberatung, wohl aber starke moralische Argumente hinsichtlich des Lebensschutzes dafür. (2) Der Einsatz für das Leben kann glaubwürdig nur durch den Verbleib in der Konfliktberatung behauptet werden, und dies berührt auch die Glaubwürdigkeit der Kirche. (3) Das deutsche Abtreibungsrecht enthält ein den Kirchen entgegenkommendes Element. Gerade dieses wird durch den Auszug aus der Pflichtberatung nicht mehr unterstützt und in seinem aus moraltheologischer Sicht konstruktiven Element nicht mehr genutzt. (Dieses Element hätten viele Österreicher gerne in ihrem Gesetz bewahrt. Schweizer Theologen sahen angesichts der deutschen Schlammschlacht Nachteile für den Lebensschutz bei ihrer eigenen Gesetzesreform.) (4) Die Frauen im Schwangerschaftskonflikt hatten diese „katholische" Beratung in besonderer Weise angenommen.

Die Beraterinnen, insbesondere des *Sozialdienstes katholischer Frauen* und der Caritas, hatten es verstanden, Solidarität mit den Frauen mit dem Schutz des werdenden Lebens im Mutterleib zu verbinden. Dies hatte mich schon beeindruckt, als ich mit meiner Frau zusammen 1991 ein Buch über den Schwangerschaftsabbruch herausbrachte, das ich von einer Konfliktberaterin, Inge Wagner, gegenlesen ließ. Man kann sogar sagen: Der soziale Katholizismus hatte einen Ort der Bewährung gefunden, und man spürte zugleich, vor allem am Beginn des überflüssigen Konfliktes mit Rom, auch das pastorale Engagement der Bischöfe.

Für Sozialethiker ist besonders das stets prekäre Kirche-Staat-Verhältnis Anlass genauerer Betrachtungen. Das deutsche Staatskirchenrecht ist ein komplexes Gebilde, das durch weitgehende Entflechtung der Hoheitsformen die Unterscheidung von Kirche und Staat ermöglicht, ohne eine lineare Schnittfläche in der Trennung zu verursachen. Natürlich ist das Staatskirchenrecht nicht der Kritik enthoben, aber man hat damit auch gute Erfahrungen gemacht. An dieser Stelle setzt nun in Rom eine Diffamierungswelle von schreibwütigen Aristokratenzirkeln und bischöfichen Randfiguren in Deutschland ein, frei nach dem Motto: Wenn die Kirche dem Staat nichts mehr vorschreiben kann, soll sie ein Staat im Staate werden. Dies ist die reaktionäre Version der Trennung von Staat und Kirche. Bei den Moraltheologen in Bovendonk wurde darüber gestritten, ob die Krise von Deutschland aus hausgemacht sei oder ob römischer Einfluss vorherrsche. Im Falle des Letzteren frage man sich mit französischen Theologen: Warum stört das Engagement der kirchlichen Beraterinnen niemanden in Frankreich? Geht es im Streit um die Konfliktberatung eher um eine politisch-symbolische Auseinandersetzung (auf dem Rücken der Solidarität mit den Schwachen und der Ehrfurcht für das Leben) oder um eine reale Auseinandersetzung mit einschlägigen Argumenten? Darf die Kirche sich als Anwältin von Bestrafung (eine staatliche Position) profilieren, muss sie nicht vielmehr als Anwältin der Rettung und Hilfe auftreten?

Kehren wir zu den genannten vier Argumenten zurück. Gibt es denn wirklich kein moralisches Argument gegen die Teilnahme an der Schwangerschaftskonfliktberatung? Diese ist bekanntlich dadurch charakterisiert, dass sie die Entscheidung der Frau einer Beratungspflicht unterstellt. Nicht die Entscheidung selbst sollte dirigiert werden, wohl aber sollte die ihr vorausgehende Auseinandersetzung im Konflikt mit Möglichkeiten der Kommunikation, vor allem über Alternativen, versehen sein. Dies entspricht auch der Tendenz, gesellschaftliche Konflikte über prozedurale Konsense zu steuern. Diese Institution hat sich bewährt: Alternativen wurden, zumindest nach der katholischen Beratung, in hohem Ausmaß ergriffen, und die Frauen fühlten in jedem Fall die Bereitschaft zur Unterstützung, auch wenn sie abgetrieben hatten.

Der Vatikan hat seinerseits das von den Hardlinern unter den Kritikern vorgeschlagene Argument der „Mitwirkung an in sich schlechten Handlungen“ nicht direkt benutzt. Er gab sich mit der pastoralen Sorge zufrieden, dass einige so denken und damit die Kirche herausfordern könnten. Ein moralisches Argument war dies nicht, eher ein, wenn auch ein falsches, strategisches Argument. Die Moraltheologen wiesen in ihrer Erklärung das Argument der Mitwirkung am Bösen mit Entschiedenheit zurück. Gewiss lehrt die Tradition, dass man Umstände und Kontexte von Handlungen berücksichtigen müsse, ehe man eine Handlung gut und richtig nennen könne. Aber auf der anderen Seite wird eine Handlung nicht einfach dem System gleichgestellt, in das sie eingebettet ist. Die Folgen wären widersinnig. So kann z. B. die Kirche weder die Militärseelsorge noch das Sanitätswesen davon abhängig machen, ob und wie vorher eine Rechtfertigung eines Krieges oder eines Militäreinsatzes moralisch gelungen ist. Das Zweite Vatikanum hat in Art. 77 der Pastoralkonstitution *Gaudium et spes* die Rechtfertigung des nationalen Militäreinsatzes erheblich erschwert. Dennoch wird bisher, wie in der Tradition üblich, von der Rechtsvermutung zugunsten des eigenen Staates ausgegangen. Es ist nicht bekannt, inwiefern die Militärseelsorge unter dem Damoklesschwert einer Mitwirkung an einem möglicherweise ungerechten militärischen Einsatz stehen könnte. Das liegt eindeutig daran, dass die Seelsorge an Soldaten als Handlung in sich unverdächtig genug ist, so dass sie nicht der Bewertung des Kontextes unterworfen wird. Dies gilt aber auch für die Schwangerschaftskonfliktberatung. Trotz allen Geredes ist es nicht gelungen, die katholische Schwangerschaftskonfliktberatung als solche in Verdacht zu bringen. Das stellt ihr ein hohes Zeugnis aus. Die Alternative, diese spezifische Aufgabe außerhalb des Systems wahrzunehmen, gibt es de jure und de facto nicht. (Oder würde der Militärbischof etwa vorschlagen, die Seelsorge an Soldaten allein in die Pfarrsäle und Sakristeien zu verlegen?) Ein anderes Beispiel: Man stelle sich vor, bei einem moralisch verwerflichen Raketenangriff auf eine Stadt erhielte man die Chance einer Frist, um Frauen und Kinder zum Auszug zu bewegen. Würde man auf die Chance verzichten, weil dies mit einer Bejahung des Angriffs verwechselt werden könnte?

Zu berücksichtigen ist hier ebenso der Unterschied zwischen Recht und Moral. Das deutsche Recht in den §§ 218 und 219 hält, im Unterschied zu anderen europäischen Staaten, deutlich an der Rechtswidrigkeit und damit an der Strafwürdigkeit von Abbrüchen aus Notlagen sozialer oder psychologischer Art fest. Es gewährt freilich Straffreiheit unter prozeduralen Bedingungen. Man wird nicht übersehen dürfen, dass dieser Unterschied zwischen Rechtswidrigkeit und Straffreiheit oft nicht verstanden wird. Das Recht erzieht nicht mehr durch Strafandrohung. Aber die Beratungspflicht unterstützt das Bewusstsein des Gewichtes in der Sache. Und gerade deswegen ist sie angenommen worden. So war mit der Neuformulierung der §§ 218 und 219 ein sozialer Frieden entstanden, von dem mit guten empirischen Gründen anzunehmen war, dass er das Leben, wenn auch relativ, am wirksamsten schützen könne.

Bald nach dem von Rom erwünschten Auszug der katholischen Kirche aus der Schwangerschaftskonfliktberatung häuften sich Meldungen über die Zunahme von Abbrüchen. Sollte dies mit dem katholischen Rückzug zusammenhängen? Welcher Bischof könnte dies in seiner Diözese vor seinem Gewissen verantworten? Die Frage hat Bischof Franz Kamphaus vergeblich an Rom gestellt. Die römischen Behörden schienen gegenüber den nachfragenden Bischöfen schlicht die Fakten nicht wahrzunehmen.

Die Moraltheologen, die sich in Solidarität mit den betroffenen Bischöfen und mit den Initiativen des *Zentralkomitees der deutschen Katholiken* für den Verbleib in der Konfliktberatung einsetzten, wollen keine seichte Aufweichung der Moral oder gar ihre Preisgabe an Nützlichkeitserwägungen. Diese Unterstellung Robert Spaemanns (1927–2018), darum gehe es eigentlich, läuft deshalb ins Leere, weil es hier primär nicht um Güterabwägungen und/oder Folgenbewertungen geht, sondern um die beste Möglichkeit, den Prinzipien der Solidarität mit den Schwachen und der Ehrfurcht vor dem Leben Geltung zu verschaffen. Natürlich bezieht diese Argumentation für das Verbleiben in der Konfliktberatung neben den Prinzipien auch Folgenerwägungen mit ein, aber selbst Prinzipienethiker (ich zähle mich dazu) kommen ohne Folgenabwägungen nicht aus, wenn sie an der

Pragmatisierung eines Prinzips überhaupt interessiert sind. Im Extremfall könnte man der Argumentation der Gegenseite unterstellen, dass sie nur daran interessiert sind, Prinzipien für wahr zu halten, nicht mehr daran, sie einzuhalten.

Moraltheologie strebt nach philosophischer Vernunft, gepaart mit theologischer Weisheit, umgesetzt mit pastoraler Klugheit. Wenn das katholische Lehramt und die katholische Jurisdiktion gut beraten sind, dann öffnen sie ihr Ohr für diese gute Tradition und lassen sich nicht im deutschen kirchenpolitischen Ränkespiel instrumentalisieren. Es gibt Fragen, bei denen Vernunft, Weisheit und Klugheit geschichtlich zusammenspielen und eine Veränderung des moralischen Bewusstseins erzeugen. Als ein Beispiel dafür kann man die Einsicht in die Grenzen des Pflichtzölibates anführen. Ich verbinde diese Einsicht mit den Erfahrungen von Priestern. Im zweiten Teil komme ich darauf zurück.

XII. Das letzte aktive Jahrzehnt in Tübingen und in Berlin (2000–2010)

In die Überschrift für diese Periode habe ich „Berlin" eingefügt, weil ich dort verschiedene Aufgaben übernahm und deshalb in dieser Periode häufig dorthin reisen musste.

Von 1996 bis 1998 war ich zum zweiten Mal Dekan der Katholisch-Theologischen Fakultät. Ich habe diese Zeit und die darauf folgende an der Tübinger Fakultät als sehr harmonisch empfunden. Zugleich war ich durch die europäische Aufgabe der Ethikberatung viel extern in Brüssel tätig, und dies bezog sich auch auf das europäische Projekt zur Embryonenethik am Ende des Jahrzehntes, zu dem dann im Juni 1999 ein großer EU-Ethik-Kongress in Tübingen stattfand.

Seit 2001 arbeitete ich im *Zentrum für Ethik in den Wissenschaften* nicht mehr als Sprecher, aber weiterhin im Vorstand mit. Über die Berufung in den Ethikbeirat des Bundesgesundheitsministeriums 1999 und 2001 bis 2003 in die Protokollgruppe „Embryonenschutz" der Ethikberatergruppe des Europarates in Straßburg kam ich von 2003 bis 2005 in die bereits erwähnte Enquete-Kommission des Bundestages, berufen von den Grünen unter Zustimmung der SPD, wo Fragen der Ethik am Lebensanfang und am Lebensende weiter beraten wurden. Ich moderierte die Arbeitsgruppe „Forschungsethik", deren Arbeitsergebnis freilich am Ende von einer Partei mit dem Argument blockiert wurde, dies überschreite den Auftrag der Kommission. Es gab angesichts der Neuwahl und des Regierungswechsels 2005 ohnehin kein Abschlussprotokoll dieser Enquete-Kommission.

Nach den Wahlen 2005 wurde angestrebt, die Deutsche Ethik-Kommission näher an den Bundestag heranzuführen, und ein entsprechendes Kompromissmodell wurde geschaffen. Ich selbst nahm dann nur noch über das Katholische Büro in Berlin und über die Unterkommission *Bioethik* der Deutschen Bischofskonferenz an Beratungen teil, und mein Anteil war nun eher themenspezifisch. Meinen Anteil an der Debatte um Bio-Patentierung am Europäischen Patentamt in München habe ich bereits erwähnt. Dazu gab ich mit Christoph Baumgartner 2003 ein Buch *Patente am Leben?* heraus, das die unterschiedlichen Perspektiven dokumentierte. 2003 war bereits mein Buch *Was wollen wir können?* erschienen, 2004 wurde es ins Italienische übersetzt. Meine kleineren Bücher *Die Diktatur der Gene* (Freiburg 2001) und *Kleine Ethikschule* (Freiburg 2004) wurden nicht nur ins Italienische, sondern auch ins Brasilianische übersetzt. In Brasilia nahm ich an einem Kongress der Internationalen Gesellschaft für Bioethik teil. Ich gewann über all diese immer weiter ausgreifenden Initiativen den Eindruck eines breiten internationalen Diskurses, in welchem die Philosophie die Federführung übernahm. Der philosophische Pluralismus der Bioethik schien mir Ausgangspunkte wie die Frage nach der Menschenwürde aufzulösen. Deshalb habe ich mich bei diesem generellen Thema besonders in vielen Veröffentlichungen engagiert. Die Nivellierung dieses Referenzpunktes in Nachahmung britischer (verfassungsloser) Philosophie in deutschen Beiträgen schien nicht nur mir besonders problematisch und insbesondere geschichtslos.

Inzwischen wurde ich auch eingeladen, um die Instituierung interdisziplinärer Ethik an Universitäten zu unterstützen, so z. B. nach Luxemburg 2002. Hier nahm ich auch die Versuche wahr, grenzüberschreitend (Saarbrücken, Metz, Trier) zu arbeiten, aber die Verbindungen schienen mir damals eher in Absichten und Gesprächen zu bestehen. Vor allem war ihr Gelingen wie anderswo oft vom Einsatz einer bereits wirksamen Gallionsfigur abhängig. Später kam es aus ganz anderen Gründen zu einer Zusammenarbeit mit der Universität Metz über die „Mystique rhénane".

Besonders skurril war 2003 eine Einladung nach Warschau an die Kardinal-Wyszyński-Universität, die ich von Besuchen in den achtziger und neunziger Jahren bereits kannte. Ich nahm sie mit meiner Frau wahr, und wir hatten die Möglichkeit, mit dem moraltheologischen Kollegen – ein Salesianer – auch Krakau zu besuchen. Skurril war, dass ich bei der Errichtung eines übergreifenden Ethikzentrums helfen sollte, aber nicht an der Theologischen Fakultät, sondern nur in der Fakultät für Sozialwissenschaften (wo der Kollege Helmut Juros inzwischen lehrte) einen Vortrag dazu halten durfte. Theologiestudenten wurde dieser Vortrag vorenthalten. Nun gab es ja meine Kritik an der Enzyklika *Veritatis splendor*, und das Interesse der römischen Glaubenskongregation, angeheizt durch polnische Theologen, an meinen Arbeiten war wohl nicht verborgen geblieben. Als Ausgleich hatte man mir in Warschau bei den Salesianern das „Bischofszimmer“ und später bei einem Besuch in Malta gar mit einigem Humor das „Papstzimmer“ angeboten.

Im Jahr 2003 wurde ich anlässlich einer Bioethik-Tagung in der Periode der griechischen EU-Ratspräsidentschaft nach Athen eingeladen. Dort durfte ich die katholische Position zur Bioethik darstellen. Das war jedoch doppelt erschwert: Die dort anwesende katholische Delegation unter Leitung eines Kardinals war mir gegenüber äußerst zurückhaltend und misstrauisch, und die Theologen der Orthodoxie distanzierten sich von einer „katholisch-scholastischen“ Ethik, d.h. von einem rational-normativen Ansatz.

Die Akademie der Konrad-Adenauer-Stiftung veranstaltete Tagungen zur Medizinethik und zur Bioethik am Comer See in Cadenabbia, an einem ganz besonders attraktiven Ort. Ich konnte ab 2003 gelegentlich teilnehmen. Das war eine von den vielen Möglichkeiten, mit den auf ihrem Gebiet führenden, aber zugleich an Verantwortungsfragen besonders interessierten Wissenschaftlern zusammenzukommen und in einer Atmosphäre des Respektes zu diskutieren. Zur letzten Tagung, an der ich – u.a. mit Eberhard Schockenhoff – 2013 teilnahm, war auch Kardinal Gerhard Ludwig Müller (* 1947) eingeladen. Er präsentierte eine Stellungnahme der römischen Glaubenskongregation. Es war freilich nicht leicht, diese in einer so offenen Atmosphäre, in der sich Positionen durch allgemein zugängliche Begründungen legitimieren müssen, zu diskutieren.

Im Jahr 2006 gab es eine Bioethik-Tagung der Konrad-Adenauer-Stiftung in Moskau mit universitären und orthodox-kirchlichen Institutionen, an der auch Eberhard Schockenhoff teilnahm, dazu CDU-Abgeordnete. Wir hatten in Tübingen bereits 1998 intensiven Kontakt mit Bioethikern von der Lomonossow-Universität. Ich erinnere mich an Wanderungen mit Wodka im Oberland, an einen Abendgrill über dem Neckar unterhalb des Evangelischen Stiftes. In Moskau, das ich nun nach der Wende wiedersah, war das Gespräch mit der Orthodoxie nicht leicht. Dort wurden vor allem Bibelstellen vorgeschlagen, die von der wissenschaftlichen Debatte weit entfernt waren (der Besuch der schwangeren Maria bei Elisabeth!). Das offene Gespräch in Tübingen, aber auch in der Protokollgruppe „Embryonenschutz“ in Straßburg war erheblich kommunikativer gewesen.

2007 beschäftigte ich mich zum letzten Mal kritisch mit der politisch-rechtlichen Debatte über die Zulässigkeit des Importes embryonaler Stammzellen, deren Gewinnung in Deutschland nicht erlaubt war. 2007 erhielt ich auch für meine Arbeit in der Politikberatung das Bundesverdienstkreuz. In diesem Jahr besuchte mich der Vorsitzende der israelischen Ethik-Kommission, Asa Kasher (* 1940), in Tübingen. Ich begleitete ihn zu jüdischen Friedhöfen und zu einem Besuch bei Hans Küng. Schließlich ergab sich hier eine andere Zusammenarbeit in einem internationalen Projekt zu Gottesvorstellungen, bei dem ich Meister Eckhart einbringen durfte.

Ein weiteres internationales Projekt, das die Peter-Ustinov-Stiftung Wien entwarf, bezog sich auf eine Analyse von Vorurteilen. Hier konnte ich mich mit den mir begegneten Vorurteilen in den Naturwissenschaften näher beschäftigen. Dies setzte sich dann in der Diskussion mit sog. evolutionären Ethikern und ihren Angriffen auf religiöse Annahmen fort, zuletzt in einer Tagung in Belgrad, in deren Mittelpunkt der Tübinger (früher Fribourger) Philosoph Otfried Höffe stand, der sich u. a. in der Schweiz und im Wittenberg-Zentrum für Globale Ethik mit Bioethik beschäftigte.

Von 2007 bis 2013 war ich auch Vorsitzender des *Science Advisory Board* der Katholisch-Theologischen Fakultät der Universität Wien. Hier traf ich nach einem Moraltheologen-Kongress 2002 zum zweiten Mal beim Abschied des Kollegen Günter Virt den früheren Kollegen in Fribourg, jetzt Kardinal Christoph Schönborn. Die Autonome Ethik war gewiss nicht seine besonders präferierte Einstellung, aber ich erinnerte mich an seinen guten Humor 2001, als er, als Prediger mit einer Lesung über verheiratete Bischöfe in der Alten Kirche konfrontiert, sich ausschließlich mit den Textvarianten und Fußnoten der griechischen Ausgabe des Neuen Testamentes beschäftigte.

Mit Berlin blieb ich zunächst über meinen Vorsitz in den Beiräten des *Institut Mensch, Ethik und Wissenschaft* und des *Berliner Instituts für christliche Ethik und Politik* verbunden, aber es war absehbar, dass ich hier nach Ablösung suchen wollte. In der Theologie unterstützte ich meine Schülerinnen und Schüler, betreute die letzten Promotionen. Darunter war auch ein Gutachten für eine juristische Promotion in Groningen, welche die praktische Umsetzung der Euthanasie-Bedingungen in den Niederlanden erforschte. Im Ausland zu Promotionen mit herangezogen zu werden setzte sich weiter fort: in Belgien, in den Niederlanden, in Paris, Metz und in London. Dies hing auch mit der Breite meines wissenschaftlichen Engagements zusammen.

In der Unterkommission *Bioethik* der Deutschen Bischofskonferenz unter Leitung von Bischof Gebhard Fürst arbeitete ich über 15 Jahre mit. „Unterkommission" hieß sie deshalb, weil sie der Glaubenskommission der Bischöfe zugeordnet war. Diese kannte ich nur aus Berichten, aber dort wurden Stellungnahmen verabschiedet oder vom Vorsitzenden Bischof Karl Lehmann bearbeitet. Ich habe die langjährige Arbeit unter der umsichtigen und offenen Leitung von Bischof Fürst in guter Erinnerung. Insbesondere bemühte ich mich darum, mit seiner Unterstützung bzw. mit ihm – und auch mit Konrad Hilpert als Vorsitzendem der Arbeitsgemeinschaft Moraltheologie – als Mitherausgeber Bücher zur Bioethik bzw. zur Perfektionierung des Menschen zu publizieren. Außerdem schlug ich vor allem Frauen zur Mitarbeit vor. Diese langjährige Arbeit endete erst 2017.

Manche Tübinger Kollegen waren häufiger Gast in Rom oder gar dort ausgebildet worden. So konnte ich später auch an ihren römischen Erfahrungen teilnehmen. Die Reise als Schüler nach Rom 1958 war für mich der Anfang. Mit *Concilium* war ich in den neunziger Jahren in Rom, offiziell dann mit der *European Group on Ethics* – empfangen vom Präsidenten der Republik. Eine private Reise mit kompetenter Führung machte ich zwischendurch mit meiner Frau, die mich auch zu *Concilium* begleitete. Es gab aber auch zwei Reisen mit den Tübinger Professoren, die erste 2001 zur Kardinalserhebung von Walter Kasper und Karl Lehmann. Der festliche Akt war eine Gelegenheit, die römische „Schau" liturgisch und im Kreis internationaler Repräsentation zu erleben. Die Schritte der Kardinalskandidaten Kasper und Lehmann über den roten Teppich zu Papst Johannes Paul II. sind mir unvergesslich, da sie in der Haltung sehr unterschiedlich ausfielen. Die Sonne schien, die Chöre sangen, und der Papst stand in einem goldweißen Gewand an seinen Stab gelehnt – es erinnerte mich, man möge mir dies *salva reverentia* verzeihen, an eine Szene in Sergei Eisensteins Film *Iwan der Schreckliche*, in welcher der Zar seine demütigen Untertanen empfängt. Mit diesem visuellen Eindruck will ich keineswegs die vielen unterschiedlichen Eindrücke, die dieser historisch gewichtige Papst hinterlassen konnte, auf einen Nenner bringen.

Johannes Paul II. war nicht nur medial sehr präsent. Ich hatte guten Kontakt zu seinem Schüler Helmut Juros (Warschau), hatte seine Bücher als Philosoph und Ethiker aufmerksam gelesen und schließlich auf dem Podium mit Margarete Mitscherlich (1917–2012) die Uraufführung seines Theaterstückes *Der Laden des Goldschmieds* in Luzern begleitet, das ja später in Hollywood mit Burt Lancaster in der Hauptrolle verfilmt wurde. Ich kommentierte das Stück in meinem Buch *Ehe als Entwurf*. Dabei ging es mir darum, dass „Liebe", um die es ja ging, nicht abstrakt über die konkrete Beziehung gestellt wird, dass man also die „Liebe als solche" lieben müsse, weil der Mensch der Liebe nicht genüge. Das war sehr zölibatär! Aber mein Freund Virgilio Elizondo aus San Antonio erzählte mir auch, wie engagiert und entspannt der Papst mit jungen Leuten umgehen konnte.

Mit Bischof Gebhard Fürst flogen wir 2007 direkt zu Papst Benedikt XVI. Seine Wahl hatte ich im *National Catholic Reporter* der USA ausführlich kommentieren dürfen. Der *New York Times* gab ich dazu ein Interview. (Seltsam, mal auf der ersten Seite zu stehen und die Facetten eines bedeutenden Mannes zu erschließen.) Für mich ist Joseph Ratzinger, den ich aus der Sicht des moraltheologischen Assistenten 1967 erstmals kennenlernte, eher eine tragische Figur. Er empfing uns 2007 direkt auf dem Petersplatz und ergriff die Gelegenheit unserer Begrüßung bei der großen Audienz, um vor Zehntausenden sich zu Tübingen zu bekennen. Diese Geste setzte sich dann in den privaten Gesprächen, die natürlich ein Small Talk waren, die er aber mit seinem weiteren Interesse an der deutschen Universität eloquent einleitete, fort. Das *Schwäbische Tagblatt* in Tübingen, das von der Privataudienz Fotos erhielt, titelte darunter „Die Thronumsteher".

Im April 2019 gab es eine große Erregung über einen Text des Altpapstes Benedikt im *Klerusblatt*, in dem er die Moraltheologie für den Niedergang der Normen – und damit auch indirekt für den Missbrauch – verantwortlich zu machen versuchte. Nun hatte Monika Bobbert als Moraltheologin die konzeptionelle Geschichte der Moraltheologie 2015 (nach Durchsicht durch die Glaubenskongregation wegen der Erteilung eines *Nihil obstat*) beschrieben. Ich selbst erinnerte mich 2014 an den Vorschlag Ratzingers als Präfekt der Glaubenskongregation – in einem Schreiben an den Bischof von Rottenburg 2003 –, ich solle doch in meiner zukünftigen Arbeit eine „christologische Begründung" der Moraltheologie schreiben. Nun hatte ich 2014 einen Text erstellt, der Philosophen das christliche „Proprium" der Ethik erläutern sollte. Also veröffentlichten wir unsere Texte gemeinsam 2015 als Buch, und 2019 ließen wir das Buch vom Verleger Odilo Noti an den Altpapst schicken. Er antwortete an den Verleger mit dem Hinweis auf Konflikte und Gemeinsamkeiten. Ratzinger und Rom – das sind für mich drei spezielle Erfahrungen. Zunächst der Streit um die Autonome Moral meines Lehrers Alfons Auer 1976, in dem ich diesen sehr wirksam verteidigte. Ratzinger hatte ich in meiner Fribourger Zeit, wie bereits erwähnt, als Geschäftsführer der *Internationalen Vereinigung für Moraltheologie und Sozialethik* zu einem Kongress eingeladen. Er zog seine Zusage zurück – er war auf dem Weg von Regensburg nach München. In München empfing er uns dann 1979 zu einem Kongress. Ich erinnere mich gut an seine freie Rede, bei der er idealistische Philosophen aus dem Gedächtnis zitierte. Die Beweglichkeit seines Geistes und die Unbeweglichkeit seiner Körperhaltung bildeten einen merkwürdigen Kontrast. Der „Fall Küng" war dann, was er wohl auch wollte, *vor* seiner Berufung nach Rom als Chef der Glaubenskongregation „rechtlich geregelt". Dass Ratzinger weiterhin gute Informationen über die Entwicklung in Tübingen hatte, zeigte er in den Einzelgesprächen in der Privataudienz 2007. In Rom wurde sehr wohl zwischen diplomatischen oder gar kollegialen Auftritten einerseits und Konflikten andererseits unterschieden. Die katholische Kirche gleicht nicht einem Kloster mit einem Abt Primas, der Gehorsamsanspruch mit Fürsorge verbindet. Sie hat vielmehr etwas Staatliches, das mit Unterschieden kommunizieren kann und damit auch Anteil an weltlichen *checks and balances*, also an Verhandlung und Verständigung hat. So ist die Kirche in Rom auf einem schwierigen Weg, wenn sie ihre verschiedenen Rollen mit ihren Aufgaben in Einklang zu bringen versucht.

Es war die Sportethik, die mich wiederum nach Rom brachte. Papst Benedikt löste eine Weisung seines Vorgängers mit Hilfe seines früheren Sekretärs, Bischof Josef Clemens (* 1947), ein, eine Abteilung „Kirche und Sport" innerhalb des Päpstlichen Rates für die Laien einzurichten. Umgeben von Legionären Christi, die in diesem Dikasterium die Flure und Büros mit ihrem Gang in Gebetshaltung beherrschten, waren wir mit dem Vorsitzenden von „Kirche und Sport“ (einem Priester) und Norbert Müller als Kenner der Sportgeschichte mit einem Gremium aus anderen Ländern versammelt. Mir kam das Eröffnungsreferat zu. Darauf folgte noch ein Sportethik-Kongress in Mainz (veröffentlicht im Schwabenverlag), der auch in englischer Sprache veröffentlicht wurde (Catholic University of America Press). In all diesen Fällen arbeitete ich vor allem mit Christoph Hübenthal zusammen, der mich anschließend als theologisch-ethischer Berater im wissenschaftlichen Beirat der Kommission *Kirche und Sport* (die zur Pastoralkommission der Deutschen Bischofskonferenz gehörte) ablöste. Meine Rolle war die eines Impulsgebers – ansonsten drifteten die Ziele wie gewohnt etwas auseinander, denn die römische Initiative war eher glaubensmissionarisch – mehr Gelegenheit zur Betreuung der religiösen Praxis – gemeint. Fragen der Moral waren ja lehrmäßig entschieden oder zu entscheiden.

Seit 2007 erwies es sich als schwierig, die Einsparmaßnahmen der Universität in unserer Fakultät abzubilden. Dies führte zum Rücktritt des Dekans. Ich übernahm diese Aufgabe dann kurzfristig zum dritten Mal bis zu meiner Emeritierung Ende 2008. Das Modell einer längeren Karenzzeit (zwei Jahre) nach der Pensionierung mit kostenloser Vertretung durch den Pensionär wurde freilich, wenn ich es recht sehe, nur von mir selbst 2008 bis 2010 verwirklicht. Anfang 2011 wurde ich auch aus dieser Vertretung mit einem schönen Fest, für das Regina Ammicht Quinn das Abendmahlsbild von Bernd Wilkens (* 1939) mit diesem selbst organisiert hatte, verabschiedet. Ruedi Imbach (* 1946) hielt einen Vortrag über die Liebe bei Meister Eckhart, garniert mit meinen einschlägigen Formulierungen. Denn zu dieser Zeit war ich ja bereits für die Meister-Eckhart-Gesellschaft in Erfurt tätig.

Die sozialethische Arbeit in Tübingen wurde 2009 durch ein Buchprojekt *Solidarität und Gerechtigkeit* zusammengefasst, in dem meine Schülerinnen und Schüler mit mir schrieben und das meine letzte Assistentin Katharina Eckstein betreute. Nun konnte ich mich einer anderen Unternehmung widmen.

XIII. Als Fellow am Max-Weber-Kolleg in Erfurt und die Meister-Eckhart-Gesellschaft (2008–2020)

Um die Verbindung zu dem letzten Jahrzehnt, das ich erzähle, herzustellen, muss ich auf meine die Ethik begleitende Beschäftigung mit Meister Eckhart zurückgreifen. Ich hatte keine Probleme damit, die Fragen der angewandten Bioethik von Meister Eckhart, der wie Thomas von Aquin bei der Entwicklung des Kindes im Mutterleib von einer Sukzessivbeseelung ausging, getrennt zu halten. Dies entsprach der Genese von Embryonen und Föten, wie sie in der Antike z. B. bei Aristoteles beschrieben wurde und dann in den drei monotheistischen Religionen als Anhaltspunkt für moralische Urteile diente. Eckhart hatte für die angewandte bzw. konkrete Ethik auf Aristoteles verwiesen, weil z. B. Paulus, wie er sagte, in seiner religiösen Abgehobenheit die erforderlichen moralischen Richtigkeiten („Tugenden") nicht im Einzelnen erkennen konnte (Pr. 86). Daran hielt ich mich: konkrete Ethik mit den signifikanten Philosophen zu begründen, ohne religiöse Motive außer Acht zu lassen, wenn sie moralische Urteile favorisierten.

Immer wieder hatte ich mich in den achtziger und neunziger Jahren mit Meister Eckhart beschäftigt. Das lag u. a. an der Nachfrage nach spiritueller Lebensführung. Ich hatte 1979 Texte aus den Deutschen Predigten und Traktaten übersetzt, und diese Übersetzung wurde ein Dauerbrenner bis heute. Obwohl ich sehr viel mit aktueller Ethik beschäftigt war, verfolgte ich doch, was in der Eckhart-Forschung geschah, und nahm an Tagungen teil. Meine Übersetzung wanderte aus dem Walter-Verlag in Olten zum Piper-Verlag in München, wo sie in hoher Paperback-Auflage erschien. Der Verlag fragte mich, ob ich ein Publikumsbuch zu Meister Eckhart schreiben wolle. Nicht nur aus Zeitgründen, sondern auch aus Gründen literarhistorischer Kompetenz empfahl ich für ein solches Buch meinen Lehrer Kurt Ruh, dem ich meine Übersetzung gewidmet hatte. In einem Gespräch mit dem Verlag konnte man sich jedoch nicht über die Intention des Werkes verständigen. Ruh verfolgte aber die Idee weiter und verhandelte entsprechend mit dem Beck-Verlag in München. Dort erschien 1985 sein erfolgreiches Buch *Meister Eckhart. Theologe –*

Prediger – Mystiker. Ein Jahr davor hatte ich noch an Ruhs großem Mystik-Kongress im Kloster Engelberg mitgewirkt. Es entsprach meinem systematischen Interesse mehr, ein für mich aktuelles Thema mit Eckhart zu bearbeiten, in diesem Fall sein Verständnis der moralischen und der theologischen Tugenden.

In den neunziger Jahren arbeitete ich mit dem Altgermanisten Walter Haug in Tübingen zusammen. Mit ihm leitete ich eine Vorlesungsreihe im Tübinger Studium Generale zum Thema „Religiöse Erfahrung“, die mit unterschiedlichen Fachleuten „historische Modelle“ in der Christentumsgeschichte seit Origenes vorstellte und 1992 im Fink-Verlag München erschien. Haug lud auch zu einem Mystik-Kongress nach Fischingen in der Schweiz ein, bei dem ich kommentierend mitwirken konnte.

Für Kurt Ruh hatte ich eine theologische Ehrenpromotion in Tübingen veranlasst. Durch meine immer stärkere Einbeziehung in die aktuelle Politikberatung in den neunziger Jahren hatte ich jedoch nicht mehr so viel Zeit für die Geschichte der Spiritualität, die mich weiterhin interessierte. Aufgrund der Wahrnehmung meiner Übersetzung, die inzwischen beim Patmos-Verlag weiter betreut wurde, blieb ich im Gespräch. Meine Promovenden interessierten sich zwar für Meister Eckhart, aber der Zugang über das lateinische Mittelalter schien ihnen zu weit. So gab es von mir betreut nur eine einzige theologische Doktorarbeit: Mauritius Wilde OSB (* 1965) über Eckharts Bildlehre und sein „neues Bild vom Gottesbild“. In der Theologie gab es zwar spirituelle Interessen an der Mystik, aber Arbeiten waren nicht so häufig. Der evangelische Theologe Udo Kern (* 1942), der nach der Wende in Rostock lehrte, und ich blieben zunächst allein kontinuierlich tätig. Das entsprach nicht dem theologischen Engagement bei der Herausgabe der Lateinischen Werke Meister Eckharts durch Josef Koch, Konrad Weiß, Heribert Fischer und den frühen theologischen Debatten um den Meister.

Zur akademischen Trauerfeier Kurt Ruhs kam ich 2002 nach Würzburg. Georg Steer (* 1934), ein prominenter Schüler Ruhs, der in Eichstätt gelehrt hatte, führte die Herausgabe der Deutschen Werke Meister Eckharts nach Josef Quint weiter. Er lud mich ein, in der *Lectura Eckhardi*, einer kontinuierlichen Behandlung einzelner Eckhart-Predigten, Übersetzung und Kommentar zur Predigt über „Maria und Martha“ zu schreiben. Mit dieser Predigt hatte ich mich auch nach der Doktorarbeit immer wieder beschäftigt, auch aufgrund ihrer historischen Wirkung und ihrer aktuellen Bedeutung. So kam ich der Eckhart-Forschung wieder einmal näher. Ich verpasste aber in meiner intensiven Arbeit als Politikberater in Berlin und Straßburg einen großen Eckhart-Kongress, der 2003 mit Thüringer Engagement in Erfurt stattfand und vor allem vom Thomas-Institut in Köln mit Udo Kern betreut wurde. Andreas Speer und Lydia Wegener gaben ihn später heraus. Bei der von Georg Steer veranlassten Gründungsaktion einer Meister-Eckhart-Gesellschaft 2004 in Würzburg konnte ich teilnehmen. Ich gestaltete die erste Tagung „Meister Eckhart als Theologe“ in Erfurt 2005 mit und blieb von da an dabei. Schließlich wurde ich auf Steers Vorschlag 2008 sein Nachfolger als Präsident der Meister-Eckhart-Gesellschaft. Ich hatte mir trotz meiner Emeritierung in Tübingen lange überlegt, ob und wie sehr ich mich hier engagieren sollte. Ich war ja nicht unmittelbar und nur fallweise in der literarhistorischen, philosophiehistorischen und theologiehistorischen Eckhart-Forschung präsent. Also musste mein Projekt Eckharts aktuelle Bedeutung sein. In diesem Sinne hatte ich 2004 das Buch *Meister Eckhart. Mystik und Lebenskunst* veröffentlicht. Ich meinte freilich mit „Lebenskunst“ etwas anderes als die populäre philosophische Welle, die es damals gab (ich denke z. B. an Wilhelm Schmid). Wenn Meister Eckhart hier einbezogen wird, muss man „Lebenskunst“ auch kritisch analysieren, ja „dekonstruieren“.

Bemüht um die aktuelle Würdigung Meister Eckharts, setzte ich als Präsident der Gesellschaft auf eine intensivere Präsenz dieses prominenten Thüringer Gelehrten aus dem Mittelalter in Erfurt. Hier standen noch sein Kloster und die Predigerkirche. Sie bildeten den Mittelpunkt einer lebendigen evangelischen Kirchengemeinde. Erfurt war mir bereits vor der Wende aus moraltheologischen Tagungen im dortigen *Philosophisch-Theologischen Studium* bekannt. Die Einreise in die DDR war damals immer signifikant. Ich denke, die Stasi wusste von den unerlaubten Tagungen. Ein moraltheologischer Kongress hatte nach der Wende bereits 1991 dort stattgefunden.

Die offiziellen Anschreiben im Auftrag der Meister-Eckhart-Gesellschaft an die Thüringer Staatskanzlei 2008 blieben nicht unbeachtet, waren aber nicht sehr erfolgreich. Die Taktik des *Downsizing* in ministerialen Verwaltungen war mir bekannt, und ich suchte von Tübingen aus nach einem Kontakt, der mich in Erfurt beraten könnte. Ich kannte das Max-Weber-Kolleg der neu etablierten Universität, weil ich dort in einer frühen Phase an der wirtschaftsethischen Promotion eines Schülers teilgenommen hatte. Hans Joas, der Direktor des Instituts, den ich von anderen Unternehmungen her kannte, empfahl mir, mich auf eine der Fellowships in der DFG-Kollegforschergruppe „Religiöse Individualisierung in historischer Perspektive" mit meinem Interesse an der Eckhart-Forschung zu bewerben. Seit April 2009 bin ich daher an diesem Kolleg in Erfurt in der Forschung tätig. Diese dauerhafte Bindung sah ich nicht voraus, aber sie ermunterte mich zu einem stärkeren Engagement für das Thema „Individualisierung" und dann auch das Thema „Religiöse Selbstbestimmung". So wurde ich wieder halbwegs zum Historiker, der bald die mittelalterliche Sparte des Projekts – auch über Eckhart hinaus – betreute, Workshops einwarb, Tagungen ausrichtete, fachhistorische Hilfe einbaute. Dabei interessierten mich vor allem die Beginen und überhaupt die Frauen im Mittelalter. Die Stetigkeit dieser Arbeit, von der ich mich durch andere Themen immer weniger ablenken ließ, erlaubt mir eine kurze Zusammenfassung. Den Ertrag kann man leicht nachlesen: in den Jahrbüchern der Meister-Eckhart-Gesellschaft, in meinem Buch über Meister Eckhart (2014), in den Bänden der *Lectura Eckhardi*, in Aufsätzen zur Frauenmystik, auch in der Tübinger *Theologischen Quartalschrift* bis 2019.

Die Meister-Eckhart-Forschungsstelle am Max-Weber-Kolleg wurde gegründet. Erste mehrtägige Veranstaltungen wurden in Zusammenarbeit mit der Predigergemeinde 2010 durchgeführt. Das touristische Interesse wurde meist jedoch in Erfurt an Meister Eckhart vorbeigeführt. Die Zugänge zu seiner Person und seinem Werk waren ja auch nicht so leicht zu erschließen. Ein Meister-Eckhart-Preis im Rahmen der Thüringer Lehrerbildung wurde ausgerechnet 2009 wieder abgeschafft. Der *Lions Club Meister Ekkehard*, der auch einen Preis vergab, hatte freilich eine der Eingangstüren zur Predigerkirche als Gedenken an Meister Eckhart gestalten lassen. In Erfurt gab es zunächst wenig Unterstützung, und ich musste Geld von außerhalb einwerben. Die Predigergemeinde engagierte sich schließlich mit kirchlichen Geldern für das Projekt, Eckhart-Worte auf dem kleinen Platz vor der Tür der Predigerkirche in einer Kupferschiene in den Boden einzulassen. In Zusammenarbeit mit der Gemeinde entstand ein *Initiativkreis Meister Eckhart* als ökumenische Zusammenarbeit. Dadurch wurden Meister-Eckhart-Tage in Erfurt – alle drei Jahre – ab 2013 ermöglicht. Sie hatten gute Startbedingungen, weil es mir gelang, für die Hauptveranstaltung die bekannte Filmschauspielerin Martina Gedeck, eine Leserin Meister Eckharts, zu gewinnen. Ferner war zu meiner Freude Kardinal Walter Kasper bereit, im ökumenischen Gottesdienst zu Meister Eckhart zu predigen. Ich übernahm dazu eine mittelhochdeutsche Lesung aus Meister Eckhart.

Dazu wuchs eine Serie von Veröffentlichungen, nicht nur in den Jahrbüchern der Meister-Eckhart-Gesellschaft, die ich oft mit herausgab. Im Jahre 2010 brachte ich durch die Zusammenarbeit mit anderen Institutionen neuen Schwung in die aktuelle Präsenz Meister Eckharts und Marguerite Porètes († 1310) sogar in Paris im Heinrich-Heine-Haus. Seit 2011 wurde ich durch Markus Vinzent, der als christlicher Religionshistoriker am *King's College* London arbeitet, verstärkt, denn er brachte ein britisches Projekt zu Meister Eckhart ein und begründete eine internationale Reihe *Eckhart: Texts and Studies* im Peeters-Verlag in Leuven, der von nun an parallel zum Kohlhammer-Verlag in München und manchmal zum Brill-Verlag in Leiden Forschungen edierte. Inzwischen hatte ich zwei Hefte zur touristischen Eckhart-Führung in Erfurt verfasst, Markus Vinzent hatte sie ins Englische übersetzt, und sie wurden zur Verbreitung angenommen. Er konnte im Rahmen seines Eckhart-Projektes auch an der Finanzierung der Hefte mitwirken. Seine Präsenz erleichterte mir die Arbeit erheblich und gab ihr eine zusätzliche „forschungspolitische" Ausrichtung.

The Eckhart Society im Vereinigten Königreich existierte bereits seit den siebziger Jahren und hatte an Meister Eckharts Rehabilitierung in Rom mit dem Dominikanerorden mitgewirkt. Dabei wurde durch ein Schreiben des Generals der Dominikaner die mündliche Auskunft Kardinal Ratzingers verbreitet, Eckhart sei als Person kein Ketzer. Ratzinger empfahl, wie erwähnt, später auch Eckhart für das Studium. *The Eckhart Society* interessierte sich stets für Erfurt. Zweimal kamen ihre Vertreter zu Kontaktbesuchen zu mir nach Erfurt, und die *Society* nahm mich unter ihre Honoratioren auf. 2011 nahm ich an einer ihrer Tagungen in Leeds auch als Referent teil. Papst Benedikt XVI. war zu dieser Zeit in Erfurt. Es war mir zwar gelungen, über römische Ansprechpartner den Vorschlag, er solle Meister Eckhart als vorkonfessionellen Genius erwähnen, bis in die Besuchsakte in Erfurt einzubringen, aber der Papst hielt dies vielleicht für ein Risiko, oder es war ihm nicht wichtig.

Ich organisierte die Synergie der Interessen: der Kollegforschergruppe in Erfurt, der Meister-Eckhart-Gesellschaft und der Katholischen Akademie in München, Freiburg, Mainz (auch Hamburg folgte) von 2008 bis 2014. Dann übergab ich das Amt des Präsidenten an den Germanisten Freimut Löser (* 1954) in Augsburg und blieb als Vizepräsident weiter für Eckhart in Erfurt zuständig. Wir konnten dort die Eckhart-Tage alle drei Jahre zu einem Publikumsmagneten entfalten. Außerdem gab es immer mehr selbsttragende Initiativen. Insbesondere wurde ich zu Vorträgen eingeladen, wo es örtliche Initiativen zur Wiederbelebung der „Mystik" gab. Dabei kam ich in Deutschland ziemlich herum. Unter anderem stellte ich Meister Eckhart im Benediktushaus bei Würzburg, einem großen interreligiösen Unternehmen, vor und mehrmals im Lassalle-Haus in der Schweiz, das Zen-Meditationen und ignatianische Exerzitien anbot. Mit der Meister-Eckhart-Forschungsstelle in Erfurt begleiteten wir zuletzt eine Eckhart-Tagung 2019. Dies alles würde einen langen Bericht erfordern. Für Erfurt kann man die Unternehmungen und Tagungen entweder nachlesen oder zumindest teilweise unter www.meister-eckart-erfurt.de bzw. in Unternehmungen der Universität Erfurt verfolgen.

Jutta Vinzent (Universität Birmingham) betreute als Fellow am Erfurter Kolleg für zwei Kunst-Ereignisse eine Ausstellung in der Stadt Erfurt mit der amerikanisch-koreanischen Künstlerin Taery Kim unter dem Titel „Performing Bodies", veröffentlicht als *Time and Space in Meister Eckhart* (2016). Die zweite Ausstellung entstand aus einem von ihr angeleiteten Thüringer Bildhauer-Wettbewerb in Wangenheim bei Gotha (2019). In der Nähe ist das Dorf Hochheim, das Eckharts Geschlecht einmal den Namen gab.

Der amerikanische Philosoph John F. Connolly kam zweimal als Humboldt-Fellow vom Smith College (Massachusetts, USA) nach Erfurt und wirkte mit seinen Beiträgen an der Eckhartforschung ebenso mit wie die Philosophin Martina Roesner, die in einem österreichischen Bibelprojekt über Eckhart arbeitet. Anneke Mulder-Bakker aus Groningen machte uns mit den unterschiedlichen Biographien von Laienfrauen im 13. Jahrhundert vertraut.

Letztlich schwebt uns in Erfurt ein *Meister-Eckhart-Zentrum für das geistige Leben im Mittelalter* vor. Die Erfurter sprechen ja von „unseren Wurzeln", aber nicht jeder, der in einem Baum nach oben steigt, interessiert sich konkret für seine Wurzeln.

Meine eigene Forschungsarbeit am Max-Weber-Kolleg, zeitweise von der Historikerin Katharina Mersch für den mittelalterlichen Bereich unterstützt, ging von den Synergien zwischen der Erforschung religiöser Individualisierung im Mittelalter und der Meister-Eckhart-Forschung mit ihrem religiösen Umfeld (vor allem der Frauenmystik) aus. Sie verfolgte zwei Akzente: erstens die Arbeit im Projekt „Individualisierung", zweitens meine theologische Arbeit an der Erschließung der aktuellen Bedeutung Meister Eckharts in einem Vergleich mit besonderen historischen Akzenten im 13. und 14. Jahrhundert. Dies verband ich einerseits mit der aktualisierenden Eckhart-Rezeption im 20. Jahrhundert, andererseits mit der Wiederentdeckung des Religiösen außerhalb der kirchlichen Konventionen. Ein paar Gedanken dazu werden dieses Buch abschließen. Insbesondere möchte ich an dieser Stelle Andrés Quero-Sánchez erwähnen, der zunächst als Mitarbeiter an das Max-Weber-Kolleg kam, dann eine kontinuierliche Forschungsstelle einwarb, in der er auf besonders kompetente Weise die idealistischen Verbindungen von der Antike über Meister Eckhart bis ins 19. Jahrhundert (Schelling, Hegel) aufzeigt und dazu auch nachweist, wie sehr Meister Eckhart über die spirituellen Ströme, u.a. des Pietismus, bis in das Tübinger Stift im 19. Jahrhundert einwirkte.

Im Rahmen des Projektes „Religiöse Individualisierung in historischer Perspektive" stellte das Thema „Religiöse Selbstbestimmung" – auch im Rahmen von scheinbar festen kirchlichen und gesellschaftlichen Ordnungen – eine besondere Zuspitzung dar. Es führte vor allem auf die Ebene des Akteurs, der Elemente seines Lebens selbständig gestaltet. Diese Zuspitzung fanden wir insbesondere im Spätmittelalter bei Meister Eckhart und in seinem Umfeld. Sie beruht auf vorhergehenden Schritten.

Der berühmte Zisterzienser Bernhard von Clairvaux (* um 1090, † 1153) stellte das „Buch der Erfahrung" (*Liber experientiae*) an die

Seite des „Buches der Schöpfung“ (*Liber creationis*) und des „Buches der Offenbarung“ (*Liber revelationis*) (Buch, „liber“, im metaphorischen Sinne). Die Dominikaner (insbesondere in Erfurt) intensivierten die Betreuung von religiösen Frauen, auch außerhalb des Ordens, mit spirituellem, lehrmäßigem Rat und mit Übersetzungen aus der Volkssprache in das Lateinische. Die intensive intellektuelle und spirituelle (nicht bloß ermahnende) Predigt in der Volkssprache, wie sie Meister Eckhart inszenierte, trug dazu bei. Der Austausch zwischen religiöser Metaphysik und persönlicher religiöser Tiefenerfahrung erzeugte zeitweise ein Klima religiöser Selbsterfahrung und Selbstbestimmung. (Vgl. Dietmar Mieth, Regina Schiewer, Hg., *Religiöse Selbstbestimmung. Anfänge im Spätmittelalter*, Stuttgart 2020.) Dies führte schon damals zu kirchlichen Konflikten. Heute wird das Thema nicht nur historisch erörtert. Es ist aktuell auch von Bedeutung, um einen legitimen religiösen Pluralismus innerhalb der Religion zu ermöglichen. (Vgl. dazu die Diskussionen um den spirituellen Missbrauch und die spirituelle Selbstbestimmung im Anschluss an das Buch von Doris Wagner 2019.)

Dies lässt sich besonders am Fall Marguerite Porète zeigen, die 1310 als Ketzerin in Paris verbrannt wurde. Sie brachte die religiöse Freiheit als Selbstbestimmung in poetischer Sprache zum Ausdruck und fiel der Inquisition zum Opfer. Ihr literarischer Erfolg einerseits und die Disziplinierung ihrer Beanspruchung religiöser Freiheit andererseits zeigen, wie sehr dieses Thema das Element „nicht einverstanden“ enthält. In der Beschreibung ihrer „Lebenswende“ verweigert sie sich ihrer Einordnung in das aktive Leben und beansprucht, ihre religiöse Tiefenerfahrung an die Seite der theologischen „Vernunft“ (*raison*) stellen zu dürfen.

Die Religionsfreiheit *für* die Religion (oder gegen eine Herrschaft beanspruchende Religion) ist ein Thema, die religiöse Freiheit *in* der Religion ist das andere Thema, welches das Christentum in seiner Geschichte aufarbeiten und in seiner Gegenwart analysieren muss. Gerade in der katholischen Theologie sind die Einschränkungen unvergessen, die sowohl Moraltheologen als auch z. B. Befreiungstheologen und interreligiöse Theologen (und Theologinnen) betrafen. Viele Gläubige haben ihren Anspruch auf religiöse Performanz selbst in die

Hand genommen. Aus solchen Impulsen, das kann auch die Geschichte zeigen, können neue religiöse Kräfte erwachen und erwachsen.

Dieser Ansatz – von der religiösen Individualisierung zur religiösen Selbstbestimmung – kann mit einem besonderen Beispiel verdeutlicht werden. Mit Meister Eckharts „Erfurter Lehrgesprächen" (1294–1298), die in der handschriftlichen Zuweisung den Titel „Collationes" tragen, kam ein neues Programm auf, das man als Anfang einer Begründung religiöser Selbstbestimmung – im Austausch mit religiöser Selbsterfahrung – markieren kann. Neben der „religiösen Selbstbestimmung" betrieb ich Dialoge über „Meister Eckhart interreligiös" (vgl. Meister-Eckhart-Jahrbuch 10, 2016). Ich durfte gleich am Anfang in Erfurt eine Arbeit in islamischer Religion mit betreuen, die den berühmten Sufi Rumi mit Meister Eckhart ins Gespräch brachte. Diese Aufgabe war nicht leicht, da hier auf den ersten Blick der Gegensatz von Gefühl und Vernunft aufscheint. Aber es gelang Saeed Zarrabi-Zadeh, beide Autoren unter Wahrung ihrer Schwerpunkte aufeinander zu beziehen. Christian Ströbele von der Universität Tübingen bzw. der Diözesan-Akademie Stuttgart-Hohenheim, ein Cusanus-Forscher, half uns immer wieder, seine Kompetenz für Moses Maimonides mit einzubeziehen. Er verstärkte dann auch als Akademiereferent den christlich-islamischen Dialog in der Mystik.

Am Max-Weber-Kolleg hatte ich schon früher eine wirtschaftsethische Doktorarbeit mit begleitet. Es zog mich aufgrund meiner transdisziplinären Interessen besonders an. Die wachsende Vertrautheit mit der sozialwissenschaftlichen und historischen Arbeit am Max-Weber-Kolleg brachte mir in zehn Jahren manche Einsichten. Zunächst sah ich als katholischer Theologe die Theologie mit einem Blick von außen, vor allem aus der Religionsgeschichte von der Antike bis in die Neuzeit, darüber hinaus aus der Soziologie. Zwar hatte ich mich seit 1968 immer darum bemüht, meine theoretischen Überlegungen aus der Phänomenologie, aus der Kritischen Theorie der Frankfurter Schule und aus dem Pragmatismus zu kombinieren, auch im Hinblick auf eine Narrative Ethik sowie im Hinblick auf eine Ethik als sozialtherapeutische Handlungswissenschaft, aber im Max-Weber-Kolleg konnte ich die Perspektive wechseln. Die Theologie führt eine freundlich aufgenommene Randexistenz, insofern ihre spezielle Kenntnis interdisziplinär bereichernd erscheinen konnte. Für den offenen Geist sorgten auch die Direktoren Hans Joas, Wolfgang Spickermann und Hartmut Rosa. Von Jörg Rüpke lernte ich nicht nur Antike, sondern auch historische Wissenschaftsformate. Zeitweise arbeiteten wir intensiv mit einer guten Kennerin der mittelalterlichen Philosophiegeschichte, Julie Casteigt, die aus Toulouse als Fellow gekommen war, zusammen, um die Herkunft einer Bronzefigur (um 1200) im Erfurt Dom zu erklären. Hier kann man weiter gespannt sein, was die von uns angestoßene Erforschung ihres Ursprungs erbringt.

Am Max-Weber-Kolleg war die Zusammenarbeit mit dem evangelischen Theologen und Religionsphilosophen Hermann Deuser, der über ganz andere Kenntnisse und Ressourcen (Schleiermacher, Kierkegaard, Peirce) verfügt, für mich sehr erhellend. Ich versuchte u. a., mit Hilfe der Wirtschaftsethikerin Bettina Hollstein und der Soziologen Martin Fuchs und Antje Linkenbach-Fuchs, die Dialoge zwischen praktischer Philosophie und normativ interessierter Sozialwissenschaft über Workshops zu verstärken. Sozialwissenschaften und philosophische Ethik ergänzen sich durch wechselseitige Anlagen, aber sie integrieren sich nicht leicht. Oder die Integrierung ruft doch Verschiedenes hervor. Zu diesem Verschiedenen gehören die Arbeiten von Hans Joas und Hartmut Rosa, deren breite Rezeptionen über fachspezifische Erörterungen hinaus zeigen, welche Möglichkeiten das Max-Weber-Kolleg für die Gesellschaft, für politische Einsichten, aber auch für die Religion entfalten kann.

Aber bestimmend blieb für mich weiterhin die Synergie zwischen den Projekten des Max-Weber-Kollegs und der Meister-Eckhart-Forschung. Dies führte mich 2016 auch an die Universität Lecce in Italien, wo der Herausgeber der Lateinischen Werke Eckharts, Loris Sturlese, und Alessandra Beccarisi, die den Meister in einem sehr schönen Buch in Italien dargestellt hatte, mit einem Kreis junger international aufgestellter Akademikerinnen in der mittelalterlichen Philosophiegeschichte bzw. mit Dagmar Gottschall in der Altgermanistik arbeiteten. Mit Freimut Löser in Augsburg, meinem Nachfolger, Rudolf Weigand, Regina D. Schiewer, Christine Büchner, Markus Enders wurden Projekte und Tagungen entworfen, deren Ergebnis man in den Jahrbüchern nachlesen kann. Zu Fribourg in der Schweiz hielt Mariano Delgado, oft mit Volker Leppin in Tübingen, die Verbindung zu dem breiten Strom der Spiritualität. Durch von ihm geführte

Gruppenreisen nach Spanien durfte ich mich manchmal dort in das 16. Jahrhundert versetzen. Markus Vinzent und Marie-Anne Vannier in Metz hatten inzwischen ein deutsch-französisches Eckhart-Projekt („Teaching and Preaching with Patristic *auctoritates*. Meister Eckhart in France and Germany, Past and Present") entworfen, in das ich als Mercator-Fellow einbezogen wurde. Julie Casteigts philosophische Arbeiten zur mittelalterlichen Bibelauslegung waren stets anregend. In dieser Zeit wuchs auch die Pflanze der Narrativen Ethik weiter und blühte neben meinen Versuchen, Meister Eckhart mit seinen Vorstellungen über „Herz" und „Himmel" in heutige Diskurse, medizinisch oder naturwissenschaftlich, einzubringen.

Es schien mir so, als werde inzwischen auch mein früherer philosophischer Lehrer Heinrich Rombach neu wahrgenommen. Für mich war interessant zu sehen, wie sehr er in seinem „Strukturdenken" von einer „Mystik", die er „Hermetik" nannte, und von einer Prozessphilosophie aufgenommen hatte. „Struktur" klingt für mich etwas statisch, aber es war eher wie ein schwingendes Netzwerk gemeint. Insofern entstanden für mich und für andere Bezüge zum Resonanzdenken bei Hartmut Rosa. Rombach benutzte dann prominente Ausdrücke Meister Eckharts wie den „Ursprung" für eine Sichtweise, die ich „archeologisch" – im Unterschied zu „teleologisch" – nennen möchte. Es war ein Gedanke Rombachs, der mich schon seit den achtziger Jahren faszinierte: die Bevorzugung der „Idemität" vor der „Identität". Das „idem" erlaubt schon bei Meister Eckhart, wie ich es im Anschluss an die Eckhart'sche Bibelauslegung zeigen kann, dass Differenz und Identität in einem gedacht werden. Dies lässt sich nur in der Bewegung oder in einer Schwingung erläutern. Oder mit dem Bild einer Rautenkette, in deren „Fluss" die Punkte immer wieder auseinandertreten und erneut miteinander verschmelzen.

Schlussbemerkung

Ich schließe meine um Chronologie bemühten Ausführungen ab. Sie konnten das zeitliche Nacheinander aufgrund der Gleichzeitigkeit des Verschiedenen, das mein wissenschaftliches und persönliches Leben ausmacht, nicht immer einhalten. Es mag sein, dass es für Leserinnen und Leser manchmal schwierig ist, die für mich selbstverständlichen Verbindungen zwischen den Projekten zu erfassen. Was für manchen assoziativ oder gar sprunghaft erscheinen mag, scheint mir verbunden. Dazu eine kleine Erinnerung: In den neunziger Jahren ersuchte das Wissenschaftsministerium in Baden-Württemberg die Universitäten um eine wissenschaftliche Bilanz ihrer Arbeit in den „Lebenswissenschaften". Ich fühlte mich mit einer gewissen Ironie dazu angeregt, die Theologischen Fakultäten und die Philosophische Fakultät vorsichtig anzufragen, ob sie, die ja auch mit dem „Leben" zu tun hätten, nicht teilnehmen wollten. Sie reagierten verwundert. Inzwischen hatte sich in der Tat *bios* von *vita* entfernt, obwohl es ursprünglich einmal das Gleiche bedeutete.

Die erzählte Biographie zeigt Entwicklungen in der Kirche auf, die trotz retardierender Elemente zu einer Durchsetzung der Laien als Theologinnen und Theologen geführt haben. Insofern kann man auf die Verzögerungen oder gar Versperrungen schauen, man kann aber auch Entwicklungen sehen. Zudem kann heute vieles gesagt und angemahnt werden, dem noch vor einigen Jahrzehnten von der Kirche das Wort mit Konsequenz für die Sprecherin verboten worden wäre. So langsam die Kirche oft erscheint, sie bewegt sich – freilich reicht eine Lebensspanne nicht aus, um vom Ackern und Säen zum Erlebnis größerer Ernten zu gelangen.

Zweiter Teil:
Persönliche Erfahrungen im Diskurs

I. Vorzüge der kirchlichen Habitualisierung

Unter „Habitualisierung“ verstehe ich mit Pierre Bourdieu (aber auch mit Aristoteles) eine Eingewöhnung, die einen Anteil in Erziehung und Kindheitserfahrung hat, die aber auch selbstgesteuert sein kann. Denn Haltungen (*habitus*) entstehen auf dem Rücken von ermöglichten Erfahrungen und Gewohnheiten, aber auch auf dem Rücken der eigenen Handlungen und praktisch umgesetzten Überzeugungen.

Was war eigentlich katholisch? Welche Lebenseinstellungen und Haltungen gehörten dazu? Diese Frage haben wir uns im Kreis von gleichaltrigen Freunden bei einem Ausflug im Herbst 2018 gestellt. Denn das „Katholische“ war ja für uns auch mit nostalgischen Gefühlen der Geborgenheit in den religiösen Riten des Jahreskreises und des Alltags, des Sonntags, der Begleitung von Geburt, Sakramenten der Eucharistie und Firmung sowie mit der Betreuung kranker Angehöriger, mit Beerdigungen und mit der Betreuung von Familiengräbern verbunden. Katholisch war in diesem Sinne lebenszentral, eine Identität, eine Ortsbestimmung, eine Gemeinschaft, ein Gleichklang der Lieder und der Herzen. Für uns Ältere ist das nicht verschwunden, aber wir konnten es an die nächsten Generationen nicht genauso vermitteln. Wenn ich diese Nostalgie mit wenigen Worten zusammenfasse, dann lauten sie: ein Gefühl von Geborgenheit und Tröstung über die Grenzen des Lebens hinaus. Damit ich nicht missverstanden werde: Meiner Meinung nach kann man – mit wenigen Veränderungen und spezifischen Pointierungen – evangelisch *mutatis mutandis* genauso empfinden. Unterschiedlich war die Einbettung in eine Kultur: von Mai-Altärchen zu Ehren Mariens bis zu Fronleichnam und der Friedhofskultur um Allerheiligen. Heute sind die Dorffriedhöfe nicht mehr voller Blüten und Lichter (je nach Jahreszeit), sondern kahl und gefühlsarm – wer wird in einer Eventkultur, die täglich reizt und bedient, diese besonderen, tiefen Gefühle vermissen? Das katholische Fasten ist nicht mehr katholisch, es ist aus Gesundheitsgründen säkularisiert. Das ist ja nicht falsch, aber eine vorherige Sinnbestimmung und die begleitende religiöse Phantasie geht verloren.

Ich würde nicht gern vorschnell im Sinne einer Bilanz von „Verlust“ sprechen. Dann müsste man die Erfahrung positiver Veränderungen hinzufügen. Vielleicht ist heute alles weniger, dafür überzeugter. Aber ich will dies hier nicht bewerten, sondern beschreiben. Zur Diagnose gehört die Auflösung der religiösen Pflichtenkreise. Die in den fünfziger Jahren klar unterschiedenen Pflichtenkreise – gegenüber Gott, gegenüber sich selbst und gegenüber dem Nächsten – waren durch den Beichtspiegel eingeschärft, verloren aber allmählich ihren Zusammenhalt. Es ist sicher ein Vorzug, dass das gemeinsame Christentum sich heute eher sozial versteht und sich damit auch gesellschaftlich weiter legitimieren kann. Den Gottesverlust beklagt ein resignierter Altpapst in den Tagen, in denen ich dies schreibe – er vergisst jedoch, was von innen heraus zu diesem Verlust führte: die Stagnation im Unwesentlichen. Als ich 2018 Trier besuchte, um meiner Enkelin eine römische Kaiserstadt und eine reiche Religionsgeschichte zu zeigen, war ich am Sonntagmorgen um 7 Uhr in der Messe in der Domkrypta zunächst fast allein. Was hatte sich seit 1960 verändert? Da war auf der einen Seite das internationale Karl-Marx-Festival, auf der anderen Seite das Abschmelzen des Katholischen in die – zum Teil immer noch zu bestimmten Zeiten gefüllten – Kirchenräume.

Was wird eigentlich einmal katholisch sein? Es scheint mir offen, wie eine kleinere Reformkirche einmal aussehen wird. Schaut man in das 19. Jahrhundert, in dem die katholische Kirche gleichsam an der Aufklärung vorbeizog, dann sieht man die Träume der Konservativen. Aber es ist nicht zu leugnen, dass Jahrzehnte der inneren Stagnation und Merkmale des gesellschaftlichen Umbruchs sich wechselseitig so bedingen, dass die Aussichten nicht gut sind. Da dies aber in Deutschland allgemein für beide Großkirchen gilt, ist der Typus „katholisch“ zwar besonders mit benennbaren Schwierigkeiten ausgestattet, aber der gesellschaftliche Anteil am Wandel ist ebenfalls nicht zu übersehen.

Die katholische Habitualisierung setzte sich für mich in der eigenen Ehe und Familie fort. Die Kontinuität zur katholischen Kindheit und Jugend bestand bei aller dynamischen Veränderung weiter. Meine spätere Frau und ich waren in zwei nicht so weit voneinander entfernten und nur durch einen „Bauernwald“ getrennten Dörfern aufgewachsen. Kirchlich wurden wir in den fünfziger und sechziger Jahren habitualisiert, aber zunehmend mit dem Alter wählten wir unter den Gewohnheiten aus und machten uns zu eigen, was wir für gut und richtig hielten. Dazu gehörte der sonntägliche Besuch der Messe. Meine Frau hat auch als Religionslehrerin Wert auf die Begegnung mit der Eucharistiefeier bei den Kindern in der 5. und 6. Klasse gelegt. Die katholische Habitualisierung unserer Kinder hatte später ihren Schwerpunkt in Rottenburg am Neckar. Hier war eine gewisse Spannung nicht zu leugnen: Wir wollten eine selbstbestimmte Habitualisierung, und diese war kaum vorgesehen. So setzte sich ein Problem fort, das ich 1980 anlässlich der Erstkommunion unserer Tochter, noch in der Schweiz, als tief empfunden und bereinigt hatte: Unzufrieden mit der Teufelsangst im Unterricht des Pfarrers für die Erstkommunikantinnen ließ ich mir die Tochter zum Privatunterricht zuweisen, und die Erstkommunion verlegten wir dann in einen aufgeschlossenen Familiengottesdienst in der Stadt Fribourg. Ich gehe davon aus, dass die „katholische Angst“, die manche kirchliche Habitualisierung begleitete, abgenommen hat. Es geht dabei nicht nur um religiöse Pflichtenkreise und sakramentale Einübungen, sondern auch um Gewissensprägungen, mit denen man sich später auseinandersetzen muss. Hier kann man Paulus folgen: Wenn das Kind erwachsen wird, muss es sich mit den Gewohnheiten auseinandersetzen und zu einer religiösen Selbstbestimmung gelangen (vgl. 1 Kor 13,11). Die erwähnte Aufteilung des christlichen Lebens in drei Pflichtenkreise – Pflichten gegen Gott (Kirche), gegenüber sich selbst und gegenüber dem Nächsten –, die frühere Moraltheologen in den sog. Beichtspiegel gebracht hatten, die negative Aufmerksamkeit, die hinsichtlich des eigenen Körpers und der Sexualität geschult worden war, schuf nicht nur einer modernen Moraltheologie die Aufgabe, hier umzudenken und umzuschulen – sie steht auch heute besonders am Pranger, nachdem die sexuelle Selbstaufladung *ex negativo* solch fürchterliche Missbrauchs- und Übergriffsvorgänge mit ermöglicht hat. Mit „ex negativo“ meine ich: Die Vermeidungsstrategie der Sexualität erhöhte ihre Präsenz.

II. Literarische Bildung als jugendliche Sensibilisierung für die Disproportion von Erfahrung und Ordnung

Bevor ich mich wissenschaftlich vor allem mit deutscher Literatur und ihren Gattungen beschäftigte, war ich in einem literarischen Haushalt aufgewachsen, in dem die Klassiker verfügbar waren und Aktuelles und in den Medien Diskutiertes auch gekauft wurde. Dies war ein großväterliches und mütterliches Erbe, frankophil zugleich, so dass in meiner Jugend der *Nouveau Roman*, z. B. Jean-Paul Sartre, Albert Camus, aber auch Paul Claudel und François Mauriac, eine wichtige Rolle spielten. Hier gab es die Auseinandersetzung zwischen Existentialismus, Sozialismus, Metaphysik und Katholizismus. Die französische Lyrik, die im Unterricht behandelt wurde, leitete im Hausgebrauch zu den französischen Chansons über.

Als Abiturient suchte ich mir neben Werner Bergengruen vor allem Reinhold Schneider (1903–1958) aus, zumal er historisches Welttheater inszenierte und ich für dramatisierte Geschichte eine Schwäche hatte. Also las ich neben den Königsdramen von Shakespeare in den schön gebundenen Büchern unseres Großvaters z. B. auch die Romane von Wilhelm Hauff, Walter Scott, Robert Louis Stevenson, Gottfried Keller, Adalbert Stifter, Otto Ludwig, Conrad Ferdinand Meyer, Gustave Flaubert und Ludwig Ganghofer – diese Zusammenstellung ließe sich ergänzen. Später kamen Lion Feuchtwanger und Heinrich Mann dazu. Thomas Mann war mir damals noch zu sehr der Beschwörer komplizierter Sätze.

Natürlich las ich als Kind und Jugendlicher auch alle Karl Mays und eine Menge weiterer Indianergeschichten, z. B. von Fritz Steuben (1898–1981) über Tecumseh. Meinen Kindern las ich später Liselotte Welskopf-Henrichs (1901–1979) dicke Bände über *Die Söhne der Großen Bärin* vor. Da war ich schon in der Lage zu erkennen, wie sich hinter der Parteinahme für die Indianer auch jeweils eine Tendenz gegen Amerika als Kolonialstaat ausdrückte: Später besorgte ich mir in den USA wissenschaftliche Biographien der gescheiterten Häuptlinge (Tecumseh, Crazy Horse). Karl May trieft ja von „edler" Moral. Wenn man sie analysiert, sieht man, wie sich nach einer von

Selbstlob strotzenden Versöhnlichkeit der Helden die Steigerung der eigenen Gewalt aus der Gegengewalt legitimiert, wie Urteile über Völker gefällt werden, wie überlegen sich das Deutschtum in der Fremde anfühlt. Man lernte eine Menge über die verarbeitete Reiseliteratur, über Religionen – hier übt der Schriftsteller eine beachtenswerte integrierende Toleranz –, über Kolonialismus und über den hyperkompensierten nationalen Minderwertigkeitskomplex vor dem Ersten Weltkrieg, der wohl seiner eigenen Figur, die er als Helden umsetzte, entsprach. Karl-May-Spiele (Bad Segeberg) haben wir als Kinder besucht. Zu den in ihrer abgehobenen Schlichtheit erfolgreichen Karl-May-Filmen hatte ich dann keinen Zugang mehr.

Wenn man als Jugendlicher – auch um Geschichte als Ereignis kennenzulernen – neben Shakespeare, Goethe und Schiller, neben Grillparzer auch schon Fontane, Tolstoi und Dostojewski liest, stößt man auf moralische Probleme, die sich nicht einfach auf „gut" und „böse" reduzieren lassen. Man stellt fest, dass die erzählerischen Auslösungen keine eindeutigen moralischen Lösungen enthalten, sondern nachdenklich machen. Meine prägende Entdeckung war, dass sich individuelle Ethik und soziale Moral nicht ineinander auflösen lassen, was später Hans Krämer philosophisch radikaler zum Ausdruck brachte (Stichwort „Integrative Ethik"). Was mir auch deutlich wurde, war, dass die Art, *wie* erzählt wird, sehr viel mehr über die moralische Komplexität von Beziehungen, Umständen und Charakteren aussagt als die von den dargestellten Personen vermittelten Botschaften. Dies waren für mich frühe Lernprozesse über Erzählen und Moral. Das Ergebnis dieser Lernprozesse war ein Horror vor Verallgemeinerungen und Generalisierungen, die mit manchen moralischen Urteilen verbunden sind. Ich erfuhr dies später, 1977, anhand einer altgermanistischen Besprechung meiner Interpretation des Romans *Tristan und Isolde*, in der ich die „Disproportion von Erfahrungsgestalt und Ordnungsgestalt" zum Thema gemacht hatte. Unter Hinweis auf den Philosophen Immanuel Kant bemerkte der Rezensent: „Ehebruch bleibt Ehebruch". Er ließ sich auf die „Disproportion" nicht ein. Dennoch gibt es sie. Ich fand 2019 beim Besuch des Domschatzes in Erfurt einen Beleg: Zisterzienserinnen stickten die Geschichte von Tristan und Isolde auf einen Tischteppich. Ich erkundigte mich. Das war in Zisterzienserinnen-Klöstern nicht unüblich, und es gibt prächtige Exemplare. Warum taten die Nonnen dies? Offensichtlich sahen sie die Disproportion zwischen der Intensität der Liebe und den Konventionen der Ehe, auf welche der Autor Gottfried von Straßburg Wert legt. Die Erfahrung von Disproportionen und Nonkonformismus hängen m. E. zusammen.

Zwei Literaten, die medial besonders zelebrierten, „nicht einverstanden“ zu sein, haben mich als Lektüre eine Strecke weit begleitet, und ich habe dazu Seminare im Bereich Narrative Ethik gehalten: Heinrich Böll und Peter Handke. Beide könnten unterschiedlicher nicht sein, obwohl es für mich eine Querverbindung gab: *Die verlorene Ehre der Katharina Blum* von Böll habe ich mit *Wunschloses Unglück* und mit *Die linkshändige Frau* von Handke noch in Beziehung setzen können. Aber Handke ist ein Sprachästhet, dessen frühe Beschimpfung von Literatur und Publikum sich auf die Unfähigkeit bezog, Phänomene des Lebens präzise auszudrücken. Handke ist m. E. vor allem ein literarischer Phänomenologe, der mich wegen meiner philosophischen Ausbildung in dieser Richtung lange sprachlich faszinierte – etwa auch durch sein Notizenbuch *Das Gewicht der Welt* –, bis ich den Eindruck gewann, dass damit politische Naivität verbunden sein könnte. Handke erinnerte mich in seiner Vorgehensweise an den Phänomenologen Heinrich Rombach, bei dem ich Philosophie studiert hatte. Mit ihm war ich auch politisch nicht einer Meinung. Aber ich schätzte es, auch von Alternativen zu profitieren.

Mit Heinrich Böll war es einerseits einfacher, weil er klare und eindeutige Botschaften verfasste. Gerade in den sechziger und siebziger Jahren, etwa in *Ansichten eines Clowns* als Kirchen- und Gesellschaftskritik der Adenauerzeit oder die Kritik der „Bildzeitung“ als Hetzblatt in der schon erwähnten Geschichte der *Katharina Blum*, ließen keine Zweifel an der Intention aufkommen, und sie führten eine allgemein verständliche, schlichte Sprache, die in Kurzgeschichten geschult war. Böll hatte eine internationale Passform, Handke wirkte auf mich eher durch die Präzision seiner Beschreibungen.

Große Literatur der ersten Hälfte des 20. Jahrhunderts war ohnehin ein Muster des Nichteinverstandenseins. Ich habe mich intensiv mit Thomas Mann beschäftigt, dessen Humanismus gegen die faschistischen Zerstörungspotentiale am besten in den *Joseph*-Romanen zu fassen war, während er die Zerstörung von innen heraus im *Doktor*

Faustus nachzeichnete. Robert Musils *Mann ohne Eigenschaften* las ich als Kritik der konventionellen Obrigkeitsmoral und als Erfinder einer „Möglichkeitsmoral“, d. h. einer Erkundung der Meliorisierung moralischer Möglichkeiten. Hermann Broch (1886–1951) habe ich ebenfalls sozialkritisch gelesen, vor allem seinen „Bergroman“ (*Die Verzauberung*).

In Meister Eckhart, dessen Texte mir immer wieder, wenn auch mit Unterbrechungen, aus persönlich-spirituellem Interesse präsent blieben, sah ich eine Möglichkeit, mit dem Mainstream der verordneten Theologie nicht einverstanden zu sein. Seine philosophische Theologie stellte zu seiner Zeit durchaus eine akademische Möglichkeit dar. Gegenüber der Neuscholastik in der katholischen Kirche blieb sie jedoch eine bisher nicht eingelöste Provokation. Das gilt auch philosophisch: Einerseits ist sie metaphysisch, was heute eigentlich ein philosophisches Gestern darstellt, andererseits ist sie vielfältig anschließbar an moderne Prozessphilosophie, Sprachphilosophie und (Post-)Strukturalismus. Außerdem bietet sie eine Auslegung des christlichen Glaubens, die auch modern intellektuell befriedigen kann. Gegenüber vielen bestehenden Konventionen der katholischen Theologie bleibt sie freilich eine Provokation.

Die Aufarbeitung der nationalsozialistischen Vergangenheit war mit der Literatur oder auch mit Adornos Gesellschaftsanalyse gut als ein Nichteinverstanden zu vollziehen. Die Unterstellung des Neuaufbaus in der Bundesrepublik unter das Schweigen über Vergangenheiten führte u. a. zu den gesellschaftlichen Impulsen der 1968er. Verklärungsverhinderungen des Vergangenen sind und bleiben immer notwendig. Das gilt auch für die Kirche. „Wir sind Kirche“ versucht u. a., diese Verklärungen zu verhindern. Diese Bewegung habe ich, soweit es mein vielfältiges Engagement zuließ, unterstützt. Protestbewegungen dieser Art bekommen jedoch ihre Patina und können zu einem „basso continuo“ in der katholischen Oper werden. Die Gewöhnung kann zur Vernachlässigung führen. Aber die Aufgabe wird dadurch nicht überflüssig.

III. Gedanken und Erfahrungen zum Nonkonformismus

Situationen und Vorbilder

Ich erinnere mich an den Auftritt eines Politikers im Sommersemester 1959, meinem ersten Studiensemester an der Universität Freiburg i. Br. Es handelte sich um einen Vortrag des CDU-Bundestagsabgeordneten Peter Nellen, der sich gegen die atomare Aufrüstung unter Einschluss der Bundeswehr richtete. Seine Argumente erschienen mir damals einleuchtend, und ich fand es bewundernswert, dass einer sich nicht mundtot machen ließ, obwohl er in seiner Fraktion ziemlich allein stand. Zwölf Jahre später hielt ich gelegentlich als junger promovierter Assistent Vorträge bei Führungsoffizieren der Bundeswehr. Diese Vorträge hörten abrupt auf, nachdem ich mich gegen die Ausbildung an Atomwaffen ausgesprochen hatte.

Es gab immer wieder Situationen, in denen ich mich mit meiner Ansicht allein oder mich in einer Minderheit befand. Nun ist es keineswegs so, dass ich mich selbst als jemand sehe, der unterschiedliche Meinungen und Betrachtungsweisen nicht toleriert, sondern als jemand, der immer wieder Gesichtspunkte zusammenführen wollte und das oft auch erreichte und einstimmige Beschlüsse ermöglichte. Ich bezeichne mich selbst als Perspektivisten, der von verschiedenen Ausgangspunkten her eine in Frage stehende Angelegenheit betrachten kann. Aber offensichtlich gab und gibt es auch ein Merkmal, das mich widerstehen lässt, wenn ich zu einer festen Überzeugung gekommen bin.

Die Bereitschaft zum Widerspruch ist, wie ich im Nachdenken darüber feststelle, früh entstanden, in der Familie, in der Schule. Man kann sie zum Teil mit meinen Erfahrungen als Kind und Jugendlicher erklären. Manches Verhalten orientiert sich bewusst – als Kind und Heranwachsender oft auch unbewusst – an Vorbildern. Vorbilder, sagt Siegfried Lenz am Schluss seines Romans *Das Vorbild*, bleiben „strittig bei allem Wegweisenden“. Mit anderen Worten: Vorbilder erzeugen in diesem Sinne keine Nachahmungsbereitschaft, sondern bedeuten Lernprozesse an Personen und an der Art ihrer Wahrnehmung. Bei dem im ersten Teil erwähnten Praktikum beim Saarländischen Rundfunk 1966 hatte ich z.B. das Vergnügen, die Tonaufnahme von Siegfried Lenz für eine seiner Geschichten steuern zu dürfen und ihm als Raucher mit meiner eigenen Schachtel *Reval* auszuhelfen.

In dieser Hinsicht gab es sehr unterschiedliche Vorbilder: Seit unserer Kindheit sahen wir in unserer Mutter Hildegard ein Vorbild für Selbstbestimmung und weibliche Emanzipation. Ihre Distanz zur Kirche war auch durch Kindheitserlebnisse des besonders autoritären Gehabes des Pfarrers – er war zugleich Schulinspektor – und durch entsprechende Ängste bestimmt. Sie wollte „urban" sein, deshalb zog es sie nach Berlin oder in die Großstädte in Europa, auch in den USA. Sie frischte ihre Erinnerungen an Florenz auf. Sie nutzte ihre Sprachfähigkeiten auf diesen Reisen. Sie ertrug die Kritik, dass sie allein (ohne Kinder!) ins Ausland reiste. Dabei wechselte sie von Jahr zu Jahr: einmal allein, einmal jeweils mit einem Kind und zusätzlich mit den Kindern zu den Kieler Großeltern. Sie hielt ihre Konzeption in der katholischen Großfamilie als Abweichlerin durch, gelegentlich auch mit dem Spruch Friedrichs II., jeder solle nach seiner Fasson selig werden.

Gewiss hatten wir Respekt vor ihrer Wahl eines Sonderweges. Unser kindlicher Respekt war keine Zustimmung, die sie ja auch nicht erwartete. Als ich den Weg zur Theologie und ins Priesterseminar wählte, war sie – sehr temperamentvoll – nicht einverstanden. Ich schlug ihr vor, erst ein Jahr Philosophie zu studieren. Ihre eigene Liberalität verbot ihr auf die Dauer die Intoleranz. Sie war durchaus religiös interessiert – insbesondere auf dem Weg über den französischen *Nouveau Roman*, bei dem Grenzfälle der Glaubensbewährung eine besondere Rolle spielten. In dieser Hinsicht gab es keine Tabus. Widerspruchsgeist wurde toleriert: Jeder sollte seinen eigenen Weg suchen. Für Konflikte fanden wir meist Auswege.

Nicht einverstanden zu sein hat in meinen letzten Jahren auch eine sehr intime Perspektive, die in dem Buch *Sterben und Lieben* (Freiburg 2019) enthalten ist: Meine Frau Irene entschied selbstbestimmt, keine möglicherweise lebensrettende Operation anzunehmen und deshalb in kurzer Zeit an einer Komplikation während ihrer Krebsbehandlung zu sterben. Damit war ich nicht einverstanden, aber ich sah keine andere Möglichkeit, als auch darin zu ihr zu stehen: einverstanden mit ihr, nicht einverstanden mit ihrer Entscheidung, die sie zugleich auch für mich traf. Dies scheint mir eine wichtige Erfahrung: Einverständnis und Nichteinverständnis können aufeinandertreffen und miteinander leben und verweilen. So leben wir ja auch sonst, wenn auch nicht in einem so dramatischen Bewusstsein: als Bürger eines Staates (*citoyen*), als aktive, d. h. auch zugleich kritische Mitglieder einer Kirche.

Erfahrungen mit dem Widerspruch von Personen

Ich erinnere mich an einige prägende Szenen, bei denen ich mich mit gemischten Gefühlen wegen meines jugendlichen Widerstandes gegen übliche Handgreiflichkeiten der männlichen Autorität zur Wehr setzte und mich (leider) anschließend dafür entschuldigen musste. Familiär und schulisch geriet ich mit autoritätsbewussten Männern leicht in Auseinandersetzungen, vor allem dann, wenn ich meine Mutter verteidigen oder wenn ich meinen jüngeren Bruder beschützen musste.

In meiner Zeit als Seminarist in Trier arbeitete ich – auch außerhalb des Studiums in der Katholisch-Studierenden Jugend – mit Erwin Iserloh zusammen, der damals mit der Legende einiger Heiligen aufräumte, auch den Heiligen Rock in Zweifel zog, später dann Luthers Thesenanschlag als späte Legende erwies – alles mit guten Gründen. Er tauschte 1963 seine Rolle als „professeur terrible" in Trier mit der Rolle des Kritikers linker studentischer Revolten in Münster. Ich erinnere mich gern an die temperamentvollen Auseinandersetzungen mit diesem Lehrer der Kirchengeschichte, der sich auch einmal entschuldigen konnte, wenn er ausfällig geworden war.

Hans Küng, der damals für manche Diskussionen sorgte und eine neue Vision von Kirche beschrieb, gilt gewiss nicht als Vertreter des kirchlichen Konformismus. Als Christ und Priester blieb er in der katholischen Kirche und ließ sich auch nicht vertreiben. In der damaligen demokratischen Welle in der Universität war es möglich, als Assistent mit dem Vorsitz in einer Studienreformkommission betraut zu werden. In diesem Zusammenhang lernte ich Hans Küng persönlich näher kennen. Wir waren in einer bestimmten Reformfrage unterschiedlicher Meinung, und ich erfuhr, wie fair der demokratische

Schweizer mit dem Disput umging. Später nach 1978 bei *Concilium* hatten wir auch in dieser Hinsicht manchen freundlich kontroversen Austausch. Hans Küng hat den Vorzug, eine klare, verständliche Sprache zu sprechen und sich klar zu positionieren. Dabei hatte ich immer den Eindruck, dass man einer so starken Persönlichkeit von Anfang an deutlich sagen muss, dass und wann man anderer Meinung ist. Bei seinem 70. Geburtstag nahm er an einem Tisch Platz, der den Namen „Winkelried" trug, bekanntlich ein Schweizer Kriegsheld, der die feindlichen Speere auf seiner Brust vereinigte, um für die nachrückenden Hellebarden einen Durchbruch zu schaffen. Es gibt einen schönen Spruch, den der evangelische Theologe Eberhard Jüngel (* 1934) auf einem der Küng-Geburtstage angebracht hat: „Wir mögen Hans Küng nicht immer, aber wenn wir ihn mögen, dann mögen wir ihn so, wie er ist." Hans Küng war ein Nonkonformist mit einer Breitenwirkung, die freilich einen starken medialen und religionspädagogischen Akzent an sich trägt. Das bedeutete auch eine große Wirkung im Religionsunterricht an den Schulen, vor allem durch sein Buch *Christ sein* (1974), in das er manche Vorschläge seiner Kollegen aufnahm. Mein eigener Nonkonformismus kam zum Ausdruck, wenn ich mich bei *Concilium* zu den Feministinnen und zu den befreiungstheologisch orientierten Gruppen hielt. Auch von diesen Begegnungen wird, wie schon angedeutet, noch die Rede sein.

Als ich nach Tübingen kam, war Joseph Ratzinger wie Hans Küng als Konzilstheologe bekannt, beindruckend durch seine Eloquenz und seine spekulativ differenzierte Theologie. Ich versuchte, sie theologisch aufzunehmen, folgte aber nicht seinen kritischen Abgrenzungen, z. B. zur „praktischen" Theologie, zu dogmatischen Vereinfachungen, zur 68er-Bewegung, vor allem zu ihrer Aggressivität und ihrem Straßenanteil, auch zu Hans Küngs aufgeklärtem und pragmatischem Liberalismus. Das alles konnte ich nicht gleich erfassen. Als ich 1967 in Tübingen anfing, wurde von den katholischen Tübinger Theologen gemeinsam „Theologie im Wandel" in einer Festschrift zum 150-jährigen Jubiläum der Fakultät beschrieben. 1968 hielt zunächst die Enzyklika *Humanae vitae* unter Federführung von Alfons Auer ihre Kritiker zusammen. Joseph Ratzinger, den ich in seinen pointierten Zusammenfassungen anderer Positionen manchmal als polemisch-zuspitzend wahrnahm, hatte in seiner klaren Position zu einem jüdisch-hellenisch entstandenen Christentum meinen Respekt. In Fragen der Moraltheologie kam es jedoch nach 1971 zum Konflikt mit Auers Autonomer Moral. Ratzinger ist für mich eine andere Figur des theologischen Nonkonformismus. Er traut sich zu, seine eigene Meinung offensiv und gegen den von ihm selbst diagnostizierten Trend darzustellen, ohne die Bedeutung des akademischen Diskurses in Frage zu stellen. Insofern war er auch in der Lage, sich als Papst zurückzunehmen, obwohl er doch Traditionen und Konventionen, in seiner Rolle als bestellter „Wächter" m.E. durchaus konventionell und zum Widerspruch herausfordernd, aufrechterhielt. Seit den siebziger Jahren befand ich mich gerade in der Theologischen Ethik, hinsichtlich der Befreiungstheologie, aber auch in Diagnosen historischer theologischer Texte mit Joseph Ratzinger bzw. Benedikt XVI. nicht im Einvernehmen. Nicht einverstanden zu sein muss aber immer differenziert werden: Ein bloßes *Downsizing* des theologischen Denkens zugunsten billiger Anpassungen an den jeweiligen Trend halte ich auch für falsch.

Zweimal bin ich später Eugen Drewermann begegnet, der sein Nichteinverständnis ja deutlich dokumentiert hat. Er ist freilich in seinen Werken ein bedeutender Inspirator für christliche Predigten geworden und geblieben. Wir trafen uns vor vielleicht 25 Jahren bei einer Versammlung von „Priestern und ihren Frauen" in Frankfurt, in der Zeit, in der Johannes Paul II. die Möglichkeiten der Laisierung aufgehoben hatte. Ich hielt einen Vortrag über die moralische Unzulässigkeit des Pflichtzölibates. Drewermann, der eine Zeit lang von der Tür aus zuhörte, kommentierte anschließend in seiner – wie immer äußerst flüssigen – Rede: Wenn man noch Ethik betreiben könne, dann könne man sie so betreiben wie ich (er meinte damit die offene Struktur einer narrativen Modellethik) – aber Ethik sei überholt, es gehe um Psychologie. Ich weiß nicht, ob er dies ganz ernst gemeint hat, aber es war eine klare Arbeitsteilung.

Egbert Schroten, ein reformierter niederländischer Theologe, mit dem ich eine gemeinsame Zeit in der *European Group on Ethics* (1994–2001) verbrachte, sagte zu mir: „Ich verstehe nicht, wie Du das aushältst, manchmal ganz allein zu stehen." Nun, ich ging ja kein Risiko ein, das mich existentiell betroffen hätte. Risiken, wie sie mit der Theologie als katholische Lehre verbunden sein konnten, schienen mir hingegen selbstverständlich. Nachdem ich ab 1981 in Tübingen lehrte, waren sie ja im härtesten Fall mit einem Fakultätswechsel verbunden.

Kontrasterfahrungen mit dem Unrecht

Nicht einverstanden zu sein hat also etwas mit Erfahrungen zu tun. Im Vordergrund stehen zunächst die Kontrasterfahrungen am Unrecht. Empörung, so meine ich, sollte freilich kein Gestus zur Selbststilisierung sein. Wer nicht sparsam mit Empörung umgeht, beschränkt seine eigenen Möglichkeiten und gerät in den Zwang, stets diesen Gestus zu produzieren. Dann schlägt der Nonkonformismus ist einen Konformismus mit einer Lob- und Preisgesellschaft um, die sich gegenseitig im Protestgehabe bestätigt.

Eine moralische Konzeption des Nichteinverstandenseins, also des Nonkonformismus, kann also nur dialektisch entworfen werden. Zunächst gilt: Nonkonformismus hat mit Überzeugungen zu tun, die nicht autoritativ oder durch Konventionen, durch Mehrheiten oder durch Attitüden des Korrekten gedeckt sind. Der Strom fließt in eine andere Richtung. Es besteht die Chance, gegen den Strom zu schwimmen, auch wenn man sich gelegentlich an etwas, womit man nicht ganz einverstanden ist, festhalten muss, weil man sonst überspült wird. Die Bündnisse, an denen man sich dann festhält, können vorübergehend sein. Die Differenzierung der individuellen Position kann nicht immer aufrechterhalten werden. Solche Überzeugungen sind als praktische Orientierungen auch Bestandteile des eigenen Lebens, der persönlichen Lebensführung, der Erfassung sozialer (und kirchlicher) Möglichkeiten. Sie sind praktisch orientiert, nicht bloß Varianten eines akademischen Diskurses. Die Selbstbehauptung im Nonkonformismus ist als Widerspruch oder Widerstand wahrnehmbar bzw. drückt sich darin aus. In diesem Zusammenhang kann es auch zu Kontroversen über angemessene Ausdrucks- und Vorgehensweisen kommen, oder zu Überlegungen, welche Handlungen und Äußerungen klug oder unklug sind, gemessen daran, was oder wen man erreichen möchte.

Der individuelle Nonkonformist entscheidet sich selbst, etwas nicht anzunehmen oder hinzunehmen. Nicht hinnehmen ist die Verweigerung von Anpassung; nicht annehmen ist die Verweigerung von Zustimmung. Jede Entscheidung dieser Art bedarf der Ursache und des Anlasses. Denn nicht die bloß private abweichende Meinung ist hier im Spiel, mit der man sich zurückgelehnt und sich innerlich selbst distanziert oder aus einem Gefälle der Zustimmung herausnimmt, sich nicht einmischt: Das wäre ein sehr passiver Nonkonformismus. Es geht mir vielmehr um die aktive Form, in der man sich einmischt und mit Widerstand auch Widerstand hervorruft. Die Belastung wird dann nicht gescheut.

Courage, Klugheit und Verständigung

Zivilcourage entwickelt man unter der Voraussetzung einer Unterlegenheit, die man „um der guten und richtigen Sache willen" durch deutliche Bekundungen kompensieren will. Wenn es auch unklug ist, lustvoll mit fliegenden Fahnen unterzugehen, so empfand ich doch die Bereitschaft, gegen den Strom zu schwimmen, aber auch die Bereitschaft, die Gegenströmung auszuhalten. Denn Sollen setzt Können voraus. Klugheit als Tugend erfordert, den eigenen Handlungsspielraum nicht völlig aufs Spiel zu setzen, auch wenn man dann nicht immer die beste Variante des Verhaltens, die man für richtig hält, wählen kann. Aber noch heute erfreue ich mich selbst am Widerspruch anderer, wenn er ohne Herablassung und Aggressivität erfolgt. Daran fehlte es mir auch nicht: weder bei meiner Frau noch bei meinen Kindern, noch bei meinen Schülerinnen und Schülern. Ich erfreue mich daran, wenn sie alle ihren eigenen selbstbestimmten Weg gehen. Jeden seinen Weg selbst finden zu lassen setzt voraus, dass es kein einheitliches Rezept gibt. Deshalb finde ich als Koch Kochbücher zwar anregend, aber nicht verpflichtend. Wenn ich mich mit Spiritualität oder Spiritualitätsgeschichte beschäftige, achte ich möglichst darauf, die Reichhaltigkeit der einzelnen Variablen, die sich nicht auf eine Spiritualität reduzieren lassen, im Auge zu behalten.

Als ich in Tübingen Anfang der achtziger Jahre mit Studierenden und Polizisten Polizei-Ethikseminare gehalten habe, durfte uns ein als Demonstrant gegen Atomkraftwerke durch besonderen Widerstand auffällig gewordener, inhaftierter und verurteilter Student nur unter meiner Verantwortung als Seminarleiter auf einer polizeilichen Nachtfahrt über die Alb begleiten. Da habe ich mich u. a. daran erfreut, wie der Demonstrant und ein Polizist, die einander im heftigen Konflikt auf der Straße persönlich begegnet waren, in einer Polizeistation auf der Schwäbischen Alb sich friedlich über ihre unterschiedlichen Ansichten und Aufgaben verständigten. Gewiss gibt es einen Unterschied zwischen Verständigung und Übereinstimmung. Aber setzt Verständigung nicht voraus, dass man in bestimmten Punkten konform ist?

Dialektik des Nonkonformismus

Inwiefern ist Konformismus ein Bestandteil des Nonkonformismus? Sage mir, wogegen du bist, und ich sage dir, wofür du bist. Gewiss gibt es auch ein Wogegen ohne ein Wofür. Das ist leichter und wirksamer, wenn viele der Nichtzustimmung als Mehrheit zustimmen, aber es bleibt doch ein steriler Protest. Der Nonkonformismus schwimmt mit, bleibt passiv. Der aktive Nonkonformismus steht m. E. unter dem moralischen Anspruch eines projektierten Wofür. Das Wofür seines Wogegen ist für den Nonkonformisten klar, aber es ist eben kein schon Bestehendes, es sei denn getragen von einer Minderheit. Im Grunde setzt sich der Nonkonformist mehrfach ab: von einem elitären Konformismus der sich besser Dünkenden, von einem Trend neuer Mehrheiten, die auf bestimmte Veränderungen setzen, aber auch von einem Wogegen, das sich nur als Protest äußert.

Was bleibt dann noch? Ich plädiere für einen konstruktiven Nonkonformismus, der seine korrespondierende Konformität reflektiert. Aber diese Konformität ist ja keine gegebene, sondern eine erst in Bündnissen gesuchte oder eine Konformität im Projekt. Nonkonformismus ist zukunftsorientiert, auch wenn er einige vorgeschlagene Zukunftsvisionen ablehnt. Mein 2002 veröffentlichtes Buch über Bioethik hatte ich mit der Titelfrage versehen: „Was wollen wir können?" Es geht nicht konform mit manchen wissenschaftlich-technischen Zukunftsentwürfen, weiß aber, dass jede Alternative zu Wissenschaft und Technik eine wissenschaftlich-technische Alternative projektieren will, nicht bloß ein destruktives Nein.

Ein konstruktiver Nonkonformismus ist zugleich ein Perspektivismus. Denn um konstruktiv zu sein, muss er die eigene Perspektive wechseln und sich in andere hineindenken können. Interpretiere ich also das Motto „nicht einverstanden" konstruktiv, dann sind darin Visionen und Projekte der Zukunft enthalten, die man artikulieren kann. Nonkonformismus ist Konformismus mit einem Zukunftsprojekt. Es geht darum, was sein wird und wie es sein wird.

Es gibt den vergangenheitsorientierten und damit sterilen Nonkonformismus. Er beklagt gern den gegenwärtigen Zeitgeist. Oft ist dies eine Verteidigung des Zeitgeistes von gestern. In einer Welt des wissenschaftlichen, technischen und wirtschaftlichen Vorwärts soll es, so heißt es, keinen Rückwärtsgang geben, aber es geht immer auch um Weichenstellungen vorwärts. Gewiss beinhaltet dies auch Stilllegungen vergangener Vorwärtsbewegungen, z. B. auf dem Energiesektor. Aber man sucht dann nach konstruktiven Alternativen.

Der Nonkonformismus in meiner persönlichen Lebensführung drückte sich, wie erwähnt, zunächst darin aus, dass ich schon als Jugendlicher in meiner Aufgabe als schulischer und regionaler Jugendleiter – bei aller jugendbewegten Lager- und Fahrtromantik – unsere Aufgabe als „politisch" ansah. Das führte später nicht nur bei mir dazu, dass uns die 68er-Bewegung zwar nicht aufsaugte, aber unser Engagement stärker in allgemeinen Initiativen aufgehen ließ. Die „Gemeinschaftler" blieben enger beim „Bund" zurück, sorgten damit ihrerseits dafür, dass die Ressource am Leben blieb und aus ihr später Reformkräfte hervorgehen konnten. Daran lässt sich beobachten, dass auch gute allgemeine Trends zu einer Nivellierung der Ressourcen führen können, die man jedoch weiterhin braucht, um auf neue Situationen vorbehaltlos eingehen zu können. Die Dialektik von „Mission" und „Gemeinschaft" habe ich in diesem Zusammenhang besser verstanden.

Gemeinschaft kann politisch dazu tendieren, eine sog. Seilschaft zu bilden. Ein innerer Seismograph sagte mir, ich solle mich von politischen, medialen und akademischen Karrieren fernhalten, die auf den entsprechenden Seilschaften beruhten. Einige mögliche Treppenstufen für eine gesellschaftliche Karriere habe ich bewusst nicht betreten. Natürlich wurde mir auch deutlich, dass gewachsenes Vertrauen und Zutrauen in Gemeinschaften unvermeidlich und förderlich sein kann. Davon habe ich durchaus in Maßen Gebrauch gemacht, aber ich erinnere mich z. B., dass mir ein „Bundesbruder“, der höhere Stellen vergab, einmal sagte: Unter den 1.000 Bewerbern würde er automatisch denjenigen vorziehen, der aus unserem Verein kommt. Diese Linie habe ich später nicht umgesetzt, aber ich habe es natürlich nicht schlicht neutralisiert oder gar als Nachteil angesehen. Ich habe auch für Einstellungen von Mitarbeiterinnen Empfehlungen anderer gebraucht und erhalten. Was mich selbst betrifft, so konnte ich mich auf die rückhaltlose Empfehlung meines Lehrers Alfons Auer verlassen, auch wenn wir nicht immer einer Meinung waren.

Vieles am üblichen Konformismus im akademischen und im politisch-gesellschaftlichen Bereich ist elitär. Damit meine ich nicht die immer wieder auftauchende Debatte um Elitenbildung, die in der Europäischen Union später auch durch die französische elitäre Politikschulung befördert wurde. Ich meine damit ein gewisses Stilbewusstsein, dass ich mich abheben und etwas Besonders sein will. Auch hier wäre es vermessen, dies schlicht in einem „plebejischen“ Sinne abzulehnen, aber ich hatte gemischte Gefühle. Sie hingen damit zusammen, dass ich gleichsam in großbürgerlichen Erinnerungen, denen die Gegenwart nur teilweise standhielt, aufgewachsen war, selbst zudem immer wieder die eigenen Möglichkeiten, arrogant und blasiert zu werden und zu wirken, vor Augen hatte. Hier entsprachen sich christliche Spiritualität und demokratischer Aufbruch mit starken sozialen Impulsen.

Politischer Nonkonformismus

Die saarländische und die jugendliche Komponente meiner politischen Eingewöhnung habe ich im ersten Teil dargestellt. Ich habe freilich die Revolte am Ende der sechziger Jahre als eine besondere Veränderung wahrgenommen. Dazu gehörte auch, dass die Jugendarbeit und Studienarbeit des *Bundes Neudeutschland* hinter die Familiengründung 1968 zurücktrat. Aber sie änderte sich auch in der allgemeinen politischen Veränderung der Republik und mit einer nachkonziliaren Veränderung. Zur politischen Veränderung gehörten neue Themen, die man unter „Demokratisierung“ zusammenfassen wollte und die mir wichtig waren. Zur nachkonziliaren Veränderung gehörte u.a. das Erschlaffen einer Verbindung zwischen Religion an der Schule und außerschulischen jugendlichen Lebensformen. Zwar wurde kirchlich weiterhin an ein Element „Schulseelsorge“ gedacht, aber die Verbindung mit den Lehrfächern ließ nach. Dazu gehörte auch, dass die Religionslehrer nicht mehr zölibatär lebende Priester waren, die ihre „Freizeit“ der Jugendarbeit widmeten. (Auch hier darf man freilich andere Bilanzen des Pflichtzölibates nicht aus den Augen lassen. Die Vorzüge eines frei gewählten Zölibates will ja niemand bestreiten.)

Es gab also eine Veränderung der politischen Einstellung und des Engagements. 1967 ging ich zum ersten Mal mit einer Demonstration wegen der Erschießung des Studenten Benno Ohnesorg durch einen Polizisten in Berlin noch in meinem Studienort Würzburg auf die Straße. Ich erinnere mich: Viele Professoren, u.a. mein altgermanistischer Schweizer Lehrer Kurt Ruh, gingen in dieser Demonstration mit. Ich wurde dagegen von meinem philosophischen Lehrer Heinrich Rombach dafür gerügt: Politik mache man nicht auf der Straße. Der Lehrer, von dem ich viel gelernt habe, obwohl ich später in Tübingen auch die Kritische Theorie und den Pragmatismus studierte, stimmte also mit mir nicht überein. Wir blieben in Kontakt und uns gegenseitig gewogen. Obwohl wir in einigen gesellschaftlichen Grundeinstellungen nicht differierten, sahen wir die Aufgaben anders.

1968, bekannt als politisches Symboldatum, war für mich selbst eine persönliche Wende der Lebensumstände: Ich promovierte, ich erhielt die erste Stelle (als Assistent in Tübingen), ich heiratete. Zwar ging ich von da an immer mal wieder zu Protesten auf die Straße. Ich schloss mich freilich nicht einfach einer Szene an, die für meine konservativ gebliebene Wertewelt nicht in Frage kam, auch wenn ich vor allem die Demokratisierung der Hochschule ebenso für unerlässlich hielt. Ich war auch für die „Entzögerung“ der Aufarbeitung der Vergangenheit, für die Abrüstung statt für die Aufrüstung, für die Beschränkung der Atomenergie und für den Versuch der Verständigung mit der DDR. Von der Schweiz aus, ab 1974, erlebte ich die RAF-Zeit, und ich erinnere mich, dass ich heftig gegen eine Befürwortung der Todesstrafe für Terroristen durch einen Moraltheologen argumentierte. Ich beschäftigte mich damals auch mit Utopien und mit den Theorien der Frankfurter Schule – es war ein Weg, das Nichteinverständnis ebenso wie das Einverständnis zu trainieren. Die Umweltbewegung nahm mich, der ich schon die wirtschaftliche Nutzung der Atomenergie bekämpft hatte, ohne Weiteres mit. Die Mischung von antiautoritär, sozial und ökologisch ist heute ein Grund für das Wachstum der Grünen – das konnte man damals noch nicht absehen, als die *Christen für die Grünen* eher ein abseitiges Dasein in der Partei fristeten.

Parteien sind nicht meine Welt, obwohl ich mich auch theoretisch mit der Bedeutung und mit dem Wert von Kompromissen beschäftigt habe. Politisches Mitwirken in Parteien halte ich für gut und richtig, aber für mich war inzwischen ein unabhängiger Platz gefunden, und er erwies sich als geeignete Position, mit ethischer Expertise in der Politik (und in der Kirche) mitzuarbeiten, ohne mich parteipolitisch einzumischen.

„Nicht einverstanden“ zu erläutern ist also nicht der Protest als Grundhaltung, sondern das Resultat einer kritischen Aufmerksamkeit auf gesellschaftliche und kirchliche Stillstände, Rückwärtsbewegungen und Weiterentwicklungen, eine Bereitschaft, auch in die Öffentlichkeit zu gehen, freilich eher, wenn ich dazu eigens gefragt werde, als im Sinne eines spontanen Bedürfnisses. Die Betrachtung eines dialektischen Nonkonformismus macht zudem deutlich, dass eine Spannung zwischen Zustimmung und Protest, zwischen Solidarisierung und persönlichem Vorbehalt, zwischen Ablehnung einer Position und Anerkennung ihrer Differenzierung besteht.

Von der Dialektik des kirchlichen Nonkonformismus

Obwohl es in der katholischen Kirche eine Bandbreite von zulässigen unterschiedlichen Lehrmeinungen gibt, existiert „Häresie“ oder „Ketzerei“ als Grenzbegriff für Abweichungen gegenüber Auffassungen, welche die Glaubens- und die Ethiklehre betreffen. Nun ist dies erstens eine Frage des Willens, ob man sich in der Form der Trennung von der kirchlichen *Communio* und ihren zentralen Glaubensgütern unterscheiden will. Zweitens ist es eine Frage der Kriterien und des Feststellungsverfahrens. Drittens ist es eine Frage des Verfahrens mit den Betroffenen selbst, seiner Transparenz, seiner Fairness und des zureichenden rechtlichen Gehörs. Viertens müssen auch die Folgen bedacht werden, die sich aus einem negativen Urteil für die Betroffenen ergeben. Obwohl ich dem katholischen Lehramt zugestehe, Lehrmeinungen von Theologen und Theologinnen vom Zentrum des katholischen Glaubens her zu überprüfen, auch wenn es mich selbst betrifft, scheint es mir bisher kein faires Verfahren dafür zu geben, d.h. ein Verfahren, das allgemeinen Ansprüchen der Gerechtigkeit genügt (vgl. u.a. *Streitgespräch um Theologie und Lehramt*, hg. von Peter Hünermann und Dietmar Mieth, Frankfurt am Main 1991). Das heißt natürlich nicht, dass es nicht persönliche Versuche Beteiligter gibt, in einem fragwürdigen Verfahren möglichst fair zu bleiben. Nonkonformismus ist nur als eine dialektische Angelegenheit moralisch zu verstehen, also nicht als ein erratischer Block oder Fels, um den die Wellen wogen. Unter „moralisch" verstehe ich hier eine Haltung der Fairness gegenüber den Einstellungen, Gegebenheiten und Optionen, mit denen man nicht einverstanden ist. Um die kontroversen Bezugspunkte in dieser Angelegenheit zu klären, ist es ferner sinnvoll, möglichst kommunikativ zu erläutern, worauf man sich positiv bezieht.

Dieser Dialektik kann man noch etwas genauer nachgehen, indem man sich mit Ambivalenzen, Mehrdeutigkeiten und Kompromissen beschäftigt. Diese Dialektik geht von der Erfahrung aus, dass es Konformismus und Nonkonformismus nur in wechselseitiger Bedingung gibt. Dies lässt sich am Verhältnis zu Kirche aufzeigen. Dieses Verhältnis sollte ja – unter dem Schlagwort der zwanziger Jahre „Erwachen der Kirche in den Seelen" (Romano Guardini) – ein emotionales, „seelisches" sein. In den neunziger Jahren, nach der Wende, sagte mir mein tschechischer Übersetzer, der als mutiger Priester in den sechziger Jahren zum Tode verurteilte Widerständler Oto Mádr: „Du liebst die Kirche nicht genug!" Er erinnerte damit an den seelischen Konformismus, der mit der genannten Formel angesprochen und propagiert worden war.

Ich hatte keine Schwierigkeiten mit der Botschaft, „Christus in meiner Seele erwachen" zu lassen. Ich verstand ja durch meine Kenntnis Meister Eckharts etwas von der „Gottesgeburt in der Seele". Auch durch die erwähnten ND-Christuskreise war ich christologisch zentriert. 1972 hatte ich das Buch *Christus – das Soziale im Menschen* publiziert. Ich kannte eine „Christologie von innen". In dieser Beziehung verstand ich mich auch gut mit Alfons Auer. Ähnlich wie Bundespräsident Gustav Heinemann gesagt hatte, er liebe nicht Deutschland, sondern seine Frau, hatte ich von Alfons Auer gehört, dass die religiöse Begeisterung nicht der Kirche, sondern Christus gebühre. So war es auch keine Alternative für mich, die Kirche wie eine „Mutter" zu verehren. Hochrangige Kirchenbilder waren mir vertraut, aber das Verhältnis der Kirche zu Christus sah ich hierarchisch im Sinne einer Unter-, nicht einer Überordnung der Kirche.

Es ist aber auch heute noch unter frommen katholischen Laien in meiner Generation schwierig, das seelische Gewicht der Kirche dem Gewicht Christi zu unterstellen. Das Schwächeln der Kirche trifft sie persönlich ins Herz. Die katholische Identität dieser Jahrgänge erscheint mir oft nicht wie eine christologische, sondern wie eine ekklesiologische Identität. Es geht dabei um Gefühle, um „Seele" in diesem Sinne. Viele haben sich auf die Kirche verlassen und sind mit ihr viele Wege gegangen, nun fühlen sie sich verlassen. Dies ist bei mir nicht der Fall: Ich lebe aus einer christologisch motivierten religiösen Selbstbestimmung in der Kirche, mit der Kirche, aber sie, die Kirche, ist außen, Christus ist innen. Man kann auch als Laie nicht immer mit der Kirche im gleichen Takt tanzen, wenn sie für jeden Tanz den Takt meint vorgeben zu müssen. Beim Taufunterricht sangen meine Schwester und ich 1948: „Fest soll mein Taufbund immer stehen, ich will die Kirche hören. Sie soll mich allzeit gläubig sehen und folgsam ihren Lehren." Heute ist dieses Lied im Katholischen Gesangbuch verändert – die Folgsamkeit wird nicht mehr betont. Ich denke, wir brauchen eine Weile, um unsere Gefühle christlich richtig zu orientieren. Die Kirche bleibt ein Geschöpf des Wortes Gottes (*creatura verbi*), und sie sollte ihre Grenze darin anerkennen, Gott, dessen Schöpfung sie ist, nicht zu bevormunden. Dass sie dazu neigt, zeigt leider insbesondere die jüngere Kirchengeschichte des 19. und 20. Jahrhunderts.

„Nicht einverstanden" als politisches Engagement

Ich habe es zwar nicht als primäres Engagement betrachtet, gesellschaftliche Verantwortung auf der Straße wahrzunehmen, aber es gab Ausnahmen, bei denen ich mich nicht auf den Schreibtisch zurückziehen wollte. Eine – 1967 – habe ich schon erwähnt.

Als die ökonomische Nutzung der Atomenergie in den siebziger Jahren diskutiert wurde, redete und schrieb ich mit Argumenten dagegen, die sich erst im nächsten Jahrhundert – freilich vor allem in Deutschland – durchsetzten. Damals wurde mir Fortschritts- und Wissenschaftsfeindlichkeit vorgeworfen.

Die Grünen als ökologische Bewegung weckten mein Interesse, aber ihre Wertungen in der Lebensführung schreckten mich anfänglich ab. Diskussionen mit den *Christen für die Grünen* waren damals eher marginal. Die Wandlung der Grünen dauerte lange. Joschka Fischer ist ein gutes Beispiel dafür. Von 2003 bis 2005 war ich als Bioethik-Experte auf einem von den „Roten" den „Grünen" zur Verfügung gestellten Platz in einer Enquete-Kommission des Bundestages. Vieles hatte sich bei den Grünen gewandelt, so dass ich hier besondere Sympathien entwickeln konnte. Ich erinnere mich an ein langes Gespräch im Zug, nach einer Vortragsreise in Nordrhein-Westfalen, mit Antje Vollmer, das mir eine durchaus selbstkritische Aufklärung über die Optionen und ihre Realität gab.

In den achtziger Jahren ging ich auch mit zu Kundgebungen gegen die sog. Nachrüstung, auch einmal mit Walter Jens und Norbert Greinacher nach Mutlangen, wo Raketen gelagert waren. An Sitzstreiks, die vorher eingeübt werden mussten, nahm ich nicht teil. Eher habe ich befreiungstheologisch-biblisch geredet. Hier geriet ich zwischen die marxistisch-leninistischen Gruppen, welche die Taktik des Niederschreiens beherrschten, und die Hardliner, die den Erfolg im Kalten Krieg wünschten (und auch erreichten).

Ebenfalls in den achtziger Jahren, als Direktor der Sektion Moraltheologie bei *Concilium*, hielt ich auf dem Tübinger Marktplatz eine Rede bei einer Protestkundgebung gegen die Ermordung der Jesuiten in El Salvador. Ignacio Ellacuría SJ (1930–1989), Professor an der *Universidad Centroamericana*, hatte zum Beirat in der Moraltheologie gehört. (Später entstand eine Doktorarbeit am Max-Weber-Kolleg über die philosophische Quelle seiner Kerngedanken.)

In den neunziger Jahren bekämpfte ich an der Seite eines Vertreters von Greenpeace (Christoph Then) die wachsende Zugänglichkeit von „Patenten am Leben". In kontroversen Diskussionen wurde ich einmal als „crazy and stupid" gescholten. Freilich musste man die Patentbedingungen genau studieren. Es ging um die sog. Stoffpatente an embryonalen Derivaten, d. h. nicht nur um Patente auf Methoden, sondern um Ansprüche auf die „Objekte“ selbst. Aber auch die Verfahren widersprachen dem „geordneten Standard“ der Gesellschaft. Ein Erfolg des Protestes beim Europäischen Gerichtshof gab letztlich den Protestierern recht.

Während der Balkankriege wurde von den Parteien gelegentlich die Legitimationsfigur eines „gerechten Krieges“ bemüht. Dieser setzt die Erschöpfung aller Verhandlungsbemühungen voraus und kann kein Angriffskrieg sein. Schon zum ersten Irakkrieg Anfang der neunziger Jahre habe ich bei Protesten auf Marktplätzen geredet. Später, 2003, als ich in Washington an einer katholischen Tagung zur Zeit des amerikanischen Wahlkampfes teilnahm, wurde Präsident George W. Bush von katholischen Kollegen damit favorisiert, dass er „für das Leben“ eintrete. Ich wunderte mich, denn ich fand: mit seiner Kriegsbereitschaft wohl nur für das Leben *vor* der Geburt – und dazu kann er die einzelstaatlichen Gesetze nicht kontrollieren.

Ende der achtziger Jahre hatte sich in Mitteleuropa (Deutschland, Schweiz, Österreich) eine Behindertenbewegung gebildet, die einerseits durch Einladungen von Peter Singer zu Vorträgen angeregt und aufgeregt wurde – Singer hatte die Tötung von schwer leidenden Säuglingen durch die Eltern und „ihre“ Ärzte vorgeschlagen. Zusätzlich hatte die Biomedizinkonvention des Europarates Mitte der neunziger Jahre für Aufregung gesorgt, weil sie Versuche an Nichtzustimmungsfähigen zu legitimieren schien und eine Embryosektion nicht ausschloss (bis heute trifft dies unverändert zu). In der Angelegenheit Peter Singer hatte ich zwar eine klare ablehnende Einstellung zu seinen Vorschlägen und überhaupt zu dieser Art utilitaristischer Ethik, aber Debatten wollte ich nicht ausschließen. So nahm ich 1990 mit anderen an einer Debatte mit Singer im Schweizer Fernsehen teil. Schließlich wurde, um eine offene Debatte zu ermöglichen, zu einer Veranstaltung des US-amerikanischen Konsulates mit hochrangigen Philosophinnen (wie Martha Nussbaum) und Philosophen (wie Julian Nida-Rümelin) in Heidelberg eingeladen. Hier schlug ich den Behinderteninitiativen, für deren Haltung ich Verständnis hatte, vor, ihren Protest einen Tag vor der Veranstaltung öffentlich zu machen, was sie auch taten. Die ethische Debatte selbst war m. E. kein Gewinn für Singers Thesen. Ich hatte z. B. den Eindruck, dass manche Diskutanten wie Martha Nussbaum sich erstmals der Dimension dieser Auseinandersetzung bewusst wurden. Singer, dessen Buch *Praktische Ethik* sehr gut ins Deutsche übersetzt ist und alle Vorzüge eines gut geschriebenen und argumentativ durchgezogenen Buches hat, hat gegen seine Behandlung Ende der achtziger Jahre in „Deutschland“ in der *New York Times Book Review* protestiert, obwohl er nicht in Deutschland, sondern in Wien und Zürich körperlich angegriffen wurde. Die *Internationale Gesellschaft für Bioethik* wurde von ihm auf der Basis dieser Gegenressentiments gegründet, und er wurde ihr erster Vorsitzender. Ich habe mich dann 2003 in Brasilia bei einer Tagung dieser Gesellschaft darüber gewundert, dass die katholischen Vertreter in dieser bioethischen Gesellschaft mitwirken wollten. Entwicklungen der Bioethik mit speziellen Stellungnahmen zu begleiten schien mir sinnvoller. Dazu ein Beispiel: Die Erklärung des Europarates zum Lebensende, die der Theologe Günter Virt umsichtig vorbereitet hatte, sowie die arbeitsintensive Einmischung katholischer Mitglieder der *European Group on Ethics* waren sinnvolle Beteiligungen an einer offenen Debatte. Einmischungen durch Expertenpapiere, die kirchliche Kommissionen liefern, haben freilich in der EU keine rechtserhebliche Bedeutung. Im Gegensatz dazu stehen die rechtlich vorgesehenen Anhörungen der Kirchen in Deutschland in ethisch sensiblen Fragen.

Perspektiven eines toleranten Nonkonformismus

Ich nannte das Konzept eines fairen Nonkonformismus „dialektisch“. Ist der Nonkonformismus deshalb tolerant? Oder anders gefragt: Gibt es einen intoleranten Nonkonformismus? Ich gehe davon aus, dass der Nonkonformismus sich oft als Haltung einer Minderheit gegenüber einer konform gehenden Mehrheit oder gegenüber einer Konformität beanspruchenden Macht anfühlt. In dieser Konstellation zeigt sich der Nonkonformismus im Protest an das Gewissen der Mehrheit oder der Macht. In der katholisch-kirchlichen Konstellation haben wir es jedoch nicht mit konform gehenden Mehrheiten zu tun. Die Synoden der siebziger und achtziger Jahre in West- und Mitteleuropa haben sich nicht mit römischen Vorgaben konform geäußert, sie wurden schlicht nicht respektiert. Lateinamerikanische Synoden wie

Puebla und Medellín wurden von der römischen Autorität begleitet und selektiv rezipiert. Im kirchlichen Kontext treffen wir auf eine Konformität beanspruchende Macht. Diese Macht kann auf Dauer dadurch an Anerkennung verlieren, dass sie sich statt auf Gründe auf ihre überlegene Legitimität beruft. Eine Macht, die in den Verdacht gerät, sich nur um der Macht willen zu erhalten, ist im Kontext demokratischen Lebens schwer zu legitimieren, zumal wenn die christlichen Ursprünge – etwa die Volkswahl der Bischöfe und dergleichen – nicht mit dieser Machtentwicklung in Übereinstimmung zu bringen sind.

Nun kann man einwenden, dass es doch auch einen Nonkonformismus „von unten" gebe, der an der Macht, die er bekämpft oder relativieren möchte, kein gutes Haar lässt. In der Tat wird man mit seiner kämpferischen nonkonformen Motivation von dem beeinflusst, womit man sich auseinandersetzt: Die Gegenmacht bedient sich der Mittel der Macht. Sage mir, wogegen du bist, und ich sage dir, wie du davon beeinflusst wirst. Diese Dialektik ist nicht zu leugnen, aber man kann mit ihr konstruktiv umgehen. Aber bedeutet dieser Umgang nicht, dass man bereit ist, Kompromisse zu schließen? Wer mit Nonkonformismus umgeht, muss sein Verhältnis zum Kompromiss klären.

Der oft missverstandene Kompromiss

Aus der Tatsache, dass es sittliche Konflikte im Menschen und dass es Konfliktlagen im ethischen Diskurs gibt, hat man geschlossen, dass es ethische Konfliktlösungen im Sinne des Kompromisses gebe. Wenn aber der Kompromiss ein Ausgleich zwischen Ansprüchen ist, die nicht zugleich verwirklicht werden können, die aber doch als austauschbar erscheinen, dann wird man den Ausdruck „Kompromiss" nicht ohne Weiteres in den ethischen Bereich übertragen können. Wenn Ausgleich bedeutet, dass Gewinn und Verzicht miteinander in eine Balance (*checks and balances*) gebracht werden, sie also wie eine auszutauschende Ware zu behandeln sind, dann gibt es diesen Tausch im Bereich der ethischen Konfliktlösung nicht. Die Frage, welche der vorausgesetzten Werte in bestimmten Tatbeständen einschlägig sind, ist nicht durch einen Ausgleich zu lösen, sondern durch genaue Kenntnis der Tatbestände und durch die Beantwortung der

Frage, um welchen Wert es hier vorrangig geht. Eine Abwägung von Werten mag als Ausgleich erscheinen, sie ist aber ihrem Wesen nach eher ein Vorzugsurteil. Wenn z. B. Konflikte zwischen Wahrheit und Liebe oder zwischen Wahrheit und Leben entstehen, dann kann es als Kompromiss erscheinen, wenn man das Schweigen wählt statt der bedrohlichen Wahraussage oder statt der wahrheitswidrigen Falschaussage. Denn in Wirklichkeit gibt auch das Schweigen eine Auskunft, von der man weiß, dass sie so oder so ausgelegt werden wird. Wenn man dem Wert des Lebens den Vorzug vor dem Wert der Wahrheit gibt, dann wird man nach Gründen suchen, dies zu rechtfertigen. Das ist legitim: Der Folterer hat z. B. kein Recht darauf, die Wahrheit zu erwarten, und er weiß es. (In der mittelalterlichen Inquisition beanspruchte er dennoch dieses Recht.)

Die ethische Abwägung der fraglichen Werte angesichts genau umschriebener Tatbestände ist also nicht eigentlich ein Kompromiss. Von Kompromiss kann man auch nicht bei einer verantwortungsethischen Abwägung der prognostizierbaren Folgen von Handlungen sprechen. Denn auch hier geht es um die Kenntnis von Tatbeständen und Umständen, zudem um die Kenntnis von ethischen Kriterien, diese zu bewerten. Damit wäre das, was man einen ethischen Kompromiss nennt, besser in der Sprache teleologischer Urteilsfindung aufgehoben. Der „Teleologe" (*telos*, Endziel, also Verantwortung von den Folgen her) scheint seltsamerweise dem „Kompromiss" im Bereich des Ethischen näherzustehen. In Wirklichkeit aber ist der Kompromiss eher ein deontologisches Problem. Denn für den Deontologen, der sich auf grundsätzliche, überall und permanent geltende Pflichten beruft, muss eine Abweichung vom prinzipiell-theoretischen Standpunkt, dass bestimmte Pflichten unter allen Umständen gelten, als Kompromiss erscheinen, d. h. in seinen Augen als eine pragmatische Anpassung an Gegebenheiten, die das richtige ethische Urteil im Grunde nicht berührt. Damit wird die Frage des Kompromisses zu einem Problem von Können und Sollen.

Auch hier hängt es von metaethischen Überlegungen ab, ob das Problem von Können und Sollen zu einer Konfliktlösung im Sinne eines Kompromisses führt. Wer dem klassischen Axiom folgt, „Sollen setzt Können voraus", der kann auf dieser Basis nicht im eigentlichen Sinne von einem ethischen Kompromiss reden. Denn die Einschränkung der Möglichkeiten, sofern sie verantwortlich geklärt ist, bedeutet zugleich eine Einschränkung der Ansprüche des Sollens. Hier wird nicht Divergierendes miteinander zum Ausgleich gebracht, hier werden nur die Voraussetzungen des Sollens geklärt. Wer keine Hilfe leisten kann, dem wird auch kein schlechtes Gewissen daraus gemacht, indem gefordert wird, er hätte diese Hilfe dennoch leisten sollen. Ethische Pflichten begründen keine abstrakte Verbindlichkeit unabhängig von jeder Lebenslage, von allen Umständen, von allen Voraussetzungen in der Erkenntnis. Wird das Axiom, dass das Sollen den Menschen nur im Rahmen seines Könnens beansprucht, jedoch nicht anerkannt, dann gibt es so etwas wie einen Kompromiss zwischen Möglichkeit und Verpflichtung. Dann freilich entsteht das Dilemma, dass selbst dann, wenn dieser Kompromiss ethisch verantwortlich zustande gekommen ist, das unerfüllte Sollens-Moment den Menschen schuldig spricht. Hierher gehört das Problem der Erfüllbarkeit von sittlichen Weisungen, deren Anspruch den Menschen im Allgemeinen zu überfordern scheint. Sie scheinen nur graduell realisiert werden zu können, wobei ein unerfüllter Rest übrig bleibt, unter dem der Mensch leidet.

Ein Christ, eine Christin wird etwa sagen: Ich lebe, so gut ich kann, nach meinen Möglichkeiten im Geist der Bergpredigt, aber die Weisungen der Bergpredigt kann ich nicht erfüllen. So gesehen entsteht ein Dauerkonflikt zwischen Überzeugung und Kompromiss. Wer nicht mehr tut, als er kann, wird schuldig vor seiner Verantwortung. Diese Einstellung identifiziert die Weisungen der Bergpredigt mit sittlichen Pflichten, die unter allen Umständen gelten. Dies bedeutet m. E. eine Verwechslung der sittlichen Weisung des Evangeliums mit einem System von Sollens-Sätzen. Betrachtet man diese Weisungen eher im Sinne von ethischen Modellen oder Einsatzzeichen, z. B. für eine größere Gerechtigkeit, dann scheint sich mir dieses Problem so nicht zu stellen. Mir scheint es dabei nicht um das Problem eines spezifisch ethischen „Kompromisses" zu gehen, sondern um das Problem von anerkannten, praktisch erfahrenen und auch möglicherweise gelebten Überzeugungen im Gegensatz zu den faktischen Voraussetzungen, die durch gesellschaftliche Kompromisse geschaffen werden. Wenn man den Satz, dass Sollen Können voraussetzt, akzeptiert, dann ändert dies nichts daran, dass der Mensch fortschreitend an den Bedingungen seines Könnens zu arbeiten und sie zu verändern hat.

Da die realen Bedingungen oft gesellschaftliche Bedingungen sind, entsteht das eigentliche Problem zwischen ethischer Überzeugung und gesellschaftlichem Kompromiss. Denn die gesellschaftlichen Kompromisse sind Bedingungen unseres Sein-Könnens; die Frage von Überzeugung und Kompromiss ist daher nicht primär eine Frage der Zulässigkeit von ethischen Kompromissen, die es nach den vorhergehenden Überlegungen im eigentlichen Sinne gar nicht gibt, sondern eine Frage der Aufarbeitung gesellschaftlicher Kompromisse, also von Kompromissen im eigentlichen Sinne, angesichts ethischer Überzeugungen, die über sie hinausdrängen.

Zwischen Überzeugung und Kompromiss besteht kein absoluter, sondern nur ein relativer Gegensatz. Kompromisse können die Basis von Überzeugungen werden, wie die kirchliche Dogmengeschichte beweist. Kompromissbereitschaft kann eine überzeugte Einstellung sein. Wer Überzeugung in einen absoluten Gegensatz zum Kompromiss stellt, muss im Grunde von der Gültigkeit der Kompromisslosigkeit unter allen Umständen überzeugt sein. Eine solche Überzeugung führt jedoch ins Absurde, wie z. B. Stefan Zweig in seiner Novelle *Die Augen des ewigen Bruders* konsequent darzustellen versucht hat. Auf der anderen Seite wird man leichter zugestehen, dass Überzeugung eine günstige Voraussetzung für Kompromisse ist, insofern diese nicht einfach Anpassungen an schlechte Verhältnisse darstellen, sondern echte Vereinbarungen über die realen Möglichkeiten. Ein relativer Gegensatz von Überzeugungen und Kompromissen entsteht freilich dann, wenn Überzeugungen über bestehende Kompromisse hinausgehen und diese sich gegenüber der Dynamik von Überzeugungen als statisch erweisen. Dieser Gegensatz ist deswegen nur relativ, weil dem Kompromiss als ein Versuch der Ausbalancierung selbst eigentlich ein dynamisches Moment innewohnt, das im geschichtlichen Sinne zu stets neuer Ausformulierung von Kompromissen und damit zu ihrer Veränderung drängt. Kompromissbereitschaft kann sich letztlich nicht in der kompromisslosen Verteidigung statischer und damit unveränderlich erscheinender Kompromisse zeigen. (Vgl. Helmut Weber, Hg., *Der ethische Kompromiß*, Freiburg 1984.)

Ambivalenzen der Toleranz im Pluralismus

Pluralismus ist zunächst ein deskriptiver und kein normativer Begriff. Wir müssen nicht pluralistisch sein, aber wir müssen mit dem gegebenen Pluralismus (in den Grenzen unserer obersten Rechtsetzungen) u.U. leben. Pluralismus wird erst dann normativ, wenn es um die Achtung von Menschen geht, die unterschiedliche Vorstellungen, z.B. vom guten und richtigen Leben, haben.

Pluralismus dient oft zur Kennzeichnung einer differenzierten demokratisch orientierten Gesellschaft. Man kann dies auch postmodern so ausdrücken: Alles gilt, was gilt, und was nicht gilt, das gilt auch. Oft ist im Zusammenhang mit der Rechtsfindung von Pluralität und Toleranz die Rede. Manchmal bezieht sich dies auf eine damit verbundene – und damit paradoxe – Intoleranz gegenüber restriktiven Modellen, d.h. es wird schlicht dafür plädiert, von zwei Modellen jeweils das weniger strikt wirkende Modell vorzuziehen. Bei politischen Entscheidungen über ethisch sensible Gesetze, z.B. im Bereich der Bioethik, wird der Pluralismus gern mit dem Einsatz für Forschungsfreiheit verbunden, zumal diese im deutschen Grundgesetz (nicht jedoch in anderen europäischen Verfassungen) betont wird. In der ökologischen Verantwortung sind nicht die Zielsetzungen plural, sondern die Auffassungen, wie man diese Ziele am besten erreichen kann. Pluralismus kann sowohl die Wertpräferenzen, die Zielbestimmungen und die Mittel, Ziele zu erreichen, betreffen. Das bedeutet nicht, dass die Argumentation für eine bestimmte Option aufgrund des Pluralismus desavouiert wäre. Im Gegenteil: Pluralismus schließt den Einsatz für die eigenen Optionen mit ein. Andererseits scheint er diesem Einsatz aber auch Grenzen zu setzen. Wer nicht verhandelt, gilt dann als intolerant.

Pluralismus, Toleranz und Kompromiss gehören zu den Grundvoraussetzungen unserer Demokratie. Deshalb ist die positive Einstellung zu diesen Bedingungen abrufbar. Das führt dazu, dass dieser Abruf gern strategisch und disziplinierend verwendet wird.

Toleranz bedeutet freilich nicht, dass man den anderen mit der Forderung nach Toleranz dazu erpresst, die eigene Position aufzugeben. Toleranz am Beginn und während eines Disputs bedeutet Fairness. Toleranz nach gefällten rechtsetzenden Entscheidungen bedeutet, dass man den Rahmen respektiert und sein Verhalten in diesem Rahmen oder, wenn möglich, im Sinne der eigenen höheren oder strengeren Option für sich verwirklicht.

Die offensive und diskriminierende Verwendung von Pluralismus, Toleranz und Kompromiss ist überzogen. Der Grund, weshalb z. B. Ansichten nebeneinander bestehen bleiben, ist nicht, dass sie sich als gleichrangig und gleichwertig einstufen, sondern dass sie miteinander auskommen wollen. Wann es aber erforderlich ist, dass unterschiedliche Ansichten miteinander auskommen, und wann es so weit ist, dass Verständigungs- und Überzeugungsprozesse nicht mehr pragmatisch zielführend sind, kann Gegenstand unterschiedlicher Auffassungen sein. Deshalb muss jemand u. U. tolerieren, dass ein anderer die Situation als nicht oder als noch nicht gegeben ansieht, in der ein Kompromissbedarf besteht.

Toleranz wird oft in einem repressiven Sinne reklamiert. Es heißt dann, man müsse einer liberaleren Auffassung folgen, weil man bei einer restriktiveren Auffassung die Liberaleren an der Verwirklichung ihrer Ideen vom richtigen und guten Leben hindere. Dabei wird aber nur die eine befürchtete Repression mit einer anderen Repression, eben im Namen der Toleranz, beantwortet. Toleranz ist jedoch keine Haltung im Vorhinein, d. h. im Ringen um das Richtige, sondern eine Haltung im Nachhinein. Nachdem eine (z. B. rechtliche) Entscheidung im Rahmen der Gesetze gefallen ist, ist sie auch von denen zu erdulden (zu tolerieren), die eine andere Entscheidung bevorzugt hätten. Toleranz ist also kein Argument für die Bevorzugung einer Entscheidung, sondern ein Argument für den Umgang mit Entscheidungen. Dies könnte missverstanden werden, als gebe es keine Toleranz *vor* einer Entscheidung. Aber die Toleranz vor einer Entscheidung ist dann die Toleranz *nach* anderen Entscheidungen, z. B. für die aus den Grundrechten folgende Toleranz gegenüber der anderen Religion.

Manche verwechseln Toleranz mit dem Respekt, den wir einander schulden. Sie wenden z. B. den Toleranzbegriff als Antidiskriminierungsbegriff (z. B. der Ansichten einer Person) an. Dass aber Personen nicht diskriminiert, d. h. nicht herabsetzend besprochen und behandelt werden dürfen, ist eine Frage ihrer Personen*rechte*, denen die Pflicht der wechselseitigen Anerkennung entspricht. Kurz: Ich habe jemanden, dessen Ansichten ich nicht billige, zu respektieren, aber dieser Respekt verlangt von mir nicht die Billigung seiner Ansichten. Und mit Toleranz hat dieser Vorgang nichts zu tun, denn Toleranz im Sinne der Duldung wäre als Begriff zu schwach, um Respekt zu ersetzen.

Damit komme ich wieder auf den Kompromiss zurück. Wie bereits ausgeführt, gehört er nicht in die Ethik als Reflexionstheorie der Moral, sondern in die ethisch zu verantwortende politische Praxis. Das wird häufig verwechselt. Wer eine ethische Auffassung konsistent und rational zu vertreten sucht, wird möglicherweise Folgerungen anderer ethischer Ansätze bei sich aufnehmen können. Denn unterschiedliche Ansätze garantieren noch keine unterschiedlichen praktischen Folgerungen. Umgekehrt kann man sich, trotz des gleichen Ausgangspunktes in der Ethik, uneins sein in praktischen Folgerungen, weil man Sachlagen unterschiedlich beurteilt, also aus vorethischen Einschätzungen heraus zu unterschiedlichen Bewertungen gelangt. Kurz: Es gibt und braucht keinen *ethischen* Kompromiss, denn das wäre nur mit einem Selbstwiderspruch einer auf Konsistenz angelegten ethischen Argumentation möglich oder etwa mit der Voraussetzung, dass das ethisch Richtige nicht rational argumentierbar sei.

In der politischen Praxis gibt es, wer würde dies leugnen, den Kompromiss als Teilverwirklichung von miteinander im Ganzen nicht vereinbaren Interessen. Dieser praktische Kompromiss kann und muss, wenn man nach ethischen Gesichtspunkten handeln will, ethisch verantwortet werden. Das heißt, man muss ethisch verantworten, ob und wann man Kompromisse vorschlägt und wann man sich darauf einlässt.

Vermutlich ist ein Kompromiss nicht das Erste, sondern das Letzte, auf das man sich einlässt. Oft führt der Streit um Kompromisse zum Streit um die eigene Identität, um Überzeugungen, die man nicht aufgeben will, oder um Werte, die man nicht missen will.

An dieser Stelle ist das Gewissen gefragt. Es geht um das Gewissen der Bürgerin und des Bürgers (Ethiker eingeschlossen) und um das Gewissen der diese repräsentierenden Politikerinnen. Sie müssen im Gewissen klären, wie es für sie um das Verhältnis von Überzeugung und Kompromiss steht. Der Respekt vor dem Gewissen des anderen sollte sich aber nicht darin ausdrücken, dass man das Argumentieren aufgibt. Dann würde man das Gewissen gegen die kommunikative rationale Argumentation stellen, die es nicht ersetzen kann, auch wenn die eigene Entscheidung getroffen ist.

Ein pragmatischer Kompromiss ist immer eine Notlösung, u. U. aber auch eine Lösung, die noch mehr Not verhindert. Er darf mich als ethisch Handelnden nicht meine Überzeugung kosten, auch wenn ich unter gegebenen Umständen damit einverstanden bin, einer Teilverwirklichung dieser Überzeugung zuzustimmen, insofern sie meine zukünftige Option aufrechterhält. In der Praxis kann dies freilich allmählich zum Vergessen der Option führen, mit der man angetreten ist. Dies kann durch Gewöhnung zu einer optionslosen Pragmatik führen, in der die Konturen der angestrebten Ziele verloren gehen. In der demokratischen Gesellschaft gibt es darauf gelegentlich allergische Reaktionen des wählenden Volkes.

Diese komplizierte Angelegenheit wird oft undifferenziert durch die Rhetorik von Pluralismus, Toleranz und Kompromiss überdeckt und damit in erschreckender Weise vereinfacht. Dabei mögen Pragmatisierer am Werk sein, die den Tiefgang der Argumentation ohnehin scheuen. Dabei mögen aber auch Durchsetzungsinteressen walten, die sich hinter diesen privilegierten Worten zu verbergen suchen. Daher ist im Diskurs darauf zu bestehen, dass derjenige, der sich auf die allgemein geteilte positive Einstellung zu diesen Begriffen zurückziehen möchte, auch in der Lage ist, mit Begriffen wie Pluralismus, Toleranz und Kompromiss präzise und verantwortlich umzugehen. Das heißt, wer sich auf Pluralismus beruft, muss begründen, aufgrund welcher moralischen Kriterien er sich an dieser Stelle darauf beruft. Pluralismus ist als moralisch relevantes Argument begründungspflichtig (natürlich nicht als Gegebenheit, d. h. im deskriptiven Sinne verstanden). Wer es anders sieht, ersetzt normatives durch deskriptives Denken. Er vollzieht also einen Ist-Soll-Fehlschluss. Auf diesen Punkt komme ich zurück.

Wer sich auf Toleranz beruft, sollte prüfen, ob er nicht die Rechtspflichten der wechselseitigen Anerkennung meint. Meint er aber Toleranz, dann sollte er prüfen, aufgrund welcher Argumente, die in diesem Fall Toleranz begründen bzw. zur Folge haben, er dazu kommt, Toleranz zu reklamieren. Das heißt: Toleranz ist mit Kriterien einzufordern. Denn ohne diese Kriterien ist Toleranz bloßes *laissez faire*.

Eine missverstandene Ambivalenz: Gesinnung und Verantwortung nach Max Weber

Immer wieder trifft man in Kirche und Gesellschaft Positionen, die sich auf Max Weber berufen, um Gesinnung von Verantwortung zu unterscheiden mit dem Ziel, Grundsätze der Ethik zu relativieren. Nun gibt es ja eine große ethische Tradition von Aristoteles bis Kant, in der man zwar Grundsätze kennt, aber auch Anwendungsregeln. So gibt es bei Thomas von Aquin die Lehre, Folgen und Umstände des Handelns zu beachten. Ich lernte früh den lateinischen Spruch „Quidquid agis, bene agas et respice finem" – „Was immer du tust, tu es gut und richtig und beachte dabei die Folgen". Manchmal wurde „Folgen" freilich nur noch als Ausrichtung auf das Endgericht verstanden. Aber es ging Thomas nicht um die Apokalypse. Außerdem stellt er nicht „den Erfolg Gott anheim", worin Weber wohl eher die praktische Ethik des Protestantismus anvisierte.

Auch Immanuel Kant lässt sich in seiner Ausführung der *Metaphysik der Sitten*, also in der Konkretisierung seiner Prinzipien, auf Umstände und Folgen ein. So darf man z.B. aus Selbstachtung in bestimmten Situationen die Unwahrheit sagen. Vermutlich ist dennoch die Verpflichtung auf sehr generelle Optionen bei Kantianern eher ein Bezugspunkt für Max Webers Unterscheidung von Gesinnung und Verantwortung.

Max Weber hatte in seinem Aufsatz „Der Sinn der ‚Wertfreiheit' der soziologischen und ökonomischen Wissenschaften" (1917) darauf verwiesen, dass es „ethische Grundprobleme" gebe, „welche die Ethik aus eigenen Voraussetzungen nicht austragen kann". Die gemeinten Voraussetzungen sind die allgemeinen Optionen. Weber unterscheidet nun m.E. zwischen „gut" (ohne Rücksicht auf die Folgen) und „richtig". Diese Intentionen sieht er „untereinander in ewigem Zwist", denn entweder dürfe man nur die dem Guten entsprechenden Mittel benutzen, oder man müsse an sich fragwürdige Mittel um eines guten Zweckes willen einsetzen, was u.U. „richtiger" sei, weil die gute Intention sich am Ende auf diese Weise durchsetzt. Nun sagt Weber aber genau das nicht, was Nachahmer, vor allem Journalisten und Politiker, „geflügelt" haben, nämlich dass man eine Gesinnungsethik durch eine Verantwortungsethik ersetzen müsse! Er hält vielmehr eine Ambivalenz aufrecht, die miteinander wirkt. Hartmann Tyrell fasst dies in einem Aufsatz von 2001 so zusammen: „beide Ethiken sind *nicht* unabhängige Ethiken ‚für sich' und nicht gegeneinander isolierbar". Sie sind nach Weber „nicht absolute Gegensätze, sondern Ergänzungen".

Wie diese Ergänzung aussehen soll, ist schwer generell zu bestimmen. Ich habe dazu meine eigene Meinung: Gesinnung ohne Verantwortung ist blind, Verantwortung ohne Gesinnung ist leer. Die Gesinnung ist dann blind, wenn sie Folgen und Umstände nicht beachtet; die Verantwortung ist dann leer, wenn sie nicht von grundsätzlichen Optionen ausgeht, die das Problem als ein ethisches überhaupt erst sichtbar machen. Man sollte wissen, was man tun *soll*, wenn man bedenkt, was man im Hinblick auf Umstände und Folgen tun *kann*.

„Laien" in der katholischen Kirche werden ja traditionell als Träger der „Weltverantwortung" gesehen, und in diesem Sinne wurden Laien auch (zunächst von Bischöfen und Priestern) angeleitet, bis Paul VI. schließlich in der Enzyklika *Ecclesiam suam* (1964) sagte, sie sollten nicht „säumig" auf Anweisungen warten. Aber damit war nicht geklärt, was es mit „Laien in der Kirche" eigentlich auf sich hat und wie man „Laie", Frauen und Männer der Kirche, theologisch zu bestimmen habe. Das versuche ich im Folgenden zu tun. Als „Laientheologe" hat mich diese Selbstbestimmung stets angeregt und begleitet.

IV. „Laientum“ in der katholischen Kirche: Analyse eines mehrdeutigen Begriffs

Im Laufe meiner Beschäftigung mit Theologie lernte ich Unterschiedliches über das Laientum in der katholischen Kirche. Zunächst lag es nahe, „Laie“ vom allgemein üblichen säkularen Begriff her zu verstehen, also als Bezeichnung eines Menschen, der kein Fachmann war. Deshalb lag es auch nahe, dass man, wenn man sich für den Glauben und die damit verbundenen Lehren näher interessierte, das Laientum verlassen und Fachmann, also Priester werden musste. Die Fachleute, auch die Lehrer der Religion am Gymnasium, waren damals fast durchweg Priester. Es gab wenige Ausnahmen bei den Religionslehrern, und eine katholische Religionslehrerin (wie später meine Frau) konnte man sich nicht vorstellen.

Im Theologiestudium lernte ich, dass „Laie“ etwas anderes war: die übliche griechische Bezeichnung für ein getauftes Mitglied des Volkes Gottes. Also waren alle Mitglieder der Kirche zunächst einmal Laien, und dies war ein Titel der Auszeichnung, nicht etwa eine Einschränkung. Um 1960 wurden theologische Würdigungen dieses Laientums verfasst (von Yves Congar und von meinem späteren Lehrer Alfons Auer). In der Jugendarbeit sahen wir im Leiter der Jugendgruppe, dem Laien also, die Person, die sich zwar vom Priester beraten ließ, aber die Entscheidungen selbst fällte. Damit verließ man bereits die erste Stufe eines Missverständnisses: Es gehe um eine untergeordnete Position in der Kirche.

Ein Missverständnis? Die überkommenen Standeseinteilungen stammen aus der ständischen Gesellschaft, zunächst im Mittelalter und dann im späteren Bürgertum. Die geistlichen Standesverhältnisse im Mittelalter lassen sich – mit Umberto Ecos *Der Name der Rose* – so zusammenfassen: Das Volk Gottes auf Erden teilt sich in Hirten, Krieger (Ritter, Adelige) und Herde. Oder aber man sah das alte benediktinische Mönchtum, weil es näher am Himmel zu sein schien, oberhalb einer geistlich-weltlichen Teilung zwischen geweihten Priestern und gesalbten Königen. Schließlich teilte sich auf dem Land die Ordnung in Barone, Mönche, Bauern und Leibeigene. In der Stadt war das anders: Da waren die Patrizier, Zünfte und Knechte, und für das

Himmelreich bauten sie Kirchen für die Bettelorden. Über allem aber schwebte in der spirituellen Bewegung des Spätmittelalters, das von den Minoriten begleitet wurde, die Vorstellung, dass jeder und jede selig werden könne, wenn er bzw. sie einen Weg in die Buße, in die guten Werke und in die Vollkommenheit finden könne. Insbesondere gab es schon im 13. und 14. Jahrhundert eine Laien-Frauenbewegung auch außerhalb der Klöster, in der sich schreibende und lehrende Frauen hervortaten. Erst jüngst hat man erkannt, dass es nicht nur Beginen waren, sondern auch selbständige Laien-Frauen, die städtische Krankenhäuser leiteten: Priorinnen und „Magistrae", wie die Leiterinnen hießen, außerhalb der Klöster.

Die Aufteilung zwischen geistlichen Männern und Frauen enthielt eine doppelte Hierarchie: Frauen als Visionärinnen und Prophetinnen (wie Hildegard von Bingen, Mechthild von Magdeburg, diese sind nur besonders bekannt) ergänzten die oft trockene Materie der Theologen. Gebildete fromme Frauen hatten Visionen, Prophezeiungen wurden ihnen ebenso zugestanden wie ekstatische Erfahrungen der Einheit mit Jesus. Insofern waren Laien-Frauen als Medium der Glaubenserfahrung nicht nur denkbar, sondern u. U. erwünscht. Heute könnte man an die Beziehung zwischen Hans Urs von Balthasar und Adrienne von Speyr im 20. Jahrhundert denken: Der Theologe betrachtete die Schauende als Medium einer transzendierenden Erkenntnis.

Andererseits wurden im Mittelalter Visionen und spirituelle Ekstasen von Beichtvätern kontrolliert. Hildegard von Bingen (im 12. Jahrhundert) und Teresa von Ávila (im 16. Jahrhundert) als leitende Frauen wussten damit umzugehen. Das konnte eine gute Zusammenarbeit sein, aber auch böse enden. So erzählt die Mystikerin Hadewijch (in der Mitte des 13. Jahrhunderts), dass ein Inquisitor „Robert" eine fromme Frau verbrennen ließ.

In der Kirchengeschichte hörte man – als ein „Laiensakrament" – von den mittelalterlichen Königssalbungen und davon, dass Könige und Fürsten die Bischöfe und Priester zwar nicht weihten, aber ihnen die Kompetenz für die Herrschaftsausübung (die Regalien) gesondert verliehen. In der nationalisierten deutschen Geschichte wurde der Investiturstreit vor allem als Machtkampf betrachtet, den der Kaiser verlor (Stichwort „Canossa"), aber der französische König gewann

(Stichwort „Avignon"). Laientum in diesem Sinne war antiklerikal und anti-„pfäffisch". Priesterherrschaft, sei es eines mächtigen Papstes oder eines Kardinals (wie Richelieu in Frankreich im 17. Jahrhundert) war ein seltsamer Ausgriff auf die weltliche Macht, der erst 1870 aufhörte, als die Franzosen Rom besetzten. Hier war das Missverständnis an die Zwei-Schwerter-Lehre des frühmittelalterlichen Papstes Gelasius gebunden: das weltliche Schwert für den Fürsten, das geistliche Schwert (eingeschlossen die Macht, auszuschließen und zu bannen) der Kirche. Laientum und Priestertum als „Schwerterkampf"? Auch ein Missverständnis.

Ein weiteres Missverständnis resultiert aus dem Gebrauch des Wortes „Laizismus", das im Unterschied zum „Klerikalismus" entstanden ist und die Unabhängigkeit des Staates von der Kirche, damit auch seit 1906 die Trennung von Staat und Kirche im Sinne der Französischen Republik meint. Wenn sich Papst Franziskus gegen den „Klerikalismus" im Sinne einer klerikalen Bevormundung wendet, meint er freilich nicht diese Trennung, sondern die innerkirchliche standesgemäße Bevormundung der Laien durch die Priester. Aber auch Laien können ja in diesem Sinne klerikal sein, d.h. von Priestern zu viel erwarten. Über den Aufstieg eines allgemeinen Begriffs von „Laientum" als tragender Mitgliedschaft der Kirchenbasis, die auch Kleriker umfasst, hat der Papst damit (noch) nichts gesagt. Im römischen Dikasterium für „Laien, Familie und Leben" („Laien" dabei im Sinne von Nichtklerikern), dem der Papst ein neues Statut gegeben hat, ist bisher die Chance ungenutzt, Laien, vor allem Frauen, mit zur Leitung eines solche Dikasteriums zu berufen oder sie dazu wählen zu lassen.

Was heute immer noch in demokratischen Ländern von den Ständen übrig geblieben ist, ist durchlässig und wird durch Politik, Geld und Medien bestimmt. Anders ist dies in der Kirche: Den Verlust weltlicher Macht beantwortete die katholische Kirche mit der „Macht über die Seelen", insbesondere der Seelenführer über die Laien, für welche das Kürzel „Seelen" bis ins 20. Jahrhundert hineinreichte. Eine Pfarrei wurde nach „Seelen" gezählt. Die absolute Aufgipfelung dieser Macht von innen heraus war das Erste Vatikanische Konzil, die Erklärung der Unfehlbarkeit des Papstes, später der Antimodernisteneid. Der äußere Druck auf die Kirche im Josephinismus, im französischen Säkularismus und in Bismarcks Kulturkampf erzeugte einen Laienwiderstand, in welchem das verordnete Traditionsbewusstsein und die „soziale Frage“ sich im Arbeitertum verbünden konnten. Die Katholische Aktion als soziale und politische Schließung der Reihen unter Leitung des Klerus war geboren. Laien erschienen – ein weiteres Missverständnis – als Ausführende kirchlicher Anweisungen, auch wenn sie im Einzelfall sich durchaus nicht so leicht einfügten.

Von Karl Rahner wurde eine Entwicklung zur „actio catholicorum“, zu einem nicht von der Hierarchie als „actio catholica“ geleiteten, sondern selbstverantwortlichen sozialen Engagement, befürwortet, also die Mündigkeit der katholischen Laien in weltlichen Fragen beansprucht. Auf der Rückseite einer solchen Emanzipation standen jedoch Restriktionen gegenüber dem Priestertum: Es sollte sich aus der Welt zurückhalten. Die lateinamerikanische Befreiungstheologie mit ihren sozial und politisch inspirierenden Priestern wurde daher später vom römischen Lehramt kritisiert.

Diese Dichotomien und Aufteilungen halte ich für ein Missverständnis. Dieses Missverständnis ist dadurch bedingt, dass die Priesterweihe eine besondere Fassung des Menschlichen erzeugen soll und dass das Priestertum im Laufe der Geschichte – mit einem mittelalterlichen, aber auch mit einem konfessionell neuzeitlichen Impuls – in die Nähe des Mönchtums gerückt wurde. Ein tridentinisches Priesterseminar, wie ich es noch erlebt habe, unterschied sich kaum von einem Kloster (wie ich es ja auch kannte). Obwohl dieses Bild mit der promulgierten Lehre nicht vereinbar war, denn die Männlichkeit musste ja für Priesteramtskandidaten ärztlich festgestellt werden, entstand hinsichtlich des Priestertums der Eindruck eines dritten Geschlechts, in dem die „vita angelica“, das engelgleiche, quasi entsexualisierte Leben geführt wurde. Nachdem aber die Sexualethik eine so große Rolle in der kirchlichen Ethik spielt, waren Priester als diejenigen, die die Beichte abnahmen, zugleich viel mit Sexualität konfrontiert. Mit der eigenen Sexualität ohnehin, denn die männliche Jugend im Priesterseminar konnte Pollutionen nicht vermeiden. Andererseits war es eine Todsünde, Hand an sich zu legen. Das sei nicht verschwiegen: Ein positives Element dieser zugleich distanzierten und konfrontierten zölibatären Identität waren Priester, die Paare als Eheberater und gelegentlich auch als Eheretter begleiteten. Aber kaum sage ich das, höre ich schon den Einwand: Gibt es nicht auch falsche Rettungen?

Die Angleichung von Priestertum und Mönchtum hatte freilich auch ihre Grenzen. Auf der einen Seite war im konkreten Leben der damit verbundene priesterliche Pflichtzölibat nicht immer wirksam, und dies fand, wenn ich es richtig verstehe, eine zweifache Toleranz: seitens vieler Gläubigen und seitens der Bischöfe. Idee und Leben unterschieden sich. Darauf machte auch Johannes Paul II. aufmerksam, wenn er Paulus zitierte: „wir tragen unseren Schatz in irdenen Gefäßen“ (2 Kor 4,7). Da gab es schon einmal Scherben.

Katholische Priester waren „Herren“, entweder Pfarrherren oder Chorherren. Das Herrentum der Chorherren beeinflusste die Straßennamen (z. B. die Wiener „Herrengasse“). Im preußischen Saarland vor 1918 konnte der Dorfpriester, genannt „de Här“, zugleich Schulinspektor sein, denn es gab ja die konfessionelle Volksschule. Vieles damals Zeitgemäße war bereits unzeitgemäß. Aber vor der Macht eines solchen Priesters fürchteten sich – ich folge privaten Erzählungen aus dem Anfang des 20. Jahrhunderts – die Erstkommunikantinnen. Hinter der Macht stand freilich auch ein positiver, wenn auch elitärer Faktor: die Bildung. Pfarrer, Arzt, Apotheker und Lehrer waren die Dorfaristokratie, die sich dann in der Verwaltung und in der Industrialisierung durch die höheren Angestellten erweiterte.

Vermutlich scheiden sich schon die Geister, wenn man auf diese Weise historisch-soziologisch über Priester redet. Aber die Theologie wohnt nicht einfach in einem abgespaltenen, heiteren Himmel, wo Lehrsätze den unvoreingenommenen Blick auf die Erde, die Realität, verschleiern. Diese Einsicht kann man auch biblisch buchstabieren: An den „Früchten“ ist dann später zu erkennen, was und wie gesät wurde. Das Priestertum war vor Angleichungen an den Zeitgeist nicht gefeit. Es ist ziemlich naiv, wenn man meint, Zeitgeist als Beeinflussung der Einsichten in das richtige Leben gebe es nur in der Gegenwart. Das führt dazu, vergangene Anpassungen nicht als Zeitgeist wahrzunehmen, sondern sie mit Ewigkeitswert zu versehen. Es ist ein logischer Fehler, der leicht zu entlarven, aber dennoch nicht leicht auszuräumen ist.

Kehren wir zurück zu der Aussage, dass Laientum die grundlegende Bezeichnung aller Christinnen und Christen ist. Auch Priester stehen auf dieser Basis, bleiben in diesem Sinne Laien. Das heißt, die Weihe macht sie nicht zu anderen Christen. Die theologische Erkundung der Bedeutung der Laien in der Kirche nach dem Zweiten Weltkrieg, sei es von Yves Congar (*Der Laie*), sei es von Alfons Auer (*Weltoffener Christ*), hat dies nicht übersehen, aber unzureichend realisiert. Die m. E. problematische Dualität von Kirche und Welt spielt hier hinein. Ich halte sie für problematisch, weil es nicht schwer ist zu erkennen, wie sehr die Verhaltensweise der „Welt" auch in einem Kloster anwesend ist. Unter der Perspektive dieser dualen Zuordnung sah man den Laien als den Souverän der Weltgestaltung in Ehe, Politik und Wirtschaft (so Alfons Auer). Das war durchaus mit akademischer Jugendarbeit vereinbar und hatte für mich eine verführerische Ausstrahlung, als ich das Priesterseminar verließ.

Gegenüber dieser Zweiteilung gibt es zu Recht Widerstand. Einerseits sollte ja der Priester aus dem Volk herausgenommen werden – das ist der hierarchische Aspekt. Andererseits sollte der Laie dadurch nicht zweiter Klasse, sondern in seiner Kompetenz gewürdigt werden – das ist der partizipative Aspekt, der bis zum Fabrikarbeiter und zum katholischen Gewerkschafter hinunterreichen sollte. Aber in beiden Fälle ging es um Zuweisungen eines Sonderseins, um eine Dualität. Diese Zuweisungen sind zum Teil ein Erbe des Denkens in Ständen. Vermutlich hat bei der Erstellung solcher Dualität auch die katholische Tradition der Geschlechterdifferenz eine Rolle gespielt. Eine Gefahr war dabei immer auch das „divide et impera" – „teile und herrsche" –, das die Affinität einer solchen dualen Aufteilung zu einer Über- und Unterordnung, u. U. auch zu einem wechselnden und bereichsspezifischen Verständnis dieser dualen Ordnung führt.

Die Entwicklung des Widerstandes gegen diese duale Ordnung gehört zu meiner persönlichen Erfahrung. Als ich mich in meinem gesamten Studium – seit 1959 – mit der Dualität von Aktion und Kontemplation als zwei differente Lebensweisen beschäftigte, begann ich bereits, die Problematik dieser Struktur zu durchschauen. Dies verstärkte sich noch, als ich mich – von Priesterkollegen als verheirateter Laie in den siebziger Jahren gern damit beauftragt – mit der Geschlechterdifferenz beschäftigte und mir dabei klar wurde, dass nicht nur die Subordinationstheorie, etwa des Thomas von Aquin, problematisch war, sondern überhaupt die duale Festlegung der Differenz auf angeborene oder „genuine“ Eigenschaften. Mir war (und ist) andererseits klar, dass eine Nivellierung der Geschlechterdifferenz, in der alles soziohistorisch gedeutet und damit relativiert wird, ihrerseits ein Wunschdenken enthalten kann. Die Veredelung von Differenz, etwa im poetischen Sinne, war eine kulturelle Errungenschaft. Sie zu nivellieren und zu beseitigen würde einen Verlust bedeuten. Kulturelle Ausdrucksformen lassen sich anpassen und zugleich erhalten: Sie können sich mit der Gleichberechtigung, mit der Zugangsoffenheit für Funktionen und mit der erforderlichen Gleichbehandlung durchaus vertragen. Wenn dagegen von Bischöfen die Nacherzählung biblischer Ereignisse so verstanden wird, als seien Frauen nicht inkludiert gewesen – bei dem engeren Jüngerkreis, bei den Aposteln, beim Abendmahl –, kann das weder soziohistorisch noch logisch aufrechterhalten werden. Wenn man Paulus folgt, der das Apostelamt an die Auferstehungserfahrung bindet und der sich darin als Spätling bezeichnet, dann ist das Auferstehungsnarrativ, das Magdalena als erste Zeugin am Grab zeigt, eigentlich ausreichend, um die an die Konventionen der Zeit gebundene Struktur von äußeren Hierarchien aufzuzeigen. Im Gegenzug war dem Christentum ja immer auch bewusst, dass eine Gleichheit in der menschlichen Würde vor Gott besteht. Daher findet man in der Geschichte immer wieder den Versuch des Ausgleichs, z. B. durch das Gewicht der Verehrung weiblicher Heiligen, durch die Anerkennung der visionären und prophetischen Gaben, die auch Paulus trotz seiner Vorbehalte deutlich ausspricht.

Zwischen Männern und Frauen besteht keine Analogie in dem Sinne, dass man von einer Dualität ausgeht und diese dann so aufeinander bezieht, dass die Frau zum Manne analog ist. Im Hinblick auf Menschsein sind Frauen und Männer univok, d. h. ununterschieden. Meister Eckhart, der die „Unterscheidung durch Ununterschiedenheit“ dort gegeben sah, wo eine Unterscheidung nicht durch eine äußere Kategorie ausgedrückt werden konnte, machte sich in dieser Hinsicht einmal über die Gleichsetzung von „Mensch“ und „Mann“ in der französischen Bezeichnung „homme“ lustig. Einerseits gilt: Wenn man an der Basis des Laientums für alle – univok für Frauen und Männer – festhält, kann man die Unterschiede nur noch funktional sehen, und man kann sie nicht mehr ontologisch, d. h. als Daseinsunterschiede festlegen. Auch ein „Dienst an den Diensten“, als welcher das Priestertum – vom „servus servorum" des Papsttitels angefangen – oft verstanden wird, enthält eine funktionale Beschreibung, wie immer man auch sonst zu diesem Titel stehen mag.

Andererseits ist das Besondere der katholischen Konfession das sakramentale Priestertum, und ich habe durchaus erlebt, wie tief dies in den Seelen der Gläubigen verankert ist. Dies macht nachdenklich, wenn man es nicht als einen anerzogenen Irrtum, als ein ideologisches Bewusstsein erklären will, und das scheint mir nicht sinnvoll und gut begründbar. Denn es mag eine kulturelle Gegebenheit im Katholischen sein, aber es gehört in den Bereich einer bekennenden Identität zum Liturgischen und Rituellen. Ich möchte es also als Funktionsgewinn festhalten, ohne es überzeitlich zu stilisieren.

Ein Sakrament muss man nicht metaphysisch erläutern. „Heiliges Zeichen" ist es im Sinne der zeichenhaften Unterstützung der eigenen Möglichkeiten. Insofern ist es auch einem Prozess des Lebens anheimgegeben. Eine „Unterscheidung der Geister" soll nach Paulus im Umgang mit neuen Entwicklungen auch dafür sorgen, „das Gute zu erhalten". Eine weiterentwickelte Sicht auf Laientum und Priestertum ist also kein Grund, protestantisch zu werden, wohl aber ein Grund, den anderen Weg des Protestantismus zu verstehen, ja anzuerkennen (vgl. Hermann Häring, *Anerkennen wir die Ämter!*, Zürich 1974). Akzentuierungen müssen keine Trennungen aufrechterhalten, aber sie bleiben wichtig. Das besondere des sakramentalen Priestertums leidet auch nicht darunter, wenn Frauen zu Priesterinnen geweiht werden.

Ein Priestertum, das so als Funktion im allgemeinen Laientum verstanden wird – das Laientum wird ja in der Schrift auch umgekehrt als „allgemeines Priestertum" bezeichnet –, kann Vorbehalte, die dem alten Zeitgeist entsprechen, wieder abbauen. Ein Vorbehalt liegt schon in der Sprache, insofern das Wort „Laiin" ungebräuchlich ist. Ein Abbau der bisherigen zeitgeistverhafteten Hindernisse ermöglicht m. E. das Priestertum für Frauen, auch das Priestertum auf Zeit. Ein funktionales Verständnis kann durchaus ein sakramentales sein, wenn man es nicht zeitenthoben mit einer Art Ewigkeitswert auszustatten versucht. Die funktionale Differenz muss keine ontologische Differenz sein, aber sie setzt Differenzen voraus: in der Ausbildung, in der Kompetenz, in der Beauftragung. Ein typisches Amt, das eine Funktion darstellt und keine Weihe braucht, ist das Kardinalat. In dieser Hinsicht gäbe es ja überhaupt kein ontologisch verstandenes Hindernis, Frauen damit zu betrauen. In der katholischen Kirche der Zukunft hängt m. E. einiges davon ab, ob es gelingt, zeitgeistige Errungenschaften einerseits zu deontologisieren und andererseits aufrechtzuerhalten.

Papst Franziskus hat in seinem Dekret zur Neujustierung des Dikasteriums für die Laien, die Familien und das Leben den stellvertretenden Vorsitz dieses päpstlichen Ministeriums nicht auf das Priesteramt eingegrenzt. In seiner Vorstellung der Amazonas-Synode 2020 beschäftigt er sich mit Laien, Frauen und Männern, als Gemeindeleitern. Möglicherweise will er die Macht des im Lebensstil unveränderten Priestertums verringern und es eher als spirituell-liturgische Begleitung einsetzen.

Bei der Ausbildung von Theologinnen in Fribourg/Schweiz und in Tübingen betreute ich im Studium auch künftige Pastoralreferentinnen, d. h. Laientheologinnen, die später in den Pfarreien arbeiteten, lehrten und predigten. Ein Beispiel für einen Versuch, diese richtungsweisende Entwicklung zu stoppen, war das Predigtverbot für Laien in der Eucharistiefeier, das Papst Johannes Paul II. erließ. In der Schweiz und, wie ich meine, auch in Süddeutschland hatte dies keinen oder nur mäßigen Erfolg.

Die spirituelle Begleitung künftiger Pastoralreferentinnen und Pastoralreferenten war wichtig – hier wurden die Unterschiede zum Priesterseminar reduziert. Bei der Beauftragung der Referentinnen im Gottesdienst war der katholische Akzent durchaus präsent: liturgisch und rituell. Die Erfahrungen dieses Anfangs ließen bei mir hinsichtlich meiner Schülerinnen, die diese Beauftragung suchten und annahmen, kaum den Eindruck eines Unterschiedes zu Weihen entstehen. Dieser Eindruck setzte sich später fort, wenn sie mich zu Vorträgen in „ihre“ Pfarreien einluden. In den Schweizer Diözesen sind solche Eindrücke noch durch das pastorale Leitungsamt für Referentinnen und Referenten verstärkt.

Ich muss hinzufügen, dass ich nicht annehme, die explizite Anerkennung des allgemeinen Laientums, die Univozität der Berufung von Frauen und Männern und damit auch das Priestertum für Frauen bewirke eine Lösung oder Verlangsamung des Kirchenaustritts in Deutschland oder werde einen beträchtlichen Anstieg des sonntäglichen Kirchenbesuchs zur Folge haben. Wenn man dies annimmt, verwechselt man die Motive. Das Motiv der Rekonstitution des Laientums als Basis der Kirche ist m. E. nicht der Kirchenbesuch oder die Reduktion des Kirchenaustritts – da geht es um andere Ursachen –, das Motiv ist für mich eine theologische Begründung. Gegenargumente, die sich nicht auf einen irrationalen Traditionalismus – es war schon immer so gewesen, da könnte ja jeder kommen, wo kämen wir da hin – reduzieren lassen, sind kaum möglich.

Worin besteht die Vision? Wenn wir alle im grundlegenden Sinne Laien sind, Frauen wie Männer, Nichtpriester wie Priester, dann können wir auf dieser Basis die Strukturen der Kirche neu errichten. Es wäre dann nicht mehr denkbar, dass Priester und Bischöfe über Laien herrschen – denn diese sind sie dann selbst. Das Kirchenrecht macht hier einen Spagat: grundsätzliche Gleichheit, in der Ausführung Ungleichheit.

Will man da etwas ändern? Die Vorstellung, dass die römischen Dikasterien von Priestern wimmeln und Frauen bestenfalls in Beiräten oder als Sekretärinnen zulassen, müsste endgültig ad acta gelegt werden. Der Weg ist weit und vermutlich nur über Zwischenschritte erreichbar. Wer Kardinäle trotz des totalen Mangels an biblischen Vorbildern kreiert hat, wollte eine Aufgabe lösen, die sich zu dieser Zeit stellte (die unabhängige Papstwahl). Da hatte die Kirche offensichtlich keine Angst vor dem Zeitgeist.

Die Aufwertung des allgemeinen Laientums ist mit der Gerechtigkeitsidee eines univoken Personalismus (Rechtsgleichheit für Männer und Frauen) verbunden – das ist das „Zeichen der Zeit“ als Impuls für die Reform der Kirchenstruktur, der Leitung von zentralen Dikasterien in Rom bis hinunter zur Gemeindeleitung. Das alles wird Zeit brauchen, aber es ist Zeit für unwiderrufliche Zeichen des Aufbruchs in diese Richtung.

Wenn meine Analyse richtig ist, sind Folgerungen für den Priesterberuf deutlich zu sehen. Der Zölibat ergab sich historisch eher aus der Vermeidung der Erblichkeit des Priesterberufs und aus der Vorbildlichkeit des neu entwickelten Mönchtums. Angrenzungen zu einer Priesterkaste im Sinne der Erblichkeit kann man ja schon im Neuen Testament beobachten, in dem sich ein „Ältestenwesen“ entwickelte und die Heirat von Priestern und Bischöfen möglich war.

Es scheint mir daher klar, dass man mit der Fortschreibung einer Tempeltradition – auch angesichts der Tempelkritik Jesu im Johannesevangelium – den Zölibat nicht begründen kann (so aber zuletzt Benedikt XVI. 2020). Ein erbliches Priestertum als Zölibatsmuster erscheint widersprüchlich.

So scheint der Weg beschreitbar, die Kirchenstruktur zwar mit der Unterscheidung von Berufen und Berufungen und in diesem Sinne von unterschiedlichen Funktionen auszustatten, aber diese Unterscheidung nicht in einem grundsätzlichen Anderssein und in unterschiedlichen christlichen Lebensformen zu befestigen. Dafür wird es keinen Pflichtzölibat mehr brauchen. Auch das Priestertum für Frauen ist möglich, wenn man die Menschwerdung Jesu Christi als alles Menschsein übergreifend sieht und sie nicht auf eine „Mannwerdung" eingrenzt. (Darauf verwies insbesondere der Dogmatiker Peter Hünermann.)

V. Von der ganzheitlichen Befreiung zur religiösen Selbstbestimmung

Für mich gingen die Synoden der siebziger Jahre in Deutschland, in der Schweiz und in Österreich ineinander über. Ich konnte mich nicht beteiligen, weil ich eine klare Priorität für meine wissenschaftliche Arbeit in der Habilitation setzen wollte. Selbstverständlich waren die Debatten und die Texte dennoch für mich präsent. Man hoffte auf Umsetzung des Zweiten Vatikanischen Konzils, das ich zwar auch weiter studierte, bei dem aber mein Eindruck blieb, dass das Glas nur halbvoll wurde. Die Enzyklika *Humanae vitae* hatte den Schwung in Mitteleuropa abgebremst, aber nicht beendet. Doch die römische Nichtreaktion auf die synodalen Anstrengungen erzeugte eine bleierne Zeit. Rom hat die Synoden gleichsam „ausgesessen". Besonders erstaunte es mich, dass man, veranlasst von der römischen Kurie unter Papst Franziskus, später neue Umfragen unter den Gläubigen startete, statt auf die Synodenpapiere, gleichsam im vorgesehenen rechtlichen Raum, eine Antwort zu geben. Das kam mir wenig „synodal" vor, anders als das, was sich manche von Franziskus erhofften. Römische Antworten auf diese synodalen Bemühungen, die in sich sinnvoll waren, um Katholikinnen und Katholiken mit dem Klerus ins Gespräch zu bringen, gab es auch später nicht, z. B. auf die Anliegen der Rottenburger Diözesan-Synode (1985/86). Man hat den Eindruck, dass Synoden in der römischen Kurie wie ein Instrument betrachtet werden, Widerstände auslaufen zu lassen.

Die Debatte um den Entzug der Lehrerlaubnis Hans Küngs 1979 führte zur Schweizer Gründung der *Vereinigung für die Anliegen von Konzil und Synode*, die sich eine Weile traf, aber wie so manches von der Initiative einiger Weniger abhing. Eine andere Auseinandersetzung, auf die ich schon eingegangen bin, gab es um den hart gemaßregelten Dominikaner Jacques Pohier, den letzten Rektor der berühmten Dominikaner-Hochschule *Le Saulchoir* in Paris, wo ich auch zu vermitteln versuchte. In solchen Fällen hatte ich genügend Gelegenheit zu dokumentieren, dass ich nicht einverstanden war. Ich habe mich auch in Tübingen um ein Fakultätspapier zum Thema der jungfräulichen Geburt Jesu bemüht, anlässlich der Diskussion um die Kollegin Uta Ranke-Heinemann (* 1927).

1983 wirkte ich von Tübingen aus in der Schweiz, in St. Gallen, an einer Arbeitsgruppe „Prospektive“ der Pastoralplanungskommission der Bischofskonferenz mit. „Ganzheitliche Befreiung“ wurde hier als Leitbild für den innerkirchlichen und für den gesellschaftlichen Bereich verstanden. Dazu wollten wir „Leitbegriffe“ erarbeiten, und mit dem Leitbegriff „Partizipation“ haben wir angefangen, aber die Bischöfe maßen diesem Leitbegriff nicht die von uns ermittelte Bedeutung zu.

„Ganzheitliche Befreiung“ sollte spirituelle, emanzipatorische und sozialpolitische Zielsetzungen miteinander ins Gespräch bringen. Ein Menschenalter später bekam dieses Thema für mich eine besondere Pointe. Zu den Menschenrechten gehört die Religionsfreiheit, und es gab Grund genug, sich für diese Freiheit in autoritären Staatsgebilden einzusetzen, bei denen eine herrschende Religion immer mehr die Religionsfreiheit behinderte. Sich für die Religionsfreiheit einzusetzen bedeutet aber nicht nur, sich für die Freiheit der Religionsausübung im Sinne der Institution einzusetzen, die für sich beanspruchte, diese Religion zu verkörpern, sondern auch, die religiöse Freiheit *innerhalb der Religion* selbst zu untersuchen. Also ging es z.B. nicht nur um die Möglichkeit, frei einzutreten und frei auszutreten, sondern auch um die Möglichkeit, die Art der Religionsausübung für sich selbst zu bestimmen bzw. im Kollektiv mit zu bestimmen. Dieses Thema hatte etwas mit dem Sammelbegriff „Mystik“ zu tun, der sich in der Aufklärung (als Gegenbegriff) und in der Kolonialisierung als Diagnose des Nicht-Institutionellen durchgesetzt hatte. „Mystik“ steht für die Querverbindung zwischen den Religionen und für die spirituellen Spitzen in den Religionen, aber auch für die persönlich eingeforderte individuelle Unmittelbarkeit der religiösen Erfahrung. Diese Unmittelbarkeit lässt sich „vertikal“ verstehen als „Einheit mit Gott“. Sie kann aber auch „horizontal“ eine Rolle spielen, insofern die Weisen religiöser Selbstverwirklichung miteinander konkurrieren.

„Religiöse Freiheit“ war ein Projekt, das ich mit Britta Müller-Schauenburg in Erfurt 2010 bis 2012 durchführte und publizierte. Dies stand auch im Zusammenhang mit der Frage nach Inquisition und Ketzertum im Umfeld des Prozesses gegen Marguerite Porète in

Paris (1308–1310). Der nächste Schritt – im Rahmen des Programms „Religiöse Individualisierung in historischer Perspektive“ – führte zur Frage nach der „Religiösen Selbstbestimmung“ und zum Thema „Selbsttranszendenz“ als religiöse Erfahrung, damit auch zu letzten Publikationen im Rahmen der Kollegforschergruppe am Max-Weber-Kolleg.

VI. Gesellschaftliche und politische Erfahrungen im Diskurs

Das Verbundsystem von Wissenschaft, Technik und Ökonomie und dessen Präjudiz für ethische Stellungnahmen

Der berühmte Initiator der In-vitro-Fertilisation, Robert Edwards, erläuterte mir 2001 im Gespräch seine populationsgenetischen Motivationen. Er sagte mir wörtlich bei einem unserer Kongresse in Stuttgart, er habe sich um die In-vitro-Fertilisation bemüht, „damit die Eltern endlich die Verantwortung für die genetische Gesundheit ihrer Kinder wahrnehmen“. Der damalige Wissenschaftsminister Baden-Württembergs, Klaus von Trotha, war dann doch etwas erschüttert.

Im Bemühen um Kriterien der ethischen Verantwortung war für mich die Wissenschaftsgläubigkeit sehr auffällig. Seit den siebziger Jahren bis heute hat sich freilich einiges verändert. Die Veränderung hat mit den Unfällen an Atomkraftwerken und mit der ungelösten Frage der Entsorgung des Atommülls (aber auch z.B. des Plastikmülls) zu tun. Das „alternativlose“ Versprechen des Verbundsystems wurde nicht eingelöst, und das kritische Bewusstsein zeigt sich heute z.B. bei der Künstlichen Intelligenz und bei der Digitalisierung. Die ökologische Krise beeinflusst immer die Einstellungen in der Bevölkerung, auch in Details wie der Autokrise. Oft geht es um Versprechen, die nicht eingelöst sind und auch nicht einlösbar sein werden. Aus der Wirtschaftswundermentalität und aus den Erfolgen der Globalisierung bzw. des Freihandels kann man die entstandene Gläubigkeit an das Verbundsystem verstehen. Aber das Vertrauen schwindet.

Man kann diese Gläubigkeit in einer Art Heilsversprechen zusammenfassen, gegen das sich meines Wissens nur einmal Bundespräsident Johannes Rau 2001 in einer Rede gewandt hat. Ich nenne dies das „Problemlösungsversprechen“. Es lautet: Wenn Probleme entstehen, werden wir sie lösen. Dieses Versprechen führte bis in die Moraltheologie hinein zur Akzeptanz der „friedlichen“ Atomnutzung. Man erfand den schönen Titel des „Bedenkenträgers“, der wohl noch im vorneuzeitlichen Mief der Verurteilung wissenschaftlicher Neugier (die Untugend der *curiositas*) befangen war.

Ich erinnere mich, bei Diskussionen über Atomenergie in den siebziger Jahren und später über „Patente am Leben" in den neunziger Jahren als „crazy and stupid" bezeichnet worden zu sein. Es war manchmal nicht leicht, überhaupt zu Wort zu kommen. Ethik wurde oft als Abhaken von rechtlichen Vorgaben eingesetzt. Ich erinnere mich an die ethische Begleitung einer großen biologischen Forschungsinitiative. Nachdem wir unsere Stellungnahmen abgegeben hatten, fragte ein Forscher: „Brauchen wir die Ethik jetzt noch?" Was mir auch auffiel, wenn ich mich ausführlich mit dem wissenschaftlichen Nachwuchs in Laborwissenschaften unterhielt, war ihr Mangel an Unabhängigkeit und ihre zeitliche Gebundenheit, die ihnen kaum Zeit ließ, neben etwas privater Erholung noch über ihre Arbeit unter anderen Gesichtspunkten nachzudenken.

Ich wähle ein riskantes Beispiel, um das Problem zu erörtern: die Organtransplantation. Hier begann die Auseinandersetzung in den sechziger Jahren. Ähnlich wie in der Erforschung der In-vitro-Fertilisation war auch die erste Herztransplantation (durch Christiaan Banard) zwar umstritten, aber nicht in Folge einer fachlich-ethischen Debatte. Fortschritte entstanden früher als die Kriterien, mit denen sie bewertet werden sollten.

Die Erforschung des sog. Hirntodes war zunächst einmal eine theoretische Frage, die aber im Kontext der Organtransplantation – von der sie nach Auskunft der Forscher anfangs nicht beeinflusst war – schlagartig an Bedeutung gewann. Ich bin nicht einverstanden mit der Gleichsetzung von „Hirntod" und „untrügliches Zeichen für den Tod des ganzen Menschen" (so Kardinal Lehmann, dem ich in diesem Punkt widersprach). Gewiss ist das Argument der Irreversibilität stark, aber dazu muss der Einzelne Stellung nehmen können. Dies wird verdeckt, wenn man nur die Hilfsbereitschaft der Menschen meint abfragen zu dürfen oder zu müssen. Es geht dabei nicht um die Kritik der Organtransplantation schlechthin, wohl aber darum, dass jeder potentielle Spender m. E. das Recht auf eine individuelle Stellungnahme zu dieser Todeserklärung bei sich selbst in Anspruch nehmen darf. Eine Widerspruchsregelung wird dem nicht gerecht. Im Umkehrschluss ist zu bedenken, dass es problematisch für den

Lebensschutz ist, das Leben an der Steuerung im Hirn festzumachen. Dies führt zu der Frage: Ist der Mensch erst Mensch, wenn sein Gehirn ausgebildet ist? Wenn man dies verneint, muss man den eigenen Hirntod dann nicht als Entnahmezeitpunkt für die Transplantation ablehnen? Aber das ist dann die Frage einer persönlichen Erklärung, z. B. in einer Patientenverfügung, inwiefern man den Hirntod persönlich als zureichende Indikation des eigenen Todes für sich akzeptiert.

Nicht einverstanden war ich vor allem dort, wo ich den Eindruck gewann, dass Argumentationen zur Durchsetzung der Folgen wissenschaftlicher Erkenntnisse in der Praxis auf morallogischen Fehlschlüssen beruhten. Ferner war ich besonders betroffen und aufmerksam, wo ich in Kommissionen ein Minderheitsvotum einbringen wollte, mir dieses Votum und seine anschließende Vertretung aber verweigert wurden. Das war nicht in jeder Hinsicht der Fall, aber es kam vor, und insofern betrachte ich diese Ereignisse als signifikant. Zunächst betrachte ich in einer Einfügung meine Sicht des Problems der Fehlschlüsse, dann das Problem der Minderheitenvoten.

Einen Eindruck möchte ich jedoch vermeiden: Es geht mir nicht um eine Verweigerung der Weiterentwicklung von Techniken. Diese braucht man z. B. für den Rückbau von Flüssen, um ursprüngliche Funktionen z. B. gegen Hochwasser und Florareduktionen wiederherzustellen. Rückbauten profitieren von verbesserten Techniken. Jede Alternative zu einer technischen Entwicklung kann heute nur eine technisch versierte Alternative sein. Zwar sind solche Durchbrüche nach vorn nicht im Sinne von Verheißungen zu behandeln, aber sie sind mit Verantwortung zu suchen.

Politische Erfahrungen mit Fehlschlüssen in der moralischen Argumentation

In der sog. angewandten oder praktischen Ethik sind die möglichen Fehlschlüsse zu beachten: der motivationale, der genetische, der empiristische (oder naturalistische) und der kategoriale Fehlschluss.

(1) Der motivationale Fehlschluss schließt vom Motiv einer Beurteilung (oder von der Unterstellung eines solchen Motivs) auf die Richtigkeit bzw. Falschheit des Urteils. In der Alltagsdebatte ist es

üblich, die Interessen eines Gegenübers als Motiv seiner Urteile zu verdächtigen. Einige gehen sogar so weit, dass sie alle Vernunft der Argumentation zugunsten der Interessen auflösen: „stat pro ratione voluntas“ – entscheidend ist nicht das Argument, sondern seine Funktion für Interesse und Absicht. Dagegen spricht, dass jemand mit fragwürdigen Motiven durchaus Urteile aussprechen kann, die unter argumentativen Voraussetzungen richtig sind. Die Motivverdächtigung führt also argumentativ nicht weiter. Zu berücksichtigen ist hier auch der *Good-will*-Fehlschluss: Wer das Gute will, liegt immer richtig. Etwa: alles Gute für die Armen, Kranken usw., ohne zu bedenken, dass im konkreten Bereich das Gute das Richtige voraussetzt. Ein Beispiel: Weil der Arzt das Gute für den Patienten will, klärt er ihn nicht über sein Befinden auf. Beim *Good-will*-Fehlschluss handelt es sich oft um eine Reduktion der Problemlage auf die gute Absicht.

(2) Der genetische Fehlschluss schließt vom Zustandekommen eines Urteils auf seine Richtigkeit oder Falschheit. Zum Beispiel: Nicht alle Betroffenen wurden gehört, deshalb ist die beschlossene Norm falsch. In Wirklichkeit ist das Verfahren falsch: Ob die Norm falsch oder richtig ist, hängt von anderen Gesichtspunkten ab. Ähnliches gilt von der praktischen Verantwortung im Umgang mit einer Erkenntnis oder einem Produkt, das auf moralisch fragwürdigem Weg gewonnen wurde, jetzt aber ohne moralische Bedenken eingesetzt werden kann. In diesem Fall ist der erste Schritt, der zu Erkenntnis und Produkt führt, moralisch falsch, aber nicht der moralisch einwandfreie Umgang mit dem Ergebnis.

(3) Der empiristische (oder naturalistische) Fehlschluss schließt von einer Ist-Aussage (eine deskriptive oder empirische Erkenntnis) auf eine Soll-Aussage (ein präskriptives Urteil). Damit, dass etwas richtig beschrieben ist, ist jedoch nur der „Untersatz“ in der ethischen Argumentation erreicht, nicht das einschlägige Prinzip selbst. Beispiele für solche Fehlschlüsse sind: Homosexualität sei unnatürlich, Sport mache den Menschen besser (statt: gibt Gelegenheit, dass der Mensch moralische Fähigkeiten entwickelt), was nichts kostet, sei nichts wert usw.

(4) Der kategoriale Fehlschluss ist der Schluss von Fakten, insbesondere von ihrer Quantifizierung, d. h. ihrer Vielzahl, auf Absichten. Ein Beispiel ist die juristische Behandlung eines Plagiatsvorwurfes:

Kann aus Werkstattfehlern einer wissenschaftlichen Arbeit, wenn sie gehäuft auftreten, auf Täuschungsabsicht geschlossen werden? Ich bin der Überzeugung, dass dies nicht möglich ist. Die Voraussetzung, dass hinter den Mängeln an Präzision in der Präsentation einer solchen Arbeit stets ein planender Geist steht, ist unsinnig. Zudem dreht sich die Argumentation im Kreis, denn unter dieser Voraussetzung wird jeder Präzisionsmangel zum Plagiat.

Der kategoriale Fehlschluss oder ein Kategorienfehler liegt m. E. auch vor, wenn z. B. die Untersuchung der ethischen Richtigkeit mit soziologischen oder systemtheoretischen Methoden durchgeführt wird. Diese stehen ja nicht nur unter empirischen, sondern auch unter funktionalistischen Voraussetzungen: Alles wird nach seiner Funktion in sich unter wandelnden Umweltbedingungen wandelnden Systemen beschrieben. Damit wird Moral zu einer bloßen Funktion der Systemstabilität und des Systemwandels. Die Eigenständigkeit des Ethischen geht verloren.

Die Solidarität mit Menschen, die mit einer Behinderung geboren werden, in der internationalen Auseinandersetzung um die Bioethik

Dieser Teil meiner Lebensgeschichte spielt eine Rolle für mein Engagement für Menschen mit Behinderung. Zwar fühle ich mich selbst nicht als Behinderter, aber ich kann mir das Leben mit Einschränkungen gut vorstellen, auch wenn es mich nur zeitweilig oder peripher betroffen hat.

Zunächst lernte ich den Umgang mit Behinderungen praktisch in den Sommerferien in Kiel-Friedrichsort. Dort im Haus mit den Arbeiterwohnungen gab es eine Schar Kinder, die gern in Hof und Garten spielten. Eine Schaukel gab es dort auch. Auf der Schaukel saß oft ein Junge, meiner Erinnerung nach ein Junge mit starker geistiger Einschränkung, die über ein Down-Syndrom hinausging. Er war akzeptiert, jeder nahm Rücksicht und half ihm, wenn es nötig erschien.

Während meiner Zeit in Fribourg hatte sich unter den Studierenden ein Arbeitskreis gebildet, der mit Behinderten in einem gemieteten Haus zusammenarbeitete. Gelegentlich besuchten sie uns. Meine Frau engagierte sich. Ich hatte eher im Hintergrund damit zu tun, weil ich – angesichts der rigiden kirchlichen Sexualethik – ein Gutachten über Sexualität Behinderter und mit Behinderten schreiben sollte. Geplant waren eine Dokumentation und dann auch ein Film über *Behinderte Liebe*, der 1979 mit der Regisseurin Marlies Graf tatsächlich in die Kinos kam.

Auf die Biomedizinkonvention des Europarates bin ich öfter eingegangen, weil sie immer wieder neu diskutiert wurde und einen großen Einfluss auf die Debatte hatte. Hier geht es mir um die Reaktion der Solidarität mit behinderten Menschen. Als die Konvention verabschiedet und zur Unterzeichnung ausgelegt wurde (es geht um die Jahre 1997 bis 1999), wandten sich Behindertenverbände in Deutschland, der Schweiz und Österreich insbesondere gegen die klinischen Versuche, die an Nichtzustimmungsfähigen unter bestimmten Bedingungen erlaubt sein sollten, und gegen das Fehlen eines schützenden Embryonenprotokolls, das zwar im Beschluss in Aussicht gestellt wurde, aber nie zustande kam. Die Aufregung der Verbände war bereits durch die vorzügliche Übersetzung des Buches von Peter Singer, *Praktische Ethik*, in Gang gekommen. Ich wollte die akademische Auseinandersetzung und habe bereits erwähnt, wie ich mich an ihr beteiligte, aber ich verstand auch den Protest der Behindertenverbände sowie der sich spontan bildenden Initiativgruppen, die sich „runde Tische" nannten (z. B. in Ulm). Auf Initiative des Heidelberger US-Konsuls fand 2003 noch einmal eine Debatte statt, an der neben Martha Nussbaum und Julian Nida-Rümelin auch Marcus Düwell und ich teilnahmen. Die Behindertenverbände verlegten auf meinen Rat ihren Protest auf den Vortag. Die Diskussion machte deutlich, dass nicht nur international, sondern auch in Deutschland sehr unterschiedliche Auffassungen über „Menschenwürde", sei es als ethisches Prinzip, sei es als Verfassungsgrundsatz existieren. Ich sehe heute, dass die Debatte um die Corona-Pandemie hier ebenfalls Unterschiede aufzeigt, aber auch eine große gesellschaftliche Zustimmung zur Priorität des Lebensschutzes.

Seit etwa 1985 habe ich erlebt, wie die Reklamation von konsensfähiger „Ethik" die Religionen zwar einbezieht, aber ihre Autorität teilweise ablöst. Überall in Europa wurden Ethikgruppen eingerichtet – auch im früheren Ostblock bis in die baltischen Länder. Die Frage nach der Ethik hat Zuspruch. Warum? Weil die Menschen – zumindest in der ökologischen Frage – verunsichert sind. Eine große Herausforderung unter den heutigen ethischen Fragen kann man aber auch unter individueller Lebensberatung zusammenfassen. Menschen wollen selbst entscheiden, aber sie wollen auch beraten werden. Lebensberatung wird unter der Voraussetzung der Selbstbestimmung eingefordert, und wenn die Kirche in all den Feldern der nicht-direktiven Beratung präsent ist, dann wird das gern akzeptiert.

Ein Beispiel: Wir diskutierten in der *European Group on Ethics* 1999 die Frage, ob in unserer Stellungnahme zur Charta der Grundrechte der Europäischen Union, die gerade in vielen Kommissionen verhandelt wurde, stehen soll: „Das Klonen von Individuen ist verboten" oder „Das reproduktive Klonen ist verboten". Wahrscheinlich kann nicht jeder auf Anhieb verstehen, worum es da ging. Aber es ging um etwas ganz Entscheidendes: Wenn man sagt, das reproduktive Klonen sei verboten, dann meint man damit, das nicht-reproduktive Klonen, also das Klonen von Embryonen „in vitro" sei erlaubt. Hier wird „Reproduktion" als Lebendgeburt verstanden. Alles, was vorher ist, ist in diesem Sinne noch nicht „reproduktiv". Meine Erfahrung in der biopolitischen Debatte war: Man muss mit einer trickreichen Sprache rechnen, wenn es um die Liberalisierung des Fortschrittes geht. Wenn man dagegen sagt „Das Klonen von Individuen ist verboten", dann ist das noch offen, dann kann man den Streit noch führen, wer denn ein Individuum ist. Selbstverständlich habe ich mich dafür eingesetzt, dass mindestens als Alternative angeboten wird: „Das Klonen von Individuen ist verboten". Von anderen Mitgliedern dieser Beratergruppe wurde dies abgelehnt, weil sie für das nicht-reproduktive Klonen, also für die verbrauchende Embryonenforschung eintreten wollten (wenn auch mit Einschränkungen). Die zentrale Kommission, welche die Grundrechte bearbeitete, erhielt beide Textvorlagen.

Es ist eine skurrile Welt, die ich hier beschreibe und mit der ich mich wissenschaftlich (*Was wollen wir können?*, 2002) und politisch in Expertengruppen als Berater auseinandersetzte. Besonders skurril war meine Erfahrung – als deutscher Vertreter, benannt von der Justizministerin Herta Däubler-Gmelin – in der Protokollgruppe der Bioethik-Kommission des Europarates (*Steering Committee on Bioethics* oder CDBI, 2001–2003). Sie bestand aus elf Personen: drei in der In-vitro-Fertilisation führende Mediziner aus Spanien, Frankreich und Belgien, drei Embryologinnen aus Russland, Großbritannien und Bulgarien, drei Juristinnen aus verschiedenen Ländern, dem Vorsitzenden, einem Medizinethiker und Philosophen aus Portugal, und aus mir. Also zwei Ethiker gegenüber einer großen Mehrheit von Machbarkeitsinteressenten. Unterstützung fand ich nicht, auch nicht beim Vertreter des Vatikans, der sich für den kritischen Theologen nicht interessierte oder ihm aus dem Weg ging. Zwar hatte ich mich mit der britischen Embryologin Anne McLaren geeinigt, wie wir die Differenzen festhalten und dennoch ein Dokument verabschieden könnten, aber die CDBI wollte sich nicht einigen und stufte die Vorlage für ein verbindliches Protokoll zu einem „Bericht" (*Report*) herab.

Der Versuch der grünen Gesundheitsministerin und ihrer Staatssekretärin Christa Nickels, die ich besonders schätzen lernte, den Behinderten und ihren Verbänden ein offenes Forum zu schaffen, blieb eine beachtliche Sondermaßnahme. In der Folge initiierte die UN-Menschenrechtskonvention für Behinderte (*Convention of the United Nations on the Rights of Persons with Disabilities*) die weitere Debatte als Inklusionsthema. Mit der Umsetzung der deutschen Aneignung dieser Konvention sind wir noch heute beschäftigt.

Mit der Bioethik-Beratung ist für mich auch das Thema der verweigerten Minderheitenvoten verbunden, das ich in einer Einfügung kurz darstelle.

Minderheitenvoten: Nicht immer zugelassen

In den Europarat in Straßburg, der das große Europa der 46 Länder in West und Ost vertritt, entsenden die Länder ihre Vertreter. Die Vertreter, auch die Vertreter in den Arbeitsgruppen, sind also gesandt, nicht gewählt. Die Arbeitsgruppe, die sich mi der Biotechnik in der Medizin auseinandersetzen und gemeinsame Regeln finden sollte, ist die CDBI, die Bioethik-Kommission des Europarates. Diese Kommission verabschiedete eine Konvention für die Biomedizin, insbesondere für die damit verbundenen ethischen und rechtlichen Fragen. Nicht nur in Deutschland, aber vor allem dort, entstand eine große Debatte über etwaige Schwachstellen dieser Einigung über europäische Grundsätze für den ethisch-rechtlichen Umgang mit dem biomedizinischen

Fortschritt. Diese Schwachstellen betrafen die Versuche an nichtzustimmungsfähigen Menschen, die nicht direkt zu deren eigenem Vorteil unternommen wurden. Hier sollten sie zugunsten gleicher Krankheiten und gleichen Alters ermöglicht werden. Eine andere Stelle war die Ermöglichung von vorgeburtlicher Selektion aufgrund von früher genetischer Diagnostik. Ein Protokoll zum Embryonenschutz sollte anschließend erstellt werden. Ich berichte, warum es dazu nicht kam, obwohl ohne dieses Protokoll, das im Beschluss vorgesehen war, die Konvention nicht vollständig ist.

In Deutschland waren durch das Embryonenschutzgesetz von 1989 größere Einschränkungen vorgesehen. In Großbritannien missfiel dagegen diese Differenz zur eigenen liberaleren Gesetzgebung. Die Regierung in Deutschland unter Kanzler Helmut Kohl hätte der Konvention des Europarates beitreten können, aber angesichts der öffentlichen Debatte unterstellte Kohl diese Entscheidung dem Bundestag, der damals im Bonner Wasserwerk tagte. Es entstand ein überparteiliches „Wasserwerkbündnis“ gegen die Unterzeichnung. Seither hat Deutschland die Konvention nicht durch einen eigenen rechtlichen Akt als für Deutschland bindend adaptiert, d. h. es gibt keine Automatismen der Umsetzung, aber Deutschland spürte, vor allem bei der Umsetzung von EU-Richtlinien, den Druck der Adaption. Es war vor allem die Behindertenbewegung mit ihren Begleitern und Sympathisanten, die sich, aufgeweckt durch die Thesen des Philosophen Peter Singer, zur Wehr setzte. Ich selbst wurde gern bei Versammlungen angefragt, die kritischen Punkte darzulegen. Ich erinnere mich an eine große Tagung in Hannover, insbesondere an die Beteiligung christlicher Gruppen und an die süddeutsche Bewegung in Tübingen, Reutlingen und Ulm.

In diesem Zusammenhang wollte sich auch das Zentralkomitee der deutschen Katholiken positionieren. Es beauftragte eine kleine Kommission mit der Prüfung, der ich auch angehörte. Sie tagte in Bonn und kam mehrheitlich zu dem Ergebnis, dass die Vorzüge dieser Konvention im Hinblick auf die ethisch-rechtliche Begleitung der biomedizinischen Forschung und Anwendung überwögen. Dieser Bewertung stimmte ich nicht zu, einerseits wegen der präjudizierten Liberalität in den signifikanten ethischen Fragen, andererseits weil ich es für besser hielt, wenn sich die Kirchen und ihre Verbände für entschiedene Verbesserungen einsetzen würden. Ich legte meinen Einspruch schriftlich nieder. Er wurde, so hörte ich von Mitgliedern des Zentralkomitees, dort nicht vorgelegt, und ich wurde auch nicht darum gebeten, diese Position in der Versammlung zu begründen. Dies war ein typischer Fall der Missachtung eines Minderheitenvotums. Für mich war es damals wegen der Vernetzung der Politik mit der Wissenschaftsförderung nicht überraschend. Damals gehörte es zu dieser Vernetzung, eher auf Technikfolgenabschätzung als auf Ethik in den Wissenschaften zu setzen.

Eine zweite Erfahrung der Verweigerung eines Minderheitenvotums machte ich bei der *European Group on Ethics*. Der Fall des geklonten Schafes „Dolly" wurde damals diskutiert, und die Gruppe sollte eine Stellungnahme erarbeiten. Daran nahm ich als Kritiker des Klonens und insbesondere der Aussicht auf das Klonen von Menschen aktiven Anteil. Die Stellungnahme, d.h. die sog. „Opinion" für die EU-Kommission, war entsprechend ausgewogen und enthielt die Vorbehalte. Nun wurde sie aber abschließend zu einem Termin beraten, an dem ich nicht anwesend sein konnte. Ich hatte vorher meine Zustimmung abgegeben, wenn nichts mehr an der Stellungnahme verändert werden würde. Dies geschah aber, und als es bei der nächsten Sitzung zu Unterschriften kam, verweigerte ich meine Unterschrift und bat um eine abweichende Stellungnahme. Diese wurde mir mit der Begründung verweigert, ich hätte ja meine Zustimmung gegeben, obwohl ich die Bedingung gestellt hatte, nichts an dem mir vorliegenden Beschluss zu ändern. Es blieb mir nichts anderes übrig, als einen Brief an den damaligen Kommissionspräsidenten Jacques Santer zu schreiben, in dem ich meinen Widerspruch begründete. Er antwortete mit einem Schreiben, in dem er mir persönlich zustimmte.

Verweigerte Minderheitenvoten sind ein Zeichen für einen Kampf mit harten Bandagen. Ich muss hier einfügen, dass ich durchaus Verständnis für andere Gesichtspunkte und Auffassungen habe. Es ist klar, dass eine kontrovers diskutierte Stellungnahme im Endergebnis nicht mit meiner Position übereinstimmen muss, um von mir unterschrieben zu werden. Aber sie sollte sie nicht endgültig verschließen. Ich habe wenig Verständnis für die Einstellung, die eigene Akzeptanz der Berufbarkeit als Experte an eine stromlinienförmige Bereitschaft zur Akzeptanz für Mehrheitsvoten zu knüpfen.

Der dritte Fall betrifft die schon erwähnte Protokollgruppe zum Embryonenschutz im Rahmen des CDBI des Europarates in Straßburg. Hier ging es nicht nur um ein Minderheitsvotum, in welchem ich vor allem die Bedenken eingebracht hatte. Indem das Votum zu einem Bericht herabgestuft wurde, verschwand vielmehr gleich die ganze Argumentation. Die Gruppe hatte – trotz der genannten ungünstigen Voraussetzungen für einen Ethikdiskurs – ein Ergebnis, da zwei Kontrahenten, die britische Embryologin Anne McLaren (1927–2007) und ich, sich schon von der EU-Gruppe her kannten und miteinander die gegensätzlichen Positionen verhandelten. Wir einigten uns darauf, die Geltung der unterschiedlichen Regelungen des Embryonenschutzes auf das Nebeneinander unterschiedlicher Rechtskulturen zurückzuführen (unter der Formel: „where the law allows …"). So entstand ein Text, mit dem man hätte umgehen können. Er hätte auch die deutschen Gesetzesinteressen gewahrt. Es bestand jedoch keine Chance, ihn in der Vollversammlung des CDBI des Europarates zu verteidigen. Der Text wurde nicht zum Rechtsprotokoll erhoben – dafür war er auch zu sehr auf ein Nebeneinander abgestimmt –, sondern wurde als „Bericht" (*Report*) entgegengenommen. So löste die Biomedizin-Konvention ihre eigenen rechtlichen Geltungsbedingungen m. E. nicht ein. Worauf es mir hier ankommt, ist eine formale Bewertung: Eine Vorstellung der Voten durch die Verfasser und eine umfassende Anhörung fand nicht statt.

15 Jahre (bis 2017) arbeitete ich in der Unterkommission *Bioethik* der Deutschen Bischofskonferenz. Dort gibt es kein Sondervotum. Wenn man der Expertise nicht zustimmt, die an die Glaubenskommission weitergereicht wird, man selbst aber dieser Kommission nicht angehört, hat man keine Möglichkeit, die Gründe dem Plenum der Glaubenskommission zu vermitteln.

Schließlich noch ein letztes Beispiel: Als ich im Beirat eines sportwissenschaftlichen Projektes war, welches das Verhalten der Verbände, der Gremien, der Mediziner, der Trainer und anderer Beteiligter in der „alten" Bundesrepublik analysierte, nicht zuletzt um die Illusion zu relativieren, im „Westen" sei im Unterschied zum „Osten" Doping restriktiv behandelt worden, interessierte mich als Ethiker neben der soziologischen und politischen Aufklärung des ambivalenten Verhaltens vor allem die jeweilige moralische Begründung der „Abweichler", die so abweichend ja nicht waren (z. B. Dopingmittel verabreichende Mediziner). Das interessierte jedoch nicht. Bei Doping bleibt es so: Es ist moralisch verwerflich, für Erwischte strafbar. Aber wie Doping mit allgemeinen Phänomenen des Leistungssportes und auch der Freizeitübungen zusammenhängt – diese Frage würde den Wert und die Akzeptanz des Sportes herabsetzen. Ich nenne das Moralisieren ohne ethische Reflexion. Es ist wie beim Foulen im Fußball: Im Interesse der Vermeidung von Chancen des Gegners ist das grobe Foul unerlässlich und ein gutes Zeichen der Ernsthaftigkeit des Engagements. Strafen wie gelbe und rote Karten sind wie kleinere Verkehrsdelikte zu behandeln. Die Dopingsperre ist länger als eine Foulsperre – aber wie die Betroffenen so lernen auch die Zuschauer, sich in das Unvermeidliche des jeweiligen „Zirkus" zu fügen.

Die Stimme der Frauen

Eine Fragestellung, die mich im Zuge der Politikberatung begleitete, war die Aufmerksamkeit auf die Stimme der Frauen in der Beratung, zumal sich viele biomedizinische Probleme auf den Körper der Frau bezogen. Hier wurde einerseits deutlich, wie verlangsamt der akademische Aufstieg der Frauen in der Wissenschaft war; andererseits erhöhte sie das Interesse von jungen Naturwissenschaftlerinnen an unserer Arbeit „Ethik in den Wissenschaften". Ich werfe hier nur kurz einen Blick auf die politische Situation, in der Hoffnung, dass sie sich weiter verändert.

Es war noch zu Zeiten Gerhard Schröders als Bundeskanzler, als ich zu einem regionalen Treffen der Frauen-Union in Pforzheim von Annette Widmann-Mauz, der CDU-Bundestagsabgeordneten aus Tübingen, zu einem Vortrag und Gesprächen eingeladen wurde. 2001 hatte das *Internationale Zentrum für Ethik in den Wissenschaften* den Frauenförderpreis der Universität Tübingen erhalten. Vermutlich war dies der Grund der Einladung. Auf den gleichen Respekt gegenüber Frauen war ich sehr aufmerksam. Dafür hatten schon meine Erfahrungen als ältester Sohn einer alleinerziehenden Mutter gesorgt. Aber Respekt ist auch gesellschaftlich eine moralische Frage. In meiner eigenen Katholisch-Theologischen Fakultät hatte ich stets für Frauenbewerbungen gesorgt, wenn sich dies anbot und aussichtsreich war. Das war nicht immer erfolgreich. Die besondere Aufmerksamkeit, die Frauen bei Männern finden, ist ohnehin mindestens zweiwertig. Bei Bewerbungen von Männern spielt z.B. das Aussehen, die Kleidung usw. keine besondere Rolle. Ich beurteile dies nicht als Neutrum, denn auch mit meinen eigenen Vorurteilen umzugehen, gehörte ja dazu. Ich habe sie gern, wenn möglich, überkompensiert.

Bei dem Treffen der Frauen-Union in einem Saal in Pforzheim musste ich zunächst auf meinen Auftritt warten, während Parteispezifisches besprochen wurde. Ich saß im Hintergrund bei den eingeladenen männlichen Größen aus der CDU, von denen bald einige in höhere Bundesfunktionen aufstiegen. Sie kommentierten die Ansprachen der Frauen. Es schien zumindest für den Small Talk so, dass Frauen in der Politik nicht so ernst zu nehmen seien wie Männer. Das war noch, bevor Angela Merkel unbestreitbar war. Es war ja seit Jahrhunderten üblich, Frauen so an Männern zu messen, dass man einigen von ihnen gleichsam die Männertoga überstreifte. Bei Gottfried von Straßburg steht um 1220 der Satz: „Ein wîp das tugendet wider ir art, die ist ein man mit muote" („Eine Frau, die Tugenden gegen die Weise ihres Geschlechtes entwickelt, ist der Gesinnung nach ein Mann").

Dazu gehört auch ein Eindruck anlässlich einer Besetzung in der Medizinischen Fakultät der Universität Tübingen. Ich war als Mitglied von außerhalb der Fakultät hinzugezogen worden, und ich fand die Bewerbungen von zwei Frauen sehr interessant. Nun ergab es sich, dass sich eine schwangere Frau mit drei weiteren Kindern in der engeren Wahl vorstellen durfte. Sie wurde gefragt, wie sie sich denn in diesem Zustand und mit dieser Kinderschar vorstellen könne, den Job auszufüllen. Mir fiel auf, dass die Frage – von einer Frau gestellt! – keinen Protest hervorrief. Aber welchen Mann als Familienvater hätte man bei einer solchen Gelegenheit so etwas gefragt?

Immerhin förderte das Tübinger *Interfakultäre Zentrum für Ethik in den Wissenschaften* die wissenschaftliche Karriere von Frauen. In der Folge kamen nicht nur in Tübingen, sondern auch an vielen anderen Stellen Frauen in der interdisziplinären Ethik zum Zuge und erhielten Professuren. Heute sieht man, nicht nur in diesem Bereich, Frauen in vielen führenden Positionen.

Die Stimme der Frauen weltweit unterstützte eine von unserer Freundin Ingrid Staehle in Hamburg gegründete und in Tübingen sehr präsente Initiative (die Zentrale ist in Berlin): *Terre des Femmes.* Meine Frau und ich hatten die Möglichkeit, diesen Aufbruch mit der uns schon lange aus Fribourg und Hamburg bekannten Gründerin zu verfolgen und zu unterstützen.

Begrenzte Chancen: Perspektiven eines theologischen Mitwirkens in Europa

Die biopolitische Aufmerksamkeit, die mit meiner Arbeit seit 1993 in unterschiedlichen Gremien verbunden war, konzentrierte sich umso mehr auf Europa, als sich im Laufe der Zeit europäische rechtliche „Richtlinien“ zu „Verordnungen“ entwickelten. Die europäische Öffentlichkeit bekam, so schien mir, gar nicht mit, was hier geschah. Das erschwerte die Widerstände im nationalen Adaptionsprozess, übte also Druck auf nationale Anpassungen aus. Die europäische Aufmerksamkeit war mir als Saarländer zwar nicht in die Wiege – die stand ja in Berlin –, aber in die Schule gelegt. Sie erzeugte eine bleibende Leidenschaft für Europa. Aber auch hier machte sich für mich eine historische Komponente bemerkbar: die Einheit der theologischen Wissenschaft mit dem Schwerpunkt an der Sorbonne in Paris mit ihrer Ausstrahlung auf die europäische Wissenschaft im Ganzen und auf die im lateinischen Sprachaustausch koordinierten rechtlichen und politischen Bemühungen. (Die Sorbonne war freilich an der Wende zur Neuzeit ein Hort der Reaktion gegen Reformbemühungen.)

Politische Ordnungen des Mittelalters sind zu Recht heute kein Thema. In der Aufklärung wurde das Mittelalter „finster“ genannt, aber man badete nicht so häufig, und bis in die Aufklärungszeit gab es die Hexenverfolgung (sie begann intensiv in der Zeit des Humanismus!), es gab die harten Hinrichtungen, die noch Goethe als Minister mit verfügte, sowie den Absolutismus der Herrscher. Theologie in Europa hat vieles im Erbe: Mittelalter, Renaissance, Humanismus, Reformation, Aufklärung. Wie kann sich eine politisch orientierte Theologie in Europa, die den europäischen Verfassungsprinzipien ethisch nahe, ja mit einigen Ansätzen (Jacques Maritain, 1882–1973) an ihrer Wiege steht, positionieren?

Theologie in Europa steht unter den Bedingungen der Trennung von Staat und Religion, wie sie im „laizistischen" Sinne zwar in der Europäischen Union, wenn auch – aus historischen und rechtlichen Gründen – nicht in Deutschland und Österreich existiert. Mitwirkungsmöglichkeiten bestehen indirekt in den Gesellschaftswissenschaften, in den Religionswissenschaften, den Erziehungswissenschaften und in der Ethik. Ethische Begleitung der wissenschaftlichen, technologischen und sozialen Entwicklung sind im Europarat (in Straßburg) und in der Europäischen Union (in Brüssel) fallweise und institutionell gefragt.

Meine Frage an die EU lautet: Warum wird die Theologie zumindest namentlich ausgegrenzt, während man im Namen der Religionsfreiheit Religionen neu einbezieht, etwa in Analogie zur Anerkennung von Gewerkschaften und ihrer Mitsprache durch die jeweilige (in diesem Fall nicht-gewählte) Repräsentanz? Der öffentliche Katholizismus wird dann auf Festveranstaltungen und auf Bischöfe im Fernsehen reduziert. Indem Stellungnahmen abgerufen, aber Reflexivität aus der Wahrnehmung von Religion verbannt wird, sinkt der Pluralismus der intellektuellen Kultur ab.

Theologische Mitwirkung hat ihre fachlichen Kompetenzen und Referenzen, aber sie verlangt auch personale Schlüsselkompetenzen, nicht nur die rational umsichtige Antwort, sondern auch das Zeugnis religiöser Gemeinschaften. Die in der Theologie immer wieder erforderliche Einheit von Theorie und Praxis wirkt sich hier positiv aus, da in der philosophischen Ethik dies zwar auch möglich, nicht aber strukturell erforderlich ist. Dieses praktische Erfordernis liegt wiederum an den Positionen, mit denen Kirche moralisch verortet ist. Damit mag in dem einen oder anderen Fall auch das Ärgernis verbunden sein, und es mag auch in dem einen oder anderen Fall erforderlich sein, sich als Theologe daran zu reiben. Aber die Reibungsfläche als solche möchte man nicht missen, sie bewahrt einen vor einem angepassten Gehabe und ist eine gute Übungsstätte für die Zivilcourage, die man in der Gesellschaft, nicht zuletzt in diskursoffener Vertretung kirchlicher Positionen braucht. Die Kirche muss sich dabei bewusst sein, dass sie den aufrechten Gang der Theologen braucht. Der aufrechte Gang zeigt an, dass die Fähigkeit zur Empörung über die Verletzung von Menschen vorhanden ist.

Ein theologisch-ethisches Mitwirken muss sich heute stärker auf die notwendige interreligiöse Zusammenarbeit beziehen. Zu diesem Bewusstsein hat das „Weltethos" über das Parlament der Weltreligionen beigetragen. Ohne Mentalitätsveränderung ist es aber ein stumpfes Instrument. Das Problem kann man am Versagen der Mentalität angesichts der Umweltbelastung aufzeigen: Wir sind dafür, aber wir tun es nicht selbst. Hier müssen sich Bürgerinnen und Bürger wechselseitig predigen, statt sich nur in einer Political Correctness zu ergehen. Die Predigtkanzeln sind säkularisiert und demokratisiert. Hier erweist sich auch, ob die Kirche noch „kanzelfähig" ist.

Der Aufbau einer europäischen Gesellschaft verlangt nach der Öffentlichkeit als der vierten demokratischen Gewalt. Insofern gehört sie zur demokratischen Gewaltenteilung von Legislative, Judikative und Exekutive. Die europäische Öffentlichkeit ist bisher unzureichend hergestellt, wenn auch, wie mir scheint, in kleineren Ländern mehr als in großen. Nur der öffentliche Diskurs führt dazu, dass Menschen mitdenken und mitwirken können. Hieran teilzunehmen wäre eine Aufgabe der Theologie. Freilich richtet sich das mediale Interesse – fortscheitend in den letzten Jahrzehnten – mehr auf die Kirche im Sinne einer Interessenvertretung als auf das theologische Argument.

Obwohl die Zivilgesellschaft sich (plural) an Werten orientiert, bedarf es der Rechtsetzung, die wiederum auf Wertevermittlungen einwirkt. Es fällt mir auf, wie oft dabei von Pluralität, Toleranz, Minimalkonsens und Friedenswahrung die Rede ist. Diese Rede hat oft etwas Unterdrückendes an sich. Ist die Dringlichkeit, eine Kontroverse zu beenden, in jedem Falle dringend gegeben? Man wird dies zugestehen, wenn es um die Terrorbekämpfung, die Klimakatastrophe oder die Migration der Armen geht. Schwieriger ist dies, wenn es um Interessen der Wirtschaft, der Technik und der Wissenschaft geht. Warum sollte man hier tolerant sein, Minimalkonsense in Kauf nehmen oder den Frieden wahren? Welchen Frieden, wenn es doch nur um die Waffen des Wortes und das Gelände des Forschens geht? Das ist immer eine Frage der Kosten für die jeweils durch die Friedenswahrung Benachteiligten.

Die politische Priorität gegenüber der Wirtschaft wurde noch in den fünfziger Jahren in der CDU (z. B. von Josef Hermann Dufhues in Nordrhein-Westfalen) betont. Inzwischen wirkt die Politik oft wie ein Vollzugsorgan der Ökonomisierung aller Lebensbereiche. Es geht dabei auch um eine Umorientierung der Mentalität auf Quantifizierung statt auf Qualifizierung. Hat die Politik immer weniger Handlungsspielraum angesichts des Diktates multinationaler Konzerne, angesichts des Entzugs dieser Konzerne von der Besteuerung, angesichts der grenzenlosen Werbung, die jedes Individuum belastet, weil es ihr nicht ausweichen kann, angesichts der Betrugsanfälligkeit in der Autobranche, angesichts der Investmentkrise der Banken, oder erweitert sich ihr Handlungsspielraum mit Hilfe der Mittel, die ihn eingeengt haben? Freihandelsabkommen könnten z. B. auch ein Abkommen über Transaktionssteuern enthalten, und zwar überall da, wo ein knappes Gut, das alle zum Überleben brauchen, Gegenstand spekulativer Investitionen ist (Land, Wasser, Nahrung, Umwelt, Flora und Fauna usw.).

Die soziale Marktwirtschaft war einmal ein Konsens, der ebenso auf der sozialethischen Initiative der christlichen Kirchen beruhte wie auf einem Ordnungsdenken in der Ökonomie, das jedoch zunehmend aufgeweicht worden ist. Inzwischen ist an die Stelle dieses Ordnungsdenkens das Modell einer sozial kompensierten freien Marktwirtschaft getreten. Dies bedeutet: möglichst schwache Steuerungen des Marktes, dafür ergänzend soziale Maßnahmen, die den Benachteiligten zugutekommen. An die Stelle einer sozial kompensierten Marktwirtschaft – also einer Kompensation der durch den Markt erzeugten sozialen Nachteile im Nachhinein – müsste, auch unter ökologischen Gesichtspunkten, eine sozial und ökologisch investierende Marktwirtschaft treten, wie sie sich z. B. im Ökoinvestment und im Ethikinvestment angebahnt hat. Das lässt sich über Ansiedlungen, Privilegierungen und über Besteuerungen angehen.

Spannungen, die den gesellschaftlichen Zusammenhalt herausfordern

Ich bin mit der Belehrung aufgewachsen und konnte die Erfahrung machen, dass die Demokratie die „am wenigsten schlechte“ Regierungsform ist, andererseits mit der Erfahrung, dass Demokratie in einer zu plebiszitären Form und ohne eine gewisse Stärke ihrer Institutionen der Gewaltenteilung gefährdet ist und mit ihren eigenen Mitteln ausgehöhlt und beendet werden kann. So stellen sich aus dieser Erfahrung u. a. zwei Fragen: Können Demokratien ihren Bestand institutionell sichern, wenn das „Volk“ selbst antidemokratisch wird? Und wie kann eine demokratische Mentalität mit einem Gefühl des Zusammenhaltes, gebunden an demokratische Werte, an eine demokratische Kontinuität im Denken, in den Gefühlen und in den Entscheidungen verbunden bleiben?

Wir erfahren seit einiger Zeit den drohenden Verlust des gesellschaftlichen Zusammenhaltes in Demokratien. In der ethischen Tradition – auch der Soziallehre der katholischen Kirche – wird der Zusammenhalt von der Ausrichtung auf das *bonum commune*, auf das Gemeinwohl getragen. Das Gemeinwohl ist ein übergreifendes Ganzes. Wo dieses übergreifende Ganze in einer Person symbolisiert wird, in Zeiten des Gedenkens und des Feierns um diese Person herum, beziehen sich die Teile auf dieses Ganze. In der Demokratie kann dieses Ganze auch durch eine gemeinsame Geschichte, mit der sich die Menschen identifizieren, ausgedrückt werden. In den USA ist dies eine Befreiungs- und Emanzipationsgeschichte, die mit der Verteidigung und mit der Eroberung des eigenen Landes verbunden ist. Aber schon in Großbritannien ist das *Empire* ein vergangenes, nicht mehr kritiklos abrufbares Motto des Zusammenhaltes. Man kann am sog. Brexit sehen, wie hier die Gesellschaft nach vorn oder nach rückwärts orientiert ist und dann auseinanderbricht. Die Rückkehr des Nationalismus in populistischer Form enthält solche Rückwärtsorientierungen, die in Deutschland gelegentlich mit dem Wort „Heimat“ aufgeladen und ausgedrückt werden. Ich erinnere mich als Saarländer daran, dass die sog. „deutschen“ Parteien sich 1954 zu einem „Heimatbund“ zusammenschlossen. Als 13-Jähriger war ich wie meine Klassenkameraden auf „deutsch“ und „Heimat“ durchaus ansprechbar. Über die Zweideutigkeit der Abstimmung von 1935, die damals neben der „Heimkehr ins Reich“ auch ein Votum für Hitler enthielt, waren wir noch nicht informiert. Der saarländische Literat Ludwig Harig (1927–2018) hat dies später in seinen Büchern dargestellt (*Die saarländische Freude*, 1977; *Ordnung ist das ganze Leben*, 1986).

Der Zusammenhalt der Bundesrepublik hatte ein Narrativ: den Wiederaufbau nach dem Krieg. Um die Aufarbeitung der Vergangenheit kümmerte man sich erst später – der Zusammenhalt im Wiederaufbau hatte zunächst eindeutig die Priorität. Anders war das sozialistische Narrativ in der DDR: antifaschistisch, aber auch antiökonomisch, gegen die individuellen Freiheiten und autoritär. Die positiven Seiten dieses Narrativs wurden beim Zusammenschluss bzw. bei der Übernahme unterdrückt. Sie waren aber stabil: Der Staat erwies sich als autoritärer Kümmerer, und man kümmerte sich umeinander.

Nach der Wende konnte der Zusammenhalt als Stolz auf die Verschmelzung von Möglichkeiten und Wirklichkeiten in Deutschland einen Sommer lang durch ein Fußballmärchen bei schönem Wetter ausgedrückt werden. Die Ritualisierung des Zusammenhaltes gelang danach zunehmend weniger, und das liegt, so scheint es, auch an dem mehr als einem halben Jahrhundert, das die neuen Bundesländer von der pluralistischen Demokratie trennt – im Westen waren es zwölf Jahre! Die Bundesrepublik will anders und besser als die Weimarer Demokratie sein, sie hat dieses Erbe kritisch adaptiert.

Je länger eine Demokratie mit sich selbst umgeht und sich routinemäßig instituiert, umso komplexer werden ihre Strukturen und umso facettenreicher wird ihre Handhabung. Die routinierte Handhabung der Strukturen geht damit immer mehr in eine „Schicht" der Kompetenten – Politikerinnen, Journalistinnen, Wirtschaftlerinnen und Wissenschaftlerinnen – über. Es bildet sich eine Nomenklatura. Die Zugangswege sind zwar offen, aber nicht für alle gangbar. Die Nomenklatura kann man in allen Talkshows der Fernsehprogramme besichtigen. Es scheint da auch unersetzliche Personen zu geben. Diese Personen sind Positionen mit medialer „Bauchbinde". Sie vertreten etwas, oder sie vertreten sich selbst sehr gut. Eine ziemlich langweilige Angelegenheit, die von den sozialen Medien abgehängt wird. Diese interessieren sich nicht mehr für die Rituale der offiziellen Kanäle. In den sozialen Medien sind die Strukturen jedoch unterkomplex präsent. Nun meldet sich eine aggressive Komplexitätsmüdigkeit, ein Hang zur Vereinfachung in der Darstellung und in den Lösungsformeln für Probleme. Dies spült zwar die selbsternannten Verminderer der Komplexität, die Populisten, mit in die obere Etage der Komplexitätssteuerung. Aber worin besteht dann ihre konstruktive Rolle?

Diese sehr formale Analyse führt zu der Frage, wie die Demokratie sich selbst erneuern und damit dynamisch erhalten könne. Die Frage ist nicht neu, und die Antworten zweier sehr unterschiedlicher Diagnostiker, Jürgen Habermas und Ernst-Wolfgang Böckenförde, sind gleichartig und merkwürdig defätistisch. Die Institutionen der Demokratie, so heißt es, könnten ihren Bestand aus sich selbst heraus nicht garantieren. Aber diese Institutionen steuern doch das Bildungssystem, die freie Presse, die Kulturentfaltung. Sind diese durch digitale Viren, Events und Parolen infizierbar, damit also Ärzte, die sich nicht selbst helfen können?

Eine Medienreform sollte m. E. nicht einfach in einer Anpassung an neue komplexe (digitale) Strukturen bestehen. In den Medien sollte es „Bürgerkonferenzen" geben. Mit der *Ethik in den Wissenschaften* haben wir in den neunziger Jahren damit Erfahrungen gemacht. Das Modell ist schlicht: eine Zufallsauswahl von ca. 25 Bürgerinnen und Bürgern (im Proporz der Geschlechter, unter Berücksichtigung von unterschiedlichen Regionen). Eine Informationswoche wurde angeboten und gestaltet, in der die Teilnehmer jede Expertise heranholen und erfragen können. An brisanten Themen sollte es nicht fehlen. Anschließend gab es eine demokratische Abstimmung. Demokratie sollte durch Übungen lernbar sein. Das kann man auch in den Schulen versuchen. Ich bin überzeugt, dass es ähnliche Modelle, z. B. an Schulen, bereits gibt. Werden sie medial aufbereitet und politisch unterstützt?

„Die Kirche in den Seelen" (Romano Guardini) wird zur Frage nach der „moralischen Bewohnbarkeit der Kirche" (Alfons Auer)

In den 1920er Jahren hatte Romano Guardini vom „Erwachen der Kirche in den Seelen" gesprochen. „Sentire cum Ecclesia" – mit der Kirche fühlen, dieses Wort war auch in den fünfziger Jahren sehr vertraut. Aber soll man die Kirche lieben? Ist die Kirche ähnlich wie die Vorstellung des Christus in uns, die eine große mystische Tradition bezeugt, ein Teil unseres Seelenlebens? Ich erwähnte schon, dass der Prager Moraltheologe Oto Mádr, ein Freund, der meine ethischen

Beiträge gelegentlich ins Tschechische übersetzte, um 1990 zu mir bei einem Besuch in unserem Hause sagte: „Dietmar, du liebst die Kirche nicht genug!" Wir unterschieden uns in der Vorstellung von Liebe. Für mich zielt Liebe auf Personen und nicht auf Institutionen. Sie ist auch kein „Weltgefühl" im Sinne der EU-Hymne nach Beethoven: „Seid umschlungen Millionen! Diesen Kuss der ganzen Welt!" Alfons Auer meinte: Bei Liebe zur Kirche gehe es um Liebe als Gemeinschaftsgefühl. Auer versuchte, die Kirche für die Menschen bewohnbar zu halten bzw. zu machen. Als großartiger Prediger in der Kapelle auf dem Sand in Tübingen sammelte er Kirche als Gemeinde um sich. Aber er fragte auch in einem seiner späten Beiträge (1994), ob „die Kirche heute noch ethisch bewohnbar" sei.

In der Würzburger Zeit war er, wie bereits erwähnt, von 1965 bis 1967 Mitglied der päpstlichen Kommission zur Empfängnisregelung, die in Rom tagte. Er arbeitete dort mit dem Jesuiten Josef Fuchs von der Gregoriana zusammen. Er war enttäuscht, als Papst Paul VI. die Enzyklika *Humanae vitae* 1968 gegen den Rat der Experten veröffentlichte. Auer kritisierte die innerkirchlich harte Linie Papst Johannes Pauls II. (und unterschrieb daher die Kölner Erklärung 1989), aber er versuchte, in einem Gespräch mit dessen Beratern 1990/91 in Zürich und Mailand eine Verständigung mit dessen Moralenzyklika zu finden. Das ist nicht ganz gelungen. Aber er schrieb einen positiven Artikel über die Antrittsenzyklika des 2018 heiliggesprochenen Papstes Paul VI., die dem „Dialog" gewidmet war.

Auer hatte eine sehr bedrückende Begegnung mit Joseph Ratzinger, dem vormaligen Kollegen, als Vorsitzender einer Verhandlung der Thesen seines Buches *Autonome Moral und christlicher Glaube* in der Glaubenskongregation der Deutschen Bischofskonferenz 1977. Das Buch hat sich in der Moraltheologie mit wenigen Ausnahmen durchgesetzt; es wurde 2016 neu ediert. Auer und Ratzinger trafen sich später einmal wieder versöhnlich.

Für Alfons Auer war Pierre Teilhard de Chardin ein Vorbild, das in seinem Dienstzimmer als Foto hing: nach vorne schauen, zum Punkt „Omega", die Zukunft herbeiführen. In dieser Hinsicht war er positiv gestimmt, ein Optimist. Optimismus hatte er nicht für seine Lebenszeit, aber insgesamt für den Weg, den die Kirche einmal unvermeidlich gehen würde. Sie würde die guten Zeichen der Zeit respektieren und sich ändern müssen, das war ihm klar, dessen war er sicher, freilich nicht unbedingt zu Erlebenszeiten. Er war gegen eine negative Betrachtung der „Sünden“ in der Kirchengeschichte, aber auch gegen eine triumphale Betrachtung, in der die Kirche sich immer wieder selbst feiert und ihre Wunden, die sie sich selbst geschlagen hat, vergisst.

Alfons Auer hatte viel Humor. Humorlose Kritik ohne gleichzeitige Bereitschaft zur Selbstkritik seitens des Sprechenden war ihm verdächtig. Er mochte die humorlosen Moralisten nicht, die gern draufschlugen, ohne die eigenen Schwächen zu bedenken. Sie fand er weniger unter den Realpolitikern als unter den Ikonen der Gesellschaftskritik, die sich wechselseitig rühmen. „Lob- und Preisgemeinschaften“ nannte er sie.

Er hat, vor allem in der Tübinger Zeit seit 1967, eine Veränderung im moralischen Denken der kirchlichen Tradition versucht. Als er in der päpstlichen Kommission war, besprachen wir z. B. schon in Würzburg intensiv die Homosexualität, ohne einen Weg zu einer kirchlichen Öffnung zu finden. Diakonat und Priestertum der Frau, das waren für ihn keine Glaubensfragen, dafür war er offen. In der Frage des Schwangerschaftsabbruches in den siebziger Jahren war er auf jeden Fall offener als die römische Einstellung. In allen Lebensfragen waren ihm das Gewissen und die Selbstbestimmung der Gläubigen wichtig. Deshalb war kirchliches Entgegenkommen im Hinblick auf die Wiederverheirateten und Geschiedenen für ihn auch keine Frage.

Aber der Kern der Sache, die ihn beschäftigte und die uns heute noch beschäftigt, gerade angesichts des Missbrauchsskandals, ist das Verhältnis von Kirche und Recht. Auer hatte über den Moraltheologen Franz Xaver Linsenmann promoviert, bekanntlich nicht nur ein Vorgänger, sondern auch ein 1888 gewählter, aber vor der Weihe gestorbener Bischof von Rottenburg. Wir haben eine Autobiographie von ihm, vom Tübinger Kirchenhistoriker Rudolf Reinhardt (1928–2007) herausgegeben. Linsenmann versuchte, das Menschenrecht und das davon abhängige säkulare Recht im Staat eigenständig zu betonen, d. h. nicht mit dem Kirchenrecht oder mit dem Schutz der Kirche vor Kritik zu unterlaufen. In der üblichen Interpretation des Kirchenrechtes war bisher freilich diese Position, die im Anschluss an Auer und Linsenmann möglich wäre, nicht erfolgreich. (Es gibt darüber nur eine privat gedruckte Habilitationsschrift von Karl-Christoph Kuhn.) Der entscheidende Punkt ist dabei: Kann ein kirchliches Sonderrecht ein Unrecht sein, wenn es sich nicht völlig dem allgemeinen Rechtsbewusstsein öffnet? Auer hat immer den Spruch „Erst die Kirche, dann die Welt“ abgelehnt, aber er vertrat ein eigenes inneres Heilsethos der Kirche. Es sollte ein Ethos sein, das seine eigenen Grenzen anerkannte. Eine innere Sittlichkeit also – kein Beharren auf interne Verfahren bei den Sünden in der Kirche. Eingelöst ist das bis heute nicht.

Eine Autonome Ethik als Hilfe für die Erneuerung der Kirche?

Als konkreter Ethiker im Sinne des „secundum rationem agere“ („der Vernunft entsprechend handeln“, Thomas von Aquin) denke ich eher philosophisch, freilich mit einer ständigen Beachtung der subsidiären Funktion theologischer Anthropologie, z. B. in der Anerkennung der Endlichkeit, Fehlerfähigkeit und damit Erlösungsbedürftigkeit des Menschen. Als Theologe hingehen fühle ich mich nicht primär als Moralist (zumal theologisch die moralische Bilanz des Menschen angesichts der Notwendigkeit der Rechtfertigungsgnade nicht letztentscheidend ist), sondern als spirituell orientierter Suchender, der auch Ethiker ist. Diese Unterscheidungen mögen etwas subtil klingen, entsprechen aber einer Unterscheidung von Meister Eckhart, welcher der Meinung war, die konkrete Ethik müsse man dem „Licht der Vernunft“, dem „lumen naturale“ überlassen, weil man im göttlichen Licht, dem „lumen supernaturale“, gleichsam davon geblendet, die irdischen Dinge nicht so präzise unterscheiden könne (Pr. 86). Das leuchtet mir sehr ein und erklärt manches, z. B. warum ein Liebesmystiker wie Bernhard von Clairvaux, der das göttliche Licht des Glaubens über alles stellte, Petrus Abaelard so unnachsichtig verfolgen und zu Kreuzzügen aufrufen konnte. Umgekehrt ist neben einer säkular orientierten Ethik auch eine provozierende und alternative Motive einbringende christliche – oder im weiteren Sinne religiöse – Ethik erforderlich. Diese kann den philosophischen Begründungsstatus nicht ersetzen, aber vertiefen. Eine religiöse Ethik führt zudem im kreativen Handeln zu einer Übereinstimmung von Theorie und Praxis. Nicht jede Einsicht stellt auch ein Motiv dar, sie im Handeln umzusetzen.

Das lässt sich z. B. in einer ökologischen Praxis der Bürgerinnen und Bürger beobachten, die ihren Einsichten nicht folgt. Die Folgerung aus dieser Diskrepanz ist freilich zweifach: Die Politik kann die Bedingungen erleichtern, eigenen Einsichten zu folgen, indem sie z. B. Plastik aus dem Verkehr zieht. Die Bürgerinnen und Bürger können beim Einkaufen Erschwernisse in Kauf nehmen, um ihren Einsichten zu folgen. Jeweils braucht es dazu neben Einsichten auch Motive, diese umzusetzen. Derzeit bildet sich dazu eine Art Umweltreligion heraus. Das heißt: Analog zu religiösen Überzeugungen werden ökologische Überzeugungen zu starken Motiven, die jenseits umstrittener Diagnosen nach der Durchsetzung ökologischer Ziele streben. Es geht um Zukunft. Das ist ein starkes Motiv, säkular gewendet. Man braucht dazu keine Kirche, aber vielleicht braucht die Religion (die Kirche) dieses Motiv. Sie könnte es verstärken: Wie geht man mit den eigenen Schwächen um? Wie verkraftet man, dass man nicht tut, was man will? Wie geht man mit Endlichkeiten, Versagen und Misslingen um, ohne sich aus dem kreativen Handeln zurückzuziehen?

Das Zweite Vatikanische Konzil hat in der Pastoralkonstitution *Gaudium et spes* 1964 festgestellt, was ich eingangs wie ein Leitmotiv behandelt habe: Die Kirche kann auch „Hilfe *von der Welt* erfahren“. Gerade im Missbrauchsskandal wurde die „Hilfe von der Welt“ geradezu nötig. Im Konzil hatte man bei der „Hilfe der Welt“ noch nicht an Ethik gedacht. Aber während ein Papst 2011 noch „Entweltlichung“ vorschlug, wuchs bei den katholischen Bischöfen langsam die Einsicht, dass man moralisch auch hinter der „Welt“ an bestimmten Punkten zurückbleiben könne. Die „Welt“ fällte die konsequenteren moralischen Urteile. Die Kirche hat ihre Fehlerfähigkeit oft mit ihrem hohen religiösen und aszetischen Anspruch an das Priestertum und an ihre Heiligen überdeckt.

Manche Änderungen der Kirche in ihrer offiziellen Sozialverkündigung stellen einen gewissen Aufbruch dar; einen Aufbruch, wie er von Marie-Dominique Chenu damals benannt worden ist: von der kirchlichen Sozialdoktrin zum *Social Teaching*, zu einer kirchlichen sozialen Reflexion, die von unten her aufgebaut ist, sichtbar durch Wirtschaftshirtenbriefe wie in den Vereinigten Staaten und in Kanada, durch Sozialhirtenbriefe wie in Österreich, durch das Sozialwort der Kirchen in Deutschland und durch die Befreiungspastoral in Lateinamerika. Über all das kann man gut streiten, aber wenn man von unten anfängt, über Konsense zu streiten, dann entsteht eben auch eine Streitkultur über diese Einheitskultur hinaus.

Die Kirche könnte ein wichtiges Forum der Ethik sein. Es ist auch in der pluralen Gesellschaft eine gewisse Bereitschaft da, diese Rolle zu akzeptieren, die Kirche an den runden Tisch der Ethik zu bitten. Denn keiner bezweifelt, dass Religion Sinn und Motiv der Moral mitbestimmt. Man kann die Zehn Gebote heute ganz modern formulieren: Sie enthalten das Recht zukünftiger Generationen, das Leben zu bewahren, nicht den Menschen zu instrumentalisieren, ihn nicht zu betrügen, ihn nicht auszubeuten. Das sind gute Traditionen. Eine Aufgabe der Kirche ist es, Hüterin der Erinnerung zu sein. Hüterin der Erinnerung im Sinne des Gedächtnisses Gottes, der solidarisch ist mit den Leidenden, Hüterin der Erinnerung in der Trauerarbeit, in der Buße. Hüterin der Erinnerung sollte die Kirche aber auch sein im Andenken an das eigene Versagen. Hier gibt es Versuche, aber zur Buße gehört auch das Umdenken.

Religion ist mehr – und empirisch manchmal leider weniger – als Moral. Wir leben in einer Gesellschaft, in der die Ethik boomt und die Menschen von anderen an ihrer Moral gemessen werden. Die schlechte Moral ist immer die Moral des anderen, die Moral ist in der Politik eine Waffe, die heute über die sozialen Medien transportiert wird. Albert Camus hat es so beschrieben: Moral heißt, dass jeder jeden beschuldigt und niemand mehr freispricht. Das wird mit einem Blick auf die Presse deutlich, die niemand mehr freispricht, wo jeder jeden beschuldigt. Die sozialen Medien dienen als Forum wechselseitiger Beschuldigungen. Die christliche Botschaft geht aber davon aus, dass der Mensch mehr als Moral ist und dass er mehr ist als seine moralische Bilanz als Sünder (der Mensch ist das Subjekt der Erlösung), dass es nicht nur die größte Kraft des Menschen ist, Gottes zu bedürfen, wie Paul Tillich es einmal ausgedrückt hat, sondern umgekehrt auch, dass Gott des Menschen bedarf und sich in dieser Menschlichkeit entscheidend ausgedrückt hat als der Gott Jesu Christi. Und gerade darin liegt die Hauptanforderung an die Kirche für eine zukunftsfähige Moral, sich am Menschen zu messen, sich an der Menschlichkeit des Menschen zu messen. Der Mensch darf kein Opfer der Moral werden.

Deshalb ist darauf zu achten, dass Gott nicht zum Opfer für den Menschen wird. Das Kreuz ist oft falsch dargestellt worden, als Zeichen des Verbleibens in der Knechtschaft. Nimm dein Kreuz auf dich und folge mir nach – das wurde als Annahme von Unterdrückungen formuliert. Als hieße nicht Kreuztragen an einer Solidarität teilnehmen, die das Joch von den Schultern der Opfer nimmt.

Die Kirche soll auf der Seite der Diskriminierten und Marginalisierten stehen; eine Kirche, die „das geknickte Rohr aufrichtet" im Namen Gottes, die die Subsidiarität und Kollegialität, nicht nur der Bischöfe, auch tatsächlich an ihren Taten erkennen lässt; eine Kirche, die dafür sorgt, dass sich in ihr unterschiedliche Erfahrungen herausbilden können, aus denen sie Nutzen ziehen kann, und die nicht versucht, alle Erfahrungen irgendwie gleichzuschalten. Die Kirche kann einer zukunftsfähigen Moral helfen, wenn sie selbst ein Forum des Lebens ist. Und damit würde die Kirche auch Anschluss gewinnen an den Boom der Ethik, den wir heute erfahren. Der Beitrag zu einer zukunftsfähigen Moral ist dann auch ein Weg in eine zukunftsfähige Kirche.

VII. Persönliche Rückblicke auf fachliche Positionen

Narrative Ethik als Konzept einer „Modellethik"

In meiner langjährigen Beschäftigung mit der Narrativen Ethik habe ich stets in der fachlichen (germanistischen) Interpretation von Literatur darauf geachtet, dass die Form des Erzählens über den Gehalt mehr aussagt als Motive, die moralisch gedeutet werden können. Es geht also stets darum, erst die erzählende Literatur „narratologisch" zu erfassen, ehe man erschließt, welche moralische Richtung – oft sehr bewusst – die Erzählung nimmt. Inzwischen sind Philosophen wie Paul Ricœur in der Theorie und Germanisten wie Peter von Matt in der Praxis zu Adressen einer umsichtigen Deutung der moralischen Relevanz des Erzählens geworden.

In der Narrativen Ethik, wie ich sie verstehe und im Laufe der Jahre entwickelt habe, suche ich also den Zugang über die literarische Form des Erzählens, nicht unmittelbar über den Inhalt. Ein Beispiel: Ein Zukunftsroman wählt einen erzählerischen Trick, um sich nicht in das etablierte Genre der „Warnutopien" der Science Fiction einzureihen. Ein Autor wie Stanisław Lem beherrscht zwar dieses Genre. Aber wenn er in den Science-Fiction-Novellen der „Sterntagebücher" die Biotisierung der Materien und die Materialisierung des Lebens beschreibt, ironisiert er sie auch. So nennt er einmal die „omnigenerative Kreationistik" als Dogma des dritten Jahrtausends, dem schließlich die Kirchen mit einer Ausweitung des Schöpfungsauftrages – der Mensch ist beauftragt, die Schöpfung und damit auch den Menschen zu verändern – zustimmen.

Ein anderes Beispiel: Der Roman *Never Let Me Go* (deutsch: *Alles, was wir geben mussten*) des Nobelpreisträgers Kazuo Ishiguro über Klonkinder verändert die Einstellung zur Situation, indem er die Szene im Vortext beschreibt: „England, am Ende des 20. Jahrhunderts". Ich habe mich mit diesem Roman beschäftigt, weil er eine narrative Bioethik enthält. Darauf gehe ich kurz ein: Durch die Angabe „England, am Ende des 20. Jahrhunderts" in einem Roman des zweiten Jahrzehntes des 21. Jahrhunderts wissen wir als Leser gleich zweierlei: Erstens beherrscht man am Ende des 20. Jahrhunderts die Klon-Methode zur Herstellung von menschlichen Ersatzteilentitäten („Organsäcken") ebenso wenig, wie sie derzeit beherrschbar ist und wie sie möglicherweise nie beherrschbar sein wird. (Es gibt auch in der Gentechnik inzwischen „Ausstiege".) Zweitens hat es das, was als eine geographisch und historisch platzierte Angelegenheit nacherzählt zu werden scheint, ebenso wenig gegeben wie die Gesetze, die so etwas ermöglicht zu haben scheinen und die nach dem Roman in Großbritannien beschlossen wurden. Dazu muss freilich eine liberale biomedizinische Gesetzgebung erst narrativ-fiktiv hochgerechnet werden.

Es ist also unserem zeitgenössischen Gefühl nach ganz anders, als es Miss Emily in ihrer Aufklärung für die nachfragenden Helden, Kathy und Tommy, beschreibt:

> Auf einmal eröffneten sich ungeahnte Möglichkeiten, neue Therapien für so viele Krankheiten, die bis dahin als unheilbar galten. Das war es, was die Welt hören wollte und gern zur Kenntnis nahm. Und die längste Zeit zogen die Leute es vor zu glauben, die Organe kämen aus dem Nirgendwo oder wüchsen in einer Art Vakuum heran [...]. Wie können Sie von einer Welt, die Krebs jetzt für heilbar hält, wie können Sie von dieser Welt verlangen, dass sie freiwillig auf die Behandlung verzichtet und in die finsteren Zeiten zurückkehrt? Es gab kein Zurück mehr. [...] Deshalb wurden Sie lange Zeit totgeschwiegen, und die Leute taten alles, um nicht über Sie nachdenken zu müssen. (318f.)

Indirekt wird unter dem Namen „Morningdale" mit Hinweis auf „Schottland" der Wissenschaftler Ian Wilmut, der 1996 das Klonschaf Dolly präsentierte, zitiert: „Er wollte werdenden Eltern die Möglichkeit anbieten, Kinder mit verbesserten Eigenschaften zu zeugen" (319f.). Nach meiner Kenntnis wäre diese Unterstellung besser durch das bereits erwähnte Zitat von Robert Edwards, dem nobelpreisgekrönten Mitschöpfer des ersten sog. Retortenbabys Louise 1968, gedeckt: Er habe sich, so sagte er, von mir für einen Kongress in Stuttgart eingeladen, um die In-vitro-Fertilisation bemüht, „damit die Eltern endlich die Verantwortung für die genetische Gesundheit ihrer Kinder wahrnehmen".

Die Einfühlung in die Figur eines Menschenklons, mit der Ishiguro erzählt, dient der Verunsicherung über den biomedizinischen Fortschritt, zugleich aber auch der Sympathie mit der menschlichen Einschränkung und Behinderung. Dies erzählerisch zu zeigen, ohne es platt und direkt zu sagen, ist eine Meisterleistung.

Von der normativen Ethik zur Könnensethik: Ein christliches Proprium

Ein kurzer Blick auf die narrative Ethik im Neuen Testament öffnet die Tür, um ein christliches Proprium zu verstehen. Dazu verweise ich auf ein bekanntes Beispiel, die Erzählung vom barmherzigen Samariter (Lk 10,29ff.). Diese wird oft so missverstanden, als habe Jesus eine neue Norm aufgestellt: Nicht der Volksgenosse, sondern jeder Notleidende *sei* der „Nächste". Das sagt aber die Pointe der Geschichte nicht. Mit dem von mir sehr respektierten Kollegen Bruno Schüller, der dies auch dokumentiert hat, war ich darüber anderer Meinung: Er wollte hier eine allgemeine Norm der Fassung des „Nächsten", ich bestand auf der Änderung der Fragestellung „Wer ist mein Nächster?" durch Jesus in die Fragestellung „Wem bin ich Nächster?" oder „Wem bist du Nächster?", d.h. „Wem kannst du helfen?", „Was ist dir möglich?", „Wo kommst du vorüber?".

Die Moraltheologen im 17. Jahrhundert verstanden Jesu Antwort wie später der Kollege Bruno Schüller als normativ. Freilich erschien ihnen die Weisung Jesu – jeder Mensch ist Nächster – als strikte universale Norm zu stark, und sie milderten sie durch eine Einschränkung. Sie interpretierten das biblische „opus supererogatorium" (d.h. die vom Samariter im Vorhinein bezahlte Mehraufwendung des Wirtes) gegen den Sinn – es ist ja eine Erweiterung der Hilfe – als Grenze der Hilfspflichten: Das Mehr an Hilfe sei das „Nicht-Erforderliche", „ein Werk der Übergebühr".

In der praktischen Philosophie hat das Wort „supererogatorisch" eine besondere Bedeutung angenommen. Aufgefasst als „Werk der Übergebühr" sollte es kennzeichnen, wo welche Handlungen nicht mehr als moralische Pflicht (im Sinne Kants) eingefordert werden könnten. Nun gibt dies der lateinische Wortsinn eigentlich nicht her, denn er meint nur eine weitere erforderliche Anwendung über das bereits Getane hinaus. Dieser Wortsinn „Mehraufwendung“ wird in der lateinischen Vulgata benutzt, wenn Jesus die Geschichte vom barmherzigen Samariter erzählt. Denn der Samariter ist bereit, nachdem er den Verwundeten bei einem Wirt abgeliefert hat, nach seiner Rückkehr von seinen Geschäften wieder vorbeizukommen und die zur Pflege des Verwundeten überlassene Summe, wenn notwendig, zu ergänzen. Es geht also um eine zur Vervollständigung der Hilfe notwendige Mehraufwendung. Im jesuitischen Diskurs über die Grenzen der zu erfüllenden Pflichten war aus „supererogaveris“ das „Werk der Übergebühr“ geworden. Von den Probabilisten übernahmen dies die Philosophen, die sich nicht mehr um den biblischen Ursprung kümmern mussten. Sie wussten auch nicht mehr davon. Es ist heute typisch für bestimmte philosophische Analysen, dass man den Begriff nicht mit der Wortbedeutung verbinden muss. Dies tun nur genealogisch, also an Entstehungsprozesse denkende Philologen und Historiker. Sollten dies systematische Diskurse auch tun, ohne dabei in einen Wortmythos – wie man ihn etwa Martin Heidegger unterstellt – zu verfallen? Ich meine ja. Mir scheint wichtig, genetische und systematische Bestandteile von Begriffen miteinander zu verbinden. Im genannten Falle würde dann deutlich, dass das Wort aus der Pflichtethik herausführt und auf einem anderen Feld der Ethik spielt. Dieses Feld möchte ich Könnensethik nennen. Der Samariter, der sich dem Verwundeten gegenüber als Nächster erweist, setzt seine ganzen Möglichkeiten für die Hilfe ein. Er soll, weil er kann. Er weist sich als Nächster aus. Die Antwort Jesu auf die Frage „Wer ist mein Nächster?“ ist die an seine Erzählung angelehnte Gegenfrage: „Wer hat sich dem, der unter die Räuber gefallen war, als Nächster erwiesen?“ Daraus ergibt sich die Maxime: Sei dem Bedürftigen der Nächste, soweit du das kannst. Und mache dabei ebenso wenig einen Unterschied, wie dies der Samariter getan hat. Das führt aus einer Pflichtenethik im Sinne Kants heraus, kann aber in einer Narrativen Ethik schön gezeigt werden.

Die Philosophie wird weiterhin mit jeweils festgelegten Bedeutungen und Definitionen arbeiten, auch wenn deren Quelle nicht zutrifft. Die Logik eines Argumentes wird freilich in der Tat nicht dadurch falsch, dass in der Definition der Wortsinn nicht eingelöst wird. Aber man übersieht dann mögliche Alternativen, die aus Kants Pflichtenlehre herausführen. Interdisziplinarität hilft dazu, sie nicht zu übersehen.

Meine Präferenz für eine Könnensethik, die m. E. über eine bloße Tugendethik hinausführt, lässt sich an der Spannung zwischen Pflichtgefühl und Selbstbestimmung erläutern: Es gibt eine Vereinfachung der Moral Kants, die darin besteht, dass man sein Wort „Du kannst, denn du sollst" geflügelt aus dem Zusammenhang löst und zum Wahlspruch einer Pflichtenwelt macht, die sich keine Rechenschaft mehr darüber ablegt, ob die Pflichten mit Rechten korrespondieren oder diese zerstören. Sicher kann man diese Position Kant selbst nicht unterstellen. Aber diese Engführung galt als „preußische" Grundhaltung und spielte in der Erziehung der fünfziger Jahre durchaus noch eine Rolle. Ich nehme sogar an, dass diese Grundhaltung kirchlich eingemeindet war, denn die kirchliche Moral war vor allem eine Pflichtenmoral. Die drei bereits erwähnten Pflichtenkreise waren Pflichten gegenüber sich selbst, gegenüber dem Nächsten, gegenüber Gott.

„Du kannst, denn du sollst" – diese Maxime hat gewiss eine Rolle gespielt, als ich in ein Priesterseminar eingetreten bin. Sie beinhaltete eine Erziehung zur Selbstunterdrückung. Diese unbewusste Maxime veränderte sich für mich in einem Reifeprozess zwischen 20 und 22 Jahren zu der Maxime: Du sollst, denn du kannst. Scholastisch heißt das: Sollen setzt Können voraus. Es wurde wichtig, die Grenzen des eigenen Könnens zu ermessen oder Grenzen in einer ganz anderen Richtung auszuloten bzw. auch zu überschreiten: die Grenzen der Priesterkirche. Biographische, religiöse und moralische Selbstbestimmung wurden für mich damit zum gesellschaftlichen wie auch zum kirchlichen Thema. Dieses Thema ist noch nicht erledigt und bietet eine Reihe von Gründen, nicht einverstanden zu sein.

Bis in die ethische Behandlung der Migrationspolitik spielt diese Universalisierung mit ihrer durch den falsch erzählten oder erinnerten Text ermöglichten Milderung eine Rolle: Die Narrative Ethik verschiebt sich zu einer Norm mit Einschränkung, während die Erzählung darauf zielt, sich in der Praxis als Nächster zu erweisen, ohne dabei die Reihenfolge der Gebote zu verändern (erst der Tempel, dann die Caritas, wie Priester und Levit meinten, die an dem Notleidenden vorübergingen).

In der rechtlichen Bestrafung unterlassener Hilfeleistung drückt sich noch der jesuanische Impuls aus, die Prioritäten richtig zu setzen. Mit den Pointen von Erzählungen, das ist meine Einsicht, kann man zwar moralische Impulse setzen, aber für die Aufstellung von Normen sind sie nicht unmittelbar geeignet. Dennoch ist Jesu Änderung der Fragestellung durchaus auch politisch anwendbar. Die Auffassung Bismarcks, mit der Bergpredigt könne man keine Politik machen, scheint mir für politische Grundoptionen nicht zuzutreffen, eher für das politische Handwerk der Umsetzung von Optionen.

Eine christliche Antwort auf den Optionalismus in der Ethik?

Der Pluralismus von Auffassungen ist in unserer Gesellschaft bei genauem Hinsehen nicht uferlos. In der bioethischen Debatte spiegeln sich verschiedene Optionen wider, die manchmal miteinander auskommen und manchmal gegenläufig sind.

Wir haben in unserer Gesellschaft so etwas wie ein Fortschrittsbündnis. Dazu gehört beispielsweise, dass es zu wissenschaftlichen Vorgängen nur wissenschaftliche Alternativen gibt und dass man die Wissenschaft, ihre Lehre und Forschung, nicht einfach durch ein absolutes Nein zurückfahren kann. Auch die Alternativen zur Technik können in unserer Lebenswelt nur technische Alternativen sein. Dieses Bündnis unserer Gesellschaft mit dem Fortschritt als der Form der Problemlösung will ich aus meiner Erfahrung nicht hinterfragen, aber die Steuerungselemente betonen. Je weniger der Rückwärtsgang funktionieren kann, umso mehr ist die Steuerung, auch als Umsteuerung, erforderlich.

Bestimmte Fragen der Manipulation sind freilich der Machbarkeit entzogen. Es gibt Fragen, in denen man nicht vom Nullpunkt aus diskutieren darf, wo es Bindungen gibt, die zeitübergreifend bestehen sollen. Fragen des wissenschaftlichen Fortschritts bleiben bei dieser Option verknüpft mit einer bestimmten Auffassung von Menschenwürde, wie sie unsere Verfassung festschreibt und wie sie auch für eine europäische Verfassung vorgesehen ist. Das heißt, der Fortschritt muss so modifiziert und gestaltet sein, dass er mit Überzeugungen, die zeitübergreifend bestehen sollen, übereinstimmt. Dies ist eine Frage der Beweislastverteilung. Oder wollen wir nicht, dass Demokratie und Menschenrechte zeitübergreifend bestehen?

Das heißt: Es gibt ein Ethos, das dem wissenschaftlichen Fortschritt zeitlich voraus ist. Keinesfalls hinkt die Ethik bloß hinterher. Im Allgemeinen greift sie das auf, was man schon aus Ethosgründen in einer bestimmten Richtung vorangetrieben hat. Forscher sind z. B. stolz darauf, etwas für die Umwelt tun zu können. Mikrobiologen beziehen aus diesem Ethos ihre Motivation, die unzähligen Stunden im Labor auszuhalten. Sie wollen bestimmte Zellinformationen entschlüsseln, weil sie damit, langfristig gesehen, kranken Menschen helfen zu können hoffen. Dieses Ethos *vor* der Forschung darf nicht übersehen werden. Es ist die Ethosform, die mit der Wissenschaft einhergeht, die sich durch große Entdeckerfreude auszeichnet, die Problemlösungskompetenzen erzeugen möchte. Aber natürlich sind wir in konkreten ethischen Urteilen auch von der tatsächlichen Sachlage abhängig und können nicht an ihr vorbei sprechen. Die Sachlage muss also erst erschlossen werden. Insofern gibt es ebenso ein gewisses „Hinterher".

In den achtziger Jahren sind die unterschiedlichen Embryonenschutzgesetze in Deutschland und Großbritannien entstanden. Deren Unterschiedlichkeit wirkt oft so, als ob da eine grundsätzliche Präferenz der deutschen Gesellschaft mit einer völlig anderen Präferenz konkurriert. Das ist aber nicht so. Die Diskussionen verliefen in beiden Ländern ähnlich. Die Positionen und Parteinahmen innerhalb dieser Debatte bedienten sich durchaus ähnlicher Argumente, kein Argument, das man nicht auf beiden Seiten des Kanals hätte wiederfinden können. Nur die politische Entscheidung ist schließlich unterschiedlich ausgefallen. Wir dürfen aber nicht sagen, die britische Gesellschaft akzeptiere den Embryonenverbrauch. Viele in der britischen Gesellschaft lehnen weiterhin jeden Embryonenverbrauch strikt ab. Auch das deutsche Embryonenschutzgesetz spiegelt Kompromisse in der politischen Auseinandersetzung. Ähnlich ist dies beim Schwangerschaftsabbruch, in der In-vitro-Fertilisation und in der Gentechnik mit ihren unterschiedlichen Anwendungsgebieten.

Der Unterschied zwischen moralischen Optionen und rechtlichen Konstruktionen bleibt erhalten. Deshalb kann man sich doch für solche Optionen in einer rechtlichen Konstruktion einsetzen. Man kann dies auch fortsetzen, wenn eine solche Konstruktion etabliert ist. In Großbritannien hat man den Lebensschutz indirekt, nicht direkt geregelt. Das heißt, man schützt nicht den einzelnen Embryo als Substanz oder Entität, sondern man schützt ihn als anfangendes menschliches Leben durch Prozeduren, indem man den Zugang sehr erschwert, aber nicht versperrt hat. Es wurden Prozeduren geschaffen, die einen sehr hohen wissenschaftlichen Anspruch an diesen Zugang stellen und die diesen Zugang auch von gesellschaftlichen Normen begleiten lassen. In Großbritannien müssen sich also diejenigen der Regelung durch Prozeduren fügen, die lieber einen substantiellen Lebensschutz favorisieren würden. Aber auch all diejenigen, die den Embryo nicht in seiner Besonderheit sehen können und wollen, die also nicht den auch in Großbritannien erforderlichen „Respect for Life" haben, wie das in der Fachdiskussion heißt, müssen sich diesen schwierigen Prozeduren unterwerfen.

Das deutsche Embryonenschutzgesetz steht auf der Basis eines Satzes, über dessen Bedeutung man weiter diskutiert: Die Menschenwürde „erstreckt" sich auch auf den Embryo. Natürlich bleibt damit noch einiges offen. Denn wenn sich etwas „erstreckt", ist das nicht völlig gleichbedeutend mit dem Satz „Der Embryo *ist* der individuelle Träger der Menschenwürde". Entsprechend dieser Offenheit ergeben sich auch verschiedene Positionen. Wir haben zwar in Deutschland per definitionem einen substantiellen Lebensschutz, wie andere Länder in Europa auch. Aber auch bei dieser Regelung müssen gleitende Übergänge in Kauf genommen werden, die wiederum prozedural sind: So friert man in Deutschland beispielsweise sog. Vorembryonen ein, bei denen die Verschmelzung von Ei und Samenzelle – deren Vollzug zur Definition Embryo gehört – noch nicht abgeschlossen ist; wobei es natürlich auch Kritik an einer solchen Regelung gibt. Auf politisch-rechtlicher Ebene ist es offensichtlich kaum möglich, einen moralischen Idealkonsens zu finden.

Ob man den Embryo über erschwerte Prozeduren schützt oder ob jeder einzelne Embryo als Substanz oder Entität selbst zu schützen ist, bleibt eine Frage. Hier schien mir eine tutioristische Position, die auch dann schützt, wenn weitere Fragen bestehen, die sichere Alternative. Demnach ist bei unklaren Folgen einer möglichen Entscheidung stets der sichereren von beiden, also dem Schutz jedes einzelnen Embryos, der Vorzug zu geben.

Wenn die Kirche politisch mitreden will, sind drei Elemente erforderlich: erstens ein Raum der Freiheit, um argumentieren zu können; zweitens ein Raum des Vertrauens, in dem Sinne, dass die Kirche den Leuten, die für sie arbeiten, insbesondere ihren Laien, Frauen und Männern, auch vertraut; drittens braucht es das Moment der Kirchenbindung als offensives Element; wer für die Kirche in den verschiedenen Institutionen spricht, soll seine kirchliche Bindung nicht verheimlichen, sondern sie offensiv vertreten. Ich war einige Zeit Vorsitzender des wissenschaftlichen Beirates des *Instituts Mensch, Ethik und Wissenschaft* in Berlin. Dieses Institut wird getragen von der *Aktion Mensch*, aber auch von der Diakonie und dem Deutschen Caritasverband. Das heißt also, hier sind die Kirchen indirekt mit am Werke – im Sinne dieser drei Elemente: Freiheit, Vertrauen und Bindung. Entsprechend verstehe ich meine Aufgabe so, innerhalb der pluralen ethischen Zugänge auch den theologischen Zugang deutlich zu machen und der totalen Enttheologisierung ethischer Überlegungen oder – zugespitzter – einer Befreiung der Ethik von Einsichten der Religion entgegenzuwirken. Obwohl mir eine sich autonom verstehende, argumentative Moral sehr wichtig ist, bedaure ich doch manche Ausfallerscheinungen in den rein philosophischen Zugängen, die eine Art kontextloses „Denklabor" errichten. Da fühle ich mich in einer religiösen, in einer kirchlichen und in einer aufgeklärten Position zugleich dann besser aufgehoben, wenn die empirischen Zugänge der Natur-, Human- und Sozialwissenschaften im Rahmen ihrer theoretischen Bezüge in das ethische Gespräch mit einbezogen werden.

Ein Rückblick auf mein Verständnis der „Ethik als sozialtherapeutische Handlungswissenschaft"

Im Rückblick auf meine Tübinger Zeit als Assistent habe ich an meine erste Vorlesung „Ethik als sozialtherapeutische Handlungswissenschaft" (1972) erinnert. Dort hatte ich mich mit drei philosophischen Impulsen beschäftigt: der Phänomenologie, inzwischen von Heinrich Rombach zur Strukturontologie ausgebaut, dem amerikanischen Pragmatismus (George Herbert Mead, Alfred Schütz und der evangelische Sozialethiker Gibson Winter) und der Kritischen Theorie (Max

Horkheimer, Theodor W. Adorno, Erich Fromm). Diese Impulse sind auch im systematischen Teil meiner Habilitationsschrift „Dichtung, Glaube und Moral“ (1976) enthalten. Das Bildungswissen der thomanischen Scholastik mit seinen lehr- und lernbaren Kurzformeln hatte dabei propädeutische Funktion. Auf vier Feldern musste ich meine Gedanken weiterentwickeln bzw. herausfordern lassen. Zunächst wurde ich in Fribourg nach 1974 von dem Philosophen Guido Küng mit John Rawls als dem Denker einer neuen Philosophie der Gerechtigkeit konfrontiert. Ich empfand dies damals spontan als eine ungeschichtliche deduktive Konstruktion. (Ganz anders entwickelte Alan Gewirth in seinem Buch *Reason and Morality*, 1978, eine Systematik, die bei der Erfahrung des Handelns und seiner unabweisbaren Implikationen ansetzt.) Erst als mir die Verbindung zwischen Immanuel Kant und John Rawls durch manche Rawlsianer (wie Otfried Höffe) deutlich wurde und ich das „reflektierte Gleichgewicht“ zwischen Erfahrung und Vernunft bei Rawls in der Umsetzung erkannte, konnte ich mich besser auf ihn beziehen. Aber sowenig ich ein Diskursethiker wurde, weil mir die Spannung zwischen idealen und realen Diskursen nicht pragmatisierbar erschien, so wenig wurde ich ein Rawlsianer oder Kantianer. Mit philosophischen Ethikschulen umgehen ist auch eine Weise der Selbstentdeckung. Viel lernte ich früh von Paul Ricœur und später von Hans Krämer in Tübingen.

Aber nun rede ich im Sinne des Nachvollzuges einer Suche nach einem Format in der Ethik. Mit anderen Worten: Ich suchte keinen Anschluss, sondern passte alle anschlussfähigen Gedanken in meine eigene Sicht ein. Meine eigene Sicht war aber stets perspektivisch, d. h. ich störte mich nicht an Gegensätzen prima vista, sondern ich meinte stets, sie ließen sich im Sinne einer „Koinzidenz“ ohne Verlust aufeinander beziehen. Ich habe also eine perspektivistische Position. Sie ist aber nicht in dem Sinne integrierend, dass ich passende Teile entnehme und zu einem Ganzen zusammenfüge. (Das wäre dann mehr im Sinne des „overlapping consensus“ bei Rawls.) Mein philosophischer Lehrer Heinrich Rombach hat für ein solches bewegliches Konzept, das nicht ausgewählte Teile integriert, einen passenden Ausdruck gefunden: Er nennt dies „Idemität“, d. h. er geht von einer Aufeinander-zu-Beweglichkeit der Perspektiven aus, die dann wieder auseinanderdriften können. Es geht also darum, den Punkt der Idemität in einer

Bewegung, die im Fluss bleibt, zu erfassen und zu verstehen, dass er auch zeitlich unterschiedlich auftauchen kann. Damit dies nicht zu formal klingt, nenne ich Menschenwürde als einen solchen Punkt, den man im Fluss der Zeit zu fassen versucht und immer wieder neu fassen muss bzw. darf.

Wenn ich im Rückblick das Konzept, das ich mir erarbeitet habe und das ich verfolge, in seinen Ingredienzien formal darstellen will, so dass es zwar fachlich nachvollziehbar, aber auch allgemein verständlich ist, kann ich das am besten in Dreiecksbeziehungen zusammenfassen, die man aufeinanderlegen, aber auch wieder auseinanderziehen kann.

Das erste Dreieck nenne ich „konduktive Methode". Es wird von den verbundenen Ecken experientiell (also erfahrungsbestimmt), narrativ (bestimmt durch geschichtliche Erzählung und damit verbundene Veränderungen) und diskursiv (also argumentationslogisch) eingefasst. Konduktiv nenne ich die Methode, mit der diese unterschiedlichen Gesichtspunkte aufeinander zugeführt werden.

Das zweite Dreieck zeigt die Korrespondenz zwischen Individuellem und Sozialem auf. Seine Ecken sind die individuelle Selbstbestimmung, die übergreifende Selbstverpflichtung (im Sinne Kants) und die politisch-praktische Dimension, die aus der „Kreativität des Handelns" (Hans Joas) hervorgeht. Ich nehme das Letztere so auf, dass ethisches Denken im Handeln selbst mit entsteht, ein Gedanke, der auch in der Befreiungstheologie eine zentrale Rolle spielt. Ethik und Praxis verhalten sich demnach nicht wie Konzept und Anwendung, sondern sie sind sich wechselseitig bedingende Bewegungen. Dies schließt in meiner theologischen Sicht auch die Liturgie ein. Ohne die liturgische Lese-, Gebets- und Ritustradition fehlt einem reflexiven Handeln das meditative Moment in der Selbstreflexion.

An dieser Stelle erscheint schon meine Identität als Theologe. Ich konstruiere Ethik philosophisch, weil ich meine, nur so sei der Logos der Theo*logie* in der menschlichen Verantwortung durchzubuchstabieren. Wenn Theologie in der Ethik nicht auf Vernunft setzt, landet sie ihren Wurf auf falschen Feldern, z. B. in einem biblizistischen Überbau (evangelikal nach Belieben) oder in einem überzeitlichen Konzept der „Natur" (eine Erstarrung) oder in einer Auslieferung an unüberprüfbare Autoritäten (Erstarrung oder Beliebigkeit werden austauschbar). Das theologische Motiv, so die eine Ecke dieses Dreiecks, führt zur philosophischen Vernunft. Darüber hinaus, dies ist die andere Ecke, führt es in eine gemeinschaftliche, kommunikative Struktur. Das lässt sich alles unter Glauben und unter Kirche fassen, wenn man zugleich die Aufgabe einbezieht, dies auch verstehen zu wollen. Dies wiederum enthält als dritte Ecke autoritative Korrekturinstanzen, die freilich dialogisch und vernünftig nachvollziehbar praktiziert werden müssen. Das ist in meiner Erfahrung bisher innerkirchlich nur selten der Fall.

Schluss: Die Erfahrung gesellschaftlicher und kirchlicher Widersprüche als persönliches Dilemma

Bei aller Kritik an der Kirche, der ich angehöre, habe ich doch im Laufe dieser Erzählung oft darüber nachgedacht, wo ich Widersprüchliches wahrnehme, das ich für mich persönlich nicht auflösen kann. Bin ich ein bescheidener Teil des Druckes, der durch die wachsende negative Wahrnehmung von Kirche seit etwa 30 Jahren erzeugt wird? Mit Reformoptionen wollen auch organisierte kirchliche Insidergruppen die Institution Kirche bewegen, mehr ökumenische Anerkennung – d. h. mehr als praktische Zusammenarbeit unter Glaubensvorbehalt – zu ermöglichen. Sie wollen mehr Akzeptanz der gleichen menschlichen Rechte am Beispiel der Frauenrechte. Sie wollen ein neues Konzept des sakramentalen Priestertums. Sie wollen eine synodal aufgebaute, nicht nur eine hierarchisch beherrschte Kirche. Sie wollen mehr Religionsdialog, der Gemeinsamkeiten besser auslotet und ein tolerantes Klima im Hinblick auf Unterschiede erzeugt. Daher wollen sie auch eine offenere Spiritualität, wie sie bereits punktuell an der Basis geübt wird. Neulich habe ich für diesen Weg die Bezeichnung „urbane Mystik" gehört. In der Tat ist die Religion auf dem Weg vom Land, das seine intensive religiöse Ausprägung fortschreitend verliert, in die Stadt, vor allem in die Großstadt. Dabei ist nicht zu übersehen, dass sich die Stadt zuerst vom schlichten Bürgerglauben wegbewegte. Reformerinnen wollen auch mehr Gesellschaftsverantwortung seitens der Kirche – mehr kritische Mitsprache statt der vielen Arrangements oder der besonderen Rückstände. Freilich sollte diese Verantwortung sich diskursiv und argumentativ bewähren. Dies hieße, die Alternative zwischen zu viel Schweigen und zu viel bloßem Gerede zu überwinden. Reformer wollen einen differenzierten Umgang mit Körperlichkeit und Sexualität, mit der Ehe bei erhöhter gesellschaftlicher Mobilität, verlängerter Lebensdauer und veränderter Fürsorge für Kinder. Reformerinnen wollen mehr Barmherzigkeit an den Rändern des Versagens. Sie wollen noch viel mehr, hier kann ich nicht alles aufzählen.

Mir scheint persönlich klar, dass nicht nur Kirchen, sondern auch andere gefügte Institutionen sich nur langsam bewegen können. Das bedeutet, kirchliche Beweglichkeit selbst durch Einfälle für den eigenen Handlungsbereich ständig zu verbessern. Dies geschieht durchaus. Ich nenne hier nur das Beispiel der gut aufgenommenen Feier der „Lebenswende“ für Ungetaufte im Dom zu Erfurt.

Aber die Außenkritik an der Kirche ist ebenfalls ein Problem. Sie ist oft pauschal, oder sie schließt vom einen auf das andere. In der Tat ist es oft erschwert, konservative Differenzierungen anzunehmen. Ich nehme ein Beispiel: den Umgang mit den Frauen in der Kirche. Das Defizit anzumahnen ist hier berechtigt, auch ich habe mich stets für sakramentale Gleichstellung im Priesteramt eingesetzt. Aus konservativer Sicht wird darauf aufmerksam gemacht, wie viel an Frauenverehrung sich in der Kirchengeschichte erhalten und durchgesetzt hat, aber dies ist ein Faktor, den man zu sehr mit Gegenbeispielen relativieren kann. Ebenso wird aus konservativer Sicht oft auf die Gestaltfindung des Priestertums im Anschluss an das Alte Testament und an römisch-heidnische Traditionen aufmerksam gemacht, aber damit bezieht man sich auf eine Inkulturation und kann nicht erklären, warum diese Inkulturation aufrechterhalten werden muss.

Ich kann die Argumente der Konservativen als historisch aufgeklärter Theologe noch einordnen und verstehen. Dies wird in einer offenen Gesellschaft aber immer schwieriger. So entstehen neue Radikalitäten zwischen einer Reduktion der Religion auf bloße Dekoration an Knotenpunkten des Lebens oder des öffentlichen Feierns und einem radikalen Evangelismus, der Gefühle artikuliert und transportiert und die Vernunft ablehnt. (Populistische Politiker verstehen sich darauf, beides zu kombinieren.)

Mein Problem: Zwar will ich Kirche anders, aber ich will keine andere Kirche. Das ist analog zu meinem Verhältnis als Deutscher zu Deutschland, obwohl dies eine geborene und keine in der Kindheit erwählte Beheimatung ist. Ich bin also persönlich spirituell und rituell in der Kirche und ihrem Gemeinschaftsleben positiv verankert. Ich erinnere mich an eine Unterhaltung mit Eugen Drewermann vor ca. 25 Jahren. Er meinte (mit etwas Ironie), man müsse aus der Kirche austreten, um von außen Steine durch die Kirchenfenster zu werfen. Ich antwortete: Ich möchte diese Steine von innen aufsammeln und damit neu an der Kirche von morgen bauen. Das ist meine Lösung des Problems. Sie kann nicht immer befriedigen.

Eine Position, die ich als „neutraditionell“ bezeichnen möchte, möchte Traditionen nicht desavouieren, sondern umerzählen und im Wandel erhalten. Ich hoffe, dies wird auch in dem Buch *Religiöse Selbstbestimmung. Anfänge im Spätmittelalter* (Stuttgart 2020), das meine Beteiligung am Erfurter Projekt „Religiöse Individualisierung in historischer Perspektive“ (2009–2017) widerspiegelt, deutlich. Religiöse Selbstbestimmung ist eine Variante der Religionsfreiheit in Institutionen wie den Kirchen. Das klingt nach einem Mangel integrativer Bindung innerhalb einer Kirche. Aber die Kirche selbst war in ihrer Tradition von Aufbrüchen zur religiösen Selbstbestimmung abhängig. Als Beispiel kann man an die unterschiedlichen Aufbrüche von Franziskus und Dominikus Anfang des 13. Jahrhunderts erinnern, denen man dann offiziell die Heiligsprechung von Elisabeth von Thüringen an die Seite stellte. Ohne religiöse Bewegungen gibt es keine Neubildung von Traditionen: Sie werden erhalten, indem sie sich ändern. Insofern ist religiöse Selbstbestimmung nicht spaltend, sondern erneuernd. Sie muss freilich durch die Gefahren der Disziplinierung hindurch. Insofern ist Integrierung in der Geschichte oft mit Verfolgungen und Verwundungen verbunden. Das müsste unter modernen, menschenrechtlichen Bedingungen nicht mehr so sein, aber es gibt den katholischen Nachhall im 19. und 20. Jahrhundert. Im Übrigen gilt hier der Spruch Jesu: „Lasst das Unkraut wachsen mit dem Weizen“ (vgl. Mt 13,30), dem ich ein Buch gewidmet habe. Im Mittelalter hatte freilich Thomas von Aquin die „Zeit der Ernte“, wenn das Unkraut vom Weizen getrennt und verbrannt wird, leider als „Zeit der Kirche“ interpretiert und nicht als Endzeit.

Der Versuchung zur Disziplinierung steht der Ausfall von Bindungen gegenüber, insbesondere an die Erfahrung, die Tradition, die Geschichte, die Liturgie, die Achtsamkeit in der Gemeinschaft. Dadurch entsteht eine Vergleichgültigung, ein Verlust von Nähe, von Gefühlen. Lässt sich hier eine Brücke bilden, ein einerseits und ein andererseits? Ein fröhlicher Wechsel der Perspektive? Die betuliche Frömmigkeit in manchen Kirchenliedern kritisieren und morgens mit einem Kirchenlied im Gedächtnis aufwachen? Die unsensible Gemeindereform bekämpfen, aber an der Eucharistiefeier hängen? Sich nicht auf einen fernen und blassen Gott zurückziehen, sondern mit ihm im Menschen, in sich selbst und in anderen zu tun haben? Sich die Frage (anlässlich einer Pandemie) stellen: Wem bin ich Nächster? Wer ist auf mich angewiesen?

Kirche könnte anders sein: offener, pluraler, befreiter, demokratischer, weiblicher. Breche ich ein Tabu, wenn ich „demokratisch" auf Kirche anwende? Es geht mir nicht darum, Autoritätsstrukturen abzubauen, sie sind zweideutig, aber ihr Gegenteil ist nicht eindeutiger, sondern mehrdeutiger. Es geht mir freilich darum, falsche Legitimationen abzubauen. Als Beispiel nenne ich die Vorstellung eines „Vaters" (oder einer „Mutter") als Überbau des Absoluten über der innergöttlichen Beziehung, an die Christen und Christinnen glauben. Denn dieser Überbau ist eine Projektion der patriarchalischen Gesellschaft auf die neue Geschöpflichkeit als neue Christlichkeit. Wir kommen ohne solche Projektionen nicht aus, aber sie sollten nicht erdrückend, sondern hinaufhebend sein. Hier wird es Zeit, anders über das Glaubensbekenntnis zu predigen.

In der Gesellschaft hat man es hingegen manchmal parallel mit dem *Downsizing* der eigenen Traditionskultur zu tun. Sie war zwar nicht eindeutig, aber sie hatte ihre Pointen. In Europa und in der Wissenschaft war ich mit dem Rückgang der deutschen Sprache vertraut geworden. Man kann gespannt sein, ob ihr einmal die Rolle der Maya-Sprache in Yukatán oder des Gälischen in Irland zuteilwird: eine geachtete und aus Liebe wiederbelebte Sonderkultur oder eine provinzielle Folklore. Es ist nachzuvollziehen, wie Gefühle gegen solche Entwicklungen instrumentalisiert werden können, vor allem im Raum sozialer Unzufriedenheit. Das ist ähnlich wie das Aufheizen sozialer und ökologischer Gefühle, bei denen ebenfalls Verlustängste instrumentalisiert werden.

Ich möchte noch ein drittes Beispiel nennen. Die individuelle Selbstbestimmung artikuliert sich in einer Art Privatmystik und entzieht sich damit zwar nicht einer möglichen kollektiven Begeisterung, aber sie entzieht sich der Gemeinschaftsverantwortung. Es ist mir nicht klar, wie Verschmelzungen zu einer „Null-Person" oder *Flow*-Erlebnisse zur Verantwortung führen können, da sie ethisch indifferent auftreten. Auch hier würde ich meine Position im Verhältnis zu Spiritualität und Mystik gern „neutraditionell" nennen. Denn es sind lebendige Traditionen, die hier den Zugang zu einer aufgeklärten und verantwortlichen Haltung ermöglichen. Einerseits muss man, so meine ich, bei Traditionen eine Unterscheidung der Geister durchführen, andererseits ermöglichen sie durch Reflexion und Konfrontation Lernprozesse zur besseren Verantwortung der Gegenwart.

Dazu soll dieses Buch auch beitragen, indem es Kontinuitäten und Veränderungen im Rahmen einer persönlichen Biographie darstellt. Seine Intention wäre eingelöst, wenn es darüber hinaus zeigen kann, wie sich Laientum als Basis einer Reform der Kirchenverfassung ausloten lässt und wie im Nonkonformismus Weichen für eine neue Übereinstimmung gestellt werden könnten. Dabei war ich nie allein; Laien und Priester wirkten zusammen, bis sich das Mehrheitsverhältnis in der Theologie, zunächst angefangen von unten, dann auch in den etablierten Ordinarien der Fakultäten, zugunsten der Laien umkehrte.

Bei der Redaktion dieser Autobiographie fiel mir auch auf, wie vielen Menschen ich danken muss und dass es mir nicht gelingen kann, sie im Einzelnen zu erwähnen. Es ist z. B. nicht möglich, alle Doktorandinnen und Doktoranden zu erwähnen, von denen ich in der Betreuung gelernt habe. Ich war ja nicht nur Erstbetreuer in der Theologie, sondern oft auch für die Ethik zuständiger Zweitbetreuer in manchen anderen Fächern. Jeder Rückblick ist mit den Grenzen des eigenen Gedächtnisses und mit der leitenden Intention einer gerade anvisierten Perspektive belastet. Was das Gedächtnis betrifft, hoffe ich auf Nachsicht, was die Perspektiven betrifft, auf kritische Diskurse.

Dank

Ich bedanke mich bei den Mitleserinnen meiner ersten Entwürfe, der Kollegin Monika Bobbert, Münster, und Helene Daphinoff, Muri, für ihre Hinweise und Kommentare. Besonders danke ich Christian Scherer in Erfurt für die umsichtige Erstellung der Vorlage für den Druck. Dem Lektor des Verlags Herder, Clemens Carl, danke ich für seine kritische Begleitung und seine Geduld mit dem Entstehungsprozess dieses Buches.

Register